国民阅读经典

中国历史研究法
中国历史研究法补编

梁启超 著

中华书局

图书在版编目(CIP)数据

中国历史研究法 中国历史研究法补编 / 梁启超著. —北京:中华书局,2014.4

(国民阅读经典)

ISBN 978-7-101-09973-7

Ⅰ.中… Ⅱ.梁… Ⅲ.中国历史—研究方法 Ⅳ.K207

中国版本图书馆 CIP数据核字(2014)第 023561 号

书　　名 中国历史研究法 中国历史研究法补编

著　　者 梁启超

丛 书 名 国民阅读经典

责任编辑 马　燕

装帧设计 毛　淳

出版发行 中华书局

(北京市丰台区太平桥西里 38 号 100073)

http://www.zhbc.com.cn

E-mail:zhbc@zhbc.com.cn

印　　刷 北京天来印务有限公司

版　　次 2014 年 4 月北京第 1 版

2014 年 4 月北京第 1 次印刷

规　　格 开本 /880×1230 毫米 1/32

印张 12⅞ 字数 300 千字

印　　数 1-8000 册

国际书号 ISBN 978-7-101-09973-7

定　　价 32.00 元

出版说明

在二十一世纪的当代中国，国民的阅读生活中最迫切的事情是什么？我们的回答是：阅读经典！

在承担着国民基础知识体系构建的中国基础教育被功利和应试扭曲了的今天，我们要阅读经典；当数字化、网络化带来的“信息爆炸”占领人们的头脑、占用人们的时间时，我们要阅读经典；当中华民族迈向和平崛起、民族复兴的伟大征程时，我们更要阅读经典。

经典是我们知识体系的根基，是精神世界的家园，是走向未来的起点。这就是我们编选这套《国民阅读经典》丛书的缘起，也因此决定了这套丛书的几个特点：

首先，入选的经典是指古今中外人文社科领域的名著。世界的眼光、历史的观点和中国的根基，是我们编选这套丛书的三个基本的立足点。

第二，入选的经典，不是指某时某地某一专业领域之内的重要著作，而是指历经岁月的淘洗、汇聚人类最重要的精神创造和知识积累的基础名著，都是人人应读、必读和常读的名著。我们从中精选出一百部，分辑出版。

第三，入选的经典，我们坚持优中选优的原则，尽量选择最好的版本，选择最好的注本或译本。

我们真诚地希望，这套经典丛书能够进入你的生活，相伴你的左右。

中华书局编辑部
二〇一二年四月

目录

CONTENTS

中国历史研究法

中国历史研究法补编

自　序

中国历史可读耶？二十四史、两《通鉴》、九通、五纪事本末，乃至其他别史、杂史等，都计不下数万卷，幼童习焉，白首而不能殚，在昔犹苦之，况于百学待治之今日，学子精力能有几者？中国历史可不读耶？然则此数万卷者，以之覆瓿，以之当薪，举凡数千年来我祖宗活动之迹足征于文献者，认为一无价值而永屏诸人类文化产物之圈外，非惟吾侪为人子孙者所不忍，抑亦全人类所不许也。既不可不读而又不可读，其必有若而人焉，竭其心力以求善读之，然后出其所读者以供人之读。是故新史之作，可谓我学界今日最迫切之要求也已。

近今史学之进步有两特征。其一，为客观的资料之整理：畴昔不认为史迹者，今则认之；畴昔认为史迹者，今或不认。举从前弃置散佚之迹，钩稽而比观之；其夙所因袭者，则重加鉴别，以估定其价值。如此则史学立于"真"的基础之上，而推论之功，乃不至枉施也。其二，为主观的观念之革新：以史为人类活态之再现，而非其僵迹之展览；为全社会之业影，而非一人一家之谱录。如此，然后历史与吾侪生活相密接，读之能亲切有味；如此，然后能使读者领会团体生活之意义，以助成其为一国民为一世界人之资格也。欧美近百数十年之史学界，全向于此两种方向以行。今虽仅见其进，未见其止；顾所成就则既斐然矣。

我国史界浩如烟海之资料，苟无法以整理之耶？则诚如一堆瓦砾，只觉其可厌。苟有法以整理之耶？则如在矿之金，采之不竭；学者任研治其一部分，皆可以名家，而其所贡献于世界者皆可以极大。启超不自揆，蓄志此业，逾二十年，所积丛残之稿，亦既盈尺。顾不敢自信，迁延不以问诸世。客岁在天津南开大学任课外讲演，乃裒理旧业，益以新知，以与同学商榷。一学期终，得《中国历史研究法》一卷，凡十万言。孔子曰："工欲善其事，必先利其器。"吾治史所持之器，大略在是。吾发心殚三四年之力，用此方法以创造一新史。吾之稿本，将悉以各学校之巡回讲演成之。其第二卷为《五千年史势鸟瞰》，以今春在北京清华学校讲焉。第三卷以下以时代为次，更俟续布也。

顾兹事体大，原非一手一足之烈所能为力；况学殖浅薄如启超者，重以讲堂匆匆开演，讲义随讲随布，曾未获稍加研勘，则其纰缪舛误矛盾漏略之多，又岂俟论。区区此稿，本宜坚鐍之，以俟他日之改定。既而覆思吾研究之结果，虽未必有价值，其或者因吾之研究以引起世人之研究焉，因世人之研究以是正吾之研究焉，则其所得不已多耶？故贸然刊布，而字之曰《史稿》。

孟子曰："取人为善，与人为善。"吾之此书，非敢有以与人也，将以取诸人而已。愿读者鉴兹微尚，痛予别裁，或纠其大端之谬，或绳其小节之疏，或著论箴驳，或通函诲责，俾得自知其失而自改之，由稿本蜕变以成定本，则片言之锡，皆吾师也。十一年一月十八日，启超自述。

第一章　史之意义及其范围

史者何？记述人类社会赓续活动之体相，校其总成绩，求得其因果关系，以为现代一般人活动之资鉴者也。其专述中国先民之活动，供现代中国国民之资鉴者，则曰中国史。

今宜将此定义分析说明：

一　活动之体相：人类为生存而活动，亦为活动而生存。活动休止，则人道或几乎息矣。凡活动，以能活动者为体，以所活动者为相。史也者，综合彼参与活动之种种体与其活动所表现之种种相，而成一有结构的叙述者也。是故非活动的事项——例如天象、地形等属于自然界现象者，皆非史的范围；反之，凡活动的事项——人类情感理智意志所产生者，皆活动之相，即皆史的范围也。

此所谓相者，复可细分为二：一曰活动之产品，二曰活动之情态。产品者，活动之过去相，因活动而得此结果者也；情态者，活动之现在相，结果之所从出也。产品者，譬犹海中生物，经无数个体一期间协合之嬗化而产出一珊瑚岛，此珊瑚岛实经种种活动情态而始成，而今则既僵矣，情态不复可得见。凡史迹皆人类过去活动之僵迹也，史家能事乃在将僵迹变为活化——因其结果以推得其情态，使过去时代之现在相再现于今日也。

二　人类社会之赓续活动：不曰"人"之活动，而曰"人类社会"

之活动者：一个人或一般人之食息、生殖、争斗、忆念、谈话等等，不得谓非活动也，然未必皆为史迹。史迹也者，无论为一个人独力所造，或一般人协力所造，要之必以社会为范围；必其活动力之运用贯注，能影响及于全社会——最少亦及于社会之一部，然后足以当史之成分。质言之，则史也者，人类全体或其大多数之共业所构成，故其性质非单独的，而社会的也。复次，言活动而必申之以“赓续”者：个人之生命极短，人类社会之生命极长，社会常为螺旋形的向上发展，隐然若悬一目的以为指归；此目的地辽远无垠，一时代之人之所进行，譬犹涉涂万里者之仅蹶一步耳。于是前代之人恒以其未完之业遗诸后代，后代袭其遗产而继长增高焉；如是递遗递袭，积数千年数万年，虽到达尚邈无其期，要之与目的地之距离必日近一日；含生之所以进化，循斯轨也。史也者，则所以叙累代人相续作业之情状者也。率此以谈，则凡人类活动在空际含孤立性，在时际含偶现性断灭性者，皆非史的范围；其在空际有周遍性，在时际有连续性者，乃史的范围也。

三　活动之总成绩及其因果关系：活动必有成绩，然后可记，不待言也。然成绩云者，非一个人一事业成功失败之谓，实乃簿录全社会之作业而计其总和。质言之，即算总帐也。是故成绩有彰显而易见者，譬犹澍雨降而麦苗茁，烈风过而林木摧；历史上大圣哲大英雄之出现，大战争大革命之经过，是其类也。亦有微细而难见者，譬犹退潮刷江岸而成淤滩，宿茶浸陶壶而留陈渍；虽聪察者，犹不之觉，然其所演生之迹，乃不可磨灭。一社会一时代之共同心理、共同习惯，不能确指其为何时何人所造，而匹夫匹妇日用饮食之活动皆与有力焉，是其类也。吾所谓总成绩者，即指此两类之总和也。夫成绩者，今所现之果也，然必有昔之成绩以为之因；而今之成绩又自为因，以孕产将来之果；因果相续，如环无端，必寻出其因果关系，然后活动之继续性，可得而悬解也。然因果关系，至复赜而难理，一果或出数因，一因或产数果，或潜伏而易代乃显，或反动而别证始明，故史家以为难焉。

四　现代一般人活动之资鉴：凡作一书，必先问吾书将以供何等人之读，然后其书乃如隰之有畔，不致泛滥失归，且能针对读者以发生相当之效果。例如《资治通鉴》，其著书本意，专以供帝王之读，故凡帝王应有之史的智识无不备，非彼所需，则从摈阙。此诚绝好之"皇帝教科书"，而亦士大夫之怀才竭忠以事其上者所宜必读也。今日之史，其读者为何许人耶？既以民治主义立国，人人皆以国民一分子之资格立于国中，又以人类一分子之资格立于世界，共感于过去的智识之万不可缺，然后史之需求生焉。质言之，今日所需之史，则"国民资治通鉴"或"人类资治通鉴"而已。史家目的，在使国民察知现代之生活与过去未来之生活息息相关，而因以增加生活之兴味，睹遗产之丰厚，则欢喜而自壮；念先民辛勤未竟之业，则矍然思所以继志述事而不敢自暇逸；观其失败之迹与夫恶因恶果之递嬗，则知耻知惧；察吾遗传性之缺憾而思所以匡矫之也。夫如此，然后能将历史纳入现在生活界，使生密切之联锁；夫如此，则史之目的，乃为社会一般人而作，非为某权力阶级或某智识阶级而作，昭昭然也。

今人韦尔思有言："距今二百年前，世界未有一著述足称为史者。"(注一)夫中外古今书籍之以史名者亦多矣，何以谓竟无一史？则今世之史的观念，有以异于古所云也。我国二千年来史学，视他国为独昌。虽然，彼其体例，多属千余年前学者之所创；彼时所需要之史，与今不同。彼时学问未分科，凡百智识皆恃史以为之记载；故史之范围广漠无垠，积年愈久，为书愈多，驯至为一人毕生精力所不能殚读。吾侪居今日而读旧史，正所谓“披沙拣金，往往见宝”。离沙无金，固也；然数斗之沙，得金一颗，为事既已甚劳。况拣金之术，非尽人而能；苟误其涂，则取沙弃金，在所不免。不幸而中国现在历史的教育，乃正类是。

吾昔在友家见一八岁学童，其父面试以元明两代帝王世次及在位年数，童对客偻数，一无漏讹；倘此童而以他朝同一之事项质客（我）者，客惟有忸怩结舌而已。吾既叹异此童之慧敏，转念以如此慧敏之脑，而役以此等一无价值之劳动，其冤酷乃真无极也。

不宁惟是，旧史因专供特殊阶级诵读，故目的偏重政治，而政治又偏重中枢，遂致吾侪所认为极重要之史迹，有时反阙不载。试举其例：如巴蜀滇黔诸地，自古本为中华民族文化所未被，其次第同化之迹，治史者所亟欲闻也。而古代史上有两大役，实兹事之关键。其在巴蜀方面，为战国时秦司马错之定蜀；其在滇黔方面，为三国时蜀诸葛亮之平蛮。然而《史记》之叙述前事，仅得十一字；《三国志》之叙述后事，仅得六十四字（注二）；其简略不太甚耶？又如隋唐间佛教发达，其结果令全国思想界及社会情状生一大变化，此共见之事实也；然而遍读《隋书》、新旧《唐书》，此种印象，竟丝毫不能印入吾脑也。如元明间杂剧小说，为我文学界辟一新纪元，亦共见之事实也；然而遍读《元史》、《明史》，此间消息，乃竟未透漏一二也。又如汉之攘匈奴，唐之征突厥，皆间接予西方史迹以莫大之影响；明时欧人之“航海觅地热”，其影响之及于我者亦至巨；此参稽彼我年代事实而可见者。然而遍读汉唐明诸史，其能导吾以入于此种智识之涂径者，乃甚稀也。由此观之，彼旧史者，一方面因范围太滥，卷帙浩繁，使一般学子望洋而叹；一方面又因范围太狭，事实阙略，不能予吾侪以圆满的印象。是故今日而欲得一理想的中国史,以供现代中国人之资鉴者,非经新史家一番努力焉不可也。

今欲成一适合于现代中国人所需要之中国史,其重要项目,例如:

中华民族是否中国之原住民?抑移住民?

中华民族由几许民族混合而成?其混合醇化之迹何如?

中华民族最初之活动,以中国何部分之地为本据?何时代发展至某部分,何时代又发展至某部分?最近是否仍进行发展,抑已停顿?

外来蛮族——例如匈奴、突厥等,其与我共争此土者凡几?其来历何如?其纷争结果影响于我文化者何如?我文化之影响于彼者又何如?

世界他部分之文化民族——例如印度、欧洲等,其与我接触交通之迹何如?其影响于我文化者何如?我文化之影响于彼者又何如?

中华民族之政治组织——分治合治交迭推移之迹何如?

统治异民族及被统治于异民族,其成败之迹何如?

阶级制度——贵族平民奴隶之别,何时发生,何时消灭?其影响于政治者何如?

国内各种团体——例如家族团体、地方团体、宗教团体、职业团体等,其盛衰兴废何如?影响于政治者何如?

民治主义基础之有无?其久不发育之故安在?

法律因革损益之迹何如?其效力之及于社会者何如?

经济基件——衣食住等之状况,自初民时代以迄今日,其进化之大势何如?

农工商业更迭代嬗以占经济之主位,其推移之迹何如?

经济制度——例如货币之使用,所有权之保护,救济政策之施行等等,其变迁何如?其影响于经济状况者何如?

人口增殖移转之状况何如?影响于经济者何如?

与外国交通后所生经济之变动何如?

中国语言文字之特质何在?其变迁何如?其影响于文化者何如?

民族之根本思想何在?其各时代思潮蜕变之迹何如?

宗教信仰之情状及其变迁何如?

文化之继承及传播,其所用教育方式何如?其变迁及得失何如?

哲学、文学、美术、音乐、工艺、科学等,各时代进展之迹何如?其价值何如?

各时代所受外国文化之影响何如?我文化之曾贡献或将贡献于世界者何如?

上所论列不过略举纲领,未云详尽也。要之,现代之史,必注目于此等事项,校其总成绩以求其因果;然后史之为物,乃与吾侪之生活不生距离,而读史者乃能亲切而有味。举要言之,则中国史之主的如下:

第一,说明中国民族成立发展之迹,而推求其所以能保存盛大之故,且察其有无衰败之征。

第二,说明历史上曾活动于中国境内者几何族,我族与他族调和冲突之迹何如?其所产结果何如?

第三,说明中国民族所产文化,以何为基本,其与世界他部分文化相互之影响何如?

第四，说明中国民族在人类全体上之位置及其特性，与其将来对于人类所应负之责任。

遵斯轨也，庶可语于史矣。

（注一）看英人韦尔思 H. G. Wells 所著《史纲》（*Outline of History*）初版第二四七页。

（注二）《史记》叙秦定蜀事，仅《秦本纪》中有"六年，蜀侯煇反，司马错定之"十一字。《三国志》叙蜀平蛮事，仅《后主传》中有"三年春三月，丞相亮南征四郡，四郡皆平，改益州郡为建宁郡，分建宁、永昌郡为云南郡，又分建宁、牂牁为兴古郡"凡四十四字。又《诸葛亮传》中有"三年春，亮率众南征，其秋悉平，军资所出，国以富饶"凡二十字。此两役可谓史上极重要之事实，然正史所纪乃简略至此。使非有《战国策》、《华阳国志》等稍补其阙，则此西南徼两片大地，何以能与中原民族发生关系，吾侪将瞢无所知矣。

第二章　过去之中国史学界

人类曷为而有史耶？曷为惟人类为能有史耶？人类又曷为而贵有史耶？人类所以优胜于其他生物者，以其富于记忆力与模仿性，常能贮藏其先世所遗传之智识与情感，成为一种“业力”，以作自己生活基础。而各人在世生活数十年中，一方面既承袭所遗传之智识情感，一方面又受同时之人之智识情感所熏染，一方面又自浚发其智识情感，于是复成为一种新业力以贻诸后来。如是展转递增，展转递蜕，而世运乃日进而无极。此中关键，则在先辈常以其所经验之事实及所推想之事理指导后辈，后辈则将其所受之指导应用于实际生活，而经验与推想皆次第扩充而增长。此种方法，在高等动物中，已解用之。如犬、如猴……等等，常能以己之动作指导或暗示其幼儿，其幼儿亦不怠于记忆与模仿，此固与人类非大有异也。而人类所以优胜者，乃在记忆模仿之能继续。他种动物之指导暗示恒及身而止；第一代所指导暗示者，无术以传至第二第三代，故第二第三代之指导暗示，亦无以加乎其旧。人类不然，先代所指导所暗示，常能以记诵或记录的形式，传诸后代，历数百年数千年而不失坠。其所以能递增递蜕者皆恃此。此即史之所由起与史之所以为有用也。

最初之史乌乎起？当人类之渐进而形成一族属或一部落也，其族部之长老，每当游猎斗战之隙暇，或值佳辰令节，辄聚其子姓，三三五五，围炉藉草，纵谈己身或其先代所经之恐怖，所演之武勇……等等，听者则娓娓忘倦，兴会飙举。其间有格外奇特之情节可歌可泣者，则蟠镂于听众之脑中，湔拔不去，展转作谈料，历数代而未已，其事迹遂取得史的性质。所谓"十口相传为古"也。史迹之起原，罔不由是。今世北欧诸优秀民族如日耳曼人、荷兰人、英人等，每当基督诞节，犹有家族团聚彻夜谈故事之俗，其近代名著如熙礼尔之诗、华克拿之剧，多取材于此等传说，此即初民演史之遗影也。

最初之史用何种体裁以记述耶？据吾侪所臆推，盖以诗歌。古代文字传写甚不便，或且并文字亦未完具，故其对于过去影事之保存，不恃记录而恃记诵。而最便于记诵者，则韵语也。试观老聃之谈道，孔子之赞《易》，乃至秦汉间人所造之小学书，皆最喜用韵，彼其时文化程度已极高，犹且如此，古代抑可推矣。四《吠陀》中之一部分，印度最古之社会史宗教史也，皆用梵歌。此盖由人类文化渐进之后，其所受之传说日丰日赜，势难悉记，思用简便易诵之法以永其传；一方面则爱美的观念，日益发达，自然有长于文学之人，将传说之深入人心者播诸诗歌，以应社会之需，于是乎有史诗。是故邃古传说，可谓为"不文的"之史，其"成文的"史则自史诗始。我国史之发展，殆亦不能外此公例。古诗或删或佚，不尽传于今日，但以今存之《诗经》三百篇论，其属于纯粹的史诗体裁者尚多篇。例如：

《玄鸟篇》——天命玄鸟，降而生商。宅殷土芒芒。古帝命武汤，正域彼四方。……

《长发篇》——洪水芒芒，禹敷下土方。外大国是疆。……有娀方将，帝立子生商。玄王桓拨……率履不越。……相土烈烈，海外有截。……武王载旆，有虔秉钺。……韦顾既伐，昆吾夏桀。……

《殷武篇》——挞彼殷武，奋伐荆楚，罙入其阻。……昔有成汤，自彼氐羌，莫敢不来享，莫敢不来王。……

《生民篇》——厥初生民，时维姜嫄。……履帝武敏歆。……载震载夙，载生载育，时维后稷。……

《公刘篇》——笃公刘，匪居匪康。……乃裹糇粮，于橐于囊，……干戈戚扬，爰方启行。……笃公刘，于豳斯馆，涉渭为乱。取厉取锻，止基乃理。……

《六月篇》——六月栖栖，戎车既饬。……猃狁孔炽，我是用急。……猃狁匪茹，整居焦获。侵镐及方，至于泾阳。……薄伐猃狁，至于太原。文武吉甫，万邦为宪。

此等诗篇，殆可指为中国最初之史。《玄鸟》、《生民》等，述商周开国之迹，半杂神话；《殷武》、《六月》等，铺叙武功，人地粲然；观其诗之内容，而时代之先后亦略可推也。此等史诗，所述之事既饶兴趣，文章复极优美。一般人民咸爱而诵之，则相与讴思其先烈而笃念其邦家，而所谓“民族心”者，遂于兹播殖焉。史之最大作用，盖已见端矣。

中国于各种学问中，惟史学为最发达；史学在世界各国中，惟中国为最发达(二百年前，可云如此)。其原因何在，吾未能断言。然史官建置之早与职责之崇，或亦其一因也。泰西史官之建置沿革，吾未深考；中国则起原确甚古，其在邃古，如黄帝之史仓颉、沮诵等，虽不必深信，然最迟至殷时必已有史官，则吾侪从现存金文甲文诸遗迹中可以证明。吾侪又据《尚书》、《国语》、《左传》诸书所称述，确知周代史职已有分科，有大史、小史、内史、外史、左史、右史等名目。又知不惟王朝有史官，乃至诸侯之国及卿大夫之家，莫不皆有(注一)。又知古代史官实为一社会之最高学府,其职不徒在作史而已,乃兼为王侯公卿之高等顾问,每遇疑难,咨以决焉(注二)。所以者何?盖人类本有恋旧之通性,而中国人尤甚;故设专司以记录旧闻,认为国家重要政务之一。既职在记述,则凡有关于人事之簿籍,皆归其保存,故史官渐成为智识之中枢(注三)。又古代官人以世,其累代袭此业者渐形成国中之学问阶级。例如周任、史佚之徒,几于吐辞为经;先秦第一哲学家老子,其职即周之守藏史也。汉魏以降,世官之制虽革,而史官之华贵不替。所谓"文学侍从之臣",历代皆妙选人才以充其职。每当易姓之后,修前代之史,则更网罗一时学者,不遗余力,故得人往往称盛焉。三千年来史乘,常以此等史官之著述为中心。虽不无流弊(说详下),然以专才任专职,习惯上法律上皆认为一种重要事业。故我国史形式上之完备,他国殆莫与京也。

古代史官所作史,盖为文句极简之编年体。晋代从汲冢所得之《竹书纪年》,经学者考定为战国时魏史官所记者,即其代表。惜原书今复散佚,不能全睹其真面目。惟孔子所修《春秋》,体裁似悉依鲁史官之旧。吾侪得藉此以窥见古代所谓正史者,其内容为何如。《春秋》第一年云:

> 元年,春,王正月。三月,公及邾仪父盟于蔑。夏,五月,郑伯克段于鄢。秋,七月,天王使宰咺来归惠公、仲子之赗。九月,及宋人盟于宿。冬,十有二月,祭伯来。公子益师卒。

吾侪以今代的史眼读之,不能不大诧异:第一,其文句简短,达于极点,每条最长者不过四十余字(如定四年云:"三月,公会刘子、晋侯、宋公、蔡侯、卫侯、陈子、郑伯、许男、曹伯、莒子、邾子、顿子、胡子、滕子、薛伯、杞伯、小邾子、齐国夏于召陵,侵楚。"),最短者乃仅一字(如隐八年云:"螟。")。第二,一条纪一事,不相联属,绝类村店所用之流水帐簿。每年多则十数条,少则三四条(《竹书纪年》记夏殷事,有数十年乃得一条者);又绝无组织,任意断自某年,皆成起讫。第三,所记仅各国宫廷事,或宫廷间相互之关系,而于社会情形一无所及。第四,天灾地变等现象,本非历史事项者,反一一注意详记。吾侪因此可推知当时之史的观念及史的范围,非惟与今日不同,即与秦汉后亦大有异。又可见当时之史,只能谓之簿录,不能谓之著述。虽然,世界上正式的年代史,恐不能不推我国史官所记为最古(注四)。《竹书纪年》起自夏禹,距今既四千年。即《春秋》为孔子断代之书,亦既当西纪前七二二至[前]四八一年;其时欧洲史迹有年可稽者尚绝稀也。此类之史,当春秋战国间,各国皆有。故孟子称"晋之《乘》,楚之《梼杌》,鲁之《春秋》";墨子称"周之《春秋》,燕之《春秋》,宋之《春秋》",又称"百国《春秋》",则其时史书之多,略可概见。乃自秦火之后,荡然无存,司马迁著书时,已无由资其参验(注五)。汲冢幸得硕果,旋又坏于宋后之窜乱(注六)。而孔子所修,又借以寄其微言大义,只能作经读,不能作史读(注七)。于是二千年前烂若繁星之古史,竟无一完璧以传诸今日。吁!可伤也。

同时复有一种近于史类之书。其名曰"书",或曰"志",或曰"记"。今六经中之《尚书》,即属此类。《汉书·艺文志》谓:"左史记言,右史记事;事为《春秋》,言为《尚书》。"此种严格的分类,是否古代所有,虽属疑问,要之此类记载,必发源甚古。观春秋战国时人语常引《夏志》、《商志》、《周志》,或《周书》、《周记》等文,可知也。此等书盖录存古代策命告誓之原文,性质颇似档案,又似文选。但使非出杜撰,自应认为最可宝之史料。盖不惟篇中所记事实,直接有关于史迹，即单词片语之格言，亦有时代思想之背景在其后也。此类书现存者有《尚书》二十八篇(注八)，其年代上起尧舜，下讫春秋之秦穆。然应否全部认为正当史料，尚属疑问。此外尚有《逸周书》若干篇，真赝参半(注九)，然其真之部分，吾侪应认为与《尚书》有同等之价值也。

《春秋》、《尚书》二体，皆可称为古代正史，然此外尚非无史籍焉。盖文字之用既日广，畴昔十口相传者，渐皆著诸竹帛，其种类非一。例如《左传》所称《三坟》、《五典》、《八索》、《九丘》，《庄子》所称《金版》、《六弢》，《孟子》所云"于《传》有之"，其书今虽皆不传，然可悬想其中所记皆前言往行之属也。汲冢所得古书，有《琐语》，有《杂书》，有《穆天子传》；其《杂书》中，有《周食田法》，有《美人盛姬死事》(《穆天子传》及《美人盛姬死事》今存，《琐语》亦有辑佚本)。凡此皆正史以外之记录，即后世别史杂史之滥觞。计先秦以前此类书当不少，大抵皆经秦火而亡。《汉书·艺文志》中各书目，或有一部分属此类，惜今并此不得见矣。

右三类者，或为形式的官书，或为备忘的随笔，皆未足以言著述。史学界最初有组织之名著，则春秋战国间得二书焉，一曰左丘之《国语》，二曰不知撰人之《世本》。左丘或称左丘明；今本《左传》，共称为彼所撰。然据《史记》所称述，则彼固名丘不名丘明，仅撰《国语》而未撰《左传》。或谓今本《左传》乃汉人割裂《国语》以伪撰，其说当否且勿深论。但《国语》若既经割裂，则亦必须与《左传》合读，然后左氏之面目得具见也。左氏书之特色：第一，不以一国为中心点，而将当时数个主要的文化国，平均叙述。盖自《春秋》以降，我族已渐为地方的发展，非从各方面综合研究，不能得其全相。当时史官之作大抵皆偏重王室，或偏重于其本国(例如《春秋》以鲁为中心；《竹书纪年》自周东迁后，以晋为中心；三家分晋后，以魏为中心)。

左氏反是，能平均注意于全部。其《国语》将周、鲁、齐、晋，郑、楚、吴、越诸国分篇叙述，无所偏畸。《左传》是否原文，虽未敢断，即以今本论之，其溥遍的精神，固可见也。第二，其叙述不局于政治，常涉及全社会之各方面。左氏对于一时之典章与大事固多详叙；而所谓"琐语"之一类，亦采择不遗。故能写出当时社会之活态，予吾侪以颇明了之印象。第三，其叙事有系统，有别裁，确成为一种"组织体的"著述。彼"帐簿式"之《春秋》，"文选式"之《尚书》，虽极庄严典重，而读者寡味矣。左氏之书，其断片的叙事，虽亦不少；然对于重大问题，时复溯原竟委，前后照应，能使读者相悦以解。此三特色者，皆以前史家所无。刘知几云："左氏为书，不遵古法。……然而言事相兼，烦省合理。"(《史通·载言篇》)诚哉然也。故左丘可谓商周以来史界之革命也，又秦汉以降史界不祧之大宗也。左丘旧云孔子弟子；但细读其书，颇有似三家分晋、田氏篡齐以后所追述者。苟非经后人窜乱，则此公著书，应在战国初年，恐不逮事孔子矣。希腊大史家希罗多德生于纪前四八四年，即孔子卒前六年，恰与左氏并世。不朽大业，东西同揆，亦人类史中一佳话也。

《世本》一书，宋时已佚，然其书为《史记》之蓝本，则司马迁尝自言之。今据诸书所征引，知其内容篇目有《帝系》，有《世家》，有《传》，有《谱》，有《氏姓篇》，有《居篇》，有《作篇》。《帝系》、《世家》及《氏姓篇》，叙王侯及各贵族之系牒也；《传》者，记名人事状也；《谱》者，年表之属，史注所谓旁行斜上之《周谱》也；《居篇》则汇纪王侯国邑之宅都焉；《作篇》则纪各事物之起原焉(注十)。吾侪但观其篇目，即可知其书与前史大异者两点：其一，开后此分析的综合的研究之端绪。彼能将史料纵切横断，分别部居，俾读者得所比较以资推论也。其二，特注重于社会的事项。前史纯以政治为中心，彼乃详及氏姓、居、作等事，已颇具文化史的性质也。惜著述者不得其名，原书且久随灰烬，而不然者，当与左氏同受吾侪尸祝也。

史界太祖，端推司马迁。迁之年代，后左丘约四百年。此四百年间之中国社会，譬之于水，其犹经百川竞流波澜壮阔以后，乃汇为湖泊，恬波不扬。民族则由分展而趋统一；政治则革阀族而归独裁；学术则倦贡新而思竺旧。而迁之《史记》，则作于其间。迁之先，既世为周史官；迁袭父谈业，为汉太史；其学盖有所受。迁之自言曰："余所谓述故事，整齐其世传，非所谓作也。"(《太史公自序》)然而又曰："考之行事，稽其成败兴坏之理……欲以究天人之际，通古今之变，成一家之言。"(《报任安书》)盖迁实欲建设一历史哲学，而借事实以为发明。故又引孔子之言以自况，谓："载之空言，不如见之行事之深切著明。"(《自序》)旧史官纪事实而无目的，孔子作《春秋》，时或为目的而牺牲事实。其怀抱深远之目的而又忠勤于事实者，惟迁为兼之。迁书取材于《国语》、《世本》、《战国策》、《楚汉春秋》……等，以十二本纪、十表、八书、三十世家、七十列传组织而成。其本纪以事系年，取则于《春秋》；其八书详纪政制，蜕形于《尚书》；其十表稽牒作谱，印范于《世本》；其世家列传，既宗雅记，亦采琐语，则《国语》之遗规也。诸体虽非皆迁所自创，而迁实集其大成，兼综诸体而调和之，使互相补而各尽其用。此足征迁组织力之强，而文章技术之妙也。班固述刘向扬雄之言，谓"迁有良史之材，善序事理"(《汉书》本传赞)。郑樵谓"自《春秋》后，惟《史记》擅制作之规模"(《通志·总序》)，谅矣。其最异于前史者一事，曰以人物为本位。故其书厕诸世界著作之林，其价值乃颇类布尔达克之《英雄传》，其年代略相先后(布尔达克后司马迁约二百年)，其文章之佳妙同，其影响所被之广且远，亦略同也。后人或能讥弹迁书；然迁书固已皋牢百代，二千年来所谓正史者，莫能越其范围。岂后人创作力不逮古耶？抑迁自有其不朽者存也。

司马迁以前，无所谓史学也。《汉书·艺文志》以史书附于六艺略之春秋家，著录者仅四百二十五篇（其在迁前者，仅百九十一篇）；及《隋书·经籍志》史部著录，乃骤至一万六千五百八十五卷，数百年间，加增四十倍。此迁以后史学开放之明效也。古者惟史官为能作史。私人作史，自孔子始。然孔子非史家，吾既言之矣。司马迁虽身为史官，而其书实为私撰。观其传授渊源，出自其外孙杨恽，斯可证也（看《汉书》恽传）。迁书出后，续者蜂起：见于本书者有褚少孙；见于《七略》者有冯商；见于《后汉书·班彪传注》及《史通》者，有刘向等十六人；见于《通志》者有贾逵。其人大率皆非史官也。班固虽尝为兰台令史，然其著《汉书》，实非以史官资格，故当时犹以私改史记构罪系狱焉（看《后汉书》本传）。至如鱼豢、孙盛、王铨、王隐、习凿齿、华峤、陈寿、袁宏、范晔、何法盛、臧荣绪辈，则皆非史官（看《史通·正史篇》）。曷为古代必史官乃能作史，而汉以后则否耶？世官之制，至汉已革，前此史官专有之智识，今已渐为社会所公有，此其一也。文化工具日新，著写传钞收藏之法皆加便，史料容易搜集，此其二也。迁书既美善，引起学者研究兴味，社会靡然向风，此其三也。自兹以还，蔚为大国。两晋六朝，百学芜秽；而治史者独盛，在晋尤著。读《隋书·经籍志》及清丁国钧之《补晋书艺文志》可见也。故吾常谓，晋代玄学之外，惟有史学；而我国史学界亦以晋为全盛时代。

断代为史，始于班固。刘知几极推尊此体，谓"其包举一代，撰成一书，学者寻讨，易为其功"（《史通·六家篇》）。郑樵则极诋之，谓"善学司马迁者，莫如班彪。彪续迁书，自孝武至于后汉。欲令后人之续己，如己之续迁，既无衍文，又无绝绪。……固为彪之子，不能传其业。……断代为史，无复相因之格。……会通之道，自此失矣。"（《通志·总序》）此两种反对之批评，吾侪盖袒郑樵。樵从编纂义例上论断代之失，其言既已博深切明（看原文）。然迁固两体之区别，在历史观念上尤有绝大之意义焉：《史记》以社会全体为史的中枢，故不失为国民的历史；《汉书》以下则以帝室为史的中枢，自是而史乃变为帝王家谱矣。夫史之为状，如流水然，抽刀断之，不可得断。今之治史者，强分为古代、中世、近世，犹苦不能得正当标准；而况可以一朝代之兴亡为之划分耶？史名而冠以朝代，是明告人以我之此书为某朝代之主人而作也。是故南朝不得不谓北为"索虏"，北朝不得不谓南为"岛夷"，王凌、诸葛诞、毌丘俭之徒，著晋史者势不能不称为贼，而虽以私淑孔子自命维持名教之欧阳修，其《新五代史》开宗明义第一句，亦不能不对于积年剧盗朱温其人者，大书特书称为"太祖神武元圣孝皇帝"也。断代史之根本谬误在此，而今者官书二十四部，咸率循而莫敢立异，则班固作俑之力，其亦伟矣。

章学诚曰："迁书一变而为班氏之断代，迁书通变化，而班氏守绳墨，以示包括也。后世失班史之意，而以纪、表、志、传，同于科举之程式，官府之簿书，则于记注撰述，两无所取。"又曰："纪传行之千有余年，学者相承，殆如夏葛冬裘，渴饮饥食，无更易矣。然无别识心裁可以传世行远之具……"（《文史通义·书教篇》）。此言班书以下，作者皆陈陈相因，无复创作精神。其论至痛切矣。

然今所谓二十四史者，其品之良秽亦至不齐。同在一体裁中，而价值自固有高下。前人比较评骘之论既甚多，所评当否，当由读者自悬一标准以衡审之，故今不具论。惟有一明显之分野最当注意者，则唐以前书皆私撰而成于一人之手，唐以后书皆官撰而成于多人之手也。最有名之马、班、范、陈四史皆出私撰，前已具陈。即沈约、萧子显、魏收之流，虽身为史官，奉敕编述，然其书什九，独力所成。自唐太宗以后，而此风一变。太宗既以雄才大略，削平天下，又以“右文”自命，思与学者争席。因欲自作陆机、王羲之两传赞，乃命史臣别修《晋书》，书成而旧著十八家俱废（看《史通·正史篇》）。同时又敕撰梁陈齐周隋五书，皆大开史局，置员猥多，而以贵官领其事。自兹以往，习为成例。于是著作之业，等于奉公；编述之人，名实乖迕。例如房乔、魏徵、刘煦、托克托、宋濂、张廷玉等，尸名为某史撰人，而实则于其书无与也。盖自唐以后，除李延寿《南史》、《北史》，欧阳修《新五代史》之外，其余诸史，皆在此种条件之下而成立者也。此种官撰合撰之史，其最大流弊，则在著者无责任心。刘知几伤之曰：“每欲记一事载一言，皆阁笔相视，含毫不断。故头白可期，汗青无日。”又曰：“史官记注，取禀监修。一国三公，适从何在？”（《史通·忤时篇》）既无从负责，则群相率于不负责，此自然之数矣。坐此之故，则著者之个性湮灭，而其书无复精神。司马迁忍辱发愤，其目的乃在“成一家之言”。班范诸贤，亦同斯志，故读其书而著者之思想品格皆见焉。欧阳修《新五代史》，其价值如何，虽评者异辞，要之固修之面目也。若隋、唐、宋、元、明诸史，则如聚群匠共画一壁，非复艺术，不过一绝无生命之粉本而已。坐此之故，并史家之技术，亦无所得施。史料之别裁，史笔之运用，虽有名手，亦往往被牵掣而不能行其志，故愈晚出之史，卷帙愈增，而芜累亦愈甚也（《明史》不在此例）。万斯同有言：“治史者，譬如入人之室，始而周其堂寝匽湢焉，继而知其蓄产礼俗焉，久之，其男女少长性质刚柔轻重无不习察，然后可制其家之事也。官修之史，仓卒而成于众人，不暇择其材之宜与事之习，是犹招市人而与谋室中之事耳。”（方苞撰《万季野墓表》）此言可谓博深切明。盖我国古代史学，因置史官而极发达，其近代史学，亦因置史官而渐衰敝，则史官之性质，今有以异于古所云也。

与纪传体并峙者为编年体。帐簿式之旧编年体，起原最古，既如前述。其内容丰富而有组织之新编年体，旧说以为起于《左传》。虽然，以近世学者所考订，则左氏书原来之组织殆非如是。故论此体鼻祖，与其谓祖左氏，毋宁谓祖陆贾之《楚汉春秋》。惜贾书今佚，其真面目如何，不得确知也。汉献帝以《汉书》繁博难读，诏荀悦要删之；悦乃撰为《汉纪》三十卷，此现存新编年体之第一部书也。悦自述谓："列其年月，比其时事。撮要举凡，存其大体，以副本书。"又谓："省约易习，无妨本书。"语其著作动机，不过节钞旧书耳。然结构既新，遂成创作。盖纪传体之长处，在内容繁富，社会各部分情状，皆可以纳入；其短处在事迹分隶凌乱，其年代又重复，势不可避。刘知几所谓："同为一事，分为数篇，断续相离，前后屡出。……又编次同类，不求年月……故贾谊与屈原同列，曹沫与荆轲并编。"（《史通·二体篇》）此皆其弊也。《汉纪》之作，以年系事，易人物本位为时际本位，学者便焉。悦之后，则有张璠袁宏之《后汉纪》，孙盛之《魏春秋》，习凿齿之《汉晋春秋》，干宝徐广之《晋纪》，裴子野之《宋略》，吴均之《齐春秋》，何之元之《梁典》……等（现存者仅荀袁二家）。盖自班固以后，纪传体既断代为书，故自荀悦以后，编年体亦循其则。每易一姓，纪传家既为作一书，编年家复为作一纪，而皆系以朝代之名，断代施诸纪传，识者犹讥之；编年效颦，其益可以已矣。宋司马光毅然矫之，作《资治通鉴》，以续《左传》。上纪战国，下终五代（西纪前四〇三至后九五九），千三百六十二年间大事，按年纪载，一气衔接。光本邃于掌故（观所著《涑水纪闻》可见），其别裁之力又甚强（观《通鉴考异》可见），其书断制有法度。胡三省注而序之曰："温公遍阅旧史，旁采小说，抉擿幽隐，荟萃为书。而修书分属，汉则刘攽，三国讫于南北朝则刘恕，唐则范祖禹，皆天下选也，历十九年而成。"其所经纬规制，确为中古以降一大创作。故至今传习之盛，与《史》《汉》埒。后此朱熹因其书稍加点窜，作《通鉴纲目》，窃比孔氏之《春秋》，然终莫能夺也。光书既讫五代，后人纷纷踵而续之，卒未有能及光者。故吾国史界，称前后两司马焉。

善钞书者可以成创作。荀悦《汉纪》而后，又见之于宋袁枢之《通鉴纪事本末》。编年体以年为经，以事为纬，使读者能瞭然于史迹之时际的关系，此其所长也。然史迹固有连续性，一事或亘数年或亘百数十年，编年体之纪述，无论若何巧妙，其本质总不能离帐簿式。读本年所纪之事，其原因在若干年前者，或已忘其来历；其结果在若干年后者，苦不能得其究竟。非直翻检为劳，抑亦寡味矣。枢钞《通鉴》，以事为起讫，千六百余年之书，约之为二百三十有九事。其始亦不过感翻检之苦痛，为自己研究此书谋一方便耳。及其既成，则于斯界别辟一蹊径焉。杨万里叙之曰："搴事之成，以后于其萌；提事之微，以先于其明。其情匿而泄，其故悉而约。"盖纪传体以人为主，编年体以年为主，而纪事本末体以事为主。夫欲求史迹之原因结果以为鉴往知来之用，非以事为主不可。故纪事本末体，于吾侪之理想的新史最为相近，抑亦旧史界进化之极轨也。章学诚曰："《本末》之为体，因事命篇，不为常格；非深知古今大体天下经纶，不能网罗隐括，无遗无滥。文省于纪传，事豁于编年；决断去取，体圆用神。……在袁氏初无其意，且其学亦未足语此。……但即其成法，沉思冥索，加以神明变化，则古史之原，隐然可见。"(《文史通义·书教篇》)其论当矣。枢所述仅局于政治，其于社会他部分之事项多付阙如。其分目又仍涉琐碎，未极贯通之能事。然彼本以钞《通鉴》为职志，所述不容出《通鉴》外，则著书体例宜然。即提要钩元之功，亦愈后起而愈易致力，未可以吾侪今日之眼光苛责古人也。枢书出后，明清两代踵作颇多。然谨严精粹，亦未有能及柩者。

纪传体中有书志一门，盖导源于《尚书》，而旨趣在专纪文物制度，此又与吾侪所要求之新史较为接近者也。然兹事所贵在会通古今，观其沿革。各史既断代为书，乃发生两种困难：苟不追叙前代，则源委不明；追叙太多，则繁复取厌。况各史非皆有志，有志之史，其篇目亦互相出入。遇所阙遗，见斯滞矣。于是乎有统括史志之必要。其卓然成一创作以应此要求者，则唐杜佑之《通典》也。其书“采五经群史，上自黄帝，至于有唐天宝之末。每事以类相从，举其始终历代沿革废置，及当时群士论议得失，靡不条载，附之于事。如人支脉，散缀于体。”（李翰序文）此实史志著作之一进化也。其后元马端临仿之作《文献通考》，虽篇目较繁备，征引较杂博，然无别识，无通裁（章学诚《文史通义》评彼书语），仅便缮检而已。

有《通鉴》而政事通，有《通典》而政制通，正史断代之不便矫正过半矣，然犹未尽也。梁武帝敕吴均等作《通史》，上自汉之太初，下终齐室，意欲破除朝代界限，直接迁书，厥意甚盛。但其书久佚，无从批评。刘知几讥其芜累，谓“使学者宁习本书，怠窥新录”（《史通·六家篇》），想或然也。宋郑樵生左马千岁之后，奋高掌，迈远蹠，以作《通志》，可谓豪杰之士也，其《自序》抨击班固以下断代之弊，语语皆中窍要。清章学诚益助樵张目。尝曰：“《通史》之修，其便有六：一曰免重复，二曰均类例，三曰便铨配，四曰平是非，五曰去抵牾，六曰详邻事。其长有二：一曰具剪裁，二曰立家法。”又曰：“郑氏《通志》，卓识名理，独见别裁。古人不能任其先声，后代不能出其规范。虽事实无殊旧录，而诸子之意，寓于史裁。”（《文史通义·释通篇》）其所以推奖者至矣。吾侪固深赞郑章之论，认《通史》之修为不可以已；其于樵之别裁精鉴，亦所心折。虽然，吾侪读《通志》一书，除二十略外，竟不能发见其有何等价值。意者仍所谓"宁习本书，怠窥新录"者耶？樵虽抱宏愿，然终是向司马迁圈中讨生活。松柏之下，其草不植，樵之失败，宜也。然仅《二十略》，固自足以不朽。史界之有樵，若光芒竟天之一彗星焉。

右所述为旧目录家所指纪传、编年、纪事本末、政书之四体，皆于创作之人加以评骘，而踵效者略焉。二千年来斯学进化轨迹，略可见矣。自余史部之书，《隋书·经籍志》分为杂史、霸史、起居注、故事、职官、杂传、仪注、刑法、目录、谱牒、地理，凡十一门。《史通·杂述篇》胪举偏记、小录、逸事、琐言、郡书、家史、别传、杂记、地理书、都邑簿，凡十种。此后累代著录，门类皆小异而大同。以吾观之，可中分为二大类：一曰供后人著史之原料者，二曰制成局部的史籍者。第一类，并未尝经锤炼组织，不过为照例的或一时的记录，备后世作者之搜采。其在官书，则如起居注、实录、谕旨、方略之类，如仪注、通礼、律例、会典之类。其在私著，则或专纪一地方，如赵岐《三辅决录》、潘岳《关中记》等；或在一地方中复专纪一事类，如陆机《建康宫殿记》、杨衒之《洛阳伽蓝记》、杨孚《交州异物志》等；或专纪一时代，如陆贾《楚汉春秋》、王度《二石伪治时事》等；或在一时代中专纪一事，如《晋修复山陵故事》、《晋八王故事》等；有专纪一类人物者，如刘向《列女传》、皇甫谧《高士传》等；有纪人物复限于一地方或一年代者，如陈寿《益部耆旧传》、谢承《会稽先贤传》、袁敬仲《正始名士传》等；有专为一家或一人作传者，如江统之《江氏家传》、范汪之《范氏家传》、慧立之《慈恩法师传》等；或记载游历见闻，如郭象《述征记》、法显《佛国记》等；或采录异闻，作半小说体，如《山海经》、《穆天子传》、《飞燕外传》等；或拾遗识小，聊供谈噱，如刘义庆《世说》、裴荣期《语林》等。凡此皆未尝以述作自居，惟取供述作者之资料而已（右所举例，皆取诸隋唐两志。其书今存者希）。

其第二类，则搜集许多资料，经一番组织之后，确成一著述之体裁。但所叙者专属于某种事状，其性质为局部的，而与正史编年等含有普遍性质者殊科焉。此类之书，发达最早者为地方史，常璩之《华阳国志》，其标本也，其流衍为各省府州县之方志。次则法制史，如《历代职官表》、《历代盐法志》等类。次则宗教或学术史，如《佛祖历代通载》、《明儒学案》等类。其余专明一义，如律历、金石、目录……等等，所在多有；然裒然可观者实稀。盖我国此类著述，发达尚幼稚也。

史籍既多，则注释考证，自然踵起。注释有二：一曰注训诂，如裴骃、徐野民等之于《史记》，应劭、如淳等之于《汉书》。二曰注事实，如裴松之之于《三国志》。前者于史迹无甚关系，后者则与本书相辅矣。考证者，所以审定史料之是否正确，实为史家求征信之要具。《隋书·经籍志》有刘宝之《汉书驳议》，姚察之《定汉书疑》，盖此类书之最古者。司马光既写定《通鉴》，即自为《考异》三十卷，亦著述家之好模范也。大抵考证之业，宋儒始引其绪，刘攽、洪迈辈之书稍有可观。至清而大盛，其最著者如钱大昕之《廿二史考异》，王鸣盛之《十七史商榷》，赵翼之《廿二史劄记》。其他关于一书一篇一事之考证，往往析入豪芒，其作者不可偻指焉。

近代著录家多别立史评一门，史评有二：一，批评史迹者；二，批评史书者。批评史迹者，对于历史上所发生之事项而加以评论。盖《左传》、《史记》已发其端，后此各正史及《通鉴》皆因之。亦有泐为专篇者，如贾谊《过秦论》、陆机《辨亡论》之类是也。宋明以后，益尚浮议，于是有史论专书，如吕祖谦之《东莱博议》、张溥之《历代史论》等。其末流只以供帖括剿说之资，于史学无与焉。其较有价值者，为王夫之之《读通鉴论》、《宋论》。虽然，此类书无论若何警拔，总易导读者入于奋臆空谈一路，故善学者弗尚焉。

批评史书者，质言之，则所评即为历史研究法之一部分，而史学所赖以建设也。自有史学以来二千年间，得三人焉：在唐则刘知几，其学说在《史通》；在宋则郑樵，其学说在《通志·总序》及《艺文略》、《校雠略》、《图谱略》；在清则章学诚，其学说在《文史通义》。知几之自述曰："《史通》之为书也，盖伤当时载笔之士，其义不纯；思欲辨其指归，殚其体统。其书虽以史为主，而余波所及，上穷王道，下掞人伦。……盖谈经者恶闻服杜之嗤，论史者憎言班马之失，而此书多讥往哲，善述前非，获罪于时，固其宜矣。"(《史通·自叙》)樵之自述曰："凡著书者虽采前人之书，必自成一家之言。……臣今总天下之大学术而条其纲目，名之曰略，凡二十略。百代之宪章，学者之能事，尽于此矣。其五略，汉唐诸儒所得而闻；其十五略，汉唐之儒所不得而闻也。"又曰："夫学术造诣，本乎心识，如人入海，一入一深。臣之二十略，皆臣自有所得，不用旧史之文。"(《通志·总序》)学诚自述曰："郑樵有史识而未有史学，曾巩具史学而不具史法，刘知几得史法而不得史意，此予《文史通义》所为作也。"(《志隅·自序》)又曰："拙撰《文史通义》，中间议论开辟，实有不得已而发挥，为千古史学辟其榛芜。然恐惊世骇俗，为不知己者诟厉。"(《与汪辉祖书》)又曰："吾于史学，自信发凡起例，多为后世开山，而人乃拟吾于刘知几。不知刘言史法，吾言史意；刘议馆局纂修，吾议一家著述。"(《家书》二)读此诸文，可以知三子者之所以自信为何如，又可知彼辈卓识，不见容于并时之流俗也。窃常论之，刘氏事理缜密，识力锐敏；其勇于怀疑，勤于综核，王充以来，一人而已。其书中《疑古》、《惑经》诸篇，虽于孔子亦不曲徇，可谓最严正的批评态度也。章氏谓其所议仅及馆局纂修，斯固然也。然鉴别史料之法，刘氏言之最精，非郑章所能逮也。郑氏之学，前段已略致评。章氏评之谓："其精要在乎义例，盖一家之言，诸子之学识，而寓于诸史之规矩。"(《文史通义·释通篇》)又谓："《通志》例有余而质不足以副。"(《与邵二云书》)皆可谓知言。然刘章惟有论史学之书，而未尝自著成一史；郑氏则既出所学以与吾人共见，而确信彼自有其不朽者存矣。章氏生刘郑之后，较其短长以自出机杼，自更易为功。而彼于学术大原，实自有一种融会贯通之特别见地。故所论与近代西方之史家言多有冥契。惜其所躬自撰述者，仅限于方志数种，未能为史界辟一新天地耳。

要之自有左丘、司马迁、班固、荀悦、杜佑、司马光、袁枢诸人，然后中国始有史。自有刘知几、郑樵、章学诚，然后中国始有史学矣。至其持论多有为吾侪所不敢苟同者，则时代使然，环境使然，未可以居今日而轻谤前辈也。

吾草此章将竟，对于与吾侪最接近之清代史学界，更当置数言。前清为一切学术复兴之时代，独于史界之著作，最为寂寥。唐宋去今如彼其远，其文集、杂著中所遗史迹，尚累累盈望。清则舍官书及谀墓文外，殆无余物可以相饷；史料之涸乏，未有如清者也。此其故不难察焉，试一检康雍乾三朝诸文字之狱，则知其所以钳吾先民之口而夺之气者，其凶悍为何如。其敢于有所论列而幸免于文网者，吾见全祖望一人而已(看《鲒埼亭集》)。窃位者一意摧残文献以谋自固；今位则成闰矣，而已湮已乱之文献终不可复，哀哉耗矣。

虽然，士大夫之聪明才力，终不能无所用，故压于此者伸于彼；史学之在清代，亦非无成绩之可言。章学诚之卓荦千古，前既论之矣。此外关于史界，尚有数种部分的创作：其一，如顾祖禹之《读史方舆纪要》，其书有组织，有断制，全书百三十卷一气呵成为一篇文字，以地理形势为经，而纬之以史迹。其善于驾驭史料盖前人所莫能逮，故魏禧称为“数千百年绝无仅有之书”也。其二，如顾栋高之《春秋大事表》，将全部《左传》拆碎，而自立门类以排比之。善用其法，则于一时代之史迹能深入而显出矣。其三，如黄宗羲之《明儒学案》，实为中国有学史之始。其书有宗旨，有条贯，异乎钞撮驳杂者。其四，如赵翼之《廿二史劄记》，此书虽与钱大昕、王鸣盛之作齐名(见前)，然性质有绝异处。钱王皆为狭义的考证，赵则教吾侪以搜求抽象的史料之法。昔人言“属辞比事，《春秋》之教”，赵书盖最善于比事也。此法自宋洪迈《容斋随笔》渐解应用，至赵而其技益进焉。此四家者，皆卓然有所建树，足以自附于述作之林者也。

其他又尚有数类书，在清代极为发达：(一)表志之补续，自万斯同著《历代史表》后，继者接踵，各史表志之缺，殆已补缀无遗，且所补常有突过前作者。(二)史文之考证，考证本为清代朴学家专门之业，初则仅用以治经，继乃并用以治史。此类之书有价值者毋虑百数十种。对于古籍，订讹纠缪，经此一番整理，为吾侪省无限精力。(三)方志之重修，各省府州县志，什九皆有新修本，董其事者皆一时名士，乃至如章学诚辈之所怀抱，皆借此小试焉。故地方史蔚然可观，为前代所无。(四)年谱之流行，清儒为古代名人作年谱者甚多，大率皆精诣之作。章学诚所谓“一人之史而可以与家史国史一代之史相取证”者也。(五)外史之研究，自魏源、徐松等喜谈边徼形事，渐引起研究蒙古史迹之兴味。洪钧之《元史译文证补》知取材于域外，自此史家范围益扩大，渐含有世界性矣。凡此皆清代史学之成绩也。虽然，清儒所得自效于史学界者而仅如是，固已为史学界之不幸矣。

我国史学根柢之深厚既如彼，故史部书之多亦实可惊。今刺取累代所著录之部数卷数如下：

《汉书·艺文志》	一一部	四二五篇
《隋书·经籍志》	八一七部	一三二六四卷
《旧唐书·经籍志》	八八四部	一七九四六卷
《宋史·艺文志》	二一四七部	四三一〇九卷
《通志·艺文略》	二三〇一部	三七六一三卷（图谱在外）
《文献通考·经籍考》	一〇三六部	二四〇九六卷
《明史·艺文志》	一三一六部	三〇〇五一卷（限于明代人著作）
《清四库书目》	二一七四部	三七〇四九卷（存目合计）

右所著录者代代散佚。例如《隋志》之万三千余卷，今存者不过十之一二；《明志》之三万余卷，采入四库者亦不过十之一二；而现存之四库未收书及四库编定后续出之书，尚无虑数万卷。要而言之，自左丘、司马迁以后，史部书曾著竹帛者最少亦应在十万卷以外。其质之良否如何，暂且勿问，至于其量之丰富，实足令吾侪挢舌矣。此二千年来史学经过之大凡也。

（注一）殷周史官人名见于古书者，如夏太史终古、殷内史向挚，见《吕览·先识》。周史佚，见《周书·世俘》、《左·僖十五》、《周语上》。史扁，见《文选注》引《六韬》。太史辛甲，见《左·襄四》、《晋语》、《韩非·说林》。太史周任，见《论语》、《左·隐六》。左史戎夫，见《周书》、《史记》。史角，见《吕览·当染》。史伯，见《郑语》。内史过，见《左·庄三十二》、《周语上》。内史叔兴，见《左·僖十六、二十八》、《周语上》。内史叔兴，见《左·文元》。太史儋，见《史记·老子传》。史大弢，见《庄子·则阳》。右吾杂举所记忆者如此，尚未备也。

各国史官可考者，鲁有太史，见《左·昭二》。郑有太史，见《左·昭元》。齐有太史、南史，见《左·襄二十五》。楚有左史，见《左·昭十二》、《楚语上》。秦、赵皆有御史，见《史记·廉蔺传》。薛有传史，见《史记·孟尝传》。其人名可考者，如虢有史嚚，见《晋语二》。晋有史赵、董狐，见《左·襄三十》。楚有倚相，见《左·昭十二》。有史皇，见《左·定四》。赵有史墨，见《左·昭二十九》右亦杂举所记，恐尚有遗漏。

（注二）右所举史官诸名，大半皆应当时公卿之顾问，而古书述其语者。

（注三）卫宏《汉仪注》云："汉法，天下计书，先上太史，副上丞相。"其言信否，虽未敢断，然古制恐是如此，盖史官为保管文籍一重要机关也。

（注四）埃及及米梭必达迷亚诸国古史迹，多由后人从各种遗物及杂记录中推寻而得，并非有正式一史书也。

（注五）《史记·秦始皇本纪》云："臣请史官非《秦纪》皆烧之。"《六国表》云："秦焚书，诸侯史记尤甚。"可知当时各国之史，受祸最烈。故汉兴后《诗》、《书》、百家语多存，而诸史则无一也。

（注六）《竹书纪年》来历，别见第四章注十五。但今所传者非原书，盖出宋以后人杂糅窜补。清朱右曾别辑《汲冢纪年存真》二卷，今人王国维因之，更成《古本竹书纪年辑校》一卷，稍复本来面目。然所辑仅得四百二十八条，以较《晋书·束皙传》所云十三篇，《隋书·经籍志》所云十二卷，知其所散佚者多矣。

（注七）看今人康有为《孔子改制考》、《春秋笔削大义微言考》。

（注八）据汉人所传说，谓古代《书》有三千二百四十篇，孔子删纂之为百篇，遭秦而亡焉。汉兴，由伏生传出二十八篇，共三十三卷，即所谓《今文尚书》也。其后孔安国所传，复多十六篇，即所谓《古文尚书》也。《古文尚书》，出而复佚焉。此事为二千年学界一大公案。是否百篇外尚有书？孔子所删定是否确为百篇？孔安国之《古文尚书》为真为伪？皆属未决之问题。惟有一事则已决定者，今四库所收之《尚书》五十八卷，其中有二十五卷为东晋人所伪造，并非孔安国原本，此则经清儒阎若璩、惠栋辈所考证，久成定谳者也。今将真本二十八篇篇目列举如下（其在此目以外诸篇，万不容误认为史料而征引之也）：尧典第一（今本舜典乃割原本尧典下半而成），皋陶谟第二（今本益稷乃割原本皋陶谟下半而成），禹贡第三，甘誓第四，汤誓第五，盘庚第六，高宗肜日第七，西伯戡黎第八，微子第九，牧誓第十，洪范第十一，金縢第十二，大诰第十三，康诰第十四，酒诰第十五，梓材第十六，召诰第十七，洛诰第十八，多士第十九，毋逸第二十，君奭第二十一，多方第二十二，立政第二十三，顾命第二十四(今本康王之诰乃割原本顾命下半而成)，费誓第二十五，吕刑第二十六，文侯之命第二十七，秦誓第二十八。

(注九)《汉书·艺文志》载《周书》七十一篇，原注云："周史记。"颜师古注云："今之存者四十五篇矣。"今四库所收有《逸周书》，七十一篇之目具在，文则佚其十篇，现存者为六十一篇，反多于唐时颜氏所见本矣。以吾度之，今最少应有十一篇为伪造者。其余诸篇，亦多窜乱；但某篇为真某篇为伪，未能确指，俟他日当为考证。然此书中一大部分为古代极有价值之史料，则可断言也。

(注十)《汉书·艺文志》著录《世本》十五篇。原注云："古史官记黄帝以来讫春秋时诸侯大夫。"《汉书·司马迁传》、《后汉书·班彪传》皆言"司马迁删据《世本》等书作《史记》"。今据《世本》篇目以校迁书，可以知其渊源所自矣。原书宋郑樵、王应麟尚及见，其佚当在宋元之交。清钱大昭、孙冯翼、洪饴孙、秦嘉谟、茆泮林、张澍各有辑本，茆张二家较精审。

第三章　史之改造

吾生平有屡受窘者一事，每遇青年学子叩吾以治国史宜读何书，辄沉吟久之而卒不能对。试思吾舍二十四史、《资治通鉴》、《三通》等书外，更何术以应此问？然在今日百学待治之世界，而读此浩瀚古籍，是否为青年男女日力之所许，姑且勿论。尤当问费此莫大之日力，其所得者究能几？吾侪欲知吾祖宗所作事业，是否求之于此而已足？岂惟仅此不足，恐虽遍读隋、唐《志》、《明史》……等所著录之十数万卷，犹之不足也。夫旧史既不可得遍读，即遍读之亦不能养吾欲而给吾求，则惟有相率于不读而已。信如是也，吾恐不及十年而中国史学将完全被驱出于学问圈外。夫使一国国民而可以无需国史的智识，夫复何言。而不然者，则史之改造，真目前至急迫之一问题矣。

吾前尝言，著书须问将以供何等人之读，今请申言此义：古代之史，是否以供人读，盖属疑问。观孔子欲得诸国史，求之甚艰；而魏史乃瘗诸汲冢中：虽不敢谓其必禁传读，要之其目的在珍袭于秘府，而不在广布于公众，殆可断言。后世每朝之史，必易代而始布，故吾侪在今日尚无清史可读，此尤旧史半带秘密性之一证也。私家之史，自是为供读而作，然其心目中之读者，各各不同。“孔子成《春秋》而乱臣贼子惧”，《春秋》盖以供当时贵族中为人臣子者之读也。

司马光《资治通鉴》,其主目的以供帝王之读,其副目的以供大小臣僚之读,则吾既言之矣。司马迁《史记》,自言"藏诸名山,传与其人",盖将以供后世少数学者之读也。自余诸史目的略同,大率其读者皆求诸禄仕之家与好古绩学专门之士。夫著作家必针对读者以求获其所希望之效果,故缘读者不同而书之精神及其内容组织亦随而不同,理固然也。读者在禄仕之家,则其书宜为专制帝王养成忠顺之臣民;读者在绩学专门之士,则其书不妨浩瀚杂博奥衍,以待彼之徐整理而自索解。而在此两种读者中,其对于人生日用饮食之常识的史迹,殊非其所渴需;而一般民众自发自进的事业,或反为其所厌忌。质而言之,旧史中无论何体何家,总不离贵族性,其读客皆限于少数特别阶级——或官阀阶级,或智识阶级。故其效果,亦一如其所期,助成国民性之畸形的发达。此二千年史家所不能逃罪也。此类之史,在前代或为其所甚需要。非此无以保社会之结合均衡,而吾族或早已溃灭。虽然,此种需要,在今日早已过去,而保存之则惟增其毒。在今日惟个性圆满发达之民,自进而为种族上、地域上、职业上之团结互助,夫然后可以生存于世界而求有所贡献。而历史其物,即以养成人类此种性习为职志。今之史家,当常念吾书之读者与彼迁《记》、光《鉴》之读者绝不同伦,而矢忠覃精以善为之地焉,其庶可以告无罪于天下也。

复次,历史为死人——古人而作耶?为生人——今人或后人而作耶?据吾侪所见,此盖不成问题,得直答曰为生人耳。然而旧史家殊不尔尔,彼盖什九为死人作也。史官之初起,实由古代人主欲纪其盛德大业以昭示子孙,故纪事以宫廷为中心,而主旨在隐恶扬善。观《春秋》所因鲁史之文而可知也。其有良史,则善恶毕书,于是褒贬成为史家特权。然无论为褒为贬,而立言皆以对死人则一也。后世奖厉虚荣之涂术益多，墓志、家传之类，汗牛充栋，其目的不外为子孙者欲表扬其已死之祖父，而最后荣辱，一系于史。驯至帝者以此为驾驭臣僚之一利器。试观明清以来饰终之典，以“宣付史馆立传”为莫大恩荣，至今犹然，则史之作用可推矣。故如魏收市佳传以骄侪辈，袁枢谢曲笔以忤乡人（看《北史》收传、《宋史》枢传），贤否虽殊，而一皆以陈死人为鹄。后人评史良秽，亦大率以其书对于死人之态度是否公明以为断。乃至如各史及各省府县志，对于忠义节孝之搜访，惟恐不备。凡此皆求有以对死者也。此类观念，其在国民道德上有何等关系，自属别问题。若就史言史，费天地间无限缣素，乃为千百年前已朽之骨校短量长，果何为者。夫史迹为人类所造，吾侪诚不能于人外求史。然所谓“历史的人格者”，别自有其意义与其条件（此意义与条件，当于第七章说明之）。史家之职，惟在认取此“人格者”与其周遭情状之相互因果关系而加以说明。若夫一个个过去之古人，其位置不过与一幅之画，一座之建筑物相等。只能以彼供史之利用，而不容以史供其利用，抑甚明矣。是故以生人本位的历史代死人本位的历史，实史界改造一要义也。

复次，史学范围当重新规定，以收缩为扩充也。学术愈发达则分科愈精密，前此本为某学附庸，而今则蔚然成一独立科学者，比比然矣。中国古代，史外无学，举凡人类智识之记录，无不丛纳之于史，厥后经二千年分化之结果，各科次第析出，例如天文、历法、官制、典礼、乐律、刑法等，畴昔认为史中重要部分，其后则渐渐与史分离矣。今之旧史，实以年代记及人物传之两种原素糅合而成。然衡以严格的理论，则此两种者实应别为两小专科，曰“年代学”，曰“人谱学”——即“人名辞典学”，而皆可谓在史学范围以外。若是乎，则前表所列若干万卷之史部书，乃无一部得复称为史。若是乎，畴昔史学硕大无朋之领土，至是乃如一老大帝国，逐渐瓦解而无复余。故近代学者，或昌言史学无独立成一科学之资格，论虽过当，不为无见也。

虽然，今之史学，则既已获有新领土。而此所谓新领土，实乃在旧领土上而行使新主权。例如天文，自《史记·天官书》迄《明史·天文志》皆以星座躔度等记载充满篇幅；此属于天文学范围，不宜以入历史，固也。虽然，就他方面言之，我国人何时发明中星，何时发明置闰，何时发明岁差，乃至恒星行星之辨别，盖天浑天之论争，黄道赤道之推步……等等，此正吾国民继续努力之结果，其活动状态之表示，则历史范围以内之事也。是故天文学为一事，天文学史又为一事。例如音乐，各史《律历志》及《乐书》、《乐志》详述五声十二律之度数，效祀铙歌之曲辞，此当委诸音乐家之专门研究者也。至如汉晋间古雅乐之如何传授，如何废绝，六朝南部俚乐之如何兴起，隋唐间羌胡之乐谱乐器如何输入，来自何处，元明间之近代的剧曲如何发展，此正乃历史范围以内之事也。是故音乐学为一事，音乐史又为一事。推诸百科，莫不皆然。研究中国哲理之内容组织，哲学家所有事也；述哲学思想之渊源及其相互影响，递代变迁，与夫所产之结果，史家所有事也；研究中国之药剂证治，医家所有事也；述各时代医学之发明及进步，史家所有事也。对于一战争，研究其地形、阨塞、机谋、进止，以察其胜负之由，兵家所有事也；综合古今战役而观兵器战术之改良进步，对于关系重大之诸役，寻其起因，而推论其及于社会之影响，史家所有事也。各列传中，记各人之籍贯、门第、传统等等，谱牒家所有事也；其嘉言懿行，摭之以资矜式，教育家所有事也；观一时代多数人活动之总趋向，与夫该时代代表的人物之事业动机及其反响，史家所有事也。由此言之，今后史家，一面宜将其旧领土一一划归各科学之专门,使为自治的发展,勿侵其权限;一面则以总神经系——总政府自居,凡各活动之相,悉摄取而论列之。乃至前此亘古未入版图之事项——例如吾前章所举隋唐佛教、元明小说等,悉吞纳焉以扩吾疆宇,无所让也。旧史家惟不明此区别,故所记述往往侵入各专门科学之界限,对于该学终亦语焉不详,而史文已繁重芜杂而不可殚读。不宁惟是,驰骛于此等史外的记述,则将本范围内应负之职责而遗却之,徒使学者读破万卷,而所欲得之智识仍茫如捕风。今之作史者先明乎此,庶可以节精力于史之外,而善用之于史之内矣。

复次,吾侪今日所渴求者,在得一近于客观性质的历史。我国人无论治何种学问,皆含有主观的作用——搀以他项目的,而绝不愿为纯客观的研究。例如文学,欧人自希腊以来,即有"为文学而治文学"之观念。我国不然,必曰因文见道。道其目的,而文则其手段也。结果则不诚无物,道与文两败而俱伤。惟史亦然:从不肯为历史而治历史,而必侈悬一更高更美之目的——如"明道"、"经世"等,一切史迹,则以供吾目的之刍狗而已。其结果必至强史就我,而史家之信用乃坠地。

此恶习起自孔子,而二千年之史,无不播其毒。孔子所修《春秋》,今日传世最古之史书也。宋儒谓其"寓褒贬,别善恶";汉儒谓其"微言大义,拨乱反正";两说孰当,且勿深论。要之,孔子作《春秋》,别有目的,而所记史事,不过借作手段,此无可疑也。坐是之故,《春秋》在他方面有何等价值,此属别问题;若作史而宗之,则乖莫甚焉。例如二百四十年中,鲁君之见弑者四(隐公,闵公,子般,子恶),见逐者一(昭公),见戕于外者一(桓公),而《春秋》不见其文,孔子之徒,犹云"鲁之君臣未尝相弑"(《礼记》明堂位文)。又如狄灭卫,此何等大事，因掩齐桓公之耻，则削而不书（看闵二年《穀梁传》"狄灭卫"条下）。晋侯传见周天子，此何等大变，因不愿暴晋文公之恶，则书而变其文（看僖二十八年"天王狩于河阳"条下《左传》及《公羊传》）。诸如此类，徒以有"为亲贤讳"之一主观的目的，遂不惜颠倒事实以就之。又如《春秋》记杞伯姬事前后凡十余条，以全部不满万七千字之书，安能为一妇人去分尔许篇幅，则亦曰借以奖厉贞节而已。其他记载之不实、不尽、不均，类此者尚难悉数。故汉代今文经师谓《春秋》乃经而非史，吾侪不得不宗信之。盖《春秋》而果为史者，则岂惟如王安石所讥断烂朝报，恐其秽乃不减魏收矣。顾最不可解者，孔叟既有尔许微言大义，何妨别著一书；而必淆乱历史上事实以惑后人，而其义亦随之而晦也。

自尔以后，陈陈相因，其宗法孔子愈笃者，其毒亦愈甚，致令吾侪常有"信书不如无书"之叹。如欧阳修之《新五代史》、朱熹之《通鉴纲目》，其代表也。郑樵之言曰："史册以详文该事，善恶已章，无待美刺。读萧曹之行事，岂不知其忠良？见莽卓之所为，岂不知其凶逆？……而当职之人，不知留意于宪章，徒相尚于言语。正犹当家之妇不事饔飧，专鼓唇舌。"（《通志》总序）此言可谓痛切。夫史之性质与其他学术有异，欲为纯客观的史，是否事实上所能办到，吾犹未敢言。虽然，吾侪有志史学者终不可不以此自勉；务持鉴空衡平之态度，极忠实以搜集史料，极忠实以叙论之，使恰如其本来。当如格林威尔所云"画我须是我"。当如医者之解剖，奏刀砉砉，而无所谓恻隐之念扰我心曲也。乃至对本民族偏好溢美之辞，亦当力戒。良史固所以促国民之自觉，然真自觉者决不自欺，欲以自觉觉人者，尤不宜相蒙。故吾以为今后作史者，宜于可能的范围内，裁抑其主观而忠实于客观，以史为目的而不以为手段。夫然后有信史，有信史然后有良史也。

复次，吾前言人类活动相而注重其情态。夫摹体尚易，描态实难。态也者，从时间方面论，则过而不留；后刹那之态方呈，前刹那之态已失。从空间方面论，则凡人作一态，实其全身心理生理的各部分协同动作之结果，且又与环境为缘；若仅为局部的观察，睹其一而遗其他，则真态终未由见。试任取一人而描其一日之态，犹觉甚难，而况史也者，积千万年间千千万万生死相续之人，欲观其继续不断之全体协同动作，兹事抑谈何容易。

史迹既非可由瞑想虚构，则不能不取资于旧史；然旧史所能为吾资者，乃如儿童用残之旧课本，原文本已编辑不精，讹夺满纸，而复东缺一叶，西缺数行，油污墨渍，存字无几。又如电影破片，若干段已完全失却，前后不相衔接；其存者亦罅漏模糊，不甚可辨。昔顾炎武论春秋战国两时代风尚之剧变，而深致叹息于中间百三十三年史文之阙佚（《日知录》卷十三）。夫史文阙佚，虽仅此百三十三年，而史迹之湮亡，则其数量云胡可算。盖一切史迹，大半借旧史而获传；然旧史著作之目的，与吾侪今日所需求者多不相应；吾侪所认为极可宝贵之史料，其为旧史所摈弃而遂湮没以终古者，实不知凡几。吾侪今日，乃如欲研究一爇余之芜城废殿，从瓦砾堆中搜集断椽破甓，东拼西补，以推测其本来规制之为何若；此种事业，备极艰辛，犹且仅一部分有成功希望，一部分或竟无成功希望。又不惟残缺之部分为然耳，即向来公认为完全美备之史料——例如正史——试以科学的眼光严密审查，则其中误者伪者又不知凡几。吾侪今日对于此等史迹，殆有一大部分须为之重新估价；而不然者，则吾史乃立于虚幻的基础之上，而一切研索推论，皆为枉费。此种事业，其艰辛亦与前等，而所得或且更微末。

以上两种劳作，一曰搜补的劳作，二曰考证的劳作，皆可谓极不经济的——劳多而获少的。虽然，当知近百年来欧洲史学所以革新，纯由此等劳作导其先路。吾国史苟不经过此一番爬剔洗炼，则完善之作，终不可期。今宜专有人焉胼手胝足以耕以畬，以待后人之获。一部分人出莫大之劳费以为代价，然后他部分人之劳费乃可以永节省，此吾侪今日应有之觉悟也。此两种劳作之下手方法，皆于第五章专论之，今不先赘。

复次，古代著述，大率短句单辞，不相联属。恰如下等动物，寸寸断之，各自成体。此固由当时文字传写困难，不得不然；抑亦思想简单，未加组织之明证也。此例求诸古籍中，如《老子》，如《论语》，如《易传》，如《墨经》，莫不皆然。其在史部，则《春秋》、《世本》、《竹书纪年》皆其类也。厥后《左传》、《史记》等书，常有长篇记载，篇中首尾完具，视昔大进矣。然而以全书论，仍不过百数十篇之文章汇成一帙而已。《汉书》以下各史，踵效《史记》；《汉纪》、《通鉴》等踵效《左传》，或以一人为起讫，或以一事为起讫。要之不免将史迹纵切横断。纪事本末体稍矫此弊，然亦仅以一事为起讫，事与事之间不生联络；且社会活动状态，原不仅在区区数件大事，纪事纵极精善，犹是得肉遗血，得骨遗髓也。

吾不尝言历史为过去人类活动之再现耶？夫活动而过去，则动物久已消灭。曷为能使之再现，非极巧妙之技术不为功也。故真史当如电影片，其本质为无数单片，人物逼真，配景完整；而复前张后张紧密衔接，成为一轴；然后射以电光，显其活态。夫舍单张外固无轴也；然轴之为物，却自成一有组织的个体，而单张不过为其成分。若任意抽取数片，全没却其相互之动相，木然只影，黏着布端，观者将却走矣。惟史亦然，人类活动状态其性质为整个的，为成套的，为有生命的，为有机能的，为有方向的，故事实之叙录与考证不过以树史之躯干，而非能尽史之神理。善为史者之驭事实也：横的方面最注意于其背景与其交光，然后甲事实与乙事实之关系明，而整个的不至变为碎件。纵的方面最注意于其来因与其去果，然后前事实与后事实之关系明，而成套的不至变为断幅。是故不能仅以叙述毕乃事。必也有说明焉，有推论焉。所叙事项虽千差万别，而各有其凑筍之处；书虽累百万言，而筋摇脉注，如一结构精悍之短札也。夫如是，庶可以语于今日之史矣。而惜久求诸我国旧史界，竟不可得；即欧美近代著作之林，亦不数数觏也。

今日所需之史，当分为专门史与普遍史之两途。专门史如法制史、文学史、哲学史、美术史……等等；普遍史即一般之文化史也。治专门史者，不惟须有史学的素养，更须有各该专门学的素养。此种事业，与其责望诸史学家，毋宁责望诸各该专门学者。而凡治各专门学之人，亦须有两种觉悟：其一，当思人类无论何种文明，皆须求根柢于历史。治一学而不深观其历史演进之迹，是全然蔑视时间关系，而兹学系统，终未由明了。其二，当知今日中国学界，已陷于"历史饥饿"之状况，吾侪不容不亟图救济。历史上各部分之真相未明，则全部分之真相亦终不得见。而欲明各部分之真相，非用分功的方法深入其中不可。此决非一般史学家所能办到，而必有待于各学之专门家分担责任。此吾对于专门史前途之希望也。专门史多数成立，则普遍史较易致力，斯固然矣。虽然，普遍史并非由专门史丛集而成。作普遍史者须别具一种通识，超出各专门事项之外，而贯穴乎其间。夫然后甲部分与乙部分之关系见，而整个的文化，始得而理会也。是故此种事业，又当与各种专门学异其范围，而由史学专门家任之。昔自刘知几以迄万斯同，皆极言众手修史之弊，郑樵、章学诚尤矢志向上，以“成一家之言”为鹄，是皆然矣。虽然，生今日极复杂之社会，而欲恃一手一足之烈，供给国人以历史的全部智识，虽才什左马，识伯郑章，而其事终不可以致。然则当如之何？曰，惟有联合国中有史学兴味之学者，各因其性之所嗜与力之所及，为部分的精密研究，而悬一公趋之目的与公用之研究方法，分途以赴，而合力以成。如是，则数年之后，吾侪之理想的新史，或可望出现。善乎黄宗羲之言曰：“此非末学一人之事也。”（《明儒学案·发凡》语）

第四章　说史料

治玄学者与治神学者或无须资料，因其所致力者在瞑想，在直觉，在信仰，不必以客观公认之事实为重也。治科学者——无论其为自然科学，为社会科学，罔不恃客观所能得之资料以为其研究对象。而其资料愈简单愈固定者，则其科学之成立也愈易，愈反是则愈难。天文学所研究之对象，其与吾侪距离可谓最远；然而斯学之成为科学最早，且已决定之问题最多者。何也？其对象之为物较简单，且以吾侪渺小短促之生命与彼相衡，则彼殆可指为恒存而不坏。治此学者，第一无资料罣漏之患，第二无资料散失之患，故成功最易焉。次如地质学、地文学等，其资料虽趋复杂，然比较的含固定性质，研究亦较易。次如生物学等，蕃变之态益甚，资料之选择与保存渐难矣。又如心理学等，其资料虽俯拾即是，无所谓散失与不散失，然而无具体的物象可指，且其态稍纵即逝，非有极强敏之观察力不能捉取，故学者以为难焉。

史学所以至今未能完成一科学者，盖其得资料之道，视他学为独难。史料为史之组织细胞，史料不具或不确，则无复史之可言。史料者何？过去人类思想行事所留之痕迹，有证据传留至今日者也。思想行事留痕者本已不多，所留之痕，又未必皆有史料的价值。有价值而留痕者，其丧失之也又极易。因必有证据，然后史料之资格备;证据一失,则史料即随而湮沉。而证据散失之涂径甚多:或由有意隐匿,例如清廷之自改实录(详第五章);或由有意蹂躏,例如秦之烧列国史记;或由一新著作出,而所据之旧资料遂为所淹没,例如唐修《晋书》成,而旧史十八家俱废;或经一次丧乱,而大部分史籍悉沦没,如牛弘所论"书有五厄"也;或孤本孤证散在人间,偶不注意,即便散亡,斯则为例甚多,不可确举矣。要而言之,往古来今之史料,殆如江浪淘沙,滔滔代逝。盖幸存至今者,殆不逮吾侪所需求之百一也。其幸而存者,又散在各种遗器遗籍中,东鳞西爪,不易寻觅;即偶寻得一二,而孤证不足以成说,非荟萃而比观不可,则或费莫大之勤劳而无所获。其普通公认之史料,又或误或伪,非经别裁审定,不堪引用。又斯学所函范围太广,各人观察点不同,虽有极佳良现存之史料,苟求之不以其道,或竟熟视无睹也。合以上诸种原因,故史学较诸他种科学,其搜集资料与选择资料,实最劳而最难。史学成就独晚,职此之由。

时代愈远,则史料遗失愈多,而可征信者愈少,此常识所同认也。虽然,不能谓近代便多史料,不能谓愈近代之史料即愈近真。例如中日甲午战役,去今三十年也,然吾侪欲求一满意之史料,求诸记载而不可得,求诸耆献而不可得。作史者欲为一翔实透辟之叙述,如《通鉴》中赤壁、淝水两役之比,抑已非易易。例如二十年前,"制钱"为国家唯一之法币,"山西票号"管握全国之金融,今则此两名辞久已逸出吾侪记忆线以外,举国人能道其陈迹者,殆不多觏也。一二事如此,他事则亦皆然;现代且然,而远古更无论矣。

孔子有言:"文献不足故也,足则吾能征之矣。"不治史学,不知文献之可贵,与夫文献散佚之可为痛惜也。距今约七十年前,美国人有彭加罗夫(H. H. Bancroft)者欲著一《加里佛尼省志》,竭毕生之力，倾其极富之家资，誓将一切有关系之史料搜辑完备，然后从事。凡一切文件，自官府公牍，下至各公司各家庭之案卷帐簿，愿售者不惜重价购之，不愿售者展转借钞之。复分队派员诹询故老，搜其口碑传说。其书中人物有尚生存者，彼用种种方法巧取其谈话及其经历。如是者若干年，所丛集之资料盈十室。彼乃随时将其所得者为科学分类，先制成"长编式"之史稿，最后乃进而从事于真著述。若以严格的史学论，则采集史料之法，必如此方为合理。虽然，欲作一旧邦之史，安能以新造之加里佛尼省为比例？且此种"美国风"的搜集法，原亦非他方人所能学步。故吾侪今日之于史料，只能以抱残守缺自甘。惟既矢志忠实于史，则在此残缺范围内当竭吾力所能逮，以求备求确，斯今日史学之出发点也。吾故于此章探索史料之所在，且言其求得之之涂径，资省览焉。

得史料之涂径，不外两种：一曰在文字记录以外者；二曰在文字记录者。

（一）在文字记录以外者　此项史料之性质可略分为三类：曰现存之实迹；曰传述之口碑；曰遗下之古物。

（甲）现存之实迹及口碑　此所谓实迹，指其全部现存者。质言之，则现代史迹——现在日日所发生之事实，其中有构成史料价值者之一部分也。吾侪居常慨叹于过去史料之散亡，当知后之视今，犹今之视昔。吾侪今日不能将其耳闻目见之史实，搜辑保存，得毋反欲以现代之信史，责望诸吾子孙耶？所谓现在日日发生之事实，有构成史料之价值者何耶？例如本年之事，若粤桂川湘鄂之战争，若山东问题日本之提出交涉与我之拒绝，若各省议会选举之丑态，若京津间中交银行挤兑风潮，若上海商教联合会之活动……等。凡此等事，皆有其来因去果，将来在史上确能占有相当之篇幅，其资料皆琅琅在吾目前，吾辈不速为收拾以贻诸方来，而徒日日欷歔，望古遥集，奚为也？其渐渐已成陈迹者，例如三年前学界之五四运动，如四年前之张勋复辟，如六年前之洪宪盗国，如十年前之辛亥革命，如二十年前之戊戌政变、拳匪构难，如二十五年前之甲午战役……等等，躬亲其役或目睹其事之人，犹有存者。采访而得其口说，此即口碑性质之史料也。司马迁作史多用此法，如云："吾如淮阴，淮阴人为余言……"(《淮阴侯列传赞》)；如云："吾视郭解，状貌不及中人，言语无足采者。"(《游侠列传赞》)凡此皆用现存之实迹或口碑为史料之例也。

（乙）实迹之部分的存留者　前项所论，为实迹之全部，盖并其能活动之人与所活动之相皆具焉。本条所谓实迹者，其人与相皆不可得见矣；所留者仅活动制成品之一种委蜕而已。求诸西洋，例如埃及之金字塔及塔中所藏物，得此而五六千年前之情状，略可见焉；如意大利之三四名都，文艺复兴时代遗物，触目皆是。此普遍实迹之传留者也。例如入埃汾河之索士比亚遗宅，则此诗圣之环境及其性行，宛然在望；登费城之议事堂，则美十三州制宪情状凑会心目。此局部实迹之传留者也。凡此者苟有一焉，皆为史家鸿宝。

我国人保存古物之念甚薄，故此类实迹能全者日稀，然亦非绝无。试略举其例：如万里长城一部分为秦时遗物，众所共见也。如始皇所开驰道，参合诸书，尚能察其路线；而二千年来官驿之一部分多因其旧。如汉通西域之南北两道，虽中间一段沦于沙漠，而其沿袭至今者十尚六七。凡此之类，殆皆非人力所能湮废，而史家永世之宝也。又如今之北京城，其大部分为明永乐四年至十八年(西一四〇五至一四二〇)间所造，诸城堞宫殿乃至天坛、社稷坛等，皆其遗构。十五世纪之都会，其规模如此其宏壮，而又大段完整以传至今者，全世界实无此比。此外各地方之城市，年代更古者尚多焉。又如北京彰仪门外之天宁寺塔，实隋开皇时物，观此可以知六世纪末吾国之建筑术为何如。如山西大同云冈石窟之佛像，为北魏太安讫太和间所造（西四五五至四九九），种类繁多，雕镌精绝，观此可以知五世纪时中国雕刻美术之成绩及其与印度、希腊艺术之关系。以之与龙门诸造象对照，当时佛教信仰之状况，亦略可概见（注一）。如北京旧钦天监之元代观象仪器及地图等，观之可以见十六世纪中国科学之一斑也（注二）。

昔司马迁作《孔子世家》，自言“适鲁，观仲尼庙堂车服礼器，诸生以时习礼其家，低徊留之不能去焉”。作史者能多求根据于此等目睹之事物，史之最上乘也。其实此等史料，俯拾即是，吾不必侈语远者大者，请举吾乡一小事为例：吾乡一古屋，明中叶吾祖初迁时所建，累蚝壳为墙，墙厚二尺余，结构致密，乃胜砖甓，至今族之宗嫡居焉。即此亦可见十五六世纪时南部濒海乡村之建筑，与其聚族袭产之规则。此宁非一绝好史料耶？夫国中实迹存留若此类者何限。惜旧史家除朝廷典章制度及圣贤豪杰言论行事外不认为史，则此等史料，弃置不顾，宜也。今之治史者，能一改其眼光，知此类遗迹之可贵，而分类调查搜积之，然后用比较统计的方法，编成抽象的史料，则史之面目一新矣。

（丙）已湮之史迹，其全部意外发现者　此为可遇而不可求之事，苟获其一，则裨益于史乃无量。其最显著之例，如六十年前意大利拿波里附近所发见之邦湃古城，盖罗马共和时代为火山流焰所盖者，距今垂二千年矣。自此城发现后，意人发掘热骤盛，罗马城中续得之遗迹，相继不绝，而罗马古史乃起一革命，旧史谬误匡正什九。此种意外史料，他国罕闻。惟我国当民国八年，曾在直隶巨鹿县发见一古城，实宋大观二年（西一一零八）被黄河淹没者，距今垂九百年矣。惜乎国无政而民无学，一任遗迹散佚破坏以尽，所留以资益吾侪者甚希。苟其能全部保存，而加以科学的整理，则吾侪最少可以对于宋代生活状况得一明确印象，宁非快事（注三）？然吾因此而忽涉遐想，以为数千年来河患如彼其剧，沿旧河道两岸城邑，如巨鹿之罹厄者或不止一次，不止一处，颇冀他日再有发现焉。若果尔者，望国人稍加注意，毋任其如今度之狼籍也。

（丁）原物之宝存或再现者　古器物为史料之一部分，尽人所能知也。器物之性质，有能再现者，有不能再现者。其不能再现者，例如绘画、绣织及一般衣服、器具等，非继续珍重收藏，不能保存。在古代未有公众博物院时，大抵宫廷享祚久长贵族阀阅不替之国，恒能护传此等故物之一部分。若如中国之惯经革命且绝无故家遗族者，虽有存焉寡矣。今存画最古者极于唐，然已无一帧焉能确辨其真赝。壁画如岱庙所涂，号称唐制，实难征信；惟最近发见之高昌一壁，称绝调矣（注四）。纸绢之画及刻丝画，上溯七八百年前之宋代而止。至衣服及其他寻常用具，则清乾嘉遗物，已极希见，更无论远昔也。故此类史料，在我国可谓极贫乏焉。

其能再现者，则如金石陶瓻之属，可以经数千年瘗土中，复出而供吾侪之擘索。试举其类：（一）曰殷周间礼器：汉许慎《说文序》言"郡国往往于山川间得鼎彝"，是当时学者中已有重视之者；而搜集研究，曾无闻焉。至宋代始启端绪，寻亦中绝（注五）。至清中叶以后而极盛。据诸家所记，有文字款识之器，宋代著录者六百四十三，清代著录者二千六百三十五，而内府所藏尚不与焉（注六）。此类之器，除所镌文字足补史阙者甚多，当于次条别论外，吾侪观其数量之多，可以想见当时社会崇尚此物之程度；观其种类之异，可以想见当时他种器物之配置;观其质相之纯固,可以想见当时铸冶术之精良;观其花纹之复杂优美,图案之新奇渊雅,可以想见当时审美观念之发达。凡此皆大有造于史学者也。(二)曰兵器:最古者如殷周时之瑚戈、矢镞等,最近者如汉晋间弩机等。(三)曰度量衡器:如秦权、秦量、汉建初尺、新莽始建国尺、晋前尺、汉量、汉钟、汉钫、汉斛等,制度之沿革可考焉。(四)曰符玺:上自秦虎符,下迄唐宋鱼符;又秦汉间玺印、封泥之属,出土者千数。于研究当时兵制官制,多所补助。(五)曰镜属:自秦汉至元明,比其年代,观其款识,可以寻美术思想发展之迹。(六)曰货币:上溯周末列国,下迄晚清,条贯而絜校之,盖与各时代之经济状况息息相关也。此六者皆铜器之属,此外铜制杂器存者尚多,不备举。铜在诸金属中,比较的能耐久,而冶铸之起原亦较古,故此类史料之供给,称丰富焉。然金属器一毁即亡,故失亦甚易;观宋器今存者百不一二,可推知也。清潘祖荫谓古代金属器,在秦、后汉、隋、后周、宋、金曾经六厄,而随时沈霾毁弃盗铸改为者尚不与焉(注七)。晚近交通大开,国内既无专院以事搜藏,而胡贾恒以大力负之以走,凡百古物,皆次第大去其国。昔之丰富者,今转涸竭;又不独铜器为然矣。(七)曰玉石:古玉镌文字者少,故难考其年代;然汉以前物传至今者确不乏,以难毁故也。吾侪研究古玉,亦可以起种种联想:例如观其雕纹之美,可知其攻玉之必有利器;观其流行之盛,可推见古代与产玉区域交通之密,此皆足资史料者也。至石刻研究,则久已成专门之学。自岐阳石鼓、李斯刻石,以迄近代,聚其拓片,可汗百牛。其文字内容之足裨史料者几何,下条论之,兹不先赘。至如观所刻儒佛两教所刻之石经,可以想见古人气力之雄伟,且可比较两教在社会上所凭借焉(注八)。又如观汉代各种石刻画象,循溯而下,以至魏齐造象,唐昭陵石马,宋灵岩罗汉,明碧云刻桷，清圆明雕柱等，比较研究，不啻一部美术变迁史矣(注九)。又如桥柱、井阑、石阙、地莂等类，或可以睹异制，或可以窥殊俗，无一非史家取材之资也。(八)曰陶瓷：吾国以制瓷擅天下，外人至以吾国名名斯物。今存器孔多，派别尤众，治者别有专家，不复具论。陶器比来出土愈富，间有碎片，范以极奇古之文字，流传当出三代上。综此两物，以观其递嬗趋良之迹，亦我民族艺术的活动之一表征也。(九)曰瓦砖：我族以宅居大平原之故，石材缺乏，则以人造之砖瓦为建筑主要品，故斯物发达最早，且呈种种之进步。今之瓦当砖甋，殆成考古一专科矣。(十)曰地层中之石器：兹事在中国旧骨董家，曾未留意，晚近地质学渐昌，始稍有从事者。他日研究进步，则有史以前之生活状态，可以推见也(注十)。

器物本人类活动结果中之一小部分，且其性质已纯为固定的，而古代孑遗之物又不过此小部分之断片耳。故以上所举各项在史料中不过占次等位置。或对于其价值故为夸大，吾无取焉。虽然，善为史者，固可以举其所闻所见无一而非史料，岂其于此可宝之故物而遗之？惟史学家所以与骨董家异者，骨董家之研究，贵分析的而深入乎该物之中；史学家之研究，贵概括的而横通乎该物之外。吾前所论列，已略示其端倪。若循此而更进焉，例如当其研究铜器也，则思古代之中国人何以特精范铜，而不能如希腊人之琢石；当其研究瓷器也，则思中古之中国人何以能独擅窑窑，而不能如南欧人之制玻璃。凡此之类，在在归纳诸国民活动状况中，悉心以察其因果，则一切死资料皆变为活资料矣。凡百皆然，而古物其一端耳。

(戊)实物之模型及图影　实物之以原形原质传留至今者，最上也。然而非可多觏。有取其形范以图之，而图范获传于今，抑其次也。例如汉晋之屋舍、灶硙、杵臼，唐人之服装、髻形、乐器及戏剧面具，今日何由得见；然而有殉葬之陶制明器，殊形诡类至伙，若能得一标准以定其年代，则其时社会状况，仿佛可见也。又如唐画中之屋宇、服装、器物及画中人之仪态，必为唐时现状或更古于唐者，宋画必为宋时现状或更古于宋者，吾侪无论得见真本或摹本，苟能用特殊的观察，恒必有若干稀奇史料，可以发见。则亦等于间接的目睹矣。夫著作家无论若何淹博，安能尽见其所欲见之物？从影印本中间接复间接以观其概，亦慰情胜无也已。

（二）文字记录的史料　前项所论记录以外的史料，时间空间皆受限制。欲作数千年之史，而记述又亘于社会之全部，其必不能不乞灵于记录明矣。然记录之种类亦甚繁，今当分别论列之。

（甲）旧史　旧史专以记载史事为职志，吾侪应认为正当之史料，自无待言。虽然，等是旧史也，因著作年代、著作者之性格学识、所著书之宗旨体例等种种差别，而其所含史料之价值，亦随而不同。例如《晋书》所以不餍人望者，以其修史年代与本史相隔太远，而又官局分修，无人负责也。《魏书》所以不餍人望者，以魏收之人格太恶劣，常以曲笔乱事实也。《元史》所以不餍人望者，以纂修太草率，而董其事者又不通蒙古语言文字也。《新五代史》自负甚高，而识者轻之，以其本属文人弄笔，而又附加以“因文见道”之目的，而史迹乃反非其所甚厝意也。此仅举正史数部以为例，其余编年别史杂史等皆然，持此义以评衡诸史，则价值标准，其亦什得四五矣。

人物本位之史，既非吾侪所尚，然则诸史中列传之价值不锐减耶？是又不然。列传之价值，不在其为史而在其为史料。苟史中而非有“各色人等”之列传者，则吾侪读史者，将惟见各时代中常有若干半人半兽之武夫出没起伏，聚众相斫，中间点缀以若干篇涂民耳目之诏令奏议，史之为史，如是而已。所谓社会，所谓文化，何丝毫之能睹？旧史之作列传，其本意固非欲以纪社会纪文化也；然人总不能不生活于社会环境之中，既叙人则不能不涉笔以叙及其环境；而吾侪所最渴需之史料，求诸其正笔而不得者，求诸其涉笔而往往得之。此列传之所为可贵也。

既如是也，则对于旧史之评价又当一变。即以前所评四书言之：例如《晋书》，自刘知几以下共讥其杂采小说，体例不纯。吾侪视之，则何伤者？使各史而皆如陈寿之《三国志》，字字精严，笔笔锤炼，则苟无裴松之之注，吾侪将失去许多史料矣。例如《魏书》，其秽固也；虽然，一个古人之贞邪贪廉等，虽纪载失实，于我辈何与，于史又何与？只求魏收能将当时社会上大小情态多附其书以传，则吾所责望于彼者已足，他可勿问也。例如《元史》，猥杂极矣，其中半录官牍，鄙俚一仍原文。然以较《北周书》之"行文必《尚书》，出语皆《左传》"，孰为真面目，孰为可据之史料？则吾毋宁取《元史》也。是故吾侪若以旧史作史读，则马班犹不敢妄许，遑论余子？若作史料读，则二十四史各有短长，略等夷耳。若作史读，惟患其不简严；简严乃能一吾趋向，节吾精力。若作史料读，惟患其不杂博；杂博乃能扩吾范围，恣吾别择。昔万斯同作《明史稿》，尝自言曰："昔人于《宋史》已病其繁，而吾所述倍焉。非不知简之为贵也；吾恐后之人务博而不知所裁，故先为之极，使知吾所取者有可损，而所不取者必非其事与言之真。"（清国史馆《斯同传》）吾辈于旧史，皆作史稿读，故如斯同书之繁博，乃所最欢迎也。

既如是也，则所谓别史、杂史、杂传、杂记之属，其价值实与正史无异，而时复过之。试举其例：吾侪读《尚书》、《史记》，但觉周武王伐罪吊民之师，其文明程度殆为"超人的"，倘非有《逸周书》"克殷"、"世俘"诸篇，谁复能识"血流漂杵"四字之作何解。且吾不尝言陈寿《三国志·诸葛亮传》记亮南征事仅得二十字耶？然常璩《华阳国志》，则有七百余字，吾侪所以得知兹役始末者，赖璩书也。至如元顺帝系出瀛国公，清多尔衮烝其太后，此等在旧史中，不得不谓为极大之事，然正史曷尝一语道及？欲明真相，非求诸野史焉不可也。是故以旧史作史料读，不惟陈寿与魏收可以等夷，视司马迁、班固与一不知谁何之人所作半通不通之笔记，亦可作等夷视也。

（乙）关系史迹之文件　此等文件，在爱惜文献之国民，搜辑宝存，惟力是视。例如英之《大宪章》，法之《人权宣言》，美之《十三州宪法》，其原稿今皆珍袭，且以供公众阅览；其余各时代公私大小之文件稍有价值者，靡不罗而庋之。试入各地之图书馆博物馆，橱中琅琅盈望皆是也。炯眼之史家，得此则新发明日出焉。中国既无公众收藏之所，私家所蓄为数有限，又复散布不能稽其迹，湮灭抑甚易；且所宝惟在美术品，其有裨史迹者至微末。今各家著录墨迹，大率断自宋代，再上则唐人写经之类，然皆以供骨董摩挲而已。故吾国此类史料，其真属有用者，恐不过上溯三四百年前物，极矣（注十一）。

此等史料，收罗当自近代始。其最大宗者，则档案与函牍也。历代官署档案，汗牛充栋，其有关史迹者，千百中仅一二，而此一二或竟为他处所绝不能得。档案性质，本极可厌，在平时固已束诸高阁，听其蠹朽，每经丧乱，辄荡无复存。旧史纪志两门，取材什九出档案；档案被采入者，则附其书以传，其被摈汰者，则永永消灭；而去取得当与否，则视乎其人之史识。其极贵重之史料，被史家轻轻一抹而宣告死刑以终古者，殆不知凡几也。二千年间，史料之罹此冤酷者，计复何限。往者不可追矣，其现存者之运命，亦危若朝露。

吾三十年前在京师，曾从先辈借观总理衙门旧档钞本千余册，其中关于鸦片战役者便四五十册,他案称是。虽中多极可笑之语,然一部分之事实含在焉,不可诬也。其中尤有清康熙间与俄法往复文件甚多,其时法之元首则路易十四,俄之元首则大彼得也;试思此等文件,在史料上之价值当居何等?今外交部是否尚有全案,此钞本尚能否存在,而将来所谓"清史"者,能否传其要领于百一,举在不可知之数。此可见档案之当设法简择保存,所关如是其重也。

至于函牍之属,例如明张居正《太岳集》及晚清胡曾左李诸集所载,其与当时史迹关系之重大,又尽人所知矣。善为史者,于此等资料,断不肯轻易放过,盖无论其为旧史家所已见所未见,而各人眼光不同;彼之所弃,未必不为我之所取也。

私家之行状、家传、墓文等类,旧史家认为极重要之史料,吾侪亦未尝不认之。虽然,其价值不宜夸张太过。盖一个人之所谓丰功伟烈、嘉言懿行,在吾侪理想的新史中,本已不足轻重,况此等虚荣溢美之文,又半非史实耶?故据吾所立标准以衡量史料,则任昉集中矞皇庄重之《竟陵文宣王行状》,其价值不如彼叙述米盐琐屑之《奏弹刘整》;而在汉人文中,蔡邕极有名之十余篇碑诔,其价值乃不敌王褒之一篇游戏滑稽的《僮约》(注十二)。此非好为惊人之论,盖前者专以表彰一个人为目的,且其要点多已采入旧史中;后者乃描述当时社会一部分之实况,而求诸并时之著作,竟无一篇足与为偶也。持此以衡,其孰轻孰重,不已较然可见耶。

(丙)史部以外之群籍　以旧史作史读,则现存数万卷之史部书,皆可谓为非史;以旧史作史料读,则岂惟此数万卷者皆史料,举凡以文字形诸记录者,盖无一而不可于此中得史料也。试举其例:

群经之中如《尚书》,如《左传》,全部分殆皆史料。《诗经》中之含有史诗性质者亦皆属纯粹的史料,前既言之矣。余如《易经》之卦辞爻辞，即殷周之际绝好史料。如《诗经》之全部分，如《仪礼》，即周代春秋以前之绝好史料。因彼时史迹太缺乏，片纸只字，皆为瑰宝，抽象的消极的史料，总可以向彼中求得若干也。以此递推，则《论语》、《孟子》，可认为孔孟时代之史料；《周礼》中一部分，可认为战国史料；二戴《礼记》，可认为周末汉初史料。至如小学类之《尔雅》、《说文》等书，因其名物训诂，以推察古社会之情状，其史料乃益无尽藏也。在此等书中搜觅史料之方法，当于次章杂举其例。至原书中关于前代事迹之记载，当然为史料的性质，不必更论列也。

子部之书，其属于哲学部分——如儒道墨诸家书，为哲学史或思想史之主要史料；其属于科学部分——如医术、天算等类书，为各该科学史之主要史料；此众所共知矣。书中有述及前代史迹者，当然以充史料，又众所共知矣。然除此以外，抽象的史料可以搜集者盖甚多。大率其书愈古，其料愈可宝也。若夫唐宋以后笔记类之书，汗牛充栋，其间一无价值之书固甚多；然绝可宝之史料，往往出其间，在治史者能以炯眼拔识之而已。

集部之书，其专纪史迹之文，当然为重要史料之一部，不待言矣。“纯文学的”之文——如诗辞歌赋等，除供文学史之主要史料外，似与其他方面无甚关系。其实亦不然，例如屈原《天问》，即治古代史者极要之史料；班固《两都赋》，张衡《两京赋》，即研究汉代掌故极要之史料。至如杜甫白居易诸诗，专记述其所身历之事变，描写其所目睹之社会情状者，其为价值最高之史料，又无待言。章学诚云：“文集者，一人之史也。”(《韩柳年谱书后》)可谓知言。

非惟诗古文辞为然也，即小说亦然。《山海经》今四库以入小说，其书虽多荒诞不可究诘，然所纪多为半神话半历史的性质，确有若干极贵重之史料出乎群经诸子以外者，不可诬也。中古及近代之小说,在作者本明告人以所纪之非事实,然善为史者,偏能于非事实中觅出事实。例如《水浒传》中“鲁智深醉打山门”,固非事实也,然元明间犯罪之人得一度牒即可以借佛门作逋逃薮,此却为一事实。《儒林外史》中“胡屠户奉承新举人女婿”,固非事实也,然明清间乡曲之人一登科第,便成为社会上特别阶级,此却为一事实。此类事实,往往在他书中不能得,而于小说中得之。须知作小说者无论骋其冥想至何程度,而一涉笔叙事,总不能脱离其所处之环境,不知不觉,遂将当时社会背景写出一部分以供后世史家之取材。小说且然,他更何论,善治史者能以此种眼光搜捕史料,则古今之书,无所逃匿也。

又岂惟书籍而已,在寻常百姓家故纸堆中往往可以得极珍贵之史料。试举其例:一商店或一家宅之积年流水帐簿,以常识论之,宁非天下最无用之物?然以历史家眼光观之,倘将同仁堂、王麻子、都一处等数家自开店迄今之帐簿及城间乡间贫富旧家之帐簿各数种,用科学方法一为研究整理,则其为瑰宝,宁复可量?盖百年来物价变迁,可从此以得确实资料;而社会生活状况之大概情形,亦历历若睹也。又如各家之族谱家谱,又宁非天下最无用之物?然苟得其详赡者百数十种,为比较的研究,则最少当能于人口出生死亡率及其平均寿数,得一稍近真之统计。舍此而外,欲求此类资料,胡可得也?由此言之,史料之为物,真所谓“牛溲马勃,具用无遗”,在学者之善用而已。

(丁)类书及古逸书辑本　古书累代散亡,百不存一,观牛弘“五厄”之论,可为浩叹(注十三)。他项书勿论,即如《隋书·经籍志》中之史部书,倘其中有十之六七能与《华阳国志》、《水经注》、《高僧传》等同其运命,原本流传以迄今日者,吾侪宁不大乐?然终已不可得。其稍弥此缺憾者，惟恃类书。类书者，将当时所有之书分类钞撮而成，其本身原无甚价值，但阅世以后，彼时代之书多佚，而其一部分附类书以幸存，类书乃可贵矣。古籍中近于类书体者，为《吕氏春秋》，而三代遗文赖以传者已不少。现存类书，自唐之《艺文类聚》，宋之《太平御览》，明之《永乐大典》，以迄清之《图书集成》等，皆卷帙浩瀚，收容丰富。大抵其书愈古，则其在学问上之价值愈高，其价值非以体例之良窳而定，实以所收录古书存佚之多寡而定也(注十四)。类书既分类，于学者之检查滋便，故向此中求史料，所得往往独多也。

自清乾隆间编四库书，从《永乐大典》中辑出逸书多种，尔后辑佚之风大盛。如《世本》、《竹书纪年》及魏晋间人所著史，吾辈犹得稍窥其面目者，食先辈搜辑之赐也。

(戊)古逸书及古文件之再现　欧洲近代学者之研究埃及史、巴比伦史，皆恃发掘所得之古文籍。盖前此臆测之词，忽别获新证而改其面目者，比比然矣。中国自晋以后，此等再发现之古书，见于史传者凡三事：其一在西晋时，其二在南齐时，其三在北宋时，皆记录于竹木简上之文字也(注十五)。原物皆非久旋佚，齐宋所得，并文字目录皆无传。其在学界发生反响者，惟西晋所得，即前所述汲冢竹书是也。汲冢书凡数十车，其整理写定者犹七十五卷，当时盖为学界一大问题，学者之从事研究者，有束皙、王接、卫恒、王庭坚、荀勖、和峤、续咸、挚虞、谢衡、潘滔、杜预等，其讨论概略，尚见史籍中(注十六)。其原书完整传至今者，惟一《穆天子传》耳；其最著名之《竹书纪年》，则已为赝本所夺。尤有《名》及《周食田法》等书，想为极佳之史料，今不可见矣。而《纪年》中载伯益、伊尹、季历等事，乃与儒家传说极相反，昔人所引为诟病者，吾侪今乃借睹历史之真相也(注十七)。《穆传》所述,多与《山海经》相应,为现代持华种西来说者所假借。此次发见之影响,不为不巨矣。

最近则有从甘肃新疆发见之简书数百片,其年代则自西汉迄六朝,约七百年间物也。虽皆零缣断简,然一经科学的考证,其裨于史料者乃无量:例如简缣纸三物代兴之次第,隶草楷字体迁移之趋势,乃至汉晋间烽堠地段、屯戍状况,皆可见焉。吾侪因此,转对于晋齐宋之三度虚此发见,不能无遗憾也(注十八)。

最近古籍之再现,其大宗者则为甘肃之敦煌石室。中以唐人写佛经为最多,最古者乃上逮苻秦(四世纪中叶)。其上乘之品,今什九在巴黎矣;而我教育部图书馆拾其余沥,犹得七千余轴;私人所分弆亦千数,此实世界典籍空前之大发见也。其间古经史写本足供校勘者,与夫佛经在今大藏外者皆甚多,不可枚举。其他久佚之著作,亦往往而有。以吾所知,如慧超《往五天竺传》,唐末已亡,忽于此间得其残卷,与法显、玄奘之名著鼎足而三,宁非快事?惜其他诸书性质,以传钞旧籍为主,裨助新知稍希。然吾确信苟有人能为统括的整理研究,其陆续供给史界之新资料必不乏也(注十九)。

(己)金石及其他镂文　金石为最可宝之史料,无俟喋陈。例如有含摩拉比(Hammurabi)之古柱,而巴比伦之法典略明;有阿育王之丰碑,而印度佛教传播之迹大显。西方古代史迹,半取资于此途矣。惜我国现存金石,其关于典章文物之大者颇少。以吾侪所闻诸史乘者,如春秋时郑有刑书,晋有刑鼎,其目的盖欲将法律条文镂金以传不朽。然三代彝器出土不乏,而此类之鸿宝阙如,实我学界一大不幸也。

金石之学,逮晚清而极盛。其发达先石刻,次金文,最后则为异军突起之骨甲文。今顺次以论其对于史料上之价值。

自来谈石刻者,每盛称其大有造于考史。虽然,吾不敢遽为此夸大之词也。中国石刻,除规模宏大之石经外,造像经幢居十之五,铭墓文居十之四。造像经幢中文字,无关考史,不待问也。铭墓文之价值,其有以愈于彼者又几何?金石家每刺取某碑志中述某人爵里年代及其他小事迹与史中本传相出入者,诧为瑰宝,殊不知此等薄物细故,在史传中已嫌其赘;今更补苴罅漏,为"点鬼簿"作"校勘记",吾侪光阴,恐不应如是其贱。是故从石刻中求史料,吾认为所得甚微。其中确有价值者,例如唐建中二年(西七八一)之《大秦景教流行中国碑》,为基督教初入中国唯一之掌故,且下段附有叙里亚文,尤为全世界所罕见(注二十)。如元至正八年刻于居庸关之佛经,书以蒙古、畏兀、女真、梵、汉五体;祥符大相国寺中有元至元三年圣旨碑,书以蒙古、畏兀、汉字三体;元至正八年之《莫高窟造象记》,其首行有书六体:异族文字,得借此以永其传(注二十一)。如唐长庆间(西八二一至八二四)之《唐蕃会盟碑》,将盟约原文刻两国文字,可以见当时条约格式及其他史实(注二十二)。如开封挑筋教人所立寺,有明正德六年(西一五一一)佚碑,可证犹太人及犹太教入中国之久(注二十三)。诸如此类,良可珍贵。

大抵碑版之在四裔者,其有助于考史最宏:如东部之《丸都纪功刻石》(魏正始间),《新罗真兴王定界碑》(陈光大二年),《平百济碑》(唐显庆三年),《刘仁愿纪功碑》(唐麟德龙翔间)等;西部之《裴岑纪功刻石》(汉永和二年),《沙南侯获刻石》(汉永和五年),《刘平国作关城颂》(无年月),《姜行本纪功颂》(唐贞观十四年),《索勋纪德碑》(唐景德元年)等;北部之《芯伽可汗碑》(唐开元二十三年),《阙特勤碑》(唐开元二十年),《九姓回鹘可汗碑》(无年月,亦唐刻)等;南部之《爨宝子碑》(晋大亨四年),《爨龙颜碑》(刘宋大明二年),《平蛮颂》(唐大历十二年),《大理石城碑》(宋开宝五年)等,皆迹存片石,价重连城(注二十四)。何则?边裔之事,关于我族与他族之交涉者甚巨;然旧史语焉不详,非借助石刻,而此种史料遂湮也。

至如内地一般铭窆之文,苟冢中人而无足重轻者,吾何必知其事迹?其人如为历史上重要人物,则史既已有传,而碑志辞多溢美,或反不足信,是故其裨于史料者乃甚希也。研究普通碑版,与其从长篇墓铭中考证事迹,毋宁注意于常人所认为无足重轻之文,与夫文中无足重轻之字句。例如观西汉之《赵王上寿》、《鲁王泮池》两刻石之年号,而知当时诸侯王在所封国内各自纪年(注二十五)。观汉碑阴所纪捐钱数,而略推当时之工价物价(注二十六)。此所谓无足重轻之字句也。例如观各种买地莂,可察社会之迷信、滑稽的心理(注二十七)。观元代诸圣旨碑,可见当时奇异之文体及公文格式(注二十八)。此所谓无足重轻之文也。

吾从石刻中搜史料,乃与昔之金石学家异其方向。吾最喜为大量的比较观察,求得其总括的概象,而推寻其所以然。试举其例:吾尝从事于石画的研究,见汉石有画无数,魏晋以后则渐少,以至于绝,此何故者?石画惟山东最多,次则四川,他省殆无有,此又何故者?吾尝从事于佛教石刻的研究,见造象惟六朝时最多,前乎此者无有,后乎此者则渐少,此何故者?同是六朝也,惟北朝之魏齐独多,南朝及北周则极少,此又何故者?河南之龙门造象千余龛,魏齐物什而七八,隋刻仅三耳;而山东之千佛、云门、玉函诸山,殆皆隋刻,直隶之宣雾山、南响堂山又殆皆唐刻;此又何故者?自隋而经幢代造象以兴,迄唐而极盛,此又何故者?宋以后而此类关于佛教之小石刻,殆皆灭绝,此又何故者?历代佛教徒所刻佛经,或磨崖,或藏洞,或建幢,所至皆是,而儒经、道经则甚希,此又何故者?吾尝从事于墓文的研究,见北魏以后,墓志如鲫,两汉则有碑而无志,此何故者？南朝之东晋、宋、齐、梁、陈墓文极稀，不逮并时北朝百分之二三，此又何故者？此不过随举数例，若采用吾法，则其可以综析研究之事项更甚多，固无待言。

吾之此法，先求得其概象，然后寻其原因，前文所谓“何故何故”，吾有略能解答者，有全未能解答者。然无论何项，其原因皆甚复杂，而与社会他部分之事实有种种联带关系，则可断言也。此种搜集史料方法，或疑其琐碎无用，实乃不然。即如佛教石刻一项，吾统观而概想之，则当时四五百年间社会迷信之状况，能活现吾前；其迷信之地方的分野与时代的蜕变，亦大略可睹；舍此以外，欲从旧史中得如此明确之印象，盖甚难也。吾前所言抽象的史料，即属此种。凡百皆然，而石刻之研究亦其一例耳。

金文之研究以商周彝器为主。吾前已曾言其美术方面之价值矣，今更从文字款识上有所论列。金文证史之功，过于石刻；盖以年代愈远，史料愈湮，片鳞残甲，罔不可宝也。例如周宣王伐猃狁之役，实我民族上古时代对外一大事，其迹仅见《诗经》，而简略不可理；及小盂鼎、虢季子白盘、不嬰敦、梁伯戈诸器出世，经学者悉心考释，然后兹役之年月、战线、战略、兵数，皆历历可推(注二十九)。又如西周时民间债权交易准折之状况，及民事案件之裁判，古书中一无可考；自曶鼎出，推释之即略见其概(注三十)，余如克鼎、大盂鼎、毛公鼎等，字数抵一篇《尚书》，典章制度之借以传者盖多矣。又如秦《诅楚文》，于当时宗教信仰情状、两国交恶始末皆有关系；虽原器已佚，而摹本犹为瑰宝也(注三十一)。若衡以吾所谓抽象的史料者，则吾曾将金文中之古国名，试一搜集，竟得九十余国，其国在春秋时已亡者，盖什而八九矣。若将此法应用于各方面，其所得必当不乏也。至如文字变迁之迹，赖此大明，而众所共知，无劳喋述矣。

距今十五六年前，在河南安阳县治西五里之小屯，得骨甲文无数，所称“殷虚书契”者是也。初出时，世莫识其文，且莫能名其为何物；十年来经多数学者苦心钻索，始定其为龟甲兽骨之属，其发见之地为殷故都，其所椠为殷时文字，字之可识者略已过千，文亦浸可读。于是为治古代史者莫大之助。盖吾侪所知殷代史迹，除《尚书》中七篇及《史记》之《殷本纪》、《三代世表》外，一无所有；得此乃忽若辟一新殖民地也。此项甲文中所含史料，当于叙述殷代史时引用之，今不先举。要之此次之发见，不独在文字源流学上开一新生面，而其效果可及于古代史之全体，吾不惮昌言也，金石证史之价值，此其最高矣(注三十二)。

(庚)外国人著述　泰西各国，交通夙开，彼此文化，亦相匹敌；故甲国史料，恒与乙国有关系；即甲国人专著书以言乙国事者亦不少。我国与西亚及欧非诸文化国既窎隔，亘古不相闻问。其在西北徼，与我接触之民族虽甚多，然率皆蒙昧，或并文字而无之，遑论著述。印度文化至高，与我国交通亦早，然其人耽悦冥想，厌贱世务，历史观念低至零度，故我国犹有法显、玄奘、义净所著书为今世治印度史者之宝笈(注三十三)，然而印度硕学，曾游中国者百计，梵书记中国事者无闻焉。若日本，则自文化系统上论，五十年前，尚纯为我附庸，其著述之能匡裨我者甚希也。故我国史迹，除我先民躬自记录外，未尝有他族能为我稍分其劳。

唐时有阿拉伯人侨商中国者所作游记，内有述黄巢陷广东情状者，真可谓凤毛麟角。其欧人空前述作，则惟马哥波罗一游记，欧人治东学者至今宝之(注三十四)。次则拉施特之《元史》，所述皆蒙古人征服世界事，而于中国部分未之及，仅足供西北徼沿革兴废之参考而已(注三十五)。五六十年以前欧人之陋于东学，一如吾华人之陋于西学，其著述之关于中国之记载及批评者，多可发噱。最近则改观矣，其于中国古物，其于佛教，其于中国与外国之交涉，皆往往有精诣之书，为吾侪所万不可不读(注三十六)。盖彼辈能应用科学方法以治史，善搜集史料而善驾驭之，故新发明往往而有也。虽然，仅能为窄而深之局部的研究，而未闻有从事于中国通史者。盖兹事艰巨，原不能以责望于异国人矣。日本以欧化治东学，亦颇有所启发，然其业未成(注三十七)。其坊间之《东洋史》、《支那史》等书累累充架，率皆卤莽灭裂，不值一盼。而现今我国学校通用之国史教科书，乃率皆裨贩迻译之以充数，真国民莫大之耻也。

以上所列举，虽未云备，然史料所自出之处，已略可见。循此例以旁通之，真所谓"取诸左右逢其原"矣。吾草此章竟，吾忽起无限感慨，则中国公共收藏机关之缺乏，为学术不能进步之极大原因也。

欧洲各国，自中古以还，即以教会及王室为保存文献之中枢，其所藏者，大抵历千年未尝失坠，代代继长增高。其藏书画器物之地，又大率带半公开的性质，市民以相当的条件，得恣观览。近世以还，则此种机关纯变为国有或市有。人民既感其便利，又信其管理保存之得法，多举私家所珍袭者，丛而献之，则其所积日益富。学者欲研究历史上某种事项，入某图书馆或某博物馆之某室，则其所欲得之资料粲然矣。

中国则除器物方面绝未注意保存者不计外，其文籍方面，向亦以"天禄石渠典籍之府"为最富。然此等书号为"中秘"，绝非一般市民所能望见。而以中国之野蛮革命，赓续频仍，每经丧乱，旧藏荡焉。例如董卓之乱，汉献西迁，兰台石室之图书缣帛，军人皆取为帷囊。梁元帝败没于江陵，取天府藏书绕身焚之，叹曰："文武之道，尽今日矣。"此类惨剧，每阅数十百年，例演一次。读《隋书·经籍志》、

《文献通考》等所记述,未尝不泫然流涕也。其私家弆藏,或以子孙不能守其业,或以丧乱,恒阅时而灰烬荡佚。天一之阁,绛云之楼,百宋之廛……今何在矣?直至今日,交通大开,国于世界者,各以文化相见;而我自首善以至各省都会,乃竟无一图书馆,无一博物馆,无一画苑。此其为国民之奇耻大诟且勿论,而学者欲治文献,复何所凭借?即如吾本章所举各种史料,试问以私人之力,如何克致?吾津津然道之,则亦等于贫子说金而已。即勉强以私力集得若干,亦不过供彼一人之揅索,而社会上同嗜者终不获有所沾润。如是而欲各种学术为平民式的发展,其道无由。

吾侪既身受种种苦痛,一方面既感文献证迹之易于散亡,宜设法置诸最安全之地;一方面又感一国学问之资料,宜与一国人共之;则所以胥谋焉以应此需求者,宜必有道矣。

(注一)龙门佛像,虽多而小。云冈诸像,高至六七丈者甚多,其雕成全幅图画者亦不少,实吾国佛教美术精华所聚也。日本松本文三郎之《支那佛教遗物》记载甚详,且能言其与印度犍陀罗美术之异同。近人蒋希召之《游记》第一集,所纪亦翔实。

(注二)诸器大抵皆元郭守敬所造,拳祸时为德人所掠,前年遵《威赛条约》还我者,即此物也。

(注三)巨鹿古城,即在今城原址,入地二丈许。知为大观二年故墟者,有碑可证也。前年夏秋间,居民掘地,忽睹破屋,且有陶磁等物,持以适市,竟易得钱。渐掘其旁,屋乃栉比。事闻于骨董商,乃麇集而掘遗物,以善价沽诸外国人者什而八九。今一小部分为教育部所收得,陈诸午门之历史博物馆;然其细已甚矣。且原有房屋,破坏无余。若政府稍有纪纲,社会稍有智识者,能于初发见时即封存之,古屋之构造悉勿许毁伤,而尽收其遗物设一博物馆于巨鹿,斯亦一"小邦渒"矣。惟闻故城大于今城.今已掘两年,犹未及垣,或者更有所获。又闻其地掘井,须二十丈乃得水源;而入地十丈许,往往遇甃瓦之属,则安知非大观二年以前，已经一两度之淹没耶？果尔，则商周间社会生活状态，竟从此得意外之发明，未可知也。姑悬此说，以俟后之治科学者。

（注四）周秦间画壁之风甚盛（吾别有考证），不知后来何以渐替，今全国传留者极少。泰安县岳庙，两壁画《岳帝出巡图》，相传是唐画，然吾不敢信；即尔，亦不知经后人涂抹几次矣。高昌壁画与敦煌石室遗书同时发现，坊间近有影本。

（注五）宋人专门著录铜器之书，有《宣和博古图》，吕大临《考古图》，无名氏《续考古图》，薛尚功《钟鼎款识》，王厚之《复斋钟鼎款识》，张抡《绍兴内府古器评》等。

（注六）此所举数，据今人王国维所著《宋金文著录表》、《国朝金文著录表》；但皆兼兵器、杂器合计。宋表且兼及秦汉以后器。惟无文字款识者不在此数。

（注七）潘祖荫《攀古楼彝器款识自序》云："古器自周秦至今，凡有六厄。《史记》曰：'始皇铸天下兵器为金人。'兵者戈戟之属，器者鼎彝之属，秦政意在尽天下之铜，必尽括诸器可知。此一厄也。《后汉书》：'董卓更铸小钱，悉取洛阳及长安钟簴、飞廉、铜马之属以充铸焉。'此二厄也。《隋书》：'开皇九年四月，毁平陈所得秦汉三大钟，越三大鼓。十一年正月，以平陈所得古物多为祸变，悉命毁之。'此三厄也。《五代会要》：'周显德二年九月，敕两京诸道州府铜象器物诸色，限五十日内并须毁废送官。'此四厄也。《大金国志》：'海陵正隆三年，诏毁平辽、宋所得古器。'此五厄也。《宋史》：'绍兴六年，敛民间铜器。二十八年，出御府铜器千五百事付泉司。'此六厄也。……"观此可想见古器毁坏之一斑。四年前欧战正酣，铜价飞涨，僻邑穷村之铜，悉搜括以输于外，此间又不知毁去史迹几许矣。

（注八）汉熹平、魏正始、唐开成、宋嘉祐、西蜀孟氏、南宋高宗、清乾隆，皆尝有石经之刻；今惟唐刻存西安府学，清刻存北京国子监。佛教石经至多，最大者为大房山之雷音洞，共二千三百余石，作始于隋，竣事于辽，历七百余年，实人类继续活动中之最伟大者也。自余石经，今人叶昌炽《语石》卷三卷四，记述颇详。

（注九）汉人石阙石壁，多为平面雕刻的画象。其见于诸家著录者，都凡九十二种三百二十九石，内出河南者三十石，出四川者四十四石，出江苏者二石，出甘肃者一石，其余则皆出山东也。以吾所闻知，此种石画今在日本者十九石，在法国者十二石，在德国者三石，在美国者一石，近一二年来有无再流出不可知矣。能悉集其拓本比较研究，实二千年前我国绘画雕刻之一大观也。

魏齐隋唐造象，不可以数计，仅龙门一处，其可拓者已二千三百余种矣，其中尤有极诡异精工之画。唐昭陵六马，高等原形；灵岩之宋雕四十罗汉，神采飞动，皆吾国石刻不朽之品也。历代石画概略，《语石》卷五论列得要。

（注十）今人章鸿钊著《石雅》，记国内外地质学者研究所得结果，极可观。

（注十一）罗马教皇宫图书馆中，有明永历上教皇颂德书，用红缎书方寸字，略如近世之寿屏。此类史料之非佚而再现，直以原迹传至今者，以吾所见此为最古矣。日本闻有中国隋唐间原物甚多，惜未得见。

（注十二）任昉两文，皆见《文选》。其《奏弹刘整》一篇，全录当时法庭口供九百余字，皆争产、赖债、盗物、虐使奴婢等琐事，供词半属当时白话。王褒《僮约》见《艺文类聚》三十五。其性质为“纯文学的”，本与具体的史迹无关；然篇中材料皆当时巴蜀间田野生活也。

（注十三）牛弘论书有五厄，见《隋书》本传。其历代书籍散亡之状况，《文献通考·经籍考序》所记最详。

（注十四）纂辑类书之业，亦文化一种表征。欧洲体裁略备之百科全书（Encyclopedia），盖起自十五世纪以后。我国则自梁武帝时（五〇二—五四九）盛弘斯业。今见于《隋书·经籍志》者，有《皇览》六百八十卷，《类苑》一百二十卷，《华林遍略》六百二十卷，《寿光书苑》二百卷，《圣寿堂御览》三百六十卷，《长洲玉镜》二百三十八卷，《书钞》一百七十四卷，其余数十卷者尚多，惜皆已佚。今《四库》中现存古类书之重要者如下：

《北堂书钞》一百六十卷　唐虞世南撰　此书盖成于隋代（约六〇一—六一〇）

《艺文类聚》一百卷　唐欧阳询等奉敕撰　贞观间（六二七—六四九）

《初学记》三十卷　唐徐坚等奉敕撰

《太平御览》一千卷　宋李昉等奉敕撰　太平兴国二年　（九七七）

《册府元龟》一千卷　宋王钦若等奉敕撰　景德二年　（一〇〇五）

《玉海》二百卷　宋王应麟撰

《永乐大典》二万二千九百卷　明解缙等奉敕编　永乐间　（一四〇三——四二四）

其清代所编诸书不复录。右各书惟《永乐大典》未刻，其写本旧藏清宫；义和拳之乱，为联军所分掠。今欧洲、日本诸图书馆中，每馆或有一二册至十数册不等。

（注十五）西晋时汲冢竹书，其来历已略见本篇第二章注六。今更补述其要点：书藏汲郡之魏安釐王冢。晋太康二年，郡人不准盗发得之，凡数十车。皆竹简素丝纶，简长二尺四寸，以墨书，一简四十字。初发冢者烧策照取宝物，及官收之，多烬简断札。武帝以其书付秘书校缀次第，寻考指归，而以今文写之。所写出诸书如下：（一）《纪年》十三篇，（二）《易经》一篇，（三）《易繇阴阳卦》二篇，（四）《卦下易经》一篇，（五）《公孙段》二篇，（六）《国语》三篇，（七）《名》三篇，（八）《师春》一篇，（九）《琐语》十一篇，（十）《梁丘藏》一篇，（十一）《缴书》二篇，（十二）《生封》一篇，（十三）《穆天子传》五篇，（十四）《大历》二篇，（十五）《杂书》十九篇，内有《周食田法》、《周穆王盛姬死事》等，凡七十五篇。此《晋书》"束皙传""荀勖传"所记大概也。

萧齐时（四七九—五〇一），襄阳有盗发古冢者，相传是楚王冢。大获宝物玉屐、玉屏风、竹简书、青丝编。盗以把火自照，后人有得十余简，以示王僧虔，僧虔云是科斗书《考工记》也。事见《南齐书·文惠太子传》。

宋政和间（一一一〇—一一一九），发地得竹木简一瓮．多汉时物，散乱不可考，独永初二年讨羌符文字尚完，皆章草书。吴思道曾亲见之于梁师成所。其后沦于金以亡。事见黄伯思《东观余论》卷上，赵彦卫《云麓漫钞》卷七。

此可谓历史上竹简书之三大发见，惜其结果不传至今耳。

（注十六）晋汲冢书发见后，学界陡生波澜。荀勖、和峤首奉敕撰次；卫恒加以考正；束皙随疑分释，皆有义证。王庭坚著书难皙，亦有证据。潘滔劝王接别著论解二子之纷，挚虞、谢衡见之，咸以为允。事见《晋书·王接传》

（注十七）《竹书纪年》最骇人听闻者，如夏启杀伯益、太甲杀伊尹、文丁杀季历等，又言夏之年祚较殷为长，此皆与儒家旧说不相容。文见《束皙传》，今伪本削去矣。

（注十八）清光绪三十四年（距今十三年前），英人斯坦因（A. Stein）在敦煌附近，罗布淖尔附近，于阗附近，各得古简牍多种，最古者有汉宣帝元康、神爵、五凤诸年号。大约两汉物居半，余半则晋以后物也。法人沙畹（Chavannes）著有考释，吾国则罗振玉、王国维合著《流沙坠简考释》，辨证极详核。

(注十九)清光绪末，法人白希和游甘肃之敦煌，见土人有爇故纸而调其灰于水，谓为神符，能疗病者；视之，则唐人所写佛经也。迹之，知得自一石室。即之，则室中乃琳琅无尽藏。考之，知为西夏藏书之府也。白氏择其精者辇以归，其中有摩尼教经典，全世界所无也。古画亦有数轴。白氏尝为余言，“吾载十大车而止，过此亦不欲再伤廉矣。”其辇去者，今一大部分在巴黎国立图书馆也。白氏归北京，事颇闻于士大夫。良久，学部乃遣人往收其余沥。所得犹将万轴。辇至京，而达官名士巧取豪夺，其尤精善者多入私家，今存教育部图书馆者约七千轴，又各人选择之余也。然当时学部所收尚未尽，非久有日本人续往访，所得亦千计。其属于儒书一部分，罗振玉影印者已不少。然此中什九皆佛经，现已发现多种为今佛藏中所无者。且经典外之杂件，亦非无之；以吾所见，已有地券、信札等数纸，其年代最古者为苻秦时(忘其年)。以千余年前之古图书馆，一旦发现，不可谓非世界文化一大庆也。惜原物今已散在各国，并一总目录而不能编集也。

(注二十)《景教碑》今在长安碑林。其原文自《金石萃编》以下，诸家书多全录。前人或疑为波斯教、回回教等，今则景教确为基督教，已成学界定论。今人钱恂《归潜记》有跋一篇，考证最精确。

(注二十一)居庸关有一地如城门洞者(行人必经之路)，圆顶及两壁满雕佛像，椠工精绝。间以佛经，用五体字；学者考定，汉字以外，则一蒙古，二畏兀，三女真，四梵也。畏兀亦名畏吾，即唐之回鹘。此刻盖元时物，今完好无损。

莫高窟有六体字，摹录如下，其何体属何族，则吾未能辨也。

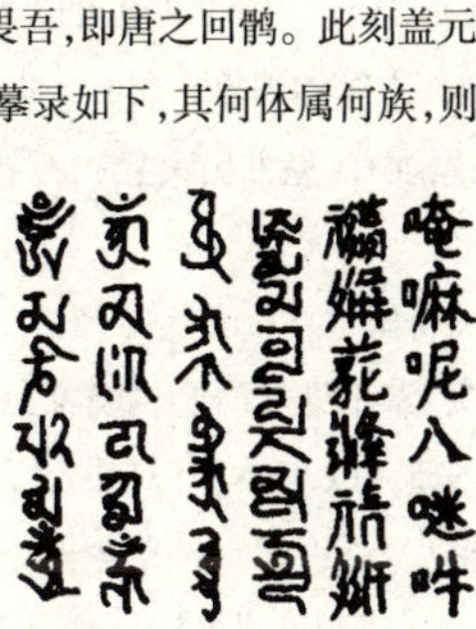

(注二十二)《唐蕃会盟碑》，吾未见拓本；今人罗振玉《西陲石刻录》有其全

文。碑阳刻汉文，碑阴刻唐古忒文，两文合璧，皆盟约正文也。两侧则刻两国莅盟人之官衔姓名。此刻石文中之最特别者。

（注二十三）开封之挑筋教寺，据钱恂《归潜记》引清同治五年英人某报告，称寺中有两碑，言寺创设于宋隆兴二年（一一六四），改筑于明成化四年（一四六九）。今碑已佚矣。清洪钧《元史译文证补》卷二十九记此事，犹云"地有犹太碑，碑文附后"；然今洪书无碑，殆刊时失之。此孤微之史料，恐从此湮灭矣。

（注二十四）各碑录文，多见清王昶《金石萃编》、陆耀遹《金石续编》。惟《丸都纪功》乃新出土者；《芯伽可汗九姓回鹘》，乃俄人以影本送致总理衙门者；诸家皆未著录。

（注二十五）此两石实汉石最古者，录文见《金石萃编》。

（注二十六）汉碑纪此者，有《礼器》、《仓颉庙》、《成阳灵台》、《鲁峻》、《尧庙》、《曹全》、《张迁》等碑。

（注二十七）宋周密《癸辛杂识》言在洛阳见一石刻，其文云："大男杨绍从土公买冢地一丘……直钱四百万，即日交毕，日月为证，四时为任，太康五年九月二十九日对共破莂。"此类券莂之刻，唐以后颇多，今存拓本尚逾十数。见《语石》卷五。

（注二十八）元圣旨碑，现存者如泰安岳庙、襄阳五龙庙尚十余通。《语石》卷三曾全录其一，文词之鄙俚怪诞，殊可发噱。《岳庙碑》有云："和尚，也里可温，先生，达识蛮每，不拘拣甚么差发，休当者。"文见清顾炎武《山东考古录》。其所云"也里可温"即天主教徒；"先生"即道士；"达识蛮"即回教徒；"每"者，们也。意言释、道、耶、回教徒人等皆蠲免赋役也。此亦可考当时信教自由之制。

（注二十九）今人王国维有《鬼方昆夷玁狁考》及《不娶敦盖铭考释》两篇，考证兹役，甚多新解。

（注三十）清刘心源《奇觚室吉金文述》，释曶鼎文最好。

（注三十一）《诅楚文》摹本见《绛帖》；《古文苑》有释文。

（注三十二）殷虚书契最初影印本，有刘铁云之《铁云藏龟》。其治此学最精深者为罗振玉，著有《殷商贞卜文字考》、《殷虚书契》、《殷虚书契后编》、《殷虚书契菁华》、《殷虚书契考释》、《书契待问编》等。又王襄著有《簠室殷契类纂》

（注三十三）晋法显、唐玄奘、义净，皆游历印度之高僧。显著有《佛国记》，奘著有《大唐西域记》，净著有《南海寄归传》，此三书英、法、俄、德皆有译本，欧人治印度学必读之书也。

（注三十四）马哥波罗，意大利之维尼斯人。生于一二五一，卒于一三二四。尝仕元世祖，居中国十六年，归而著一游记。今各国皆有译本，近亦有译为华文者矣。研究元代大事及社会情状极有益之参考书也。

（注三十五）拉施特，波斯人。仕元西域宗王合赞，奉命修国史。书成，名曰《蒙古全史》，以波斯文写之，今仅有钞本。俄、德、英、法皆有摘要钞译本。清洪钧使俄，得其书，参以他书，成《元史译文证补》三十卷，为治元史最精诣之书。但其关于中国本部事迹甚少，盖拉氏身仕宗藩，详略之体宜尔也。

（注三十六）现代欧人关于中国考史的著述，摘举其精到者若干种列下。

（一）关于古物者：

Münterberg：*Geschichte der Chinesischen Künste.*

B. Laufer：*Jade.*

B. Laufer：*Sino-Iranica.*

B. Laufer：*Numerous Othcr Scientific Papers.*

Chavannes：*Numerous Books and Scientific Papers.*

Pelliot：*Mission Pellioten Asie Centrale.*

A. Stein：*Ancient Khotan.*

A. Stein：*Ruins of Desert Cathay.*

（二）关于佛教者：

Waddell：*Lhasa and its Mysteries.*

Hornle：*Manuscript Remains of Buddhist Literature Found in Eastern Turkestan.*

Huth：*Geschichte des Buddhismus in der Mongolei.*

Thomas Watters：*On Yuan Chwang' s Travels in India.*

（三）关于外国关系者：

Blochet：*Introduction a une Histoire des Mongoles.*

Hirth：*China and the Roman Orient.*

Mookerji：*A History of Indian Shipping and Maritime Activity from the Earliest Times.*

V. Staël-Holstein: *Tocharisch und die Sprache* 1.

V. Staël-Holstein: *Tocharisch und die Sprache* 2.

Chavannes: *Les Tou-kiue Occideutaux.*

O. Franke: *Beitrage aus Chincsischen Quellen zur Kennrniss der Turkvolker und Skythen Zentralasien.*

（注三十七）日本以研究东洋学名家者，如白鸟库吉、那珂通世之于古史及地理，松本文三郎之于佛教，内藤虎次郎之于目录金石，鸟居龙藏之于古石器，皆有心得，但其意见皆发表于杂志论文，未成专书。

第五章　史料之搜集与鉴别

前章列举多数史料，凡以言史料所从出也。然此种史料，散在各处，非用精密明敏的方法以搜集之，则不能得。又真赝错出，非经谨严之抉择，不能甄别适当。此皆更需有相当之技术焉。兹分论之。

第一　搜集史料之法

普通史料之具见于旧史者，或无须特别之搜集；虽然，吾侪今日所要求之史料，非即此而已足。大抵史料之为物，往往有单举一事，觉其无足重轻；及汇集同类之若干事比而观之，则一时代之状况可以跳活表现。此如治庭园者，孤植草花一本，无足观也；若集千万本，莳以成畦，则绚烂眩目矣。又如治动物学者搜集标本，仅一枚之贝，一尾之蝉，何足以资擘索；积数千万，则所资乃无量矣。吾侪之搜集史料，正有类于是。

试举吾所曾致力之数端以为例：（甲）吾曾欲研究春秋以前部落分立之情状，乃从《左传》、《国语》中取其所述已亡之国汇而录之，得六十余；又从《逸周书》搜录，得三十余；又从《汉书·地理志》、《水经注》搜录，得七十余；又从金文款识中搜录，得九十余；其他散见各书者尚三四十。除去重复，其夏商周古国名之可考见者，犹将三百国；而大河以南，江淮以北，殆居三之二。其中最稠密之处——如山东、河南、湖北,有今之一县而跨有古三四国之境者。试为图为表以示之,而古代社会结构之迥殊于今日,可见一斑也。(乙)吾曾欲研究中国与印度文化沟通之迹,而考论中国留学印度之人物。据常人所习知者,则前有法显,后有玄奘,三数辈而已。吾细检诸传记,陆续搜集,乃竟得百零五人,其名姓失考者尚八十二人,合计百八十有七人。吾初研究时,据慧皎之《高僧传》、义净之《求法传》,得六七十人,已大喜过望;其后每读一书,遇有此者则类而录之,经数月乃得此数。吾因将此百八十余人者,稽其年代籍贯、学业成绩、经行路线等,为种种之统计,而中印往昔交通遗迹,与夫隋唐间学术思想变迁之故,皆可以大明。(丙)吾曾欲研究中国人种变迁混合之迹,偶见史中载有某帝某年徙某处之民若干往某处等事,史文单词只句,殊不足动人注意也。既而此类事触于吾目者屡见不一见,吾试汇而钞之,所积已得六七十条,然犹未尽。其中徙置异族之举较多,最古者如尧舜时之分背三苗;徙置本族者亦往往而有,最著者如汉之迁六国豪宗以实关中。吾睹此类史迹,未尝不掩卷太息,嗟彼小民,竟任政府之徙置我如弈棋也。虽然,就他方面观之,所以抟捖此数万万人成一民族者,其间接之力,抑亦非细矣。吾又尝向各史传中专调查外国籍贯之人,例如匈奴人之金日磾、突厥人之阿史那忠、于阗人之尉迟敬德、印度人之阿那罗顺等,与夫入主中夏之诸胡之君臣苗裔,统列一表,则种族混合之情形,益可见也。(丁)吾又尝研究六朝唐造像,见初期所造者大率为释迦像,次期则多弥勒像,后期始渐有阿弥陀像、观世音像等,因此可推见各时代信仰对象之异同;即印度教义之变迁,亦略可推见也。(戊)吾既因前人考据,知元代有所谓"也里可温"者,即指基督教,此后读《元史》及元代碑版与夫其他杂书,每遇"也里可温"字样辄乙而记之,若荟最成篇,当不下百条,试加以综合分析，则当时基督教传播之区域及情形，当可推得也。以上不过随举数端以为例。要之，吾以为吾侪欲得史料，必须多用此等方法。此等方法，在前清治经学者多已善用之，如《经传释词》、《古书疑义举例》等书，即其极好模范。惟史学方面，则用者殊少。如宋洪迈之《容斋随笔》、清赵翼之《廿二史劄记》，颇有此精神；惜其应用范围尚狭。此种方法，恒注意于常人所不注意之处，常人向来不认为史料者，吾侪偏从此间觅出可贵之史料。

欲应用此种方法，第一步须将脑筋操练纯熟，使常有锐敏的感觉。每一事项至吾前，常能以奇异之眼迎之，以引起特别观察之兴味。世界上何年何日不有苹果落地，何以奈端独能因此而发明吸力；世界上何年何日不有开水冲壶，何以瓦特独能因此而发明蒸汽。此皆由有锐敏的感觉，施特别的观察而已。第二步须耐烦。每遇一事项，吾认为在史上成一问题有应研究之价值者，即从事于彻底精密的研究，搜集同类或相似之事项，综析比较，非求得其真相不止。须知此种研究法，往往所劳甚多，所获甚简。例如吾前文所举（甲）项，其目的不过求出一断案曰“春秋前半部落式之国家甚多”云尔；所举（乙）项，其目的不过求出一断案曰“六朝唐时中国人留学印度之风甚盛”云尔。断案区区十数字，而研究者动费一年数月之精力，毋乃太劳？殊不知凡学问之用科学的研究法者，皆须如是；苟不如是，便非科学的，便不能在今世而称为学问。且宇宙间之科学，何一非积无限辛劳以求得区区数字者？达尔文养鸽莳果数十年，著书数十万言，结果不过诒吾辈以“物竞天择，适者生存”八个大字而已。然试思十九世纪学界中，若少却此八个大字，则其情状为何如者？我国史学界，从古以来未曾经过科学的研究之一阶级，吾侪今日若能以一年研究之结果，博得将来学校历史教科书中一句之采择，吾愿已足,此治史学者应有之觉悟也。

尤有一种消极性质的史料,亦甚为重要:某时代有某种现象,谓之积极的史料;某时代无某种现象,谓之消极的史料。试举其例:(甲)吾侪读《战国策》,读《孟子》,见屡屡有黄金若干镒等文,知其时确已用金属为货币。但字书中关于财货之字,皆从贝不从金,可见古代交易媒介物,乃用贝而非用金。再进而研究钟鼎款识,记用贝之事甚多,用金者虽一无有;《诗经》亦然。殷墟所发见古物中,亦有贝币无金币,因此略可推定西周以前,未尝以金属为币。再进而研究《左传》、《国语》、《论语》,亦绝无用金属之痕迹。因此吾侪或竟可以大胆下一断案曰:"春秋以前未有金属货币。"若稍加审慎,最少亦可以下一假说曰:"春秋以前金属货币未通用。"(乙)我国未有纸以前,文字皆"著诸竹帛"。然《汉书·艺文志》各书目记篇数者什之七八,记卷数者仅十之二三,其记卷数者又率属汉中叶以后之著述,因此可推定帛之应用,为时甚晚。又据《史记》、《汉书》所载,当时法令、公文、私信什有九皆用竹木简,知当时用竹之广,远过于用帛。再证以最近发见之流沙坠简,其用缣质者皆在新莽以后,其用纸质者皆在两晋以后。因此可以下一假说曰:"战国以前誊写文书,不用缣纸之属;两汉始用而未盛行。"又可以下一假说曰:"魏晋以后,竹木简牍之用骤废。"(丙)吾侪读历代高僧传,见所记隋唐以前诸僧之重要事业,大抵云译某经某论若干卷,或云讲某经某论若干遍,或云为某经某论作注疏若干卷;宋以后诸僧传中,此类记事绝不复见,但记其如何洞彻心源,如何机锋警悟而已。因此可以下一断案曰:"宋以后僧侣不讲学问。"(丁)吾侪试检前清道咸以后中外交涉档案,觉其关于教案者什而六七;当时士大夫关于时事之论著,亦认此为一极大问题。至光宣之交,所谓教案者已日少一日;入民国以来，则几无有。因此可以下一断案曰："自义和团事件以后，中国民教互仇之现象殆绝。"此皆消极的史料例也。此等史料，其重要之程度殊不让积极史料。盖后代极普通之事象，何故前此竟不能发生，前代极普通之事象，何故逾时乃忽然灭绝，其间往往含有历史上极重大之意义，倘忽而不省，则史之真态未可云备也。此等史料，正以无史迹为史迹，恰如度曲者于无声处寄音节，如作书画者于不着笔墨处传神。但以其须向无处求之，故能注意者鲜矣。

亦有吾侪所渴欲得之史料，而事实上殆不复能得者。例如某时代中国人口有若干，此问题可谓为研究一切史迹重要之基件，吾侪所亟欲知也；不幸而竟无法足以副吾之望。盖吾国既素无统计，虽以现时之人口，已无从得其真数，况于古代？各史《食货志》及《文献通考》等书，虽间有记载，然吾侪绝不敢置信；且彼所记亦断断续续，不能各时代俱有；于是乎吾侪搜集之路殆穷。又如各时代物价之比率，又吾侪所亟欲知也。然其纪载之阙乏，更甚于人口；且各时代所用为价值标准之货币，种类复杂，而又随时变紊，于是乎吾侪搜集之路益穷。若斯类者，虽谓之无史料焉可矣。虽然，吾侪正不必完全绝望。以人口问题论，吾侪试将各史《本纪》及《食货志》所记者，姑作为假定；益以各《地理志》中所分记各地方户口之数，再益以方志专书——例如常璩《华阳国志》、范成大《吴郡记》等记述特详者，悉汇录而勘比之；又将各正史各杂史笔记中，无论文牍及谈话，凡有涉及人口数目者——例如《左传》记"卫戴公时卫民五千七百三十人"，《战国策》记苏秦说齐宣王言"临淄七万户，户三男子"等，凡涉及此类之文句，一一钞录无遗；又将各时代征兵制度、口算制度一一研究，而与其时所得兵数、所得租税相推算。如此虽不敢云正确，然最少总能于一二时代中之一二地方得有较近真之资料；然后据此为基本，以与他时代、他地方求相当之比例。若有人能从此用力一番，则吾侪对于历史上人口之智识，必有进于今日也。物价问题，虽益复杂，然试用此法以求之，所得当亦不少。是故史料全绝之事项，吾敢信其必无；不过所遗留者或多或寡，搜集之或难或易耳。抑尤当知此类史料若仅列举其一条两条，则可谓绝无意义绝无价值；其价值之发生，全赖博搜而比观之耳。

以上所举例，皆吾前此所言抽象的史料也。然即具体的史料，亦可以此法求之。往往有一人之言行、一事之始末，在正史上觉其史料缺乏已极；及用力搜剔，而所获或意外甚丰。例如《史记》关于墨子之记述，仅得二十四字，其文曰："盖墨翟宋之大夫，善守御，为节用。或曰并孔子时，或曰在其后。"(《孟子荀卿列传》)此史料可谓枯涸极矣；而孙诒让生二千年后，能作一极博赡翔实之《墨子传》至数千言(看《墨子间诂》)。例如周宣王伐猃狁之役，《诗经》、《史记》、《竹书纪年》所述，皆仅寥寥数语；而王国维生三千年后，乃能将其将帅、其战线、其战状，详细考出，历历如绘(看《雪堂丛刻》)。此无他谬巧，其所据者皆人人共见之史料，彼其爬罗搜剔之术，操之较熟耳。又如指南针由中国人发明，此西史上所艳称也；然中国人对于此物之来历沿革，罕能言者。美人夏德(F. Hirth)所著《中国古代史》，则考之甚详。其所征引之书，则其一《韩非子》，其二《太平御览》引《鬼谷子》，其三《古今注》，其四《后汉书·张衡传》，其五《宋书·礼志》，其六《南齐书·祖冲之传》，其七《宋史·舆服志》，其八《续高僧传·一行传》，其九《格致镜原》引《本草衍义》，其十《梦溪笔谈》，其十一《朝野佥载》，其十二《萍洲可谈》，其十三《图书集成·车舆部》。以上所考，是否已备，虽未敢断；然吾侪读之，已能将此物之渊源，得一较明确之观念。夫此等资料，明明现存于古籍中，但非经学者苦心搜辑，则一般人末由察见耳。

亦有旧史中全然失载或缺略之事实，博搜旁证则能得意外之发见者。例如唐末黄巢之乱，曾大惨杀外国侨民，此可谓千年前之义和团也。旧史仅著"焚室庐杀人如刈"之一囫囵语，而他无征焉。十世纪时，阿剌伯人所著《中国见闻录》中一节云："有 Gonfu[khanfu]者，为商舶荟萃地……纪元二百六十四年，叛贼 Punzo[Banschoua]陷 Gonfu，杀回耶教徒及犹太、波斯人等十二万。……其后有五朝争立之乱，贸易中绝。"等语。欧洲人初译读此录，殊不知所谓 Gonfu 者为何地，所谓 Punzo 者为何人。及经东西学者细加考证，乃知回教纪元二六四年，当景教纪元之八七七—八七八年，即唐僖宗乾符四年至五年也，而其年黄巢实寇广州。广州者，吾粤人至今犹称为"广府"，知 Gonfu 即"广府"之译音，而 Punzo 必黄巢也。

吾侪因此一段记录而得有极重要之历史上新智识：盖被杀之外国人多至十二万，则其时外人侨寓之多可想。吾侪因此引起应研究之问题有多种。例如：其一，当时中外通商何以能如此繁盛？其二，通商口岸是否仅在广州，抑尚有他处？其发达程度比较如何？其三，吾侪联想及当时有所谓"市舶司"者，其起源在何时，其组织何若，其权限何若？其四，通商结果影响于全国民生计者何如？其五，关税制度可考见者何如？其六，今所谓领事裁判权制度者，彼时是否存在？其七，当时是否仅有外国人来，抑吾族亦乘此向外发展？其八，既有许多外人侨寓我国，其于吾族混合之关系何如？其九，西人所谓中国三大发明——罗盘针、制纸、火药——之输入欧洲，与此项史迹之关系何若？……吾侪苟能循此途径以致力研究，则因一项史迹之发见，可以引起无数史迹之发见。此类已经遗佚之史迹，虽大半皆可遇而不可求，但吾侪总须随处留心，无孔不入，每有所遇，断不放过。须知此等佚迹，不必外人纪载中乃有之，本国故纸堆中所存实亦不少，在学者之能施特别观察而已。

史料有为旧史家故意湮灭或错乱其证据者，遇此等事，治史者宜别搜索证据以补之或正之。明陈霆考出唐僖宗之崩以马践，宋太宗之崩以箭疮发，二事史册皆秘之不言。霆考证前事据《幸蜀记》，考证后事据神宗谕滕章敏之言（《两山墨谈》卷十四）。前事在历史上无甚价值，虽佚不足顾惜。后事则太宗因伐契丹，为虏所败，负伤遁归，卒以疮发而殂，此实宋代一绝大事，后此澶渊之盟、变法之议、靖康之祸，皆与此有直接间接关系。此迹湮灭，则原因结果之系统紊矣。计各史中类此者盖不乏，又不惟一二事为然耳，乃至全部官书自行窜乱者，往往而有。《宋神宗实录》有日录及朱墨本之两种，因廷臣争党见，各自任意窜改，致同记一事，两本或至相反（看清蔡凤翔著《王荆公年谱》卷二十四《神宗实录考》）。至清代而尤甚，清廷讳其开国时之秽德，数次自改实录。实录稿今入王氏《东华录》者乃乾隆间改本，与蒋氏《东华录》歧异之处已甚多；然蒋氏所据，亦不过少改一次之本耳。故如太宗后下嫁摄政王、世宗潜谋夺嫡等等宫廷隐慝，讳莫如深，自不待言。即清初所兴之诸大狱，亦掩其迹，唯恐不密。例如顺治十八年之"江南奏销案"，一时搢绅被杀者十余人，被逮者四五百人，黜革者万三千余人，摧残士气，为史上未有之奇酷。然官书中并丝毫痕迹不可得见。今人孟森，据数十种文集笔记，钩距参稽，然后全案信史出焉。（看《心史丛刊》第一集）夫史料之偶尔散失者，其搜补也尚较易；故意湮乱者，其治理也益极难。此视学者侦察之能力何如耳。

今日史家之最大责任，乃在搜集本章所言之诸项特别史料。此类史料，在欧洲诸国史，经彼中先辈搜出者已什而七八，故今之史家，贵能善因其成而运独到之史识以批判之耳。中国则未曾经过此阶级，尚无正当充实之资料，何所凭借以行批判？漫然批判，恐开口便错矣。故吾本章所论，特注重此点。至于普通一事迹之本末，则旧籍具在，搜之不难，在治史者之如何去取耳。

第二　鉴别史料之法

史料以求真为尚，真之反面有二：一曰误，二曰伪。正误辨伪，是谓鉴别。

有明明非史实而举世误认为史实者：任执一人而问之曰，今之万里长城为何时物？其人必不假思索，立答曰秦始皇时。殊不知此答案最少有一大部误谬或竟全部误谬也。秦始皇以前，有燕之长城、赵之长城、齐之长城；秦始皇以后，有北魏之长城、北齐之长城、明之长城；具见各史。其他各时代小小增筑尚多。试一一按其道里细校之，将见秦时城线，所占乃仅一小部分，安能举全城以傅诸秦？况此小部分是否即秦故墟，尚属问题。欲解此问题，其关键在考证秦时筑城是否用砖抑用版筑，吾于此事虽未得确证，然终疑用版筑为近。若果尔者，则现存之城或竟无一尺一寸为秦时遗迹，亦未可知耳。常人每语及道教教祖，辄言是老子。试读老子五千言之著书，与后世道教种种矫诬之说风马牛岂能相及？汉初君臣若窦后、文帝、曹参辈，著述家若刘安、司马谈辈，皆治老子之道家言，又与后世道教岂有丝毫相似？道教起源，明见各史，如《后汉书·襄楷传》所载楷事及宫崇、于吉等事，《三国志·张鲁传》所载鲁祖陵、父衡及骆曜、张角、张修等事，其妖妄煽播之迹，历历可见，此又与周时作守藏史之老子，岂有丝毫关系？似此等事，本有较详备之史料可作反证；然而流俗每易致误者，此实根于心理上一种幻觉，每语及长城辄联想始皇，每语及道教辄联想老子。此非史料之误，乃吾侪自身之误，而以所误诬史料耳。吾侪若思养成鉴别能力，必须将此种心理结习，痛加涤除，然后能向常人不怀疑之点能试怀疑，能对于素来不成问题之事项而引起问题。夫学问之道，必有怀疑然后有新问题发生，有新问题发生然后有研究，有研究然后有新发明。百学皆然，而治史特其一例耳。

顷所举例，吾命之曰局部的幻觉。此外尤有一般的幻觉焉——凡史迹之传于今者，大率皆经过若干年若干人之口碑或笔述，而识其概者也。各时代人心理不同，观察点亦随之而异，各种史迹，每一度从某新时代之人之脑中滤过，则不知不觉间辄微变其质。如一长河之水，自发源以至入海，中间所经之地所受之水，含有种种杂异之矿质，则河水色味，随之而变。故心理上的史迹，脱化原始史迹而丧失其本形者往往而有。例如《左传》中有名之五大战——韩、城濮、鞌、邲、鄢陵，吾脑际至今犹有极深刻之印象，觉此五役者为我国史中规模宏大之战事。其实细按史文，五役者皆一日而毕耳；其战线殆无过百里外者；语其实质，仅得比今闽粤人两村之械斗。而吾侪动辄以之与后世国际大战争等量齐观者，一方面固由《左传》文章优美，其铺张分析的叙述能将读者意识放大；一方面则由吾辈生当二千年后，习见近世所谓国家者所谓战争者如彼如彼，动辄以今律古，而不知所拟者全非其伦也。夫在货币交易或信用交易时代而语实物交易时代之史迹，在土地私有时代而语土地公有时代之史迹，在郡县官治或都市自治时代而语封建时代或部落时代之史迹，在平民自由时代而语贵族时代或教权时代之史迹，皆最容易起此类幻觉。幻觉一起，则真相可以全蔽。此治学者所最宜戒惧也。

鉴别史料之误者或伪者，其最直捷之法，则为举出一极有力之反证。例如，向来言中国佛教起源者，皆云汉明帝永平七年遣使臣经西域三十六国，入印度求得佛经佛像；但吾侪据《后汉书·西域传》及他书，确知西域诸国自王莽时已与中国绝，凡绝六十五年，至明帝永平十六年始复通，永平七年正西域与匈奴连结入寇之时，安能派使通过其国？又如言上海历史者，每托始于战国时楚之春申君黄歇，故共称其地曰申江、曰黄浦、曰歇浦；但近代学者从各方面研究之结果，确知上海一区，在唐以前尚未成陆地，安得有二千余年春申君之古迹？似此类者，其反证力甚强，但得一而已足。苟非得更强之反证的反证，则其误伪终不能回护。此如人或诬直不疑盗嫂，不疑曰，我乃无兄，倘不能别求得直不疑有兄之确据，则盗嫂问题已无复讨论之余地也。

然历史上事实，非皆能如此其简单而易决。往往有明知其事极不可信，而苦无明确之反证以折之者。吾侪对于此类史料，第一步，只宜消极的发表怀疑态度，以免为真相之蔽；第二步，遇有旁生的触发，则不妨换一方向从事研究，立假说以待后来之再审定。例如，旧史言伏羲、女娲皆人首蛇身，神农牛首人身，言蚩尤铜头铁额。吾辈今日终无从得直捷反证，确证诸人之身首头额与吾辈同也；但以情理度之，断言世界决无此类生物而已。又如殷之初祖契、周之初祖后稷，旧史皆谓为帝喾之子，帝尧之异母弟，同为帝舜之臣。吾辈今日无从得一反证以明其决不然也。虽然，据旧史所说，尧在位七十年乃举舜为相，舜相尧又二十八年，尧即位必当在喾崩后；假令契稷皆喾遗腹子，至舜即位时亦当皆百岁，安得复任事？且尧有此圣弟而不知，又何以为尧？且据《诗经》所载殷人之颂契也曰："天命玄鸟，降而生商。"周人之颂稷也曰："厥初生民，时维姜嫄。"彼二诗者皆所以铺张祖德，倘稷契而系出帝喾，岂有不引以为重之理？是故吾侪虽无积极的反证，以明稷契为别一人之子；然最少亦可以消极的认其非喾子、尧弟也。又如旧史称周武王崩后，继立者为成王，成王尚少，周公摄政。吾辈今日亦无直接之反证以明其不然也。但旧史称武王九十三而终，藉令武王七十而生成王，则成王即位时已二十三，不可谓幼；七八十得子，生理上虽非必不可能，然实为稀有；况吾侪据《左传》，确知成王尚有邗、晋、应、韩之四弟，成王居长嫡，下有诸弟，嗣九十三岁老父之位而犹在冲龄，岂合情理？且犹有极不可解者，《尚书·康诰》一篇，为康叔封卫时之策命，其发端云："王若曰：'孟侯，朕其弟，小子封！'"此所谓"王"者谁耶？谓武王耶？卫之建国，确非在武王时；谓成王耶？康叔为成王叔父，何得称为弟而呼以"小子"？然则继武王而践祚者，是否为成王？周公是否摄政，抑更有进于摄政？吾侪不能不大疑。

怀疑之结果，而新理解出焉。前段所举第一例——人首蛇身等等，吾侪既推定其必无是理。然则何故有此等传说耶？吾侪可以立一假说，谓伏羲、神农等皆神话的人物，非历史的人物。凡野蛮时代之人，对于幻境与实境之辨，常不明了；故无论何族最初之古史，其人物皆含有半神半人的性质。然则吾侪可以假定羲农诸帝，实古代吾族所祀之神；人首蛇身等，即其幻想中之神像；而缘幻实不分之故，口碑相传，确以为曾有如此形象之人。指为真，固非真；指为伪，亦确非有人故为作伪也。如所举第二例——稷契既决非喾子，又不能知其为何人之子，汉儒且有"圣人无父，感天而生"之说。然则稷契果无父耶？吾侪可以立一假说，谓稷契亦有父亦无父，彼辈皆母系时代人物，非父系时代人物。吾侪闻近代欧美社会学家言，已知社会进化阶级或先有母系，然后有父系；知古代往往一部落之男子为他部落女子所公有，一部落之女子为他部落男子所公有，在彼时代，其人固宜"知有母不知有父"，非不欲知，无从知也。契只知其为简狄之子耳，稷只知其为姜嫄之子耳，父为谁氏，则无稽焉，于是乎“有吞鸟卵而生”、“履大人迹而生”之种种神话。降及后世父系时代，其子孙以无父为可耻，求其父而不得，则借一古帝以自重，此喾子之说所由起也。亦有既求父不得，即不复求，转而托“感天”以自重；殊不知古代之无父感天者不必圣人，盖尽人莫不然也。如所举第三例——成王若继武王而立，其年决非幼，无须摄政；卫康叔受封时，其王又确非康叔之侄而为康叔之兄。吾侪于是可以立一假说，谓继武王而立者乃周公而非成王；其时所行者乃兄终弟及制，非传子立嫡制。吾侪已知殷代诸王，兄弟相及者过半，周初沿袭殷制，亦情理之常。况以《史记·鲁世家》校之，其兄终弟及者亦正不少。然则周公或当然继武王而立，而后此之“复子明辟”，乃其特创之新制，盖未可知耳。以上诸例，原不过姑作假说，殊不敢认为定论；然而不失为一种新理解，则昭然矣。

然则吾侪今日能发生种种新理解，而古人不能者，何故耶？古人为幻觉所蔽而已。生息于后世家族整严之社会中，以为知母不知父，惟禽兽为然，稷契之圣母，安有此事？生息于后世天泽名分之社会中，以夺嫡为篡逆，谓周公大圣，岂容以此相污？是以数千年非惟无人敢倡此说，并无人敢作此念；其有按诸史迹而矛盾不可通者，宁枉弃事实以迂回傅会之而已。吾侪生当今日，有种种“离经畔道”之社会进化说以变易吾脑识，吾于是乃敢于怀疑，乃敢于立假说。假说既立，经几番归纳的研究之后，而假说竟变为定案，亦意中事耳。然则此类之怀疑、此类之研究，在学问上为有用耶，为无用耶？吾敢断言曰有用也。就表面论，以数千年三五陈死人之年龄关系为研究之出发点，刺刺考证，与现代生活风马牛不相及，毋乃玩物丧志？殊不知苟能由此而得一定案，则消极方面，最少可以将多年来经学家之傅会的聚讼一扫而空，省却人无限精力；积极方面，最少可以将社会学上所提出社会组织进化阶段之假说，加一种有力之证明。信能如是，则其贡献于学界者不已多耶？

同一史迹，而史料矛盾，当何所适从耶？论原则，自当以最先、最近者为最可信。先者以时代言，谓距史迹发生时愈近者，其所制成传留之史料愈可信也。近者以地方言，亦以人的关系言，谓距史迹发生地愈近，且其记述之人与本史迹关系愈深者，则其所言愈可信也。例如此次欧战史料，百年后人所记者，不如现时人所记者之详确；现时人所记者，又不如五年前人所记之详确：此先后之说也。同是五年前人，中国人所记，必不如欧洲人；欧洲普通人所记，必不如从军新闻记者；新闻记者所记，必不如在营之军士；同是在营军士，仅听号令之小卒所记，必不如指挥战事之将校；同是将校，专担任一战线之裨将所记，必不如综览全局之总参谋：此远近之说也。是故凡有当时、当地、当局之人所留下之史料，吾侪应认为第一等史料。例如一八七六年之普奥战争，两国事后皆在总参谋部妙选人才编成战史，此第一等史料也。欲知十九世纪末欧洲外交界之内幕，则《俾斯麦日记》其第一等史料也。欲知卢梭、科尔璞特金之事迹及其感想，彼所作《自传》或《忏悔录》，其第一等史料也。如司马迁之《自序》，王充之《自纪》，法显、玄奘、义净等之游记或自传，此考证各本人之事迹思想或其所游地当时状态之第一等史料也(注一)。如辛弃疾《南烬纪闻录》、《窃愤录》所采阿计替笔记，此考证宋徽钦二宗在北庭受辱情状之第一等史料也(注二)。如李秀成被俘时之供状，此考证洪杨内部情状之第一等史料也(注三)。此类史料，无论在何国皆不易多得，年代愈远，则其流传愈稀。苟有一焉，则史家宜视为瑰宝。彼其本身饶有陵盖他种史料之权威，他种史料有与彼矛盾者，可据彼以正之也。

前段所论不过举其概括的原则，以示鉴别之大略标准；但此原则之应用，有时尚须分别观之。试仍借此次欧战史料为例：若专以时代接近程度定史料价值之高下，则今日已在战后两三年，其所编集自不如战时出版物之尤为接近，宜若彼优于此；然而实际上殊不尔。当时所记不过断片的史迹，全不能觑出其联络关系。凡事物之时间的联络关系，往往非俟时间完全经过之后不能比勘而得；故完美可观之战史，不出在战时而出在战后也。若以事局接近程度定价值之高下，则观战新闻记者所编述，自应不如军中人；一般著作家所编述，自应不如观战之新闻记者。然实际上亦未必尽然。盖局中人为剧烈之感情所蔽，极易失其真相；即不尔者，或缠绵于枝叶事项，而对于史迹全体，反不能得要领，所谓“不识庐山真面目，只缘身在此山中”也。又不特局中者为然也，即在局外者，犹当视其人提絜观察之能力如何，视其人串叙描写之技术如何，而其作品之价值相去可以悬绝焉。是故以战史论，若得一文学技术极优长之专门大史家而又精通军事学者，在总司令部中为总书记，对于一战役始终其事（最好能兼为两军总司令之总书记），则其所记述者自然为史料之无上上品。然而具备此条件者则安能得？既已不能，则战场上一寻常军士所记，或不如作壁上观之一有常识的新闻记者；奔走战线仅有常识之一新闻记者，其所记，或不如安坐室中参稽战报之一专门史学家也。

最先最近之史料则最可信，此固原则也。然若过信此原则，有时亦可以陷于大误。

试举吾经历之两小事为例：（一）明末大探险家、大地理学者徐霞客，卒后其挚友某为之作墓志，宜若最可信矣。一日吾与吾友丁文江谈及霞客，吾谓其曾到西藏，友谓否；吾举墓铭文为证，友请检《霞客游记》共读，乃知霞客虽有游藏之志，因病不果，从丽江折归，越年余而逝。吾固悔吾前此读《游记》之粗心；然为彼铭墓之挚友，粗心乃更过我，则真可异也。

（二）玄奘者，我国留学生宗匠，而思想界一巨子也；吾因欲研究其一生学业进步之迹，乃发心为之作年谱。吾所凭借之资料甚富，合计殆不下二十余种，而其最重要者，一为道宣之《续高僧传》，二为慧立之《慈恩法师传》，二人皆奘之亲受业弟子，为其师作传，正吾所谓第一等史料也。乃吾研究愈进，而愈感困难，两传中矛盾之点甚多，或甲误，或乙误，或甲乙俱误。吾列举若干问题，欲一一悉求其真，有略已解决者，有卒未能解决者。试举吾所认为略已解决之一事，借此以示吾研究之径路：玄奘留学凡十七年，此既定之事实也；其归国在贞观十九年正月，此又既定之事实也。然则其初出游果在何年乎？自两传以及其他有关系之资料，皆云贞观三年八月，咸无异辞。吾则因怀疑而研究，研究之结果，考定为贞观元年。

吾曷为忽对于三年说而起怀疑耶？三年至十九年，恰为十七个年头，本无甚可疑也；吾因读《慈恩传》，见奘在于阗所上表中有"贞观三年出游，今已十七年"等语；上表年月，传虽失载，然循按上下文，确知其在贞观十八年春夏之交；吾忽觉此语有矛盾，此为吾怀疑之出发点。从贞观十八年上溯，所谓十七年者，若作十七个年头解，其出游时可云在贞观二年；若作满十七年解，则应为贞观元年。吾于是姑立元年、二年之两种假说以从事研究。

吾乃将《慈恩传》中所记行程及各地淹留岁月详细调查，觉奘自初发长安以迄归达于阗，最少亦须满十六年有半之时日，乃敷分配；吾于是渐弃其二年之假说，而倾向于元年之假说。虽然，现存数十种资料皆云三年，仅恃此区区之反证而臆改之，非学者态度所宜出也。然吾不忍弃吾之假说，吾仍努力前进。吾已知奘之出游，为冒禁越境；然冒禁何以能无阻？吾查《续高僧传》本传，见有“会贞观三年，时遭霜俭，下敕道俗，随丰四出”数语；吾因此知奘之出境，乃搀在饥民队中，而其年之饥，实因霜灾。吾乃亟查贞观三年是否有霜灾，取新旧《唐书·太宗纪》阅之，确无是事。于是三年说已消极的得一有力之反证。再查元年，则《新书》云“八月，河南陇右边州霜”，又云“十月丁酉，以岁饥减膳”。《旧书》云“八月……关东及河南、陇右沿边诸州霜害秋稼”，又云“是岁关中饥，至有鬻男女者”。是元年确有饥荒，而成灾又确由霜害，于是吾之元年说，忽积极的得一极有力之正证矣。惟《旧书》于二年复有“八月河南河北大霜人饥”一语，《新书》则无有；不知为《旧书》误复耶？抑两年连遭霜灾，而《新书》于二年有阙文耶？如是则二年之假说，仍有存立之余地。

吾决意再觅证据以决此疑。吾乃研究奘途中所遇之人，其名之可考见者凡三：一曰凉州都督李大亮，二曰高昌王麴文泰，三曰西突厥可汗叶护。吾查《大亮传》及《高昌传》，见二人皆自元年至四年在其位，不成问题。及查《西突厥传》，乃忽有意外之获：两《书》皆言叶护于贞观初被其叔所弑，其叔僭立，称俟毗可汗；然皆未著其被弑在何年。惟《新书》云：“贞观四年俟毗可汗来请昏，太宗诏曰，突厥方乱，何以昏为。”是叶护被弑最晚亦当在贞观三年前。再按《慈恩传》所纪奘行程，若果以贞观三年八月发长安者，则当以四年五月初乃抵突厥，其时之可汗已为俟毗而非叶护矣。于是三年说之不能成立，又得一强有力之反证。吾犹不满足，必欲得叶护被弑确年以为快。吾查《资治通鉴》，得之矣！贞观二年也！吾固知《通鉴》必有所本，然终以不得之于正史，未能踌躇满志。吾发愤取新旧《唐书》诸蛮夷传凡与突厥有关系之国遍缗之,卒乃在《新书·薛延陀传》得一条云:“值贞观二年突厥叶护可汗见弑”,于是叶护弑年无问题矣。玄奘之行既假霜灾,则无论为元年为二年为三年,皆以八月后首涂,盖无可疑;然则非惟三年说不能成立,即二年说亦不能成立。何则?二年八月后首涂,必三年五月乃抵突厥,即已不及见叶护也。吾至是乃大乐,自觉吾之怀疑有效,吾之研究不虚,吾所立“玄奘贞观元年首涂留学”之假说殆成铁案矣!

其有小小不可解者,则何以诸书皆同出一辙,竟无歧异?然此亦易解,诸书所采同一蓝本,蓝本误则悉随之而误矣。再问蓝本何故误?则或因逆溯十七个年头,偶未细思,致有此失;甚至或为传写之讹,亦未可知也。再问十八年玄奘自上之表文何以亦误?则或后人据他书校改,亦在情理中耳。吾为此问题凡费三日之力,其所得结果如此。——吾知读者必生厌矣。

此本一极琐末之问题,区区一事件三两年之出入,非惟在全部历史中无关宏旨,即在玄奘本传中亦无关宏旨。吾自治此,已不免玩物丧志之诮;乃复缕述千余言以滥占本书之篇幅,吾不能不向读者告罪。虽然,吾著本篇之宗旨,凡务举例以明义而已。吾今详述此一例,将告读者以读书曷为而不可以盲从;虽以第一等史料如慧立、道宣之传玄奘者,其误谬犹且如是也;其劳吾侪以鉴别犹且如是也。又将告读者以治学当如何大无畏;虽以数十种书万口同声所持之说,苟不惬于吾心,不妨持异同;但能得有完证,则绝无凭借之新说,固自可以成立也。吾又以为善治学者,不应以问题之大小而起差别观;问题有大小,研究一问题之精神无大小。学以求真而已,大固当真,小亦当真。一问题不入吾手则已,一入吾手,必郑重忠实以赴之。夫大小岂有绝对标准,小者轻轻放过,浸假而大者亦轻轻放过,则研究精神替矣。吾又以为,学者而诚欲以学饷人,则宜勿徒饷以自己研究所得之结果,而当兼饷以自己何以能研究得此结果之涂径及其进行次第;夫然后所饷者乃为有源之水而挹之不竭也。吾诚不敢自信为善于研究,但本篇既以研究法命名,吾窃思宜择一机会将吾自己研究所历之甘苦,委曲传出,未尝不可以为学者之一助。吾故于此处选此一小问题可以用千余言说明无遗者,详述吾思路所从入,与夫考证所取资,以渎读者之清听。吾研究此问题所得结果虽甚微末,然不得不谓为甚良。其所用研究法,纯为前清乾嘉诸老之严格的考证法,亦即近代科学家所应用之归纳研究法也。读者举一反三,则任研究若何大问题,其精神皆若是而已。吾此一段,乃与吾全书行文体例不相应;读者恕我！吾今当循吾故轨,不更为此喋喋矣。

史料可分为直接的史料与间接的史料。直接的史料者,其史料当该史迹发生时或其稍后时,即已成立。如前所述《慈恩传》、《窃愤录》之类皆是也。此类史料,难得而可贵,吾既言之矣。然欲其多数永存,在势实有所不能。书籍新陈代谢,本属一般公例;而史部书之容易湮废,尤有其特别原因焉:(一)所记事实每易触时主之忌,故秦焚书而“诸侯史记”受祸最烈;试检明清两朝之禁毁书目,什有九皆史部也。(二)此类书真有价值者本不多,或太琐碎,或涉虚诞,因此不为世所重,容易失传。不惟本书间有精要处,因杂糅于粗恶材料中而湮没;而且凡与彼同性质之书,亦往往被同视而俱湮没。(三)其书愈精要者,其所叙述愈为局部的;凡局部的致密研究,非专门家无此兴味;一般人对于此类书籍,辄淡漠置之,任其流失。以此种种原因,故此类直接史料,如浪淘沙,滔滔代尽,势不能以多存。就令存者甚多,又岂人生精力所能遍读？于是乎在史学界占最要之位置者，实为间接的史料。间接的史料者，例如左丘以百二十国宝书为资料而作《国语》，司马迁以《国语》、《世本》、《战国策》……等书为资料而作《史记》。《国语》、《史记》之成立与其书中所叙史迹发生时代之距离，或远至百年千年；彼所述者皆以其所见之直接史料为蓝本，今则彼所见者吾侪已大半不复得见：故谓之间接。譬诸纺绩，直接史料则其原料之棉团，间接史料则其粗制品之纱线也。吾侪无论为读史为作史，其所接触者多属间接史料，故鉴别此种史料方法，为当面最切要之一问题。

鉴别间接史料，其第一步自当仍以年代为标准。年代愈早者，则其可信据之程度愈强。何则？彼所见之直接史料多，而后人所见者少也。例如研究三代以前史迹，吾侪应信司马迁之《史记》，而不信谯周之《古史考》、皇甫谧之《帝王世纪》、罗泌之《路史》。何则？吾侪推断谯周、皇甫谧、罗泌所见直接史料，不能出司马迁所见者以外；迁所不知者，周等何由知之也？是故彼诸书与《史记》有异同者，吾侪宜引《史记》以驳正诸书。反之，若《竹书纪年》与《史记》有异同，吾侪可以引《纪年》以驳正《史记》。何则？魏史官所见之直接原料，或多为迁之所不及见也。此最简单之鉴别标准也。

虽然，适用此标准尚应有种种例外焉。有极可贵之史料而晚出或再现者，则其史料遂为后人所及见，而为前人所不及见。何谓晚出者？例如德皇威廉第二与俄皇尼古拉第二来往私函数十通，研究十九世纪末外交史之极好史料也；然一九二〇年以前之人不及见，以后之人乃得见之。例如《元史》修自明初，岂非时代极早？然吾侪宁信任五百年后魏源或柯劭忞之《新元史》，而不信任宋濂等之旧《元史》，何则？吾侪所认为元代重要史料如《元秘史》、《亲征录》……等书，魏、柯辈得见而明初史馆诸人不得见也。何谓再现者？

例如罗马之福林、邦溗之古城，埋没土中二千年，近乃发现，故十九世纪末人所著罗马史其可信任之程度乃过于千年前人所著也。例如殷墟甲文，近乃出土，吾侪因此得知殷代有两古王为《史记·三代世表》所失载者，盖此史料为吾侪所见，而为司马迁所不得见也。

不特此也，又当察其人史德何如，又当察其人史识何如，又当察其人所处地位何如。所谓史德者，著者品格劣下，则其所记载者宜格外慎察。魏收《魏书》，虽时代极近，然吾侪对于彼之信任，断不能如信任司马迁、班固也。所谓地位者，一事件之真相，有时在近代不能尽情宣布，在远时代乃能之。例如陈寿时代早于范晔，然记汉魏易代事，晔反视寿为可信。盖二人所及见之直接史料，本略相等；而寿书所不能昌言者，晔书能昌言也。所谓史识者，同是一直接史料，而去取别择之能力，存乎其人。假使刘知几自著一史，必非李延寿、令狐德棻辈所能及；元人修《宋史》，清人修《明史》，同为在异族之朝编前代之史，然以万斯同史稿作蓝本所成之《明史》，决非脱脱辈监修之《宋史》所能及也。要而论之，吾侪读史作史，既不能不乞灵于间接的史料，则对于某时代某部门之史料，自应先择定一两种价值较高之著述以作研究基本选择之法，合上列数种标准以衡之，庶无大过。至于书中所叙史实，则任何名著总不免有一部分不实不尽之处。质言之，则无论何项史料，皆须打几分折头。吾侪宜刻刻用怀疑精神唤起注意，而努力以施忠实之研究，则真相庶可次第呈露也。

右论正误的鉴别法竟，次论辨伪的鉴别法。

辨伪法先辨伪书，次辨伪事。

伪书者，其书全部分或一部分纯属后人伪作，而以托诸古人也。例如现存之《本草》号称神农作，《素问内经》号称黄帝作，《周礼》号称周公作，《六韬》、《阴符》号称太公作，《管子》号称管仲作……假使此诸书而悉真者,则吾国历史便成一怪物。盖社会进化说全不适用,而原因结果之理法亦将破坏也。文字未兴时代之神农,已能作《本草》,是谓无因;《本草》出现后若干千年,而医学药学上更无他表见,是谓无果。无因无果,是无进化。如是,则吾侪治史学为徒劳。是故苟无鉴别伪书之识力,不惟不能忠实于史迹,必至令自己之思想涂径,大起混乱也。

书愈古者,伪品愈多。大抵战国秦汉之交有一大批伪书出现,《汉书·艺文志》所载三代以前书,伪者殆不少。新莽时复有一大批出现,如《周礼》及其他古文经皆是。晋时复有一大批出现,如晚出《古文尚书》、《孔子家语》、《孔丛子》等。其他各时代零碎伪品亦尚不少,且有伪中出伪者,如今本《鬼谷子》、《鹖冠子》等。莽晋两期,刘歆、王肃作伪老手,其作伪之动机及所作伪品,前清学者多已言之,今不赘引。战国秦汉间所以多伪书者:(一)因当时学者本有好“托古”的风气;己所主张,恒引古人以自重(说详下)。本非有意捏造一书,指为古人所作;而后人读之,则几与伪托无异。(二)因当时著述家,本未尝标立一定之书名,且亦少泐成定本。展转传钞,或合数种而漫题一名;或因书中多涉及某人,即指为某人所作。(三)因经秦焚以后,汉初朝野人士,皆汲汲以求遗书为务。献书者往往剿钞旧籍,托为古代某名人所作以售炫。前两项为战国末多伪书之原因,后一项为汉初多伪书之原因。

伪书有经前人考定已成铁案者,吾侪宜具知之,否则征引考证,徒费精神。例如今本《尚书》有《胤征》一篇,载有夏仲康时日食事,近数十年来,成为欧洲学界一问题。异说纷争,殆将十数,致劳汉学专门家、天文学专门家合著专书以讨论(注四)。殊不知《胤征》篇纯属东晋晚出之伪古文,经清儒阎若璩、惠栋辈考证,久成定谳;仲康其人之有无，且未可知，遑论其时之史迹？欧人不知此桩公案，至今犹刺刺论难，由吾侪观之，可笑亦可怜也。欲知此类伪书，略缗清《四库书目提要》，便可得梗概，《提要》中指为真者未必遂真，指为伪者大抵必伪，此学者应有之常识也。

然而伪书孔多，现所考定者什仅二三耳；此外古书或全部皆伪或真伪杂糅者，尚不知凡几。吾侪宜拈出若干条鉴别伪书之公例，作自己研究标准焉。

（一）其书前代从未著录或绝无人征引而忽然出现者，什有九皆伪。例如《三坟》、《五典》、《八索》、《九丘》之名，虽见《左传》；《晋乘》、《楚梼杌》之名，虽见《孟子》；然汉、隋、唐《艺文》、《经籍》诸志从未著录，司马迁以下未尝有一人征引。可想见古代或并未尝有此书，即有之，亦必秦火前后早已亡佚。而明人所刻《古逸史》忽有所谓《三坟记》、《晋史乘》、《楚史梼杌》等书。凡此类书，殆可以不必调查内容，但问名即可知其伪。

（二）其书虽前代有著录，然久经散佚，乃忽有一异本突出，篇数及内容等与旧本完全不同者，什有九皆伪。例如最近忽发现明钞本《慎子》一种，与今行之四库本、守山阁本全异，与《隋唐志》、《崇文总目》、《直斋书录解题》等所记篇数，无一相符，其流传之绪又绝无可考。吾侪乍睹此类书目，便应怀疑。再一检阅内容，则可定为明人伪作也（注五）。

（三）其书不问有无旧本，但今本来历不明者，即不可轻信。例如汉河内女子所得《泰誓》，晋梅赜所上《古文尚书》及孔安国《传》，皆因来历暧昧，故后人得怀疑而考定其伪。又如今本《列子》八篇，据张湛序言由数本拼成，而数本皆出湛戚属之家，可证当时社会，绝无此书，则吾辈不能不致疑。

（四）其书流传之绪，从他方面可以考见，而因以证明今本题某人旧撰为不确者。例如今所称《神农本草》，《汉书·艺文志》无其目，知刘向时决未有此书。再检隋唐《经籍志》以后诸书目，及其他史传，则知此书殆与蔡邕、吴普、陶弘景诸人有甚深之关系，直至宋代然后规模大具。质言之，则此书殆经千年间许多人心力所集成；但其书不惟非出神农，即西汉以前人，参预者尚极少，殆可断言也（注六）。

（五）真书原本，经前人称引，确有左证，而今本与之歧异者，则今本必伪。例如古本《竹书纪年》有夏启杀伯益、商太甲杀伊尹等事，又其书不及夏禹以前事，此皆原书初出土时诸人所亲见，信而有征者（注七）。而今本记伯益伊尹等文全与彼相反，其年代又托始于黄帝，故知决非汲冢之旧也。

（六）其书题某人撰，而书中所载事迹在本人后者，则其书或全伪或一部分伪。例如《越绝书》，《隋志》始著录，题子贡撰；然其书既未见《汉志》，且书中叙及汉以后建置沿革；故知其书不惟非子贡撰，且并非汉时所有也。又如《管子》、《商君书》，《汉志》皆著录，题管仲商鞅撰；然两书各皆记管商死后之人名与事迹；故知两书决非管商自撰，即非全伪，最少亦有一部分窜乱也。

（七）其书虽真，然一部分经后人窜乱之迹既确凿有据，则对于其书之全体须慎加鉴别。例如《史记》为司马迁撰固毫无疑义，然迁自序明言"讫于麟止"，今本不惟有太初、天汉以后事，且有宣、元、成以后事，其必非尽为迁原文甚明。此部分既有窜乱，则他部分又安敢保必无窜乱耶？（注八）

（八）书中所言确与事实相反者，则其书必伪。例如今《道藏》中有刘向撰《列仙传》，其书《隋志》已著录。书中言诸仙之荒诞固不俟辩,其自序云“七十四人已见佛经”,佛经至后汉桓灵时始有译本,上距刘向之没,将二百年,向何从知有佛经耶?即据此一语,而全书之伪,已无遁形。

(九)两书同载一事绝对矛盾者,则必有一伪或两俱伪。例如《涅槃经》佛说云“从今日始,不听弟子食肉”,《入楞伽经》佛说云:“我于《象腋》、《央掘魔涅槃》、《大云》等一切《修多罗》中,不听食肉。”《涅槃经》共认为佛临灭度前数小时间所说,既《象腋》等经有此义,何得云“从今日始”?且《涅槃》既佛最后所说经,《入楞伽》何得引之?是《涅槃》、《楞伽》,最少必有一伪或两俱伪也。

以上九例,皆据具体的反证而施鉴别也,尚有可以据抽象的反证而施鉴别者:

(十)各时代之文体盖有天然界画,多读书者自能知之,故后人伪作之书,有不必从字句求枝叶之反证,但一望文体即能断其伪者。例如东晋晚出《古文尚书》,比诸今文之周《诰》、殷《盘》,截然殊体,故知其决非三代以上之文。又如今本《关尹子》中有“譬犀望月,月影入角,特因识生,故有月形,而彼真月,初不在角”等语,此种纯是晋唐缁译佛经文体,决非秦汉以前所有,一望即知。

(十一)各时代之社会状态,吾侪据各方面之资料总可以推见崖略,若某书中所言其时代之状态,与情理相去悬绝者,即可断为伪。例如《汉书·艺文志》农家有《神农》二十篇,自注云:“六国时诸子托诸神农。”此书今虽不传,然《汉书·食货志》称晁错引神农之教云:“有石城十仞,汤池百步,带甲百万而亡粟,弗能守也。”此殆晁错所见《神农》书之原文。然石城、汤池、带甲百万等等情状,决非神农时代所能有。故刘向班固指为六国人伪托,非武断也。

(十二)各时代之思想,其进化阶段自有一定;若某书中所表现之思想与其时代不相衔接者,即可断为伪。例如今本《管子》有"寝兵之说胜则险阻不守,兼爱之说胜则士卒不战"等语。此明是墨翟宋钘以后之思想;当管仲时,并寝兵兼爱等学说尚未有,何所用其批评反对者?《素问·灵枢》中言阴阳五行,明是邹衍以后之思想,黄帝时安得有此耶?(注九)

以上十二例,其于鉴别伪书之法虽未敢云备;循此以推,所失不远矣。一面又可以应用各种方法,以证明某书之必真:

(一)例如《诗经》:"十月之交,朔日辛卯,日有食之,亦孔之丑。"经六朝、唐、元、清诸儒推算,知周幽王六年十月辛卯朔确有日食。中外历对照,应为西纪前七七六年,欧洲学者亦考定其年阳历八月二十九日中国北部确见日食。与前所举《胤征》篇日食异说纷纭者正相反。因此可证《诗经》必为真书,其全部史料皆可信。

(二)与此同例者,如《春秋》所记"桓公三年秋七月壬辰朔日食","宣公八年秋七月甲子日食"。据欧洲学者所推算,前者当纪前七零九年七月十七日,后者当纪前六零一年九月二十日,今山东兖州府确见日食。因此可证当时鲁史官记事甚正确;而《春秋》一书除孔子寓意褒贬所用笔法外,其所依鲁史原文皆极可信。

(三)更有略同样之例,如《尚书·尧典》所记中星,"仲春日中星昴,仲夏日中星火"等,据日本天文学者所研究,西纪前二千四五百年时确是如此。因此可证《尧典》最少应有一部分为尧舜时代之真书。

(四)书有从一方面可认为伪,从他方面可认为真者。例如现存十三篇之《孙子》,旧题春秋时吴之孙武撰。吾侪据其书之文体及其内容,确不能信其为春秋时书。虽然,若谓出自秦汉以后,则文体及其内容亦都不类。《汉书·艺文志》兵家本有《吴孙子》、《齐孙子》

之两种，“吴孙子”则春秋时之孙武，“齐孙子”则战国时之孙膑也。此书若指为孙武作，则可决其伪；若指为孙膑作，亦可谓之真。此外如《管子》、《商君书》等，性质亦略同。若指定为管仲商鞅所作则必伪；然其书中大部分要皆出战国人手。若据以考战国末年思想及社会情状，固绝佳的史料也。乃至《周礼》谓为周公作固伪，若据以考战国秦汉间思想制度，亦绝佳的史料也。

（五）有书中某事项，常人共指斥以证其书之伪，吾侪反因此以证其书之真者。例如前所述《竹书纪年》中“启杀益”、“太甲杀伊尹”两事，后人因习闻《孟子》、《史记》之说，骤睹此则大骇。殊不思《孟子》不过与魏安釐王时史官同时，而孟子不在史职，闻见本不逮史官之确；司马迁又不及见秦所焚之诸侯史记，其记述不过踵《孟子》而已；何足据以难《竹书》？而论者或因此疑《竹书》之全伪；殊不知凡作伪者必投合时代心理，经汉魏儒者鼓吹以后，伯益伊尹辈早已如神圣不可侵犯，安有晋时作伪书之人乃肯立此等异说以资人集矢者？实则以情理论，伯益伊尹既非超人的异类，逼位谋篡，何足为奇？启及太甲为自卫计而杀之，亦意中事。故吾侪宁认《竹书》所记为较合于古代社会状况。《竹书》既有此等记载，适足证其不伪；而今本《竹书》削去之，则反足证其伪也。又如孟子因《武成》“血流漂杵”之文，乃叹“尽信书不如无书”，谓“以至仁伐至不仁”，不应如此。推孟子之意，则《逸周书》中《克殷》、《世俘》诸篇，益为伪作无疑。其实孟子理想中的“仁义之师”，本为历史上不能发生之事实；而《逸周书》叙周武王残暴之状，或反为真相。吾侪所以信《逸周书》之不伪乃正以此也。

（六）无极强之反证足以判定某书为伪者，吾侪只得暂认为真。例如《山海经》、《穆天子传》以吾前所举十二例绳之，无一适用者。

故其书虽诡异,不宜凭武断以吐弃之,或反为极可宝之史料亦未可知也。

以上论鉴别伪书之方法竟,次当论鉴别伪事之方法。

伪事与伪书异,伪书中有真事,真书中有伪事也。事之伪者与误者又异,误者无意失误,伪者有意虚构也,今请举伪事之种类:

(一)其史迹本为作伪的性质,史家明知其伪而因仍以书之者。如汉、魏、六朝篡禅之际种种作态,即其例也。史家记载或仍其伪相,如陈寿;或揭其真相,如范晔。试列数则资比较:

《魏志·武帝纪》	《后汉书·献帝纪》
天子以公领冀州牧	曹操自领冀州牧
汉罢三公官置丞相以公为丞相	曹操自为丞相
天子使郗虑策命公为魏公加九锡	曹操自立为魏公加九锡
汉帝以众望在魏,乃召群公卿士使张音奉玺绶禅位	魏王丕称天子奉帝为山阳公

此等伪迹昭彰,虽仍之不甚足以误人,但以云史德,终不宜尔耳。

(二)有虚构伪事而自著书以实之者。此类事在史中殊不多觏。其最著之一例,则隋末有妄人曰王通者,自比孔子,而将一时将相若贺若弼、李密、房玄龄、魏徵、李勣等,皆攀认为其门弟子,乃自作或假手于其子弟以作所谓《文中子》者,历叙通与诸人问答语,一若实有其事。此种病狂之人、妖诬之书,实人类所罕见。而千年来所谓"河汾道统"者,竟深入大多数俗儒脑中,变为真史迹矣。呜呼!读者当知,古今妄人非仅一王通,世所传墓志、家传、行状之属,汗牛充栋,其有以异于《文中子》者,恐不过程度问题耳。

（三）有事迹纯属虚构，然已公然取得“第一等史料”之资格，几令后人无从反证者。例如前清洪杨之役，有所谓贼中谋主洪大全者，据云当发难时，被广西疆吏擒杀。然吾侪乃甚疑此人为子虚乌有，恐是当时疆吏冒功、影射洪秀全之名以捏造耳。虽然，既已形诸章奏，登诸《实录》，吾侪欲求一完而强之反证，乃极不易得。兹事在今日，不已俨然成为史实耶？窃计史迹中类此者亦殊不少，治史者谓宜常以老吏断狱之态临之，对于所受理之案牍，断不能率尔轻信。若不能得确证以释所疑，宁付诸盖阙而已。

（四）有事虽非伪，而言之过当者。子贡云：“纣之不善，不如是之甚也。”庄子云：“两善必多溢美之言，两恶必多溢恶之言。”王充云：“俗人好奇；不奇，言不用也。故誉人不增其美，则闻者不快其意；毁人不益其恶，则听者不惬于心。”是故无论何部分之史，恐“真迹放大”之弊，皆所不免。《论衡》中《语增》、《儒增》、《艺增》诸篇所举诸事，皆其例也。况著书者无论若何纯洁，终不免有主观的感情夹杂其间。例如王闿运之《湘军志》，在理宜认为第一等史料者也。试读郭嵩焘之《〈湘军志·曾军篇〉书后》则知其不实之处甚多。又如吾二十年前所著《戊戌政变记》，后之作清史者记戊戌事，谁不认为可贵之史料？然谓所记悉为信史，吾已不敢自承。何则？感情作用所支配，不免将真迹放大也。治史者明乎此义，处处打几分折头，庶无大过矣。

（五）史文什九皆经后代编史者之润色，故往往多事后增饰之语。例如《左传》庄二十二年记陈敬仲卜辞，所谓“有妫之后，将育于姜，五世其昌，并于正卿，八世之后，莫之与京”等语，苟非田氏篡齐后所记，天下恐无此确中之预言。襄二十九年记吴季札适晋，说赵文子、韩宣子、魏献子曰：“晋国其萃于三族乎。”苟非三家分晋后所记，恐亦无此确中之预言也。乃至如诸葛亮之《隆中对》，于后来三国鼎足之局若操券以待。虽曰远识之人，鉴往知来，非事理所不可能；然如此铢黍不忒，实足深怪。试思当时备亮两人对谈，谁则知者？除非是两人中之一人有笔记；不然，则两人中一人事后与人谈及，世乃得知耳。事后之言，本质已不能无变；而再加以修史者之文饰。故吾侪对于彼所记，非“打折头”不可也。

（六）有本意并不在述史，不过借古人以寄其理想，故书中所记，乃著者理想中人物之言论行事，并非历史上人物之言论行事。此种手段，先秦诸子多用之，一时成为风气。《孟子》言“有为神农之言者许行”，此语最得真相。先秦诸子，盖最喜以今人而为古人之言者也。前文述晁错引“神农之教”，非神农之教，殆许行之徒之教也。岂惟许行？诸子皆然。彼“言必称尧舜”之孟子，吾侪正可反唇以稽之曰，“有为尧舜之言者孟轲”也。此外如墨家之于大禹，道家阴阳家之于黄帝，兵家之于太公，法家之于管仲，莫不皆然。愈推重其人，则愈举己所怀抱之理想以推奉之，而其人之真面目乃愈淆乱。《韩非子》云：“孔子墨子，俱道尧舜，而取舍不同，皆自谓真尧舜。尧舜不复生，谁将使定儒墨之诚乎？”是故吾侪对于古代史料，一方面患其太少，一方面又患其太多。贪多而失真，不如安少而阙疑也已。

人类非机械，故史迹从未有用“印板文字”的方式，阅时而再现者，而中国著述家所记史迹，往往不然。例如尧有丹朱，舜必有商均；舜避尧之子于南河，禹必避舜之子于阳城；桀有妹喜，纣必有妲己；桀有酒池，纣必有肉林；桀有倾宫，纣必有琼室；桀有玉杯，纣必有象箸；桀杀龙逢，纣必杀比干；桀囚汤于夏台，纣必囚文王于羑里；夏之将亡，太史令终古出奔商，商之将亡，内史向挚必出奔周。此类乃如骈体文之对偶，枝枝相对，叶叶相当。天下安有此情理？又如齐太公诛华士、子产诛邓析、孔子诛少正卯，三事相去数百年，而其杀人同一目的、同一程序，所杀之人同一性格，乃至其罪名亦几全同，天下又安有此情理？然则所谓桀纣如何如何者，毋乃仅著述家理想中帝王恶德之标准？所谓杀邓析少正卯云云者，毋乃仅某时代之专制家所捏造以为口实？（邓析非子产所杀，《左传》已有反证。）吾侪对于此类史料，最宜谨严鉴别，始不至以理想混事实也。

（七）有纯属文学的著述，其所述史迹纯为寓言；彼固未尝自谓所说者为真事迹也，而愚者刻舟求剑，乃无端惹起史迹之纠纷。例如《庄子》言"鲲化为鹏，其大几万里"，倘有人认此为庄周所新发明之物理学，或因此而诋庄周之不解物理学，吾侪必将笑之。何也？周本未尝与吾侪谈物理也。周岂惟未尝与吾侪谈物理，亦未尝与吾侪谈历史；岂惟周未尝与吾侪谈历史，古今无数作者亦多未尝与吾侪谈历史。据《德充符》而信历史上确有兀者王骀曾与仲尼中分鲁国，人咸笑之；据《人间世》而信历史上确有列御寇其人者则比比然，而《列子》八篇，传诵且与《老》、《庄》埒也。据《离骚》而信屈原尝与巫咸对话，尝令帝阍开关，人咸笑之；据《九歌》而信尧之二女为湘君湘夫人者则比比然也。陶潜作《桃花源记》，以寄其乌托邦的理想；而桃源县竟以此得名，千年莫之改也。石崇作《王昭君辞》，谓其出塞时或当如乌孙公主之弹琵琶；而流俗相承，遂以琵琶为昭君掌故也。吾侪若循此习惯以评骘史料，则汉孔融与曹操书，固尝言"武王伐纣，以妲己赐周公"，吾侪其将信之也？清黄宗羲与叶方蔼书，固尝言"首阳二老托孤于尚父，乃得三年食薇，颜色不坏"，吾侪其亦将信之也？而不幸现在众人共信之史迹，其性质类此者正复不少。夫岂惟关于个人的史迹为然耳？凡文士所描写之京邑、宫室、舆服以及其他各方面之社会情状，恐多半应作如是观也。

以上七例，论伪事之由来，虽不能备，学者可以类推矣。至于吾侪辨证伪事应采之态度，亦略可得言焉：

第一，辨证宜勿支离于问题以外。例如《孟子》："万章曰，尧以天下与舜有诸？孟子曰，否。……"吾侪读至此，试掩卷一思，下一句当如何措词耶？嘻！乃大奇！孟子曰："天子不能以天下与人。"此如吾问"某甲是否杀某乙"，汝答曰："否，人不应杀人。"人应否杀人，此为一问题；某甲曾否杀某乙此又为一问题，汝所答非我所问也。万章续问曰："然则舜有天下也孰与之？"孟子既主张天下非尧所与，则应别指出与舜之人，抑系舜自取。乃孟子答曰："天与之。"宇宙间是否有天，天是否能以事物与人，非惟万章无征，即孟子亦无征也。两造皆无征，则辩论无所施矣。又如孟子否认百里奚自鬻于秦，然不能举出反证以抉其伪，乃从奚之智不智贤不贤，作一大段循环论理。诸如此类，皆支离于本问题以外，违反辩证公例，学者所首宜切戒也。

第二，正误与辨伪，皆贵举反证，吾既屡言之矣。反证以出于本身者最强有力，所谓以矛陷盾也。例如《汉书·艺文志》云："武帝末，鲁共王坏孔子宅得《古文尚书》……孔安国献之，遭巫蛊事，未列于学官。"吾侪即从《汉书》本文，可以证此事之伪。其一，《景十三王传》云："鲁共王余以孝景前二年立……二十八年薨，子安王光嗣。"景帝在位十六年，则共王应薨于武帝即位之第十三年，即元朔元年也。(《王子侯表》云："元朔元年安王光嗣"，正合。)武帝在位五十四年，则末年安得有共王？其二，孔安国《汉书》无专传，《史记·孔子世家》云："安国为今皇帝博士，蚤卒。"《汉书·兒宽传》云："宽诣博士受业，受业孔安国，补廷尉史，廷尉张汤荐之。"考《百官表》汤迁廷尉在元朔三年，安国为博士总应在此年以前。假令其年甫逾二十，则下距巫蛊祸作时已过五十，安得云蚤卒？既已蚤卒，安得献书于巫蛊之年耶？然则此事与本书中他篇之文处处冲突。王充云："不得二全，则必一非。"(《论衡·语增篇》)既无法以证明他篇之为伪，则《艺文志》所记此二事必伪无疑也。

第三，伪事之反证，以能得"直接史料"为最上。例如鱼豢《魏略》谓"诸葛亮先见刘备，备以其年少轻之。亮说以荆州人少，当令客户皆著籍以益众。备由此知亮。"陈寿《三国志》则云："先主诣亮，凡三往乃见。"豢与寿时代略相当，二说果孰可信耶？吾侪今已得最有力之证据，则亮《出师表》云："先帝不以臣卑鄙，三顾臣于草庐之中。"苟吾侪不能证明《出师表》之为伪作，又不能证明亮之好妄语，则可决言备先见亮，非亮先见备也。又如《唐书·玄奘传》称奘卒年五十七，《玄奘塔铭》则云六十九，此两说孰可信耶？吾侪亦得最有力之证据，则奘尝于显庆二年九月二十日上表，中有"六十之年，飒焉已至"二语，则奘寿必在六十外既无疑。而显庆二年下距奘卒时之麟德元年尚九年，又足为《塔铭》不误之正证也。凡此皆以本人自身所留下之史料为证据，此绝对不可抗之权威也。又如《魏略》云："刘备在小沛生子禅。后因曹公来伐出奔，禅时年数岁，随人入汉中，有刘括者养以为子。……"欲证此事之伪，则后主(禅)即位之明年，诸葛亮领益州牧，与主簿杜微书曰："朝廷今年十八"，知后主确以十七岁即位，若生于小沛，则时已三十余岁矣。此史料虽非禅亲自留下，然出于与彼关系极深之诸葛亮，其权威亦相等也。又如《论衡》辨淮南王安之非异仙，云："安坐反而死，天下共闻。"安与司马迁正同时，《史记》叙其反状死状始末悉备。故迁所记述，其权威亦不可抗也。右所举四例，其第一、第二两例，由当事人自举出反证，第三例由关系人举出反证，第四例由在旁知状之见证人举出反证，皆反证之最有力者也。

第四,能得此种强有力之反证,则真伪殆可一言而决。虽然,吾侪所见之史料,不能事事皆如此完备。例如《孟子》中万章问孔子在卫是否主痈疽,孟子答以“于卫主颜雠由……”此次答辩,极合论理,正吾所谓举反证之说也。虽然,孟子与万章皆不及见孔子,孟子据一传说,万章亦据一传说,孟子既未尝告吾侪以彼所据者出何经何典,万章亦然。吾侪无从判断孟子所据传说之价值是否能优于万章之所据。是故吾侪虽极不信“主痈疽”说,然对于“主颜雠由”说,在法律上亦无权以助孟子张目也。遇此类问题,则对于所举反证有一番精密审查之必要。例如旧说皆云释迦牟尼以周穆王五十二年灭度,当西纪前九百五十年。独《佛祖通载》(卷九)有所谓“众圣点记”之一事,据称梁武帝时有僧伽跋陀罗传来之《善见律》,卷末有无数黑点,相传自佛灭度之年起,佛弟子优波离,在此书末作一点,以后师弟代代相传,每年一点,至齐永明六年,僧伽跋陀罗下最后之一点,共九百七十五点。循此上推,则佛灭度应在周敬王三十五年,当西纪前四百八十五年,与旧说相差至五百三十余年之多。是则旧说之伪误,明明得一强有力之反证矣。虽然,最要之关键,则在此“众圣点记”者是否可信。吾国人前此惟不敢轻信之,故虽姑存此异说,而旧说终不废;及近年来欧人据西藏文之《释迦传》以考定阿阇世王之年代,据印度石柱刻文以考定阿育王之年代,据巴利文之《锡兰岛史》以考定锡兰诸王之年代,复将此诸种资料中有言及佛灭年者,据之与各王年代比较推算,确定佛灭年为纪前四八五年。(或云四百八十七年,所差仅两年耳。)于是“众圣点记”之价值顿增十倍。吾侪乃确知释迦略与孔子同时,旧说所云西周时人者,绝不可信;而其他书籍所言孔老以前之佛迹亦皆不可信矣。

第五，时代错迕则事必伪，此反证之最有力者也。例如《商君书·徕民篇》有“自魏襄以来”语，有“长平之胜”语；魏襄死在商君死后四十二年，长平战役在商君死后七十八年，今谓商君能语及此二事，不问而知其伪也。《史记·扁鹊传》既称鹊为赵简子时人，而其所医治之人有虢太子、有齐桓侯等；先简子之立百三十九年而虢亡，田齐桓侯午之立，后简子死七十二年，错迕纠纷至此，则鹊传全部事迹，殆皆不敢置信矣。其与此相类者，例如《尚书·尧典》“帝曰，皋陶，蛮夷猾夏”，此语盖甚可诧。夏为大禹有天下之号，因禹威德之盛，而中国民族始得“诸夏”之名，帝舜时安从有此语？假令孔子垂教，而称中国人为汉人，司马迁著书而称中国人为唐人，有是理耶？此虽出圣人手定之经，吾侪终不能不致疑也。以上所举诸例，皆甚简单而易说明；亦有稍复杂的事项，必须将先决问题研究有绪，始能论断本问题者。例如《尧典》有“金作赎刑”一语，吾侪以为三代以前未有金属货币，此语恐出春秋以后人手笔。又如《孟子》称：“舜封象于有庳，象不得有为于其国，天子使吏治其国，而纳其贡赋。”吾侪以为封建乃周以后之制度，“使吏治其国”云云，又是战国后半期制度，皆非舜时代所宜有。虽然，此断案极不易下，必须将“三代前无金属货币”、“封建起自周代”之两先决问题，经种种归纳的研究立为铁案，然后彼两事之伪乃成信谳也。且此类考证尤有极难措手之处：吾主张三代前无金属货币，人即可引《尧典》“金作赎刑”一语以为反证；（近人研究古泉文者，有释为“乘正尚金当爰”之一种，即指为唐虞赎刑所用，盖因此而附会及于古物矣。）吾主张封建起自周代，人即可引《孟子》“象封有庳”一事为反证，以此二书本有相当之权威也。是则对书信任与对事信任，又递相为君臣，在学者辛勤审勘之结果何如耳。

第六，有其事虽近伪，然不能从正面得直接之反证者，只得从旁面间接推断之。若此者,吾名曰比事的推论法。例如前所举万章问“孔子于卫主痈疽”事,同时又问“于齐主侍人瘠环”。孟子答案于卫虽举出反证,于齐则举不出反证,但别举“过宋主司城贞子”之一旁证。吾侪又据《史记·孔子世家》称孔子游齐主高昭子,二次三次游卫皆主蘧伯玉,因此可推定孔子所主皆正人君子,而痈疽、瘠环之说盖伪也。又如鲁共王、孔安国与《古文尚书》之关系,既有确据以证其伪;河间献王等与《古文毛诗》之关系,张苍等与《古文左传》之关系,亦别有确据以证其伪;则当时与此三书同受刘歆推奖之《古文周官》、《古文逸礼》,虽反证未甚完备,亦可用“晚出古文经盖伪”之一假说略为推定矣。此种推论法,应用于自然科学界,颇极稳健;应用于历史时,或不免危险。因历史为人类所造,而人类之意志情感常自由发动,不易执一以律其他也。例如孔子喜亲近正人君子,固有证据;然其通变达权,亦有证据。南子而肯见,佛肸、弗扰召而欲往,此皆见于《论语》者,若此三事不伪,又安见其绝对的不肯主痈疽与瘠环也?故用此种推论法,只能下“盖然”的结论,不宜轻下“必然”的结论。

第七,有不能得“事证”而可以“物证”或“理证”明其伪者,吾名之曰推度的推论法。例如旧说有明建文帝逊国出亡之事,万斯同斥其伪,谓“紫禁城无水关,无可出之理”(钱大昕著《万季野传》)。此所谓物证也。又如旧说有“颜渊与孔子在泰山望阊门白马,颜渊发白齿落”之事,王充斥其伪,谓“人目断不能见千里之外”,又言“用睛暂望,影响断不能及于发齿”(《论衡·书虚篇》)。此皆根据生理学上之定理以立言,虽文籍上别无他种反证,然已得极有价值之结论。此所谓理证也。吾侪用此法以驭历史上种种不近情理之事,自然可以廓清无限迷雾。但此法之应用亦有限制,其确实之程度,盖当与科学智识骈进。例如古代有指南车之一事，在数百年前之人，或且度理以断其伪；今日则正可度理以证其不伪也。然则史中记许多鬼神之事，吾侪指为不近情理者，安知他日不发明一种“鬼神心理学”，而此皆为极可宝之资料耶？虽然，吾侪今日治学，只能以今日之智识范围为界，“于其所不知盖阙如”，终是寡过之道也。

本节论正误辨伪两义，缕缕数万言，所引例或涉及极琐末的事项，吾非谓治史学者宜费全部精神于此等考证，尤非谓考证之功必须遍及于此等琐事。但吾以为有一最要之观念为吾侪所一刻不可忘者，则吾前文所屡说之“求真”两字——即前清乾嘉诸老所提倡之“实事求是”主义是也。夫吾侪治史，本非徒欲知有此事而止；既知之后，尚须对于此事运吾思想，骋吾批评。虽然，思想批评必须建设于实事的基础之上；而非然者，其思想将为枉用，其批评将为虚发。须知近百年来欧美史学之进步，则彼辈能用科学的方法以审查史料，实其发轫也。而吾国宋明以降学术之日流于诞渺，皆由其思想与批评，非根据于实事，故言愈辩而误学者亦愈甚也。韩非曰：“无参验而必之者，愚也；弗能必而据之者，诬也。”孔子曰：“盖有不知而作之者，我无是也。多闻择其善者而从之，多见而识之，知之次也。”又曰：“多闻阙疑，慎言其余，则寡尤。”我国治史者，惟未尝以科学方法驭史料，故不知而作、非愚则诬之弊，往往而有。吾侪今日宜筚路蓝缕以辟此涂，务求得正确之史料以作自己思想批评之基础；且为后人作计，使踵吾业者，从此得节啬其精力于考证方面，而专用其精力于思想批评方面，斯则吾侪今日对于斯学之一大责任也。

（注一）法显著《佛国记》，亦名《法显行传》。玄奘著《大唐西域记》；又奘弟子慧立著《慈恩三藏法师传》。义净著《南海寄归内法传》及《西行求法高僧传》。

(注二)弃疾二书,见《学海类编》。阿计替者,当时金廷所派监视徽钦二宗之人也。二书盖其日记原稿,弃疾全部采录也。

(注三)此供状忘记在某部笔记中,十五年前吾曾在《新民丛报》录印一次。此供状惜尚有删节处,不能得其全相。

(注四)关于此问题之研究,Gaubil 氏谓在纪前二一五四年十月十一日;Largeteau 氏及 Chalmers 氏谓在二一二七年十月十二日;Fréret 氏及 D. Cassini 氏谓在二一〇六年十月二十四日;Gumpaeh 氏谓在二一五五年十月二十二日;Oppolzer 氏谓在二一三五年十月二十一日;而有名之汉学大家 Prof. G. Schlege 及有名之天文学大家 Dr. F. Kuhnert 曾合著一书在荷兰阿姆斯丹之学士院出版,题曰《书经之日蚀》(*Die Schu King Finsterniss*, Amsterdam. J. Müller. 1889),谓当在二一六五年五月七日,其言甚雄辩。其后汉学大家 Dr. F. Eitel 复著详论驳之,登在 *China Review* 第十八卷。

(注五)明钞本《慎子》,缪荃荪所藏,最近上海涵芬楼所印《四部丛刊》采之,诧为惊人秘笈。缪氏号称目录学专家,乃宝此燕石,故知考古贵有通识也。

(注六)古书中有许多经各时代无数人踵袭赓续而成者,如《本草》一书即其例。吾尝欲详考此书成立增长之次第,所搜资料颇多,惜未完备,不能成篇耳。

(注七)看《晋书·束皙传》、《王接传》及杜预《左传集解后序》。

(注八)看今人王国维著《太史公系年考略》、崔适著《史记探源》。

(注九)看今人胡适著《中国哲学史大纲》二十一、二十二页。

第六章　史迹之论次

吾尝言之矣：事实之偶发的、孤立的、断灭的，皆非史的范围。然则凡属史的范围之事实，必其于横的方面，最少亦与他事实有若干之联带关系；于纵的方面，最少亦为前事实一部分之果，或为后事实一部分之因。是故善治史者，不徒致力于各个之事实，而最要着眼于事实与事实之间，此则论次之功也。

史迹有以数千年或数百年为起讫者。其迹每度之发生，恒在若有意识若无意识之间，并不见其有何等公共一贯之目的，及综若干年之波澜起伏而观之，则俨然若有所谓民族意力者在其背后。治史者遇此等事，宜将千百年间若断若续之迹，认为筋摇脉注之一全案，不容以枝枝节节求也。例如我族对于苗蛮族之史迹，自黄帝战蚩尤、尧舜分背三苗以来，中间经楚庄跻之开夜郎、汉武帝通西南夷、马援诸葛亮南征、唐之于六诏、宋之于侬智高……等事，直至清雍乾间之改土归流，咸同间之再平苗讨杜文秀，前后凡五千年，此问题殆将完全解决。对于羌回族之史迹，自成汤氐羌来享、武王征师羌髳以来，中间经晋之五凉、宋之西夏……等等，直至清乾隆间荡平准回，光绪间设新疆行省，置西陲各办事大臣，前后凡四千年，迄今尚似解决而未尽解决。对于匈奴之史迹，自黄帝伐獯鬻、殷高宗伐鬼方、周宣王伐猃狁以来，中间经春秋之晋，战国之秦赵，力与相持，迄汉武帝、和帝两度之大膺惩，前后经三千年，兹事乃告一段落。对于东胡之史迹，自春秋时山戎病燕以来，中间经五胡之诸鲜卑，以逮近世之契丹、女真、满珠，前后亦三千年，直至辛亥革命清廷逊荒，此问题乃完全解决。至如朝鲜问题，自箕子受封以来，历汉、隋、唐屡起屡伏，亦经三千余年，至光绪甲午，解决失败，此问题乃暂时屏出我历史圈外，而他日劳吾子孙以解决者，且未有已也。如西藏问题，自唐吐蕃时代以迄明清，始终在似解决未解决之间，千五百余年于兹矣。以上专就本族对他族关系言之，其实本族内部之事性质类此者亦正多。例如封建制度，以成周一代八百年间为起讫，既讫之后，犹二千余年时时扬其死灰，若汉之七国、晋之八王、明之靖难、清之三藩，犹其彿影也。例如佛教思想，以两晋、六朝、隋唐八百年间为起讫，而其先驱及其余烬，亦且数百年也。凡此之类，当以数百年或数千年间此部分之总史迹为一个体，而以各时代所发生此部分之分史迹为其细胞。将各细胞个个分离，行见其各为绝无意义之行动；综合观之，则所谓国民意力者乃跃如也。吾论旧史尊纪事本末体，夫纪事必如是，乃真与所谓本末者相副矣。

史之为态，若激水然，一波才动万波随。旧金山金门之午潮，与上海吴淞口之夜汐，鳞鳞相衔，如环无端也。其发动力有大小之分，则其荡激亦有远近之异。一个人方寸之动，而影响及于一国；一民族之举足左右，而影响及于世界者，比比然也。

吾无暇毛举其细者，惟略述其大者。吾今标一史题于此，曰："刘项之争与中亚细亚及印度诸国之兴亡有关系；而影响及于希腊人之东陆领土。"闻者必疑其风马牛不相及；然吾征诸史迹而有以明其然也。寻其波澜起伏之路线，盖中国当李牧蒙恬时浪势壮阔，蹙匈奴于北，使彼"十余年不敢窥赵边"(《史记·李牧传》文)，"却之七百余里"(贾谊《过秦论》文)。使中国能保持此局,匈奴当不能有所扰于世界之全局。“秦末扰乱,诸秦所徙谪戍边者皆复去,于是匈奴得宽,复稍度河南。……汉兵与项羽相拒,中国罢于兵革,以故冒顿得自强。……大破灭东胡,西击走月氏”(《史记·匈奴传》文)。“月氏本居敦煌祁连间,及为匈奴所败,乃远去,过宛西,击大夏而臣之”(《史记·大宛传》文)。盖中国拒胡之高潮,一度退落,匈奴乘反动之势南下,轩然蹴起一大波,以撼我甘肃边徼山谷间之月氏;月氏为所荡激,复蹴起一大波,滔滔度葱岭以压大夏。大夏者,西史所谓柏忒里亚(Bactria),亚历山大大王之部将所建国也,实为希腊人东陆殖民地之枢都,我旧史字其人曰塞种。“月氏西君大夏,而塞王南君罽宾,塞种分散,往往为数国。”(《汉书·西域传》文)罽宾者,今北印度之克什米尔(《大唐西域记》之迦湿弥罗),亚历大王曾征服而旋退出者也。至是希腊人(塞王)受月氏大波所荡激,又蹴一波以撼印度矣。然月氏之波,非仅此而止,“月氏迁于大夏,分其国为五部翎侯。后百余岁,贵霜翎侯丘就却自立为王,国号贵霜。侵安息,取高附地,灭濮达罽宾”。子阎膏珍“复灭天竺”(《后汉书·西域传》文)。盖此波訇砰南驶,乃淘掠波斯(安息)、阿富汗(濮达),而淹没印度,挫希腊之锋使西转,自尔亚陆无复欧人势力矣。然则假使李牧蒙恬晚死数十年,或卫青霍去病蚤出数十年,则此一大段史迹,或全然不能发生,未可知也。

吾又标一史题于此,曰:“汉攘匈奴与西罗马之灭亡,及欧洲现代诸国家之建设有关。”闻者将益以为诞。然吾比观中西诸史,而知其因缘甚密切也。自汉武大兴膺惩之师,其后匈奴浸弱,裂为南北。南匈奴呼韩邪单于,保塞称臣,其所部杂居内地者,渐同化于华族。北匈奴郅支单于,仍倔强,屡寇边,和帝时再大举攘之:“永元元二年,连破北匈奴”(《后汉书·和帝纪》文);三年,窦宪将兵击之于金微山,大破之,“北单于逃走,不知所之”(《后汉书》宪传文)。此西纪八十八年事也。其云“不知所之”者,盖当时汉史家实不知之;今吾侪则已从他书求得其踪迹。“彼为宪所逐,度金微山,西走康居,建设悦般国”,地方数千里,众二十余万(《魏书·西域传》悦般条文)。金微者,阿尔泰山;康居者,伊犁以西,讫于里海之一大地也。《后汉书·西域传》不复为康居立传,而于粟弋奄蔡条下皆云属康居,盖此康居即匈奴所新建之悦般,“属康居”云者,即役属于康居新主人之匈奴也。然则粟弋奄蔡又何族耶?两者皆日耳曼民族中之一支派:粟弋疑即西史中之苏维(Suevi)人;奄蔡为前汉时旧名,至是“改名阿兰聊”(《后汉书·西域传》文),即西史中之阿兰(Alan)人。此二种者,实后此东峨特(East Gothes)之主干民族也。吾国人亦统称其族为粟特。《魏书·西域传》:“粟特国,故名奄蔡,一名温那沙(疑即西史之*Vandals*,亦东峨特之一族也),居于大泽,在康居西北。”康居西北之大泽,决为黑海,已成学界定论;而第二三世纪时,环黑海东北部而居者,实东峨特,故知粟特即东峨特无可疑也。当此期间,欧洲史上有一大事,为稍有常识之人所同知者。即第三四世纪间,有所谓芬族(Huns or Fins)者,初居于窝瓦(Volga)河之东岸,役属东西峨特人已久。至三百七十四年(晋孝武帝宁康二年),芬族渡河西击东峨特人而夺其地。芬王曰阿提拉(Attila),其勇无敌;转战而西,入罗马,直至西班牙半岛,威震全欧。东峨特人为芬所逼,举族西迁,沿多恼河下流而进,渡来因河,与西峨特人争地;西峨特亦举族西迁,其后分建东峨特、西峨特两王国而西罗马遂亡。两峨特王国,即今德法英意诸国之前身也,而芬族亦建设匈牙利、塞尔维亚、布加利亚诸国。是为千余年来欧洲国际形势所自始,史家名之曰“民族大移转时代”。此一桩大公案,其作俑之人,不问而知为芬族也。芬族者何?即窦宪击逐西徙之匈奴余种也。《魏书·西域传》粟特条下云:“先是,匈奴杀其王而有其国,至王忽倪已，三世矣。”美国哥仑比亚大学教授夏德（Hirth）考定忽倪已，即西史之 Hernae，实阿提拉之少子继立为芬王者。（忽倪已以魏文成帝时来通好，文成在位当西四五二至四五六年，*Hernae* 即位在四五二年。）因此吾侪可知三四世纪之交，所谓东峨特役属芬族云者，其役属之峨特即《后汉书》所指役属康居之粟弋奄蔡；其役属之之芬族，则《后汉书》之康居、《魏书》之悦般，即见败于汉、度金微山而立国者也。芬王阿提拉与罗马大战于今法兰西境上，在西四五一年，当芬族渡窝瓦河击杀峨特王亥耳曼后之六十四年，故知《魏书》所谓“匈奴击杀粟特王而有其国”者，所击杀之王即亥耳曼，所有之国即东峨特。而击杀之之匈奴王即阿提拉之父而忽倪已之祖，其年为西纪三百七十四年，上距窦宪击逐时二百九十余年，而下距魏文成时通好之忽倪已，恰三世也。吾侪综合此种种资料，乃知汉永元一役，实可谓全世界史最要之关键，其在中国，结唐虞三代以来二千年獯鬻、猃狁之局，自此之后中国不复有匈奴寇边之祸。（刘渊等归化匈奴构乱于内地者不在此例。）班固《封燕然山铭》所谓：“摅高文之宿愤，光祖宗之玄灵；一劳而久逸，暂费而永宁。”非虚言也。然竟以此嫁祸欧洲，开彼中中古时代千年黑暗之局。直至今日，犹以匈奴遗种之两国（塞尔维与匈牙利）惹起全世界五年大战之惨剧。

人类造业，其波澜之壮阔与变态之瑰谲，其不可思议有如此。吾侪但据此两事，已可以证明人类动作息息相通，如牵发而动全身，如铜山西崩而洛钟东应。以我中国与彼西方文化中枢地相隔如彼其远，而彼我相互之影响犹且如此其巨，则国内所起之事件，其首尾连属因果复杂之情形，益可推矣。又可见不独一国之历史为“整个的”，即全人类之历史亦为“整个的”。吾中国人前此认禹域为“天下”固属褊陋，欧洲人认环地中海而居之诸国为世界，其褊陋亦正与我同。实则世界历史者，合各部分文化国之人类所积共业而成也。

吾侪诚能用此种眼光以观察史迹,则如乘飞机腾空至五千尺以上,周览山川形势,历历如指掌纹,真所谓“俯仰纵宇宙,不乐复何如”矣。然若何然后能提挈纲领,用极巧妙之笔法以公此乐于大多数人,则作史者之责也。

孟子尝标举“知人论世”之义,论世者何?以今语释之,则观察时代之背景是已。人类于横的方面为社会的生活,于纵的方面为时代的生活,苟离却社会与时代,而凭空以观某一个人或某一群人之思想动作,则必多不可了解者。未了解而轻下批评,未有不错误也。故作史如作画,必先设构背景;读史如读画,最要注察背景。

旧史中能写出背景者,则《史记·货殖列传》实其最好模范。此篇可分为四大段:篇首“《老子》曰:至治之极”起,至“而况匹夫编户之民乎”止,为第一段,略论经济原则及其与道德之关系。自“昔者越王句践困于会稽”起,至“岂非以富耶”止,为第二段,纪汉以前货殖之人。自“汉兴海内为一”起,至“令后世得以观择焉”止,说明当时经济社会状况。自“蜀卓氏之先”起至篇末,纪当时货殖之人。即以文章结构论,已与其他列传截然不同。其全篇宗旨,盖认经济事项在人类生活中含有绝大意义,一切政教皆以此为基础。其见解颇有近于近世唯物史观之一派,在我国古代已为特别。其最精要之处,尤在第三段,彼将全国分为若干个之经济区域。每区域寻出其地理上之特色,举示其特殊物产及特殊交通状况,以规定该区域经济上之物的基件。每区域述其历史上之经过,说明其住民特殊性习之由来,以规定该区域经济上之心的基件。吾侪读此,虽生当二千年后,而于当时之经济社会,已得有颇明了之印象。其妙处乃在以全力写背景,而传中所列举之货殖家十数人,不过借作说明此背景之例证而已。此种叙述法以旧史家眼光观之,可谓奇特。各史列传更无一篇敢蹈袭此法；其表志之记事，虽间或类此，然求其能如本篇之描出活社会状况者，则竟无有也。吾侪今日治史，但能将本篇所用之方法，扩大之以应用于各方面，其殆庶几矣。

史迹复杂，苟不将其眉目理清，则叙述愈详博，而使读者愈不得要领。此当视作者头脑明晰之程度何如，与其文章技术之运用何如也。此类记述之最好模范，莫如《史记·西南夷列传》：

> 西南夷君长以什数，夜郎最大；其西靡莫之属以什数，滇最大；自滇以北君长以什数，邛都最大：此皆魋结，耕田，有邑聚。
>
> 其外西自同师以东，北至楪榆，名为巂、昆明，皆编发，随畜迁徙，毋常处，毋君长，地方可数千里。自巂以东北，君长以什数，徙、筰都最大；自筰以东北，君长以什数，冄駹最大。其俗或土著，或移徙，在蜀之西。自冄駹以东北，君长以什数，白马最大，皆氐类也。此皆巴蜀西南外蛮夷也。

此对于极复杂之西南民族，就当时所有之智识范围内，以极简洁之笔法，将其脉络提清，表示其位置所在，与夫社会组织之大别，及其形势之强弱。以下方杂叙各部落之叛服等事，故不复以凌乱为病。惜后世各史之记事，能如此者绝希。例如晋代之五胡十六国、唐代之藩镇，皆史迹中之最纠纷者；吾侪无论读正史、读《通鉴》，皆苦其头绪不清。其实此类事，若用《西南夷列传》之叙述法，未尝不可使之一目了然；但旧史或用纪传体，或用编年体，以事隶人或以事隶年，其势不能于人与年之外而别有所提絜，故使学者如堕烟雾也。

自《史记》创立十表，开著作家无量法门，郑樵《图谱略》益推阐其价值。《史记》惟表年代世次而已，后人乃渐以应用于各方面。如顾栋高之《春秋大事表》，将全部《左传》事迹重新组织一过，而悉以表体行之，其便于学者滋多矣。即如五胡十六国之事，试一读齐召南之《历代帝王年表》，已觉眉目略清；若更为下列之两表，则形势若指诸掌矣。今录举以为例：

五胡十六国兴亡表第一

种名	族名	国号	创业主	国都	年数	初灭
北狄种	匈奴	汉(前赵)	刘渊—刘聪 刘曜	初平阳(山西临汾) 迁长安(陕西省城)	一五	后赵
		北凉	沮渠蒙逊	张掖(甘肃张掖)	四三	后魏
		夏	赫连勃勃	统万(陕西怀远)	二五	后魏
	羯	后赵 (冉魏)	石勒—石虎 冉闵	初襄国(直隶邢台) 迁邺(直隶临漳)	三四	前燕
西羌种	巴蛮	成(汉)	李雄	成都(四川省城)	四四	东晋
	氐	前秦	苻健—苻坚	长安	四四	后秦
		后凉	吕光	姑臧(甘肃武威)	一八	后秦
	羌	后秦	姚苌—姚兴	长安	三四	东晋
东胡种	鲜卑	前燕	慕容皝	初龙城(内蒙古土默特右翼)	三四	前秦
			慕容儁	迁邺		
		后燕	慕容垂	中山(直隶定县)	二六	北燕
		西燕	慕容冲	中山		
		南燕	慕容德	广固(山东益都)	一三	东晋
		西秦	乞伏国仁	宛川(甘肃靖远)	四七	夏
		南凉	秃发乌孤	乐都(甘肃西宁)	一八	西秦
		后魏	拓跋珪			
汉种		前凉	张重华	姑臧	二八	前秦
		西凉	李暠	敦煌(甘肃敦煌)	二一	北凉
		北燕	冯跋	龙城	二八	后魏

绘成　　五胡十六国兴亡表第二　　四〇三至九三四

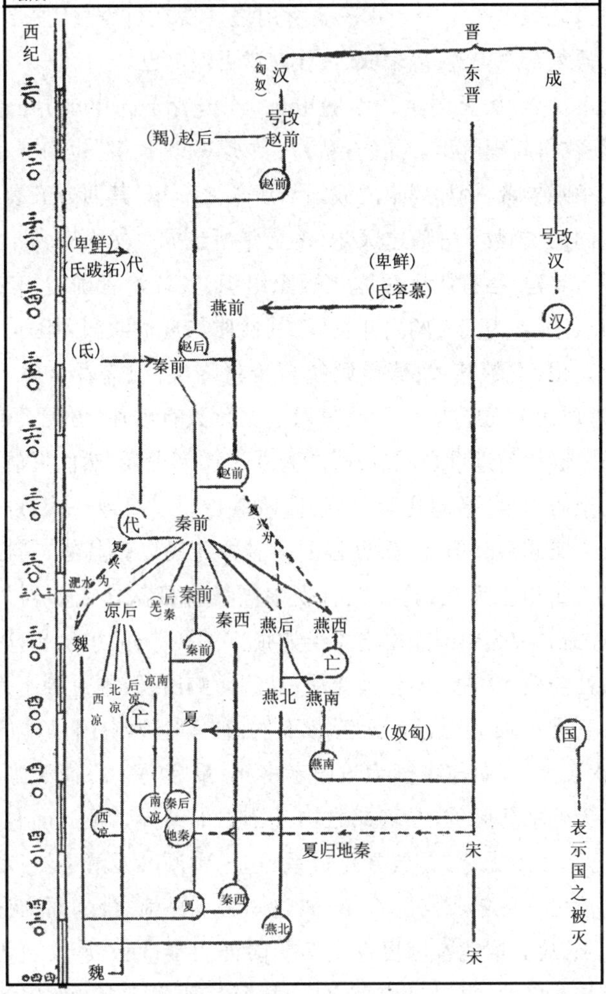

右第一表为东人所编中国史籍所通有,我不过略加增修而已;第二表则我所自造。吾生平读书最喜造表,顷著述中之《中国佛教史》,已造之表已二十余。我造表所用之劳费,恒倍蓰什伯于著书。窃谓凡遇复杂之史迹,以表驭之,什九皆可就范也。

天下古今,从无同铸一型的史迹,读史者于同中观异,异中观同,则往往得新理解焉。此《春秋》之教所以贵“比事”也。

同中观异者,例如周末之战国与唐末之藩镇,其四分五裂,日寻干戈也同;其仍戴一守府之天子,多历年所也同。然而有大不同者:战国蜕自封建,各有历史深厚之国家组织,其统治者确为当时之优秀阶级,各国各为充实的内部发展,其性质与近世欧洲列国近,故于历史上文化,贡献甚大;藩镇则蜕自蕃将降贼,统治者全属下流阶级,酷肖现代千夫所指之军阀,故对于文化只有破坏,更无贡献。例如中世之五胡与近世之元清,虽同为外族蹂躏中夏;然而五胡之酋,皆久已杂居内地,半同化于吾族,彼辈盖皆以一身或一家族——规模较大之家族乘时倡乱,而裹胁中国多数莠民以张其势,其性质与陈涉吴广辈相去无几;其中尤有受中国教育极深之人如刘渊苻坚等,其佐命者或为中国杰出之才士如张方王猛等,故虽云扰鼎沸,而于中国社会根本精神,不生大变动;其恶影响所及,不过等于累朝季叶之扰乱或稍加甚而已。元清等不然,彼等本为中国以外的一部落,渐次扩大,南向与中国为敌国者多年,最后乃一举而灭之,其性质纯然为外来征服的,与五胡之内乱割据的绝异。且五胡时代,中原虽沦,而江南无恙,吾族文化嫡系,迄未中断。元清不然,全中国隶彼统治之下百年或二三百年,彼熟知吾人耻愤之深,而力谋所以固位之术,故其摧残吾国民性也至阴险而狠毒;而吾族又更无与彼对立之统治机关,得以息肩而自庇,故元气所伤实多,而先民美质,日就彫落。又元清两代其相同之点既如前述，然亦自有其相异之点。蒙古人始终不肯同化于中国人，又不愿利用中国人以统治中国，故元代政治之好坏中国人几乎不能负责任。因此其控驭之术，不甚巧妙，其统治力不能持久；然因此之故，彼虽见摈出塞，犹能保持其特性，至今不灭。满洲人初时亦力求不同化，然而不能自持；其固有之民族性逐渐澌灭，至亡时殆一无复存。彼辈利用中国人统治中国之政策，始终一贯，其操术较巧妙，故其享祚较长久；然政权一坠，种性随沦，今后世界上应更无复满洲人矣。

异中观同者，例如北魏女真皆仅割据中原，满洲则统一全国，此其所异也；然皆入据后逐渐同化，驯至尽丧其民族以融入我族，此其所同也。而彼三族者皆同出东胡，吾侪因可以得一假说，谓东胡民族之被同化性，较他民族为多也。又如元代剧曲最发达，清代考证学最发达，两者之方向可谓绝异；然其对于政治问题之冷淡则同，较诸汉、唐、宋、明四代之士风截然矣。吾侪因此可得一假说，谓在异族统治之下，人民必惮谈政治也。又如儒教佛教，千余年间轧轹不绝，其教理亦确多根本不同之处。然考其学发达之顺序，则儒家当汉初，专务抱残守缺，传经典之文句而已；后汉以降，经师成一家言者渐多；六朝隋唐则义疏解释讲授之风甚盛；入宋以后，便力求刊落糟粕，建设一种内观的新哲学。佛家亦然，输入初期，专务翻译，所译率皆短篇经典；六朝隋唐，则大部经论，陆续译成，佛徒多各专一经以名家（如毗昙宗、俱舍宗、成实宗、三论宗、法华宗、涅槃宗、地论宗、摄论宗等，皆专宗一经或一论），而注疏解释讲授之风亦极盛；其后则渐渐自创新宗（如天台、贤首、慈因诸宗）；入宋以后，则不立文字之禅宗独盛，而他宗殆皆废。两家学术之发展，并不相谋，然而所历方向，乃恰如两平行线，千余年间相与骈进。吾侪必比而观之，然后所谓时代精神者乃得见。凡此皆异中观同之例也。

说明事实之原因结果，为史家诸种职责中之最重要者。近世治斯学之人多能言之；虽然，兹事未易言也。宇宙之因果律，往往为复的而非单的，为曲的而非直的，为隔的伏的而非连的显的，故得其真也甚难。自然界之现象且有然，而历史现象其尤甚也。严格论之，若欲以因果律绝对的适用于历史，或竟为不可能的，而且有害的，亦未可知。何则？历史为人类心力所造成，而人类心力之动乃极自由而不可方物；心力既非物理的或数理的因果律所能完全支配，则其所产生之历史，自亦与之同一性质。今必强悬此律以驭历史，其道将有时而穷，故曰不可能；不可能而强应用之，将反失历史之真相，故曰有害也。然则吾侪竟不谈因果可乎？曰，断断不可。不谈因果，则无量数繁赜变幻之史迹不能寻出一系统，而整理之术穷；不谈因果，则无以为鉴往知来之资，而史学之目的消灭。故吾侪常须以炯眼观察因果关系；但其所适用之因果律与自然科学之因果律不能同视耳。

请言自然科学与历史之别：

其一，自然科学的事项常为反复的完成的；历史事项反是，常为一度的、不完成的——自然科学常在必然的法则支配之下，缫演再缫演，同样条件必产同样结果，且其性质皆属于可以还原。其研究对象之原子、分子或生殖质，皆属完成的、决定的。历史不然：如吾前文所屡言，天下从无同铸一型的史迹；凡史迹皆庄子所谓“新发于硎”，未有缫演乎其旧者也。不惟极活跃之西洋史，节节翻新；即极凝滞之中国史，前后亦未尝相袭。不宁惟是，每一段史迹，殆皆在前进之半途中作若行若止之态，常将其未竟之绪之一部分贻诸方来。欲求如自然科学之截然表示一已完成之定形定态以供人研究者，殆不可得。故自然科学可以有万人公认之纯客观的因果律，而历史盖难言之矣。

其二，自然科学的事项，常为普遍的；历史事项反是，常为个性的——自然科学的事项，如二加二必为四，轻养二合必为水。数学上无不同质之“二”，化学上无不同质之“轻”与“养”；故二加二之法则，得应用于一切之四，轻养二合之法则，得应用于一切之水。历史不然，历史由人类所造。人类只有一个孔子，更无第二个孔子；只有一个基督，更无第二个基督。拿破仑虽极力摹仿该撒，然拿破仑自是拿破仑，不是该撒。吾侪不妨以明太祖比汉高祖，然不能谓吾知汉祖，同时即已知明祖。盖历史纯为个性发挥之制造品，而个性直可谓之无一从同。又不惟个人为然耳，历史上只有一个文艺复兴时代，更无绝对与彼相同之第二个时代；世界上只有一个中华民族，更无绝对与我相同之第二个民族。凡成为历史事实之一单位者，无一不各有其个别之特性。此种个性，不惟数量上复杂不可偻指，且性质上亦幻变不可方物。而最奇异者，则合无量数互相矛盾的个性，互相分歧或反对的愿望与努力，而在若有意若无意之间，乃各率其职以共赴一鹄，以组成此极广大极复杂极致密之“史网”。人类之不可思议，莫过是矣。史家之职责，则在此种极散漫极复杂的个性中，而觑见其实体，描出其总相，然后因果之推验乃可得施。此其所以为难也。

其三，自然科学的事项，为超时间空间的；历史事项反是，恒以时间空间关系为主要基件——二加二为四，轻养二合为水，亿万年前如是，亿万年后亦有然，中国如是，他国他洲有然，乃至他星球亦有然。历史反是，某时代关系极重要之事项，移诸他时代或成为绝无意义；不宁惟是，同一事件，早一年发生与迟一年发生，乃至早一日一刻发生与迟一日一刻发生,其价值可以相去悬绝。空间方面亦复如是,甲处所发生事件,假令以同型的——其无绝对同型的不俟论——移诸乙处,其所取得历史上之意义与价值,迥乎不相侔。质而言之,史迹之为物,必与“当时”“此地”之两观念相结合,然后有评价之可言。故史学推论的方式,比诸自然科学,益复杂而难理也。

明乎此三异点,始可以语于史界之因果矣。

史界因果之劈头一大问题,则英雄造时势耶?时势造英雄耶?换言之,则所谓“历史为少数伟大人物之产儿”、“英雄传即历史”者,其说然耶否耶?罗素曾言:“一部世界史,试将其中十余人抽出,恐局面或将全变。”此论吾侪不能不认为确含一部分真理。试思中国全部历史如失一孔子,失一秦始皇,失一汉武帝……其局面当何如?佛学界失一道安,失一智顗,失一玄奘,失一慧能;宋明思想界失一朱熹,失一陆九渊,失一王守仁;清代思想界失一顾炎武,失一戴震:其局面又当何如?其他政治界、文学界、艺术界,盖莫不有然。此等人得名之曰“历史的人格者”。何以谓之“历史的人格者”?则以当时此地所演生之一群史实,此等人实为主动——最少亦一部分的主动——而其人面影之扩大,几于掩覆其社会也。

文化愈低度,则“历史的人格者”之位置愈为少数所垄断;愈进化则其数量愈扩大。其在古代,政治之污隆,系于一帝王,教学之兴废,系于一宗师,则常以一人为“历史的人格者”。及其渐进,而重心移于少数阶级或宗派,则常以若干人之首领为“历史的人格者”。及其益进,而重心益扩于社会之各方面,则常以大规模的团体之组织分子为“历史的人格者”。例如波斯、马基顿、罗马帝国,阿剌伯诸史之全舞台,几为各该时代二三英雄所独占;十九世纪欧洲诸国之历史,常以贵族或中等阶级各派之十数首领为主体;今后之历史,殆将以大多数之劳动者或全民为主体:此其显证也。由此言之,历史的大势,可谓为由首出的“人格者”,以递趋于群众的“人格者”。愈演进,愈成为“凡庸化”,而英雄之权威愈减杀。故“历史即英雄传”之观念,愈古代则愈适用,愈近代则愈不适用也。

虽然,有两义当注意焉:其一,所谓“首出的人格者”,表面上虽若一切史迹纯为彼一人或数人活动之结果,然不能谓无多数人的意识在其背后。实则此一人或数人之个性,渐次浸入或镌入于全社会而易其形与质,社会多数人或为积极的同感,或为消极的盲从,而个人之特性,浸假遂变为当时此地之民众特性——亦得名之曰“集团性”或“时代性”。非有集团性或时代性之根柢而能表现出一史迹,未之前闻。例如二千年来之中国,最少可谓为有一部分属于孔子个性之集团化;而战国之政治界,可谓为商鞅个性之时代化;晚明之思想界可谓为王守仁个性之时代化也。如是,故谓“首出的人格者”能离群众而存在殆不可。其二,所谓“群众的人格者”,论理上固为群中各分子各自个性发展之结果,固宜各自以平等的方式表显其个性。然实际上其所表显者,已另为一之集团性或时代性,而与各自之个性非同物。且尤必有所谓“领袖”者以指导其趋向、执行其意思,然后此群众人格乃得实现。例如吾侪既承认彼信奉共产主义之人人为一个合成的“人格者”,则同时不能不承认马克思之个人与此“人格者”之关系,又不能不承认列宁之个人与此“人格者”之关系。如是,故谓“群众的人格者”,能离首出者而存在,殆亦不可。

吾曷为向研究历史之人哓哓陈此义耶?吾以为历史之一大秘密,乃在一个人之个性何以能扩充为一时代一集团之共性?与夫一时代一集团之共性,何以能寄现于一个人之个性?申言之,则有所谓民族心理或社会心理者,其物实为个人心理之扩大化合品,而复借个人之行动以为之表现。史家最要之职务，在觑出此社会心理之实体，观其若何而蕴积、若何而发动、若何而变化，而更精察夫个人心理之所以作成之表出之者，其道何由能致力于此，则史的因果之秘密藏，其可以略睹矣。

欧美自近世以来，民众意识亢进，故社会心理之表现于史者甚鲜明，而史家之觑出之也较易。虽然，亦由彼中史学革新之结果，治史者能专注重此点，其间接促起民众意识之自觉力，抑非细也。中国过去之史，无论政治界思想界，皆为独裁式，所谓积极的民众意识者甚缺乏，无庸讳言。治史者常以少数大人物为全史骨干，亦属不得已之事。但有一义须常目在之者：无论何种政治何种思想，皆建设在当时此地之社会心理的基础之上，而所谓大人物之言动，必与此社会心理发生因果关系者，始能成为史迹。大人物之言动，非以其个人的资格而有价值，乃以其为一阶级或一党派一民族之一员的资格而有价值耳。

所谓大人物者，不问其为善人恶人，其所作事业为功为罪，要之其人总为当时此地一社会——最少该社会中一有力之阶级或党派——中之最能深入社会阃奥，而与该社会中人人之心理最易互相了解者。如是，故其暗示反射之感应作用，极紧张而迅速。例如曾国藩确能深入咸同间士大夫社会之阃奥，而最适于与此辈心理起感应作用；袁世凯确能深入清季官僚武人社会之阃奥，而最适于与彼辈心理起感应作用。而其效果收获之丰啬，一方面视各该社会凭借之根柢何如，一方面又视所谓大人物者心理亢进之程度何如。据事实所昭示，则曾国藩之收获乃远不逮袁世凯。袁世凯能于革命之后，将其所属之腐恶垂死的旧社会，扩大之几于掩覆全国；曾国藩事业之范围愈大，而其所属之贤士大夫的社会，其领土乃反日蹙也。

此其故，固由近六十年间之中国，其环境宜于养育袁世凯的社会，不宜于养育曾国藩的社会，两者所凭借之势，优劣悬殊；然而袁世凯执著力之强，始终以一贯精神，绝无反顾，效死以扶植其所属之恶社会，此种积极的心理，殆非曾国藩所能及也。然则岂惟如罗素言："将历史上若干人物抽出，则局面将大变"而已，此若干人者心理之动进稍易其轨，而全部历史可以改观。恐不惟独裁式的社会为然，即德谟克拉西式的社会亦未始不然也。

社会倘永为一种势力——一种心理之所支配，则将成为静的、僵的，而无复历史之可言。然而社会断非尔尔。其一，由人类心理之本身，有突变的可能性。心理之发动，极自由不可方物。无论若何固定之社会，殊不能预料或制限其中之任何时任何人忽然起一奇异之感想；此感想一度爆发，视其人心力之强度如何，可以蔓延及于全社会。其二，由于环境之本质为蕃变的，而人类不能不求与之顺应。无论若何固定之社会，其内界之物质的基件，终不能不有所蜕变；变焉而影响遂必波及于心理。即内界不变，或所变甚微，不足以生影响；然而外来之浸迫或突袭，亦时所难免，有之，而内部之反应作用，遂不得不起。凡史迹所以日孳而日新，皆此之由。而社会组成分子较复杂，及传统的权威较脆弱者，则其突变的可能性较大；其社会内部物质的供给较艰啬，且与他社会接触之机缘较多者，则其环境之变迁较剧且繁。过去之中国史，不能如西洋史之碑原层叠，波澜壮阔，其所积者不同，其所受者亦不同也。

史迹所以诡异而不易测断者：其一，人类心理，时或潜伏以待再现。凡众生所造业，一如物理学上物质不灭之原则，每有所造，辄留一不可拂拭之痕迹以诒诸后。但有时为他种势力所遮抑，其迹全隐，浅见者谓为已灭；不知其乃在磅礴郁积中，一遇机缘，则勃发而不能复制。若明季排满之心理，潜伏二百余年而尽情发露，斯其显例也。其二，心的运动，其速率本非物的运动所能比拟，故人类之理想及欲望，常为自然界所制限。倘使心的经过之对于时间的关系纯与物的经过同一，则人类征服自然可纯依普通之力学法则以行之。惟其不能，故人类常感环境之变化，不能与己之性质相适应。对于环境之不满足，遂永无了期。历史长在此种心物交战的状态中，次第发展，而两力之消长，绝无必然的法则以为之支配。故历史上进步的事象，什九皆含有革命性；而革命前、革命中、革命后之史迹，皆最难律以常轨。结果与预定的计画相反者，往往而有；然不能因其相反，遂指为计画之失败。最近民国十年间之历史，即其切例也。其三，人事之关系既复杂，而人心之动发又极自由，故往往有动机极小而结果极大者，更有结果完全与动机分离而别进展于一方向者。一奥储之被刺，乃引起全世界五年之大战争，并中国而亦牵率焉，谁能料者？中世方士之点金幻想，乃能引起近世极严密的化学之进步，谁能料者？瓦特发明蒸汽，乃竟产育现代贫富阶级之斗争，谁能料者？苻坚欲勤远略，遣吕光灭龟兹，光师未班而坚已亡；然而光以鸠摩罗什至长安，中国佛教思想之确立，自兹始也。明成祖疑建文逊于南荒，遣郑和入海求之，无所得而归；然而和率闽粤子弟南征，中国人始知有南洋群岛，海外殖民，自兹始也。苻坚之动机，曷尝有丝毫为佛教？成祖之动机，曷尝有丝毫为殖民？动机极狭劣，顾乃产出与动机绝不相谋之伟大崇高的结果，可谓大奇。然而何奇之有？使六朝时之中国国民无传受佛教的可能性，明代中国国民无移殖海外的可能性，则决非一罗什、一郑和所能强致。既有可能性，则随时可以发动，而引而致之必借外缘。其可能性则史家所能逆睹，其外缘则非史家所能逆睹也。

以上所述诸义，吾认为谈历史因果者，先当注意及之。吾甚惜本讲义时间匆促，不能尽吾言；且多为片段的思想，未经整理。吾所讲姑止于此。今当概括前旨，略加补苴，示治史者研究因果之态度及其程序。

第一，当画出一"史迹集团"以为研究范围——史迹集团之名，吾所自创，与一段之"纪事本末"意义略相近。（本末仅函时间观念，集团兼函空间观念；但此名似仍未妥，容更订定。）以严格论，史迹本为不可分的、不可断的；但有时非断之分之，则研究无所得施。故当如治天体学者画出某躔度某星座，如治地理学者画出某高原某平原某流域，凡以为研究之方便而已。例如法国大革命，一集团也；一九一四至一九一九年之世界大战，一集团也。范围广者，如全世界劳工阶级对资产阶级之斗争史可以画为一集团；范围狭者，如爱尔兰区区小岛之独立史可以画为一集团。历时久者，如二千年前中华民族对匈奴交涉始末，可以画为一集团；历时暂者，如一年间洪宪盗国始末，可以画为一集团。集团之若何区画，治史者尽可自由，但有当注意者二事：其一，每集团之函量须较广较复，分观之，最少可以觑出一时代间社会一部分之动相。其二，各集团之总和须周遍，合观之，则各时代全社会之动相皆见也。

第二，集团分子之整理与集团实体之把捉——所谓"集团分子"者，即组成此史迹集团之各种史料也。搜辑宜求备，鉴别宜求真；其方法则前章言之矣。既备且真，而或去或取，与夫叙述之详略轻重，又当注意焉；否则淆然杂陈，不能成一组织体也。所谓"集团实体"者，此一群史迹，合之成为一个生命——活的，整个的。治史者须将此"整个而活"的全体相，摄取于吾心目中；然兹事至不易：除分析研究外，盖尚有待于直觉也。

第三,常注意集团外之关系——以不可分不可断之史迹,为研究方便而强画为集团,原属不得已之事。此一群史迹不能与他群史迹脱离关系而独自存在,亦犹全社会中此一群人常与他群人相依为命也。故欲明一史迹集团之真相,不能不常运眼光于集团以外。所谓集团外者,有时间线之外:例如"五胡乱华"之一史迹集团,其时间自然当以晋代为制限;然非知有汉时之保塞匈奴,魏时之三辅徙羌,则全无由见其来历。此集团外之事也。有空间线之外:例如"辛亥革命"之一史迹集团,其空间自当以中国为制限;然非知欧美日本近数十年学说制度变迁之概略,及其所予中国人以刺激,则兹役之全相终不可得见。此又集团外之事也。其他各局部之事象,殆无不交光互影。例如政治与哲学,若甚缘远,然研究一时代之政治史,不容忘却当时此地之哲学思想;美术与经济,若甚缘远,然研究一时代之美术史,不容忘却当时此地之经济状况。此皆集团以外之事也。

第四,认取各该史迹集团之"人格者"——每一集团,必有其"人格者"以为之骨干。此"人格者",或为一人,或为数人,或为大多数人。例如法兰西帝国时代史,则拿破仑为唯一之"人格者"。普奥普法战史,则俾斯麦等数人为其"人格者"。至如此次世界大战,则不能以"人格者"专属于某某数人,而各国之大多数国民实共为其"人格者"也。然亦自有分别:倘再将此世界战史之大集团析为若干小集团,则在德国发难史之一小集团中,可以认威廉第二为其"人格者";在希腊参战史之一小集团中,可以认威尼柴罗为其"人格者";在巴黎议和史一小集团中,可以认克里曼梭、劳特佐治、威尔逊为其"人格者"也。辛亥革命史以多数之革命党人立宪党人共为其"人格者";民国十年来政治史则袁世凯殆可认为唯一之"人格者"也。凡史迹皆多数人共动之产物,固无待言;然其中要有主动被动之别。

立于主动地位者,则该史迹之"人格者"也。辛亥革命,多数党人为主动,而黎元洪袁世凯不过被动,故彼二人非"人格者";十年来之民国,袁世凯及其游魂为主动,凡多数助袁敌袁者皆被动,故袁实其"人格者"也。

第五,精研一史迹之心的基件——曷为每一史迹必须认取其"人格者"耶?凡史迹皆人类心理所构成,非深入心理之奥以洞察其动态,则真相未由见也。而每一史迹之构成心理,恒以彼之"人格者"为其聚光点,故研究彼"人格者"之素性及其临时之冲动断制,而全史迹之筋脉乃活现。此种研究法,若认定彼"人格者"为一人或数人,则宜深注意于其个人的特性。因彼之特性非惟影响于彼个人之私生活,而实影响于多数人之公生活。例如凡赛条约,论者或谓可以为将来世界再战之火种;而此条约之铸一大错,则克里曼梭、劳特佐治、威尔逊三人之性格及头脑,最少亦当为其原因之一部;故此三人特性之表现,其影响乃及于将来世界也。又如袁世凯,倘使其性格稍正直或稍庸懦,则十年来之民国局面或全异于今日,亦未可知;故袁世凯之特性,关系于其个人运命者犹小,关系于中国人运命者甚大也。史家研究此类心理,最要者为研究其吸射力之根源。其在圣贤豪杰,则观其德量之最大感化性,或其情热之最大摩荡性。其在元凶巨猾,则观其权术之最大控弄性,或观其魔恶之最大诱染性。从此处看得真切,则此一团史迹之把鼻,可以捉得矣。

其在"多数的人格者"之时,吾侪名之曰民族人格,或阶级人格、党派人格。吾侪宜将彼全民族、全阶级、全党派看作一个人,以观察其心理。此种"人格者",以其意识之觉醒,觇其人格之存在;以其组织之确立,觇其人格之长成;以其运动之奋迅,觇其人格之扩大;以其运动之衰息,组织之涣散,意识之沉睡,觇其人格之萎病或死亡。爱尔兰人成一民族的人格,犹太人未能,犹太人民族建国的意识不一致也。欧美劳工,成一阶级的人格,中国未能,中国劳工并未有阶级意识也。中国十年来所谓政党,全不能发现其党派的人格,以其无组织,且无运动也。治西洋史者,常以研究此类集团人格的心理为第一义;其在中国,不过从半明半昧的意识中,偶睹其人格的胎影而已。

研究史之心的基件,则正负两面,皆当注意。凡"人格者"无论为个人为集团,其能演成史迹者,必其人格活动之扩大也。其所以能扩大之故,有正有负:所谓正者,活动力昂进,能使从前多数反对者或怀疑者之心理皆翕合于我心理。在欧美近代,无论政治上、宗教上、学艺上,随处皆见此力之弥满。其在中国,则六朝唐之佛教运动,最其显列。次则韩欧等之古文学运动,宋明两代之理学运动,清代之朴学运动及最近之新文化运动,皆含此意。惟政治上极阙如,清末曾国藩胡林翼等略近之,然所成就殊少;现代所谓政党,其方向则全未循此以行也。所谓负者,利用多数人消极苟安的心理,以图自己之扩大。表面上极似全国心理翕聚于此一点,实则其心理在睡眠状态中耳。中国二千年政治界之伟物,大率活动于此种心理状态之上,此实国民心理之病征也。虽然,治史者不能不深注意焉,盖中国史迹之所以成立,大半由是也。

第六,精研一史迹之物的基件——物的基件者,如吾前所言:"物的运动不能与心的运动同其速率。"倘史迹能离却物的制约而单独进行,则所谓"乌托邦"、"华藏世界"者,或当早已成立。然而在势不能尔尔。故心的进展,时或被物的势力所堵截而折回,或为所牵率而入于其所不豫期之歧路,直待渐达心物相应的境界,然后此史迹乃成熟。物者何?谓与心对待的环境。详言之,则自然界之状况以及累代遗传成为固形的之风俗、法律与夫政治现象、经济现象,乃至他社会之物的心的抵抗力，皆是也。非攻、寝兵之理想，中外贤哲倡之数千年，曷为而始终不得实现？辛亥革命本悬拟一“德谟克拉西”的政治以为鹄，曷为十年以来适得其反？欧洲之社会主义本滥觞于百年以前，曷为直至欧战前后乃始骤盛？物的基件限之也。假使今之日本移至百年以前，必能如其所欲，效满洲之入主中国；假使袁世凯生在千数百年前，必能如其所欲，效曹操司马懿之有天下；然而皆不能者，物的基件限之也。吾前屡言矣：“凡史迹皆以‘当时’、‘此地’之两观念而存在。”故同一之心的活动，易时易地而全异其价值，治史者不可不深察也。

第七，量度心物两方面可能性之极限——史之开拓，不外人类自改变其环境。质言之，则心对于物之征服也。心之征服的可能性有极限耶？物之被征服的可能性有极限耶？通无穷的宇宙为一历史，则此极限可谓之无。若立于“当时”、“此地”的观点上，则两者俱有极限明矣。在双极限之内，则以心的奋进程度与物的障碍程度强弱比较，判历史前途之歧向。例如今日中国政治，若从障碍力方面欲至于恢复帝制，此其不可能者也；若从奋进力方面欲立变为美国的德谟克拉西，亦其不可能者也。障碍力方面之极限，则可以使惰气日积，举国呻吟憔悴，历百数十年，甚者招外人之监督统治。奋进力方面之极限，则可以使社会少数优秀者觉醒，克服袁世凯之游魂，在“半保育的”政策之下，历若干年，成立多数政治。史家对于将来之豫测，可以在此两可能性之大极限中，推论其果报之极限，而予国民以一种暗示，唤醒其意识而使知所择，则良史之责也。

第八，观察所缘——有可能性谓之因，使此可能性触发者谓之缘。以世界大战之一史团而论，军国主义之猖獗、商场竞争之酷剧、外交上同盟协商之对抗……等等，皆使大战有可能性，所谓因也；奥储被刺、破坏比利时中立、潜艇无制限战略……等等,能使此可能性爆发或扩大,所谓缘也。以辛亥革命之一史团而论,国人种族观念之郁积、晚清政治之腐恶及威信之失坠、新思潮之输入……等等,皆使革命有可能性,所谓因也;铁路国有政策之高压、瑞澂之逃遁、袁世凯之起用,能使此可能性爆发或扩大,所谓缘也。因为史家所能测知者,缘为史家所不能测知者。治史者万不容误缘为因,然无缘则史迹不能现,故以观所缘终焉。

因果之义,晰言之当云因缘果报。一史迹之因缘果报,恒复杂幻变至不可思议;非深察而密勘之,则推论鲜有不谬误者。今试取义和团事件为例,供研究者参考焉。

义和团事件之起,根于历史上遗传之两种心理:其一,则排外的心理。此种心理,出于国民之自大性及自卫性,原属人类所同然。惟中国则已成为畸形的发达,千年以来科举策论家之尊王攘夷论,纯然为虚憍的、非逻辑的,故无意识且不彻底的排外,形成国民性之一部。其二,则迷信的心理。因科学思想缺乏之故,种种迷信支配民心之势力甚大;而野心家常利用之以倡乱。自汉末之五斗米道,以迄明清间白莲教匪等,其根株蟠积于愚民社会间者甚厚,乘间辄发。此两种心理,实使义和团有随时爆发的可能性,此"因"之在心的方面者也。

虽有此两种心理,其性质完全为潜伏的;苟环境不宜于彼之发育,彼亦终无由自遂。然而清季之环境,实有以滋酿之。其一,则外力之压迫。自鸦片战争以后,觏闵既多,受侮不少。其中天主教会在内地专横,尤予一般人民以莫大之积愤。其二,则政纲之废弛。自洪杨构乱以后,表面上虽大难削平,实际上仍伏莽遍地;至光绪间而老成凋谢,朝无重臣,国事既专决于一阴鸷之妇人,而更无人能匡救其失。在此两种环境之下，实使义和团有当时爆发的可能性。此“因”之在境的方面者也。

因虽夙具然非众缘凑泊，则事实不能现。所谓缘者，有亲缘（直接缘），有间缘（间接缘）。义和团之亲缘有二：其一，则社会革新运动之失败；其二，则宫廷阴谋之反拨也。此二者又各有其复杂之间缘。社会革新活动，自有其心理上之可能性，兹不多述。其所以觉醒而督促之者，则尤在外交压迫之新形势。其一，为日本新着手之大陆政策；其二，为俄国积年传来之东侵政策；其三，为德国远东发展政策。（此政策复含两种意味：一、德国自己发展；二、德国诱助俄国东侵，冀促成日俄之战或英俄之战，以减杀俄法同盟势力，缓和欧洲形势。）以此三种外缘，故甲午战败，日本据辽，三国干涉还辽，而胶州、旅顺、威海之租借随之，瓜分之局，咄咄逼人。于是变法自强之论，骤兴于民间；而其动力遂及德宗，无端与清室宫廷问题发生联带关系。宫廷问题，其间缘亦至复杂。其一，清穆宗无子，德宗以支庶入继，且有为穆宗立后之约。其二，孝钦后临朝已二十余年，新归政于德宗；德宗既非所生，而思想复与彼不相容，母子之间，猜嫌日积。如是内外新故诸缘凑合，遂有戊戌政变之役，戊戌政变为义和团之亲缘；而上列诸种事实，则其间缘也，

亲缘之中，复有主缘，有助缘。戊戌政变为义和团唯一之主缘，固也。然政变之波澜，曷为一转再转以至于仇外耶？其一，因康有为梁启超等亡命外国，清廷不解国际法上保护政治犯之先例，误认维新派人以外国为后盾。其二，因政变而谋废立（立端王之子溥儁为大阿哥），外国公使纷起质问，志不得逞，积怒益深。其三，连年曹州、兖州、沂州、易州等教案，乡民与天主教徒构怨益剧。得此等助缘而义和团遂起。

因缘和合,“果”斯生焉,此一群史迹之正果,可分数段。一,山东、直隶团匪之私自组织及蠢动;二,两省长官之纵容及奖厉;三,北京王大臣之附和;四,甘军(董福祥)之加入;五,孝钦后以明谕为之主持,军匪混化对全世界宣战;六,前后戕杀教徒及外国人数千;七,戕杀德国公使及日本使馆馆员;八,毁京津铁路,围攻使馆。此一幕滑稽剧,在人类史全体中,不得不认为一种极奇特的病态,以易时易地之人观测之,几疑其现实之万不可能。然吾侪试从心境两面精密研究,则确能见其因缘所生,历历不爽。其在心的方面,苟非民族性有偏畸之点,则不能涵淹卵育此种怪思想,故对于民族性之总根柢,首当研究者一也。拳匪为发难之主体,而彼辈实为历史上之一种秘密社会,故对于此种特别社会,察其群众心理,考其何以能发生能扩大,此次当研究者二也。发难虽由拳匪,而附和之者实由当时所谓士大夫阶级;此阶级中,佥壬虽多,而贤者亦非绝无;曷为能形成一种阶级心理,在此问题之下一致行动?此次当研究者三也。孝钦后为全剧之主人翁,非深察其人之特别性格及其当时心理之特别动态,则事象之源泉不可得见,此次当研究者四也。其在境的方面,非专制政治之下,此种怪象末由发生,此数千年因袭之政体,次当研究者五也。有英明之君主或威重謇谔之大臣,则祸亦可以不起,此当时之政象,次当研究者六也。非有维新派之锐进,不能召此反动;维新派若能在社会上确占势力,则反动亦不能起;此对面抵抗力之有无强弱,次当研究者七也。非国外周遭形势如前文所云云,则亦不至煎迫以成此举,此世界政局之潮流,次当研究者八也。经过此八方面之研究,则义和团一段史迹,何故能于“当时”、“此地”发生,可以大明。

有果必有报。义和团所得业报如下:一,八国联军入京,两宫蒙尘。二,东南各督抚联约自保,宣告中立。三,俄军特别行动,占领东三省。四，缔结辛丑条约，赔款四百五十兆，且承认种种苛酷条件。五，德宗不废，但政权仍在孝钦。六，孝钦迎合潮流，举行当时所谓“新政”，如练兵兴学等事。此义和团直接业报之要点也。由直接业报复产出间接业报，以次演成今日之局。

就理论上言之，义和团所产业报有三种可能性。其一，各国瓜分中国或共同管理。其二，汉人自起革命，建设新政府。其三，清廷大觉悟，厉行改革。然事实上皆以种种条件之限制，不能办到。其第一种，以当时中国人抵抗力之缺乏，故有可能性；然各国力量不及，且意见不一致，故不可能。其第二种，以人民厌恶满洲既久，且列国渴望得一新政府与之交涉，故有可能性；然民间革命党，无组织，无势力，其有力之封疆大吏又绝无此种心理，故不可能。其第三种，因前两种既不能办到，而经此创巨痛深之后，副人民望治之心，其势甚顺，故有可能性；然孝钦及清廷诸臣皆非其人，故不可能。治史者试先立一可能性之极限，而观其所以不能之由，则于推论之术，思过半矣。

因缘生果，果复为因，此事理当然之程序也。义和团直接业报，更间接产种种之果。就对外关系论，第一，八国联军虽撤退，而东三省之俄军迁延不撤，卒因此引起日俄战争，致朝鲜完全灭亡；而日本在南满取得今日之特殊地位。第二，当匪势正炽时，日本藉端与英国深相结纳，首由英提议劝日本就近出重兵，是为英日接近之第一步。其后我国为应付俄军起见，议结所谓中俄密约者，虽卒未成立，然反因此促英日同盟之出现。而此英日同盟遂被利用于此次欧洲大战，使日本国际地位昂进；而目前关系国命之山东问题，即从此起。第三，重要之中央财源，如海关税等，悉供偿债之用。因此各外国银行，攫得我国库权之一部分，遂启后此银行团操纵全国金融之端绪。此其荦荦大者也。

就内政关系论，第一，排外的反动一变为媚外，将国民自尊自重之元气，斫丧殆尽，此为心理上所得最大之恶影响。第二，经此次剧烈的激刺，社会优秀分子渐从守旧顽梦中得解放，以次努力，求取得“世界人”、“现代人”的资格，此为心理上所得最大的良影响。此两种影响乃从国民性根柢上加以摇动，此两歧路之发展的可能性皆极大，在今日殊未能测其变化之所届。第三，东南互保，为地方对中央独立开一先例。此后封疆权力愈重，尾大不掉，故辛亥革命，起于地方，而中央瓦解，此趋势直至今日而愈演愈剧。第四，袁世凯即以东南互保中之一要人，渐取得封疆领袖的资格（直隶总督、北洋大臣），蓄养其势力，取清室而代之。第五，回銮后以媚外故，而行敷衍门面的新政。一方面自暴白其前此之愚迷及罪恶，增人轻蔑；一方面表示其无诚意的态度，令人绝望。第六，此种敷衍的新政，在清廷固无诚意；然国人观听已为之一变，就中留学生数目激增，尤为国民觉醒最有力之一媒介，海外学校遂变为革命之策源地。第七，新政之最积极进行者为练兵；而所谓新军者，遂为革命派所利用，为袁世凯所利用，卒以覆清祚。第八，以大赔款及举办新政之故，财政日益竭蹶，专谋借外债以为挹注。其后卒以铁路大借款为革命之直接导火线。右所举第三项至第八项，皆为义和团业报所演，同时即为辛亥革命之亲缘或间缘。于是而一“史迹集团”遂告终焉。

吾不惮繁重详举此例，将借一最近之史迹其资料比较的丰富且确实者，示吾侪运用思想，推求因果，所当遵之涂径为何如。此区区一史迹，其活动时间，不过半年，其活动地域不过数百里。而欲说明其因缘果报之关系，其广远复杂乃至如是。学者举一反三，则于鉴往知来之术，虽不中不远矣。

附录一

研究文化史的几个重要问题

——对于旧著《中国历史研究法》之修补及修正

为南京金陵大学第一中学演讲

前回已经把文化的概念和内容说过，文化史是叙述文化的，懂得文化是什么，自然也懂得文化史是什么，似乎不用再词费。但我觉得前人对于历史的观念有许多错误，对于文化史的范围尤其不正确，所以还要提出几个问题来讨论一番。

第一　史学应用归纳研究法的最大效率如何

现代所谓科学，人人都知道是从归纳研究法产生出来，我们要建设新史学，自然也离不了走这条路。所以我旧著《中国历史研究法》极力提倡这一点，最近所讲演《历史统计学》等篇，也是这一路精神。但我们须知道，这种研究法的效率是有限制的。简单说，整理史料要用归纳法，自然毫无疑义，若说用归纳法就能知道"历史其物"，这却太不成问题了。归纳法最大的工作是求"共相"，把许多事物相异的属性剔去，相同的属性抽出，各归各类，以规定该事物之内容及行历何如。这种方法应用到史学，却是绝对不可能。为什么呢？因为历史现象只是"一躺过"，自古及今，从没有同铸一型的史迹。这又为什么呢？因为史迹是人类自由意志的反影，而各人自由意志之内容绝对不会从同,所以史家的工作和自然科学家正相反,专务求“不共相”。倘若把许多史迹相异的属性剔去,专抽出那相同的属性,结果便将史的精魂剥夺净尽了。因此,我想归纳研究法之在史学界,其效率只到整理史料而止,不能更进一步。然则把许多“不共相”堆叠起来,怎么能成为一种有组织的学问?我们常说历史是整个的,又作何解呢?你根问到这一点吗?依我看,什有九要从直觉得来,不是什么归纳演绎的问题,这是历史哲学里头的最大关键。我现在还没有研究成熟,等将来再发表意见罢。

第二　历史里头是否有因果律

这条和前条,只是一个问题,应该一贯的解决。原来,因果律是自然科学的命脉,从前只有自然科学得称为科学,所以治科学离不开因果律,几成为天经地义。谈学问者往往以“能否从该门学问中求出所含因果公例”为“该门学问能否成为科学”之标准。史学向来并没有被认为科学,于是治史学的人因为想令自己所爱的学问取得科学资格,便努力要发明史中因果,我就是这里头的一个人。我去年著的《中国历史研究法》内中所下历史定义便有“求得其因果关系”一语,我近来细读立卡儿特著作,加以自己深入反覆研究,已经发觉这句话完全错了!我前回说过:“宇宙事物,可中分为自然、文化两系,自然系是因果律的领土,文化系是自由意志的领土。”(看《什么是文化》)两系现象,各有所依,正如鳞潜羽藏,不能相易,亦不必相羡。历史为文化现象复写品,何必把自然科学所用的工具扯来装自己门面?非惟不必,抑且不可,因为如此便是自乱法相,必至进退失据。当我著《历史研究法》时,为这个问题着实恼乱我的头脑。我对于史的因果很怀疑,我又不敢拨弃他,所以那书里头有一段说道:

> 若欲以因果律绝对的适用于历史,或竟为不可能的,而且有害的,亦未可知。何则?历史为人类心力所造成,而人类心力之动,乃极自由而不可方物;心力既非物理的或数理的因果律所能完全支配,则其所产生之历史,自亦与之同一性质。今必强悬此律以驭历史,其道将有时而穷,故曰不可能;不可能而强应用之,将反失历史之真相,故曰有害也。然则吾侪竟不谈因果可乎!曰:断断不可!……(原著一七六叶)

我现在回看这篇旧著,觉得有点可笑。既说"以因果律驭历史不可能而且有害",何以又说"不谈因果断断不可"?我那时候的病根,因为认定因果律是科学万不容缺的属性,不敢碰他,所以有这种矛盾不彻底的见解;当时又因为调和这种见解,所以另外举出历史因果律,与自然科学因果律不同的三点(原著一七七至一七九叶),其实照那三点说来,是否还可以名之为因果律,已成疑问了。我现在要把前说修正,发表目前所见如下:

因果是什么?"有甲必有乙,必有甲才能有乙,于是命甲为乙之因,命乙为甲之果"。所以因果律也叫做"必然的法则"(科学上还有所谓"盖然的法则",不过"必然性"稍弱耳,本质仍相同)。"必然"与"自由"是两极端,既必然便没有自由,既自由便没有必然;我们既承认历史为人类自由意志的创造品,当然不能又认他受因果必然法则的支配,其理甚明。

再检查一检查事实,更易证明。距今二千五百年前,我们人类里头产出一位最伟大的人物名曰佛陀。为什么那个时候会产生佛陀?试拿这问题来考试一切史家,限他说出那"必然"的原因,恐怕无论什么人都要交白卷。这还罢了，佛陀本是一位太子，物质上快乐尽够享用，原可以不出家。为什么他要出家？出家成道后，本来可以立刻“般涅槃”，享他的精神快乐，为什么他不肯如彼，偏要说四十九年的法？须知倘使佛陀不出家，或者成道后不肯说法，那么世界上便没有佛教，我们文化史上便缺短了这一件大遗产。试问有什么必然的因果法则支配佛陀令其必出家、必说法？一点儿也没有，只是赤裸裸的凭佛陀本人的意志自由创造。须知，不但佛陀和佛教如此，世界上大大小小的文化现象，没有一件不是如此。欲应用自然科学上因果律求出他“必然的因”，可是白费心了。

“果”的方面也是如此。该撒之北征雅里亚（今法兰西一带地），本来为对付内部绷标一派的阴谋，结果倒成了罗马统一欧洲之大业的发轫；明成祖派郑和入海，他正目的不过想访拿建文，最多也不过为好大喜功之一念所冲动，然而结果会生出闽粤人殖民南洋的事业。历史上无论大大小小都是如此，从没有一件可以预先算准那“必然之果”。为什么呢？因为人类自由意志最是不可捉摸的。他正从这方向创造，说不定一会又移到那方向创造去，而且一个创造又常常引起（或不引起）第二、第三……个创造。你想拿玻璃管里加减原素那种顽意来测量历史上必然之果，岂不是痴人说梦吗？

所以历史现象，最多只能说是“互缘”，不能说是因果。互缘怎么解呢？谓互相为缘。佛典上常说的譬喻，“相待如交芦”，这件事和那件事有不断的联带关系，你靠我、我靠你才能成立，就在这种关系状态之下，前波后波衔接动荡，便成一个广大渊深的文化史海。我们做史学的人，只要专从这方面看出历史的“动相”和“不共相”，倘若拿“静”的“共”的因果律来凿四方眼，那可糟了。

然则全部历史里头，竟自连一点因果律都不能存在吗？是又不然。我前回说过，文化总量中含有文化种、文化果两大部门。文化种是创造活力，纯属自由意志的领域，当然一点也不受因果律束缚。文化果是创造力的结晶，换句话说，是过去的“心能”，现在变为“环境化”。成了环境化之后，便和自然系事物同类，入到因果律的领域了，这部分史料我们尽可以拿因果律驾驭他。

第三　历史现象是否为进化的

我对于这个问题，本来毫无疑义，一直都认为是进化的，现在也并不曾肯抛弃这种主张，但觉得要把内容重新规定一回。

孟子说：“天下之生久矣，一治一乱。”这句话可以说是代表旧史家之共同观念，我向来最不喜欢听这句话（记得二十年前在《新民丛报》里头有几篇文章很驳他），因为和我所信的进化主义不相容；但近来我也不敢十分坚持了。我们平心一看，几千年中国历史，是不是一治一乱的在那里循环？何止中国，全世界只怕也是如此。埃及呢，能说现在比“三十王朝”的时候进化吗？印度呢，能说现在比《优波尼沙昙》成书、释迦牟尼出世的时候进化吗？说孟子、荀卿一定比孔子进化，董仲舒、郑康成一定比孟荀进化，朱熹、陆九渊一定比董郑进化，顾炎武、戴震一定比朱陆进化，无论如何恐说不去。说陶潜比屈原进化，杜甫比陶潜进化，但丁比荷马进化，索士比亚比但丁进化，摆伦比索士比亚进化，说黑格儿比康德进化，倭铿、柏格森、罗素比黑格儿进化，这些话都从那里说起。又如汉唐宋明清各朝政治比较，是否有进化不进化之可言？亚历山大、该撒、拿破仑等辈人物比较，又是否有进化不进化之可言？所以从这方面找进化的论据，我敢说一定全然失败完结。

从物质文明方面说吗？从渔猎到游牧，从游牧到耕稼，从耕稼到工商，乃至如现代所有之几十层高的洋楼、几万里长的铁道，还有什么无线电、飞行机、潜水艇……等等，都是前人所未曾梦见。许多人得意极了，说是我们人类大大进化，虽然，细按下去，对吗？第一，要问这些物质文明于我们有什么好处。依我看，现在点电灯、坐火船的人类所过的日子，比起从前点油灯、坐帆船的人类实在看不出有什么特别舒服处来。第二，要问这些物质文明是否得着了过后再不会失掉。中国"千门万户"的未央宫，三个月烧不尽的咸阳城，推想起来，虽然不必像现代的纽约、巴黎，恐怕也有他的特别体面处，如今那里去了呢？罗马帝国的繁华，虽然我们不能看见，看发掘出来的建筑遗址，只有令现代人吓死羞死，如今又都往那里去了呢？远的且不必说，维也纳、圣彼得堡战前的势派，不过隔五六年，如今又都往那里去了呢？可见，物质文明这样东西，根柢脆薄得很，霎时间电光石火一般发达，在历史上原值不了几文钱，所以拿这些作进化的证据，我用佛典上一句话批评他："说为可怜愍者。"

现在讲学社请来的杜里舒，前个月在杭州讲演，也曾谈到这个问题。他大概说，"凡物的文明，都是堆积的非进化的，只有心的文明是创造的进化的"。又说，"彀得上说进化的只有一条'智识线'"。他的话把文化内容说得太狭了，我不能完全赞成。虽然，我很认他含有几分真理。我现在并不肯撤消我多年来历史的进化的主张，但我要参酌杜氏之说，重新修正进化的范围。我以为，历史现象可以确认为进化者有二：

一　人类平等及人类一体的观念，的确一天比一天认得真切，而且事实上确也著著向上进行。

二　世界各部分人类心能所开拓出来的"文化共业"，永远不会失掉，所以我们积储的遗产，的确一天比一天扩大。

只有从这两点观察，我们说历史是进化，其余只好编在“一治一乱”的循环圈内了。但只须这两点站得住，那么，历史进化说也尽够成立哩。

以上三件事，本来同条共贯，可以通用一把钥匙来解决他。总结一句，历史为人类活动所造成，而人类活动有两种，一种是属于自然系者，一种是属于文化系者。分配到这三个问题，得表如下：

	（自然系的活动）	（文化系的活动）
第一题	归纳法研究得出	归纳法研究不出
第二题	受因果律支配	不受因果律支配
第三题	非进化的性质	进化的性质

（据中华书局新版《饮冰室合集》排印）

附录二

中国史叙论

第一节　史之界说

史也者，记述人间过去之事实者也。虽然，自世界学术日进，故近世史家之本分，与前者史家有异。前者史家，不过记载事实；近世史家，必说明其事实之关系，与其原因结果。前者史家，不过记述人间一二有权力者兴亡隆替之事，虽名为史，实不过一人一家之谱牒；近世史家，必探察人间全体之运动进步，即国民全部之经历，及其相互之关系。以此论之，虽谓中国前者未尝有史，殆非为过。

法国名士波留氏，尝著《俄国通志》，其言曰：俄罗斯无历史，非无历史也，盖其历史非国民自作之历史，乃受之自他者也；非自动者而他动者也。其主动力所发，或自外，或自上，或自异国，或自本国。要之，皆由外部之支配，而非由内部之涨生，宛如镜光云影，空过于人民之头上，故只有王公年代记，不有国民发达史，是俄国与西欧诸国所以异也云云。今吾中国之前史，正坐此患。吾当讲此史时，不胜惭愤者在于是，吾当著此史时，无限困难者在于是。

德国哲学家埃猛埒济氏曰:人间之发达凡有五种相:一曰智力(理学及智识之进步,皆归此门),二曰产业,三曰美术(凡高等技术之进步,皆归此门),四曰宗教,五曰政治。凡作史、读史者,于此五端忽一不可焉。今中国前史以一书而备具此五德者,固渺不可见;即专详一端者,亦几无之。所陈陈相因者,惟第五项之政治耳。然所谓政治史,又实为纪一姓之势力圈,不足以为政治之真相。故今者欲著中国史,非惟无成书之可沿袭,即搜求材料于古籍之中,亦复片鳞残甲,大不易易。

第二节　中国史之范围

(甲)中国史与世界史　今世之著世界史者,必以泰西各国为中心点,虽日本、俄罗斯之史家(凡著世界史者,日本、俄罗斯皆摈不录)亦无异议焉。盖以过去、现在之间,能推衍文明之力以左右世界者,实惟泰西民族,而他族莫能与争也。虽然,西人论世界文明最初发生之地有五:一曰小亚细亚之文明,二曰埃及之文明,三曰中国之文明,四曰印度之文明,五曰中亚美利加之文明。而每两文明地之相遇,则其文明力愈发现。今者左右世界之泰西文明,即融洽小亚细亚与埃及之文明而成者也。而自今以往,实为泰西文明与泰东文明(即中国之文明)相会合之时代,而今日乃其初交点也。故中国文明力未必不可以左右世界,即中国史在世界史中,当占一强有力之位置也。虽然,此乃将来所必至,而非过去所已经。故今日中国史之范围,不得不在世界史以外。

(乙)中国史与泰东史　泰东史者,日本人所称东洋史也。泰东之主动力全在中国,故泰东史中中国民族之地位,一如世界史中阿利扬民族之地位。日本近来著东洋史者,日增月盛,实则中国史之异名耳。今吾所述,不以泰东史名之者,避广阔之题目,所以免汗漫罣漏,而供简要切实之研究也。至于二千年来亚洲各民族与中国交涉之事最繁赜,自归于中国史之范围,固不待言。

第三节　中国史之命名

吾人所最惭愧者,莫如我国无国名之一事。寻常通称,或曰诸夏,或曰汉人,或曰唐人,皆朝名也。外人所称,或曰震旦,或曰支那,皆非我所自命之名也。以夏、汉、唐等名吾史,则戾尊重国民之宗旨。以震旦、支那等名吾史,则失名从主人之公理。曰中国、曰中华,又未免自尊自大,贻讥旁观。虽然,以一姓之朝代而污我国民,不可也;以外人之假定而诬我国民,犹之不可也。于三者俱失之中,万无得已,仍用吾人口头所习惯者,称之曰中国史。虽稍骄泰,然民族之各自尊其国,今世界之通义耳。我同胞苟深察名实,亦未始非唤起精神之一法门也。

第四节　地势

中国史所辖之地域,可分为五大部:一中国本部,二新疆,三青海、西藏,四蒙古,五满洲。东半球之脊,实为帕米尔高原,亦称葱岭,盖诸大山脉之本干也。葱岭向东,衍为三派,其中部一派,为昆仑山脉,实界新疆与西藏焉。昆仑山脉复分为二,其一向东,其一向东南。向东南者名巴颜喀喇山,界青海与西藏,入中国内地,沿四川省之西鄙,蔓延于云南、两广之北境,所谓南岭者也。其向东者名祁连山,亘青海之北境。其脉复分为二,一向正东,经渭水之上流,蔓延于陕西、河南,所谓北岭者也。一向东北,沿黄河亘长城内外者为贺兰山。更北为阴山,更北为兴安岭,纵断蒙古之东部,而入于西伯利亚。盖中国全部山岭之脉络,为一国之主干者,实昆仑山也。

使我中国在亚洲之中划然自成一大国者,其大界线有二,而皆发自帕米尔高原。其在南者为喜马拉耶山,东行而界西藏与印度之间。其在北者为阿尔泰山,实为中、俄两国天然之界限焉。在昆仑山与阿尔泰山之中,与昆仑为平行线者为天山,横断新疆全土,分为天山南北路,而终于蒙古之西端。

中国之大川,其发源之总地有二:其一在中国本部者,曰黄河、曰扬子江、曰西江、曰金沙江,皆发源于新疆、西藏之间。其二在中国东北部者,曰黑龙江之上流斡难河、克尔伦河,其支流之嫩江,曰色楞格河、曰鄂尔坤河等,皆发源于蒙古之北部。大抵诸大川河中与历史最有关系者为扬子江,其次为黄河,其次为西江、黑龙江。

蒙古及新疆虽为诸大河之发源地,但其内部沙漠相连,戈壁瀚海、准噶尔之诸沙漠,殆占全土之大半,故河水多吸收于沙漠中,或注泻于盐湖。

地理与历史,最有紧切之关系,是读史者所最当留意也。高原适于牧业,平原适于农业,海滨、河渠适于商业。寒带之民擅长战争,温带之民能生文明。凡此皆地理、历史之公例也。我中国之版图,包有温、寒、热之三带,有绝高之山,有绝长之河,有绝广之平原,有绝多之海岸,有绝大之沙漠。宜于耕,宜于牧,宜于虞,宜于渔,宜于工,宜于商,凡地理上之要件与特质,我中国无不有之。故按察中国地理,而观其历史上之变化,实最有兴味之事也。中国何以能占世界文明五祖之一?则以黄河、扬子江之二大川横于温带、灌于平原故也。中国文明何以不能与小亚细亚之文明、印度之文明相合集而成一繁质之文明?则以西北之阿尔泰山、西南之喜马拉耶山为之大障也。何以数千年常有南北分峙之姿势?则长江为之天堑,而黄河沿岸与扬子江沿岸之民族,各各发生也。自明以前,何以起于北方者其势常日伸,起于南方者其势常日蹙?以寒带之人常悍烈,温带之人常文弱也。东北诸胡种,何以二千余年迭篡中夏?以其长于猎牧之地,常与天气及野兽战,仅得生存,故其性好战狠斗,又惯游牧,逐水草而居,故不喜土著而好侵略;而中国民族之性质适与相反也。彼族一入中国,何以即失其本性,同化于汉人?亦地质使之然也。各省地方自治制度,何以发达甚早?则以幅员太大,中央政府之力常不能及,故各各结为团体,以自整理也。何以数千年蜷伏于君主专制政治之下,而民间曾不能自布国宪?亦以地太大,团体太散,交通不便,联结甚难,故一二枭雄之民贼,常得而操纵之也。何以不能伸权力于国外?则以平原膏腴,足以自给,非如古代之希腊、腓尼西亚,及近代之英吉利,必恃国外之交通以为生活,故冒险远行之性质不起也。近年情形何以与昔者常相反?则往时主动力者常在盘据平原之民族,近时主动力者常在沿居海岸之民族,世界之大势,驱迫使然也。凡此诸端,无不一一与地理有极要之关系。故地理与人民二者常相待,然后文明以起,历史以成。若二者相离,则无文明,无历史。其相关之要,恰如肉体与灵魂相待以成人也。

第五节　人种

种界者,今日万国所断断然以争之者也。西人分世界人种或为五种,或为三种,或为七种。而通称我黄色种人谓为蒙古种。此西人暗于东方情实,谬误之谈也。今考中国史范围中之各人种,不下数十,而最著明有关系者,盖六种焉:

其一苗种。是中国之土族也。犹今日阿美利加之红人、澳大利亚之黑人也。其人在历史以前,曾占重要之地位。自汉族日渐发达，苗种即日就窘迫。由北而南，今犹保残喘于湖南、贵州、云南、广西之间。其在安南、缅甸等地亦间有焉。

其二汉种。即我辈现时遍布于国中，所谓文明之胄，黄帝之子孙是也。黄帝起于昆仑之墟，即自帕米尔高原东行而入于中国，栖于黄河沿岸，次第蕃殖于四方。数千年来，赫赫有声于世界，所谓亚细亚之文明者，皆我种人自播之而自获之者也。

其三图伯特种。现居西藏及缅甸之地。即殷周时代之氐羌，秦汉之际之月氏，唐时之吐蕃，宋时之西夏，皆属此族。

其四蒙古种。初起于贝加尔湖之东隅一带，次第南下，今日蔓延于内外蒙古及天山北路一带之地。元朝即自此族起，混一中国，威震全地。印度之谟嘉尔帝国，亦此族所建设也。

其五匈奴种。初蕃殖于内外蒙古之地，次第西移。今自天山南路以至中亚细亚一带之地，多此族所占据。周以前之猃狁，汉代之匈奴，南北朝之柔然，隋之突厥，唐之回纥，皆属此族。现今欧洲土耳其国，亦此族所建立也。

其六通古斯族。自朝鲜之北部，经满洲而蔓延于黑龙江附近之地者，此种族也。秦汉时代之东胡，汉以后之鲜卑，隋及初唐之靺鞨，晚唐、五代之契丹，宋之女真，皆属此族。今清朝亦自此兴者也。

西教徒所主张，以谓全世界之人类，皆由最初之一男一女而生。但今日世界大通，人种学大明，此论之无稽，殆不足辩。然则各种各族，各自发生，其数之多，殆不可思议。且也错居既久，婚姻互通，血统相杂，今欲确指某族某种之分界线，其事盖不易易。况游牧民族迁徙无常，立于数千年之后，而指前者发现于历史上之民族，一一求今之民族以实之，非愚则诬。故今日以六种族包括中国史内之人民，诚不免武断罣漏之讥，但民族为历史之主脑，势不可以其难于分析而置之不论，故举其在史上最有关系者约而论之云尔。

今且勿论他族，即吾汉族，果同出于一祖乎？抑各自发生乎？亦一未能断定之问题也。据寻常百家姓谱，无一不祖黄帝。虽然，江南民族自周初以至战国，常见有特别之发达，其性质、习俗颇与河北民族异其程度。自是黄河沿岸与扬子江沿岸，其文明各自发达，不相承袭。而瓯、闽、两粤之间，当秦汉时，亦既已繁盛，有独立之姿。若其皆自河北移来，则其移住之岁月及其陈迹，既不可考见矣。虽然，种界者本难定者也。于难定之中而强定之，则对于白、棕、红、黑诸种，吾辈划然黄种也。对于苗、图伯特、蒙古、匈奴、满洲诸种，吾辈庞然汉种也。号称四万万同胞，谁曰不宜？

第六节 纪年

纪年者，历史之符号，而于记录考证所最不可缺之具也。以地理定空间之位置，以纪年定时间之位置，二者皆为历史上最重要之事物。凡符号之优劣，有一公例，即其符号能划一，以省人之脑力者为优；反是则为劣，是也。故凡野蛮时代之符号，必繁而杂。凡文明时代之符号，必简而整。百端皆然，而纪年其一端也。古代之巴比伦人，以拿玻呐莎王为纪元（在今西历纪元前七百四十七年）。希腊人初时，以执政官或大祭司在位之时按年纪之，其后改以和灵比亚之大祭为纪元（当纪元前七百六十七年）。罗马人以罗马府初建之年为纪元（当纪元前七百五十三年）。回教国民以教祖摩哈默德避难之年为纪元（当纪元前六百二十二年）。犹太人以《创世纪》所言世界开辟为纪元（当纪元前三千七百六十一年）。自耶稣立教以后，教会以耶稣流血之年为纪元。至第六世纪，罗马一教士乃改用耶稣降生为纪元，至今世界各国用之者过半。此泰西纪年之符号，逐渐改良，由繁杂而至简便之大略也。

吾中国向以帝王称号为纪，一帝王死，辄易其符号。此为最野蛮之法（秦、汉以前各国各以其君主分纪之，尤为野蛮之野蛮），于考史者最不便。今试于数千年君主之年号，任举其一以质诸学者，虽最淹博者亦不能具对也。故此法必当废弃，似不待辨。惟废弃之后，当采用何者以代之，是今日著中国史一紧要之问题也。甲说曰：当采世界通行之符号，仍以耶稣降生纪元。此最廓然大公，且从于多数，而与泰西交通利便之法也。虽然，耶稣纪元虽占地球面积之多数，然通行之之民族亦尚不及全世界人数三分之一。吾贸然用之，未免近于徇众趋势，其不便一。耶稣虽为教主，吾人所当崇敬，而谓其教旨遂能涵盖全世界，恐不能得天下后世人之画诺。贸然用之，于公义亦无所取，其不便二。泰东史与耶稣教关系甚浅，用之种种不合。且以中国民族固守国粹之性质，欲强使改用耶稣纪年，终属空言耳，其不便三。有此三者，此论似可抛置。乙说曰：当用我国民之初祖黄帝为纪元，此唤起国民同胞之思想，增长团结力之一良法也。虽然，自黄帝以后，中经夏、殷，以迄春秋之初年，其史记实在若茫若昧之中，无真确之年代可据，终不能据一书之私言，以武断立定之。是亦美犹有憾者也。其他近来学者，亦有倡以尧纪元，以夏禹纪元，以秦一统纪元者。然皆无大理公益之可援引，不必多辩。于无一完备之中，惟以孔子纪年之一法，为最合于中国。孔子为泰东教主、中国第一之人物，此全国所公认也，而中国史之繁密而可纪者，皆在于孔子以后，故援耶教回教之例，以孔子为纪，似可为至当不易之公典。司马迁作《史记》，既频用之，但皆云孔子卒后若干年。是亦与耶稣教会初以耶稣死年为纪，不谋而合。今法其生不法其死，定以孔子生年为纪，此吾党之微意也。

但取对勘之便，故本书纪年以孔子为正文，而以历代帝王年号及现在通行西历分注于其下。

第七节　有史以前之时代

史者，记人间世过去之事者也。虽然，人类之起原远在书契以前，其详靡得而稽焉。《春秋纬》称自开辟至于获麟，凡三百二十七万六千岁，分为十纪。其荒诞固不足道，而要之必有悠远之时代，无可疑也。洪水时代，实为全世界公共纪念物，故截称洪水以前为无史时代，洪水以后为有史时代，亦不为过。虽然，洪水之起原及其经过之年代，虽以今世地质学家考据极周密，然犹纷纷莫衷一是。故以洪水平息后，始可为真正之有史时代。中国自古称诸夏，称华夏，夏者以夏禹之朝代而得名者也。中国民族之整然成一社会，成一国家，实自大禹以后。若其以前，则诚有如《列子》所谓三皇之事，若存若亡，五帝之事，若觉若梦者，其确实与否，万难信也。故中国史若起笔于夏禹，最为征信。虽然，中国为全世界文明五种源之一，其所积固自深远，而黄帝为我四万万同胞之初祖，唐、虞、夏、商、周、秦之君统，皆其裔派，颇有信据。计自黄帝至夏禹，其间亦不过数百年，然则黄帝时去洪水之年亦已不远。司马迁作《史记》，托始黄帝，可谓特识。故今窃取之，定黄帝以后为有史时代。

一千八百四十七年以来，欧洲考古学会专派人发掘地中遗物，于是有史以前之古物学，遂成为一学派。近所订定而公认者，有所谓史前三期：其一石刀期，其二铜刀期，其三铁刀期。而石刀期中，又分为新、旧二期。此进化之一定阶级也。虽其各期之长短久暂，诸地不同，然其次第则一定也。据此种学者之推度，则地球生物之起原在一万万年以前，而人类之遗迹，亦在一万年乃至十万年以前云。中国虽学术未盛，在下之层石未经发见，然物质上之公例，无论何地皆不可逃者也。故以此学说为比例，以考中国有史前之史，决不为过。据此种学者所称新、旧两石刀期，其所经年代最为绵远。其时无家畜，无陶器，无农产业。中国当黄帝以前，神农已作耒耜，蚩尤已为弓矢，其已经过石器时代，交入铜器时代之证据甚多。然则人类之起，遐哉邈乎！远在洪水时代以前，有断然也。

又以人群学之公例言之，凡各人群，必须经过三种之一定时期，然后能成一庞大固结之团体。第一为各人独立，有事则举酋长之时期。第二为豪族执政，上则选置君主，下则指挥人民之时期。第三为中央集权渐渐巩固，君主一人专裁庶政之时期。斯宾塞《群学》云："譬有一未成规律之群族于此，一旦或因国迁，或因国危，涌出一公共之问题，则其商量处置之情形如何？必集其民众于一大会场，而会场之中自然分为二派。其甲派，则老成者，有膂力者，阅历深而有智谋者，为一领袖团体，以任调查事实讨议问题之事。其乙派，则少年者，老羸者，智勇平凡者，为一随属团体，占全种族之大部分。其权利义务，不过傍听甲派之议论，为随声附和之可否而已。又于领袖团体之中，必有一二人有超群拔萃之威德，如老成之狩猎家，或狡狯之妖术家，专在会场决策而任行之，即被举为临事之首领云云。"然则一群之中，自划然分为三种之人物，即：其一最多数之随属团体，即将来变成人民之胚胎也。其二则少数之领袖团体，即将来变成豪族之胚胎也。其三则最少数之执行事务委员，即将来变成君主之胚胎也。凡此三种人物，当其在太古野蛮时代，常相集合，距离不甚远。又至今日文明时代，亦相结合，距离不甚远。惟中间所经过之趋势，则三者常日渐分离。其政权由多数而浸归于少数，由少数而浸归于最少数。盖其初时，人人在本群，为自由之竞争，非遇有外敌，则领袖团体殆为无用。其后因外敌数见，于是临时首领渐变而为常任首领，而领袖团体之权力日以大焉。又其后此领袖团体中之有力者，各划分权力范围，成封建割据之形，而兼并力征之势日盛，久乃变成中央集权之君主政体。此历代万国之公例也。我中国当黄帝、尧、舜之时，纯然为豪族执政之时期，而且中央集权君主专裁之制，亦已萌芽发达。亦可见我中国有史以前，既经绝远之年代，而文明发达之早，诚足以自豪于世界也。

第八节　时代之区分

叙述数千年之陈迹，汗漫邈散，而无一纲领以贯之，此著者、读者之所苦也，故时代之区分起焉。中国二十四史，以一朝为一史，即如《通鉴》，号称通史，然其区分时代，以周纪、秦纪、汉纪等名。是由中国前辈之脑识，只见有君主，不见有国民也。西人之著世界史，常分为上世史、中世史、近世史等名。虽然，时代与时代，相续者也，历史者无间断者也。人间社会之事变，必有终始、因果之关系，故于其间若欲划然分一界线，如两国之定界约焉，此实理势之所不许也。故史家惟以权宜之法，就其事变之著大而有影响于社会者，各以己意约举而分之，以便读者。虽曰武断，亦不得已也。

第一上世史。自黄帝以迄秦之一统，是为中国之中国，即中国民族自发达、自争竞、自团结之时代也。其最主要者，在战胜土著之蛮族，而有力者及其功臣子弟分据各要地，由酋长而变为封建。复次第兼并，力征无已时。卒乃由夏禹涂山之万国，变为周初孟津之八百诸侯，又变而为春秋初年之五十余国，又变而为战国时代之七雄，卒至于一统。此实汉族自经营其内部之事。当时所交涉者，惟苗种诸族类而已。

第二中世史。自秦一统后至清代乾隆之末年，是为亚洲之中国，即中国民族与亚洲各民族交涉繁赜、竞争最烈之时代也，又中央集权之制度日就完整，君主专制政体全盛之时代也。其内部之主要者，由豪族之帝政变为崛起之帝政。其外部之主要者，则匈奴种、西藏种、蒙古种、通古斯种次第错杂，与汉种竞争。而自形质上观之，汉种常失败；自精神上观之，汉种常制胜。及此时代之末年，亚洲各种族渐向于合一之势，为全体一致之运动，以对于外部大别之种族。

或问曰：此中世史之时代，凡亘二千年，不太长乎？曰：中国以地太大、民族太大之故，故其运动进步常甚迟缓。二千年来，未尝受亚洲以外大别种族之刺激，故历久而无大异动也。惟因此时代太长之故，令读者不便，故于其中复分为三小时代焉。俟本篇乃详析之，今不先及。

第三近世史。自乾隆末年以至于今日，是为世界之中国，即中国民族合同全亚洲民族，与西人交涉竞争之时代也，又君主专制政体渐就湮灭，而数千年未经发达之国民立宪政体，将嬗代兴起之时代也。此时代今初萌芽，虽阅时甚短，而其内外之变动，实皆为二千年所未有，故不得不自别为一时代。实则近世史者，不过将来史之楔子而已。

（据中华书局新版《饮冰室合集》排印，一九〇一年九月始发表于《清议报》）

附录三

新史学

中国之旧史

于今日泰西通行诸学科中，为中国所固有者，惟史学。史学者，学问之最博大而最切要者也，国民之明镜也，爱国心之源泉也。今日欧洲民族主义所以发达，列国所以日进文明，史学之功居其半焉。然则但患其国之无兹学耳，苟其有之，则国民安有不团结，群治安有不进化者？虽然，我国兹学之盛如彼，而其现象如此，则又何也？今请举中国史学之派别，表示之而略论之。

史学

- 第一　正史
  - (甲)官书　所谓二十四史是也。
  - (乙)别史　如华峤《后汉书》、习凿齿《蜀汉春秋》、《十六国春秋》、《华阳国志》、《元秘史》等,其实皆正史体也。
- 第二　编年　《资治通鉴》等是也。
- 第三　纪事本末
  - (甲)通体　如《通鉴纪事本末》、《绎史》等是也。
  - (乙)别体　如平定某某方略、《三案始末》等是也。
- 第四　政书
  - (甲)通体　如《通典》、《文献通考》等是也。
  - (乙)别体　如《唐开元礼》、《大清会典》、《大清通礼》等是也。
  - (丙)小纪　如《汉官仪》等是也。
- 第五　杂史
  - (甲)综记　如《国语》、《战国策》等是也。
  - (乙)琐记　如《世说新语》、《唐代丛书》、《明季稗史》等是也。
  - (丙)诏令奏议　四库另列一门,其实杂史耳。
- 第六　传记
  - (甲)通体　如《满汉名臣传》、《国朝先正事略》等是也。
  - (乙)别体　如某帝实录、某人年谱等是也。
- 第七　地志
  - (甲)通体　如各省通志、《天下郡国利病书》等是也。
  - (乙)别体　如纪行等书是也。
- 第八　学史　如《明儒学案》、《国朝汉学师承记》等是也。
- 第九　史学
  - (甲)理论　如《史通》、《文史通义》等是也。
  - (乙)事论　如《历代史论》、《读通鉴论》等是也。
  - (丙)杂论　如《廿二史劄记》、《十七史商榷》等是也。
- 第十　附庸
  - (甲)外史　如《西域图考》、《职方外纪》等是也。
  - (乙)考据　如《禹贡图考》等是也。
  - (丙)注释　如裴松之《三国志注》等是也。

都为十种二十二类。

试一缗四库之书,其汗牛充栋浩如烟海者,非史学书居十六七乎? 上自太史公、班孟坚,下至毕秋帆、赵瓯北,以史家名者不下数百。兹学之发达，二千年于兹矣。然而陈陈相因，一丘之貉，未闻有能为史界辟一新天地，而令兹学之功德普及于国民者，何也？吾推其病源，有四端焉。

一曰知有朝廷而不知有国家。吾党常言，二十四史非史也，二十四姓之家谱而已。其言似稍过当，然按之作史者之精神，其实际固不诬也。吾国史家，以为天下者君主一人之天下。故其为史也，不过叙某朝以何而得之，以何而治之，以何而失之而已，舍此则非所闻也。昔人谓《左传》为相斫书。岂惟《左传》，若二十四史，真可谓地球上空前绝后之一大相斫书也。虽以司马温公之贤，其作《通鉴》，亦不过以备君王之浏览（其论语无一非忠告君主者）。盖从来作史者，皆为朝廷上之君若臣而作，曾无有一书为国民而作者也。其大弊在不知朝廷与国家之分别，以为舍朝廷外无国家。于是乎有所谓正统闰统之争论，有所谓鼎革前后之笔法。如欧阳之《新五代史》、朱子之《通鉴纲目》等，今日盗贼，明日圣神；甲也天命，乙也僭逆。正如群蛆啄矢，争其甘苦；狙公赋芧，辨其四三，自欺欺人，莫此为甚！吾中国国家思想，至今不能兴起者，数千年之史家，岂能辞其咎耶？

二曰知有个人而不知有群体。历史者，英雄之舞台也，舍英雄几无历史，虽泰西良史，亦岂能不置重于人物哉？虽然，善为史者，以人物为历史之材料，不闻以历史为人物之画像；以人物为时代之代表，不闻以时代为人物之附属。中国之史，则本纪、列传，一篇一篇，如海岸之石，乱堆错落。质而言之，则合无数之墓志铭而成者耳。夫所贵乎史者，贵其能叙一群人相交涉相竞争相团结之道，能述一群人所以休养生息同体进化之状，使后之读者爱其群、善其群之心，油然生焉。今史家多于鲫鱼，而未闻有一人之眼光，能见及此者。此我国民之群力群智群德所以永不发生，而群体终不成立也。

三曰知有陈迹而不知有今务。凡著书贵宗旨，作史者将为若干之陈死人作纪念碑耶？为若干之过去事作歌舞剧耶？殆非也。将使今世之人，鉴之裁之，以为经世之用也。故泰西之史，愈近世则记载愈详。中国不然，非鼎革之后，则一朝之史不能出现。又不惟正史而已，即各体莫不皆然。故温公《通鉴》，亦起战国而终五代。果如是也，使其朝自今以往，永不易姓，则史不其中绝乎？使如日本之数千年一系，岂不并史之为物而无之乎？太史公作《史记》，直至《今上本纪》，且其记述，不少隐讳焉，史家之天职然也。后世专制政体日以进步，民气学风日以腐败，其末流遂极于今日。推病根所从起，实由认历史为朝廷所专有物，舍朝廷外无可记载故也。不然，则虽有忌讳于朝廷，而民间之事，其可纪者不亦多多乎？何并此而无也？今日我辈欲研究二百六十八年以来之事实，竟无一书可凭借，非官牍铺张循例之言，则口碑影响疑似之说耳。时或借外国人之著述，窥其片鳞残甲，然甲国人论乙国之事，例固百不得一，况吾国之向闭关不与人通者耶！于是乎吾辈乃穷。语曰：知古而不知今，谓之陆沉。夫陆沉我国民之罪，史家实尸之矣。

四曰知有事实而不知有理想。人身者，合四十余种原质而成者也，合眼耳鼻舌手足脏腑皮毛筋络骨节血轮精管而成者也。然使采集四十余种原质，作为眼耳鼻舌手足脏腑皮毛筋络骨节血轮精管，无一不备，若是者可谓之人乎？必不可。何则？无其精神也。史之精神维何？曰理想是已。大群之中有小群，大时代之中有小时代，而群与群之相际，时代与时代之相续，其间有消息焉，有原理焉。作史者苟能勘破之，知其以若彼之因，故生若此之果，鉴既往之大例，示将来之风潮,然后其书乃有益于世界。今中国之史,但呆然曰:某日有甲事,某日有乙事,至此事之何以生,其远因何在,近因何在,莫能言也。其事之影响于他事或他日者若何,当得善果,当得恶果,莫能言也。故汗牛充栋之史书,皆如蜡人院之偶像,毫无生气,读之徒费脑力。是中国之史,非益民智之具,而耗民智之具也。

以上四者,实数千年史家学识之程度也。缘此四蔽,复生二病。

其一,能铺叙而不能别裁。英儒斯宾塞曰:"或有告者曰:邻家之猫,昨日产一子。以云事实,诚事实也,然谁不知为无用之事实乎?何也?以其与他事毫无关涉,于吾人生活上之行为,毫无影响也。然历史上之事迹,其类是者正多,能推此例以读书观万物,则思过半矣。"此斯氏教人以作史读史之方也。泰西旧史家,固不免之;而中国殆更甚焉。某日日食也,某日地震也,某日册封皇子也,某日某大臣死也,某日有某诏书也,满纸填塞,皆此等邻猫生子之事实,往往有读尽一卷,而无一语有入脑之价值者。就中如《通鉴》一书,属稿十九年,别择最称精善,然今日以读西史之眼读之,觉其有用者,亦不过十之二三耳(《通鉴》载奏议最多,盖此书专为格君而作也。吾辈今日读之,实嫌其冗),其他更何论焉。至如《新五代史》之类,以别裁自命,实则将大事皆删去,而惟存邻猫生子等语,其可厌不更甚耶?故今日欲治中国史学,真有无从下手之慨。二十四史也,九通也,《通鉴》、《续通鉴》也,《大清会典》、《大清通礼》也,《十朝实录》、《十朝圣训》也,此等书皆万不可不读,不读其一,则罣漏正多。然尽此数书而读之,日读十卷,已非三四十年不为功矣。况仅读此数书,而决不能足用,势不可不于前所列十种二十二类者一一涉猎之(杂史、传志、札记等所载,常有有用过于正史者。何则?彼等常载民间风俗,不似正史专为帝王作家谱也)。人寿几何?何以堪此!故吾中国史学知识之不能普及,皆由无一善别裁之良史故也。

其二,能因袭而不能创作。中国万事,皆取述而不作主义,而史学其一端也。细数二千年来史家,其稍有创用之才者,惟六人:一曰太史公,诚史界之造物主也。其书亦常有国民思想,如项羽而列诸本纪,孔子、陈涉而列诸世家,儒林、游侠、刺客、货殖而为之列传,皆有深意存焉。其为立传者,大率皆于时代极有关系之人也。而后世之效颦者,则胡为也。二曰杜君卿。《通典》之作,不纪事而纪制度。制度于国民全体之关系,有重于事焉者也,前此所无而杜创之,虽其完备不及《通考》,然创作之功,马何敢望杜耶?三曰郑渔仲。夹漈之史识,卓绝千古,而史才不足以称之。其《通志》二十略,以论断为主,以记述为辅,实为中国史界放一光明也,惜其为太史公范围所困,以纪传十之七八,填塞全书,支床叠屋,为大体玷。四曰司马温公。《通鉴》亦天地一大文也,其结构之宏伟,其取材之丰赡,使后世有欲著通史者,势不能不据为蓝本,而至今卒未有能逾之者焉。温公亦伟人哉。五曰袁枢。今日西史,大率皆纪事本末之体也。而此体在中国,实惟袁枢创之,其功在史界者亦不少。但其著《通鉴纪事本末》也,非有见于事与事之相联属,而欲求其原因结果也,不过为读《通鉴》之方便法门,著此以代抄录云尔。虽为创作,实则无意识之创作,故其书不过为《通鉴》之一附庸,不能使学者读之有特别之益也。六曰黄梨洲。黄梨洲著《明儒学案》,史家未曾有之盛业也。中国数千年,惟有政治史,而其他一无所闻。梨洲乃创为学史之格,使后人能师其意,则中国文学史可作也,中国种族史可作也,中国财富史可作也,中国宗教史可作也。诸类此者,其数何限?梨洲既成《明儒学案》,复为《宋元学案》,未成而卒。使假以十年,或且有《汉唐学案》、《周秦学案》之宏著,未可料也。梨洲诚我国思想界之雄也。若夫此六君子以外（袁枢实不能在此列），则皆所谓公等碌碌，因人成事。《史记》以后，而二十一部，皆刻画《史记》；《通典》以后，而八部皆摹仿《通典》，何其奴隶性至于此甚耶？若琴瑟之专一，谁能听之！以故每一读辄惟恐卧，而思想所以不进也。

合此六弊，其所贻读者之恶果，厥有三端：一曰难读。浩如烟海，穷年莫殚，前既言之矣。二曰难别择。即使有暇日，有耐性，遍读应读之书，而苟非有极敏之眼光，极高之学识，不能别择其某条有用某条无用，徒枉费时日脑力。三曰无感触。虽尽读全史，而曾无有足以激厉其爱国之心，团结其合群之力，以应今日之时势而立于万国者。然则吾中国史学，外貌虽极发达，而不能如欧美各国民之实受其益也，职此之由。

今日欲提倡民族主义，使我四万万同胞强立于此优胜劣败之世界乎？则本国史学一科，实为无老、无幼、无男、无女、无智、无愚、无贤、无不肖所皆当从事，视之如渴饮饥食，一刻不容缓者也。然遍览乙库中数十万卷之著录，其资格可以养吾所欲、给吾所求者，殆无一焉。呜呼！史界革命不起，则吾国遂不可救。悠悠万事，惟此为大。新史学之著，吾岂好异哉？吾不得已也。

史学之界说

欲创新史学，不可不先明史学之界说。欲知史学之界说，不可不先明历史之范围。今请析其条理而论述之。

第一，历史者，叙述进化之现象也。现象者何？事物之变化也。宇宙间之现象有二种：一曰为循环之状者。二曰为进化之状者。何谓循环？其进化有一定之时期，及期则周而复始，如四时之变迁，天体之运行是也。何谓进化？其变化有一定之次序，生长焉，发达焉，如生物界及人间世之现象是也。循环者，去而复来者也，止而不进者也。凡学问之属于此类者，谓之天然学。进化者，往而不返者也，进而无极者也。凡学问之属于此类者，谓之历史学。天下万事万物，皆在空间，又在时间（空间、时间，佛典译语，日本人沿用之。若依中国古义，则空间，宇也；时间，宙也。其语不尽通行，故用译语）。而天然界与历史界，实分占两者之范围。天然学者，研究空间之现象者也；历史学者，研究时间之现象者也。就天然界以观察宇宙，则见其一成不变，万古不易，故其体为完全，其象如一圆圈。就历史界以观察宇宙，则见其生长而不已，进步而不知所终，故其体为不完全，且其进步又非为一直线，或尺进而寸退，或大涨而小落，其象如一螺线。明此理者，可以知历史之真相矣。

由此观之，凡属于历史界之学（凡政治学、群学、平准学、宗教学等，皆近历史界之范围），其研究常较难。凡属于天然界之学（凡天文学、地理学、物质学、化学等，皆天然界范围），其研究常较易。何以故？天然界已完全者也，来复频繁，可以推算，状态一定，可以试验。历史学未完全者也，今犹日在生长发达之中，非逮宇宙之末劫，则历史不能终极，吾生有涯，而此学无涯。此所以天然诸科学起源甚古，今已斐然大成，而关于历史之各学，其出现甚后，而其完备难期也。

此界说既定，则知凡百事物，有生长有发达有进步者，则属于历史之范围。反是者，则不能属于历史之范围。又如于一定期中，虽有生长发达，而及其期之极点，则又反其始，斯仍不得不以循环目之。如动植物，如人类，虽依一定之次第，以生以成，然或一年，或十年，或百年，而盈其限焉，而反其初焉，一生一死，实循环之现象也。故物理学、生理学等，皆天然科学之范围，非历史学之范围也。

孟子曰："天下之生久矣，一治一乱。"此误会历史真相之言也。

苟治乱相嬗无已时，则历史之象当为循环，与天然等，而历史学将不能成立。孟子此言盖为螺线之状所迷，而误以为圆状，未尝观自有人类以来万数千年之大势，而察其真方向之所在，徒观一小时代之或进或退或涨或落，遂以为历史之实状如是云尔。譬之江河东流以朝宗于海者，其大势也；乃或所见局于一部，偶见其有倒流处，有曲流处，因以为江河之行，一东一西，一北一南，是岂能知江河之性矣乎（春秋家言，有三统，有三世。三统者，循环之象也，所谓三王之道若循环，周而复始是也。三世者，进化之象也，所谓据乱、升平、太平，与世渐进是也。三世则历史之情状也，三统则非历史之情状也。三世之义既治者，则不能复乱。借曰有小乱而必非与前此之乱等也，苟其一治则复一乱，则所谓治者必非真治也。故言史学者，当从孔子之义，不当从孟子之义）！吾中国所以数千年无良史者，以其于进化之现象，见之未明也。

第二，历史者，叙述人群进化之现象也。进化之义既定矣，虽然，进化之大理不独人类为然，即动植物乃至无机世界，亦常有进化者存，而通行历史所纪述，常限于人类者，则何以故？此不徒吾人之自私其类而已。人也者，进化之极则也，其变化千形万状而不穷者也。故言历史广义，则非包万有而并载之，不能完成；至语其狭义，则惟以人类为之界。虽然，历史之范围，可限于人类，而人类之事实，不能尽纳诸历史。夫人类亦不过一种之动物耳，其一生一死，固不免于循环，即其日用饮食，言论行事，亦不过大略相等，而无进化之可言。故欲求进化之迹，必于人群。使人人析而独立，则进化终不可期，而历史终不可起。盖人类进化云者，一群之进也，非一人之进也。如以一人也，则今人必无以远过于古人。语其体魄，则四肢、五官，古犹今也；质点血轮，古犹今也。语其性灵，则古代周、孔、柏（柏拉图）、阿（阿里士多德）之智识能力，必不让于今人，举世所同认矣。

然往往有周、孔、柏、阿所不能知之理，不能行之事，而今日乳臭小儿知之、能之者，何也？无他，食群之福，享群之利，借群力之相接相较相争相师相摩相荡相维相系相传相嬗，而智慧进焉，而才力进焉，而道德进焉。进也者，人格之群，非寻常之个人也（人类天性之能力能随文明进化之运而渐次增长与否，此问题颇难决定。试以文明国之一小儿不许受教育，不许蒙社会之感化、沐文明之恩泽，则其长成能有以异于野蛮国之小儿乎？恐不能也。盖由动物进而为人，已为生理上进化之极点，由小儿进为成人，已为生理上进化之极点，然则一个人殆无进化也。进化者，别超于个人之上之一人格而已，即人群是也）。然则历史所最当注意者，惟人群之事，苟其事不关系人群者，虽奇言异行，而必不足以入历史之范围也。

畴昔史家，往往视历史如人物传者然。夫人物之关系于历史固也，然所以关系者，亦谓其于一群有影响云尔。所重者在一群，非在一人也。而中国作史者，全反于此目的，动辄以立佳传为其人之光宠，驯至连篇累牍胪列无关世运之人之言论行事，使读者欲卧欲呕，虽尽数千卷，犹不能于本群之大势有所知焉，由不知史之界说限于群故也。

第三，历史者，叙述人群进化之现象而求得其公理公例者也。凡学问必有客观主观二界。客观者，谓所研究之事物也；主观者，谓能研究此事物之心灵也（亦名所界、能界。能、所二字，佛典译语常用为名词）。和合二观，然后学问出焉。史学之客体，则过去现在之事实是也；其主体，则作史读史者心识中所怀之哲理是也。有客观而无主观，则其史有魄无魂，谓之非史焉可也（偏于主观而略于客观者，则虽有佳书，亦不过为一家言，不得谓之为史）。是故善为史者，必研究人群进化之现象，而求其公理公例之所在，于是有所谓历史哲学者出焉。历史与历史哲学虽殊科，要之，苟无哲学之理想者，必不能为良史，有断然也。虽然，求史学之公理公例，固非易易。如彼天然科学者，其材料完全，其范围有涯，故其理例亦易得焉。如天文学，如物质学，如化学，所已求得之公理公例不可磨灭者，既已多端，而政治学群学宗教学等，则瞠乎其后，皆由现象之繁赜，而未到终点也。但其事虽难，而治此学者不可不勉。大抵前者史家不能有得于是者，其蔽二端：一曰知有一局部之史，而不知自有人类以来全体之史也。或局于一地，或局于一时代，如中国之史，其地位则仅叙述本国耳，于吾国外之现象，非所知也（前者他国之史亦如是）。其时代则上至书契以来，下至胜朝之末止矣，前乎此，后乎此，非所闻也。夫欲求人群进化之真相，必当合人类全体而比较之，通古今文野之界而观察之，内自乡邑之法团（凡民间之结集而成一人格之团体者，谓之法团，亦谓之法人。法人者，法律上视之与一个人无异也。一州之州会，一市之市会乃至一学校、一会馆、一公司，皆统名为法团），外至五洲之全局，上自穹古之石史（地质学家从地底僵石中考求人物进化之迹，号曰石史），下至昨今之新闻，何一而非客观所当取材者？综是焉以求其公理公例，虽未克完备，而所得必已多矣。问畴昔之史家，有能焉者否也？二曰徒知有史学，而不知史学与他学之关系也。夫地理学也，地质学也，人种学也，人类学也，言语学也，群学也，政治学也，宗教学也，法律学也，平准学也（即日本所谓经济学），皆与史学有直接之关系。其他如哲学范围所属之伦理学、心理学、论理学、文章学及天然科学范围所属之天文学、物质学、化学、生理学，其理论亦常与史学有间接之关系，何一而非主观所当凭借者？取诸学之公理公例，而参伍钩距之，虽未尽适用，而所得又必多矣。问畴昔之史家，有能焉者否也？

夫所以必求其公理公例者，非欲以为理论之美观而已，将以施诸实用焉，将以贻诸来者焉。历史者，以过去之进化，导未来之进化者也。吾辈食今日文明之福,是为对于古人已得之权利,而继续此文明,增长此文明,孳殖此文明,又对于后人而不可不尽之义务也。而史家所以尽此义务之道,即求得前此进化之公理公例,而使后人循其理率其例以增幸福于无疆也。史乎!史乎!其责任至重,而其成就至难!中国前此之无真史家也,又何怪焉!而无真史家,亦即吾国进化迟缓之一原因也。吾愿与同胞国民筚路蓝缕以辟此途也。

(以上说界说竟。作者初研究史学,见地极浅,自觉其界说尚有未尽未安者,视吾学他日之进化,乃补正之。著者识。)

历史与人种之关系

历史者何?叙人种之发达与其竞争而已。舍人种则无历史。何以故?历史生于人群,而人之所以能群,必其于内焉有所结,于外焉有所排,是即种界之所由起也;故始焉自结其家族以排他家族,继焉自结其乡族以排他乡族,继焉自结其部族以排他部族,终焉自结其国族以排他国族。此实数千年世界历史经过之阶级,而今日则国族相结相排之时代也。夫群与群之互有所排也,非大同太平之象也,而无如排于外者不剧,则结于内者不牢;结于内者不牢,则其群终不可得合,而不能占一名誉之位置于历史上。以故世界日益进步,而种族之论亦日益昌明。呜呼!后乎此者,其有种界尽破万国大同之郅治乎?吾不敢知。若在今日,则虽谓人种问题为全世界独一无二之问题,非过言也。

有历史的人种,有非历史的人种。等是人种也,而历史的非历史的何以分焉?曰,能自结者,为历史的;不能自结者,为非历史的。何以故?能自结者则排人,不能自结者则排于人。排人者则能扩张本种以侵蚀他种,骎骎焉垄断世界历史之舞台;排于人者则本种日以陵夷衰微，非惟不能扩张于外，而且澌灭于内，寻至失其历史上本有之地位，而舞台为他人所占。故夫叙述数千年来各种族盛衰兴亡之迹者，是历史之性质也；叙述数千年来各种族所以盛衰兴亡之故者，是历史之精神也。

近世言人种学者，其论不一。或主张一元说，而以为世界只有一人种。或主张多元说，而区分为四种（康德），为五种（布曼伯），为六种（巴科安），为七种（韩特），为八种（亚加智），其多者乃至十一种，十五种，十六种，二十二种，六十种，其最多者分为六十三种（巴喀）。甚者以言语之分，而区为一千乃至二千余人种。然今所通行，则五种之说，所谓黄色种、白色种、棕色种、黑色种、红色种是也。或以南洋群岛太平洋群岛纽西仑诸土人，及中亚美利加之土人，合于黄种，以澳洲、南印度之土人合于黑种，而成为三大种。今勿具论。要之，缘附于此抟抟员舆上之千五百兆生灵，其可以称为历史的人种者，不过黄、白两族而已。今条其派别如下：

- 历史的人种
  - （一）黄种
    - （甲）
      - 中国人
      - 日本人
      - 朝鲜人
      - 暹罗人
      - 其他亚细亚东部之人
    - （乙）
      - 蒙古人
      - 鞑靼人
      - 鲜卑人（即今西伯利亚人）
      - 其他亚细亚北部中部之人
    - （丙）
      - 土耳其人
      - 匈加利人
      - 其他在欧洲之黄种人
  - （二）白种
    - （甲）哈密忒人种 Hanmitic
      - 埃及人
      - 里比亚人
      - 哥士人（居阿剌伯及埃及之南）
    - （乙）沁密忒人种 Semitic
      - 西亚里亚人
      - 巴比伦人
      - 腓尼西亚人
      - 希伯来人（犹太及以色列）
      - 亚剌伯人
    - （丙）（见下表）

- (丙)阿利安人种 Aryan
  - 亚细亚之部
    - (一)印度人
    - (二)伊兰人 Iranic
      - 米底亚人
      - 波斯人
  - 欧罗巴之部
    - (一)
      - 希腊人
      - 罗马人
        - 法兰西人
        - 伊大利人
        - 西班牙葡萄牙人
    - (二)峨特忒人 Celtic
      - 部卢人
      - 白里敦人
      - 苏格兰人
      - 爱尔兰人
    - (三)条顿人 Teutonic
      - 那威人
      - 瑞典人
      - 丁抹人
      - 德意志人
      - 荷兰人
      - 英人
    - (四)斯拉夫人 Slavonic
      - 俄罗斯人
      - 波兰人
      - 波希米亚人
      - 塞尔维亚人(多居奥大利)
      - 其他

同为历史的人种也,而有世界史的与非世界史的之分。何谓世界史的?其文化武力之所及,不仅在本国之境域,不仅传本国之子孙,而扩之充之以及于外,使全世界之人类受其影响,以助其发达进步,是名为世界史的人种。吾熟读世界史,察其彼此相互之关系,而求其足以当此名者，其后乎此者吾不敢知，其前乎此者，则吾不得不以让诸白种，不得不以让诸白种中之阿利安种。而于其中复分为两大时期，前期为阿利安种与哈密沁、沁密忒两种合力运动时代，后期为阿利安种独力运动时代。前期之中，复分为三小时期：一，哈密忒全盛时代；二，沁密忒全盛时代；三，阿利安与哈沁融合时代。于后期之中，亦分为三小时期：一，希腊罗马人时代；二，条顿人时代；三，斯拉夫人时代（所谓各时代者，非此时代终而彼时代乃始也，其界限常不能甚分明，往往后时代中仍抱前时代之余波，前时代中已含后时代之种子，不过就其大势略区别之，取便称呼耳。观下文自明）。试略论之。夫以狭义言之，欧罗巴文明实为今日全世界一切文明之母，此有识者所同认也。欧罗巴文明何自起？其发明光大之者，为阿利安民族，其组织而导引之者，为哈密忒与沁密忒之两民族。若世界文明史而有正统也，则其统不得不托始于哈密忒人。代表哈密忒者，曰埃及。埃及文明之花，实现于距今四五千年以前。于金字塔观其工艺之伟大（金字塔者，埃及古王之坟陵也。其最大者，容积七千四百万立方英尺，底阔七百六十四英尺，侧袤四百八十英尺，世界最大之石碑也。其能运如许重大之石材，上举于数百丈之高处，则其时工械力之大可想），于木乃伊想其化学之发明（木乃伊者，埃及古王之尸体，以药物浸裹之，使其不朽，至今犹有存者，则当时之人已明化学，可以概见），尼罗河畔，实历史上最荣誉之纪念场哉！自摩西为埃及王女所收养，遍学其教术，吸取其智识，既乃率同族以开犹太（详见《旧约全书·出埃及记》），是沁密忒文明出于埃及之明证也（其余巴比伦、叙利亚文明，亦得力于埃及不少，史家能言其详）。希腊古哲，如德黎 Thales，如毕达哥拉 Pydlagoras，如梭伦 Solon，如德谟吉来图 Democritus，如柏拉图 Plato，皆尝受教于埃及僧侣，而德谟吉来图、柏拉图二氏，且躬自游历埃土，而遏狄加人（希腊四大族之一）之宗教，及其群治制度，多承埃及之遗迹，是阿利安文明出于埃及之明证也。故今日欧洲文明,以希腊为父,以沁密忒为祖,以哈密忒为祖之所自出。虽然,哈密忒人,能创造之以待人取法者也;泌密忒人,能创造之且能传播之者也;阿利安人,能创造之能传播之且最能取法于人者也。故三族之优劣胜败于此判焉矣。

哈密忒于世界文明,仅有间接之关系,至沁密忒而始有直接之关系。当希腊人文未发达之始,其政治学术宗教,卓然有牢笼一世之概者,厥惟亚西里亚(或译作亚述)、巴比伦、腓尼西亚诸国。沁密忒人,实世界宗教之源泉也,犹太教起于是,基督教起于是,回回教起于是。希腊古代之神话,其神名及其祭礼,无一不自亚西里亚、腓尼西亚而来。新旧巴比伦之文学美术,影响于后代,其尤著者也。腓尼西亚之政体,纯然共和政治,为希腊所取法。其商业及航海术亦然,且以贸易之力,传播其文明,直普及于意大利,作罗马民族之先驱。故腓尼西亚国虽小,而关系于世界史者最大。若希伯来人之有摩西、耶稣两教主,其势力浸润全欧人民之脑中者,更不待论矣。故世界史正统之第二段在沁密忒人,而亚里西亚、巴比伦、希伯来为其主脑,腓尼西亚为其枢机。

其在第三段,为世界史之主人翁者,则希腊也。希腊代表阿利安种之一部。其民族则土著之"毕拉士治"Pelasgi 人与西迁之阿利安人(阿利安分亚洲之部、欧洲之部,两者已详前表。希腊之阿利安,则自伊兰高原西来者也)混合而成者也,阿利安族之所长,在贵自由,重考验,务进步。惟贵自由,故其于政治也,不甘压制而倡言平等;惟重考验,故其于学问也,不徇现象而探求原理;惟务进步,故其于社会一切事物也,不泥旧例而日事革新。阿利安族所以亘数千年至今常执全世界之牛耳者,皆此之由,而希腊人其最初之登场者也。希腊之代表,惟雅典与斯巴达。雅典右文,斯巴达尚武。两者虽不调和,而皆足以发挥阿利安族之特性，故史家或以今世欧罗巴，为古代希腊之放影，以古代希腊，为今世欧罗巴之缩图. 非过言也。然其民族之团结力，只能建设市府政治，不能成就国家政治，故虽握霸权于历史上者七百年，卒服属于他国以致灭亡。

其在第四段，为世界之主人翁者，则罗马也。罗马位于古代史与近世史之过渡时代，而为其津梁。其武力既能挥斥八极，建设波斯以来梦想不及之绝大帝国，而其立法的智识，权利的思想，实为古代文明国所莫能及。集无量异种之民族，置之中央集权制度之下，为一定之法律以部勒之，故自罗马建国以后，而前此之旧民族，皆同化于罗马，如蜾蠃之与螟蛉。自罗马解纽以后，而后此之新民族皆赋形于罗马，如大河之播九派。今日欧洲大陆诸国，其言语、文学、宗教、风俗，各不相远，皆由其曾合并于罗马一统之下，浸润于同种之泽使然也。故希腊能吸集哈密忒、沁密忒两族之文明，纳诸阿利安族中，以成一特色；而罗马则承希腊正统，举其所吸集者、所结构者，以兵力而播之于世界。虽谓罗马为希腊之一亢宗子可也。虽然，罗马文明，其传袭希腊者固多，其独自结构者亦不少；如法律之制定，宗教之传播，其尤著也。

自希腊罗马以后，世界史之主位，既全为阿利安人所占，及于罗马末路，而阿利安族中之新支派，纷纷出现，除拉丁民族（即罗马族）外，则峨特民族、条顿民族、斯拉夫民族，其最者也。峨特民族在阿利安中，以战胜攻取闻。其人为印度阿利安之一派，自西历纪元前二世纪，即已侵入欧洲，发轫于小亚细亚，越今之瑞典、德意志、法兰西、意大利、西班牙诸地，直至爱尔兰之西岸、苏格兰之高原，皆有足迹焉。后乃自中部欧罗巴，蹂躏希腊、马基顿，蔓延全陆，所至竞争斗恣杀掠，使人战栗。故峨特人在世界史上，其影响所及亦不尠。

虽然,其人能冒险而不能忍耐,故战胜之结果,无一可表见;而其血气之勇,终不足以敌罗马节制之师,卒被征服。及罗马亡后,遂服属于条顿人之轭下。今之苏格兰人、爱尔兰人及法兰西人之一部,实峨特民族性质之代表也。

条顿民族之移住欧洲也,在拉丁、峨特两族之后,而其权力之影响于历史则过之。自中世以后,欧罗巴历史之中心点,实条顿人也。其民族移动之原因及其年代,虽不可确考,要之,自西历纪元二三世纪,始出现于欧罗巴东部,而其中有势力于历史上者,复分四派:其在东欧者曰高特族 Goth,其在西欧者曰福伦喀族 Frank,其在北欧者曰撒逊族 Saxon,亦称日耳曼族,其在南欧者曰阿里曼族 Alemanni。兹将千余年前条顿民族之位置列表如下(见下页):

由是观之,世界文明史之第五段,实惟阿利安族中罗马人与条顿人争长时代,而罗马人达于全盛,为日中将昃之形,条顿人气象方新,有火然泉达之观。峨特人虽奋血气之勇,偶耸动一世耳目,而其内力不足以敌此两族,昙花一现,遂为天演所淘汰,归于劣败之数。自六世纪以后,而全欧文明之霸权,渐全归条顿人矣。

蹑条顿人之迹而有大势力于历史上者,斯拉夫人也,以冒险之

条顿民族之位置沿革表

	西历纪元三世纪	四世纪	五世纪	六世纪以后
高特族之位置		本世纪中叶，西高特族始见于多恼河之下流。其末叶，东高特族自多恼河下流入布加里亚。	西高特族建设王国。东高特族转入意大利建国焉。	本世纪末叶为东罗马帝国所灭，其支派占有北日耳曼之地。
福伦喀族之位置	居来因河之下流	本世纪中叶入于加利亚，建设多数之小王国。	本世纪末叶大败罗马军，使法兰西（指今地）境内不留罗马只骑。复胜高特、阿里曼诸族。	建设查里曼大帝国，成今日欧洲群雄树立之势。
撒逊族之位置	自埃士河越埃尔比河，宅居于今荷斯顿及丁抹诸地。		本世纪中叶撒逊人分为两派，一派越海与盎格鲁人共征服英国之大部，别成所谓盎格鲁撒逊民族者，其一派蹂躏大陆诸邦。	六世纪以来屡与福伦喀族争斗，至九世纪福伦喀王国建立，撒逊人亦全占有北日耳曼之全部。十一世纪盎格鲁撒逊人全征服英国。
阿里曼族之位置	居多恼、麻因两河间，即日耳曼中部也。势力颇强，屡挫罗马军。		本世纪之末，为福伦喀族所阻，遏其进路。	

精神、道义之观念论之，条顿人迥非斯拉夫人所能及。若夫坚实耐久，立于千苦万难之中，毅然终始不失其特性者，则斯拉夫人殆冠宇内而无两也。彼等好战之心，不如条顿人之盛，若一旦不得已而跃马执剑，则无论如何之大敌，决不足以慑其前。彼等个人自由之观念，视条顿人虽大有所缺乏，至其注意公益，服从于一定主权之下，听其指麾，全部一致，其为国民的运动，又远非条顿人所能几也。故识者谓世界史之正统，其代条顿人以兴者，将在斯拉夫人，非虚言也。

条顿民族既兴以后，而罗马民族之力尚未衰。中世史之末叶，意大利自由市府勃兴，实为今世国家之嚆矢。而西班牙、葡萄牙、法兰西人，当十四五世纪，国势且蒸蒸日上，西辟美洲，东略印度，南开南洋，阿利安人之势力范围，始磅礴于欧洲以外。其主动者，皆罗马人也。虽然，以物竞天择之公例，罗马人之老大，终不敌条顿人之少年。未几而荷兰人起，与之竞争。未几而英吉利人起，一举而代之。近则德意志人，复骎骎然凌厉中原矣。故觇罗马、条顿两族之盛衰，但于其殖民历史之沿革焉足矣。北阿美利加也（初为法人、班人所开，今全属盎格鲁撒逊族矣），南阿美利加也（本为班人、葡人所开，今为德意志势力范围），印度也（初为法人所经营，后卒全归英辖），南洋群岛也（初亦班、葡人航海所觅，今全为英、荷属），皆告我辈以两民族消长之明效也。今日全地球之土地主权，其百分之九十分，属于白种人。而所谓白种人者，则阿利安人而已。所谓阿利安人者，则条顿人而已。条顿人实今世史上独一无二之主人翁也。

论正统

中国史家之谬，未有过于言正统者也。言正统者，以为天下不可一日无君也，于是乎有统。又以为天无二日、民无二王也，于是乎有正统。统之云者，殆谓天所立而民所宗也；正之云者，殆谓一为真而余为伪也。千余年来，陋儒龂龂于此事，攘臂张目，笔斗舌战，支离蔓衍，不可穷诘。一言蔽之曰：自为奴隶根性所束缚，而复以煽后人之奴隶根性而已。是不可以不辩。

统字之名词何自起乎？殆滥觞于《春秋》。《春秋公羊传》曰："何言乎王正月？大一统也。"此即后儒论正统者所援为依据也。庸讵知《春秋》所谓大一统者，对于三统而言，《春秋》之大义非一，而通三统实为其要端。通三统者，正以明天下为天下人之天下，而非一姓之所得私有，与后儒所谓统者，其本义既适相反对矣。故夫统之云者，始于霸者之私天下，而又惧民之不吾认也，乃为是说以箝制之曰：此天之所以与我者，吾生而有特别之权利，非他人所能几也。因文其说曰："亶聪明，作父母。"曰："辨上下，定民志。"统之既立，然后任其作威作福，恣睢蛮野，而不得谓之不义，而人民之稍强立不挠者，乃得坐之以不忠不敬大逆无道诸恶名，以锄之摧之。此统之名所由立也。《记》曰："得乎丘民而为天子。"若是乎，无统则已，苟其有统，则创垂之而继续之者，舍斯民而奚属哉？故泰西之良史，皆以叙述一国国民系统之所由来，及其发达进步盛衰兴亡之原因结果为主，诚以民有统而君无统也。借曰君而有统也，则不过一家之谱牒，一人之传记，而非可以冒全史之名，而安劳史家之哓哓争论也。然则以国之统而属诸君，则固已举全国之人民，视同无物，而国民之资格，所以永坠九渊而不克自拔，皆此一义之为误也。故不扫君统之谬见，而欲以作史，史虽充栋，徒为生民毒耳。

统之义已谬，而正与不正，更何足云。虽然，亦既有是说矣，其说且深中于人心矣，则辞而辟之，固非得已。正统之辨，昉于晋而盛于宋。朱子《通鉴纲目》所推定者，则秦也，汉也，东汉也，蜀汉也，晋也，东晋也，宋、齐、梁、陈也，隋也，唐也，后梁、后唐、后汉、后晋、后周也。本朝乾隆间《御批通鉴》从而续之，则宋也，南宋也，元也，明也，清也。所谓正统者，如是如是，而其所据为理论，以衡量夫正不正者，约有六事：

一曰以得地之多寡而定其正不正也。凡混一宇内者，无论其为何等人，而皆奉之以正，如晋、元等是。

二曰以据位之久暂，而定其正不正也。虽混一宇内，而享之不久者，皆谓之不正，如项羽、王莽等是。

三曰以前代之血胤为正，而其余皆为伪也。如蜀汉、东晋、南宋等是。

四曰以前代之旧都所在为正，而其余皆为伪也。如因汉而正魏，因唐而正后梁、后唐、后晋、后汉、后周等是。

五曰以后代之所承者所自出者为正，而其余为伪也。如因唐而正隋，因宋而正周等是。

六曰以中国种族为正，而其余为伪也。如宋、齐、梁、陈等是。

此六者，互相矛盾，通于此则窒于彼，通于彼则窒于此，而据朱子《纲目》及《通鉴辑览》等所定，则前后互歧，进退失据，无一而可焉。请穷诘之。夫以得地之多寡而定，则混一者固莫与争矣。其不能混一者，自当以最多者为最正，则苻秦盛时，南至邛僰，东抵淮泗，西极西域，北尽大碛，视司马氏版图过之数倍。而宋金交争时代，金之幅员，亦有天下三分之二，而果谁为正而谁为伪也？如以据位之久暂而定，则如汉唐等之数百年，不必论矣。若夫拓跋氏之祚，回轶于宋齐梁陈；钱镠、刘隐之系，远过于梁唐晋汉周；而西夏李氏，乃始唐乾符，终宋宝庆，凡三百五十余年，几与汉唐埒，地亦广袤万里，又谁为正而谁为伪也？如以前代之血胤而定，则杞宋当二日并出，而周不可不退处于篡僭。而明李槃以宇文氏所臣属之萧岿为篡贼，萧衍延苟全之性命而使之统陈；以沙陀夷族之朱邪存勖，不知所出之徐知诰冒李唐之宗，而使之统分据之天下者，将为特识矣。而顺治十八年间，故明弘光、隆武、永历，尚存正朔，而视同闰位，何也？而果谁为正而谁为伪也？如以前代旧都所在而定，则刘、石、慕容、苻、姚、赫连、拓跋所得之土，皆五帝三王之故宅也；女真所抚之众，皆汉唐之遗民也，而又谁为正谁为伪也？如以后代所承所出者为正，则晋既正矣，而晋所自出之魏，何以不正？前既正蜀，而后复正晋，晋自篡魏，岂承汉而兴邪？唐既正矣，且因唐而正隋矣，而隋所自出之宇文，宇文所自出之拓跋，何以不正？前正陈而后正隋，隋岂因灭陈而始有帝号邪？又乌知夫谁为正而谁为伪也！若夫以中国之种族而定，则诚爱国之公理，民族之精神，虽迷于统之义，而犹不悖于正之名也。而惜乎数千年未有持此以为鹄者也。李存勖、石敬瑭、刘智远，以沙陀三小族，窃一掌之地，而觍然奉为共主。自宋至明百年间，黄帝子孙，无尺寸土，而史家所谓正统者，仍不绝如故也。而果谁为正而谁为伪也？于是乎而持正统论者，果无说以自完矣。

大抵正统之说之所以起者，有二原因：(其一)则当代君臣，自私本国也。温公所谓“宋魏以降，各有国史，互相排黜。南谓北为索虏，北谓南为岛夷。朱氏代唐，四方幅裂。朱邪入汴，比之穷新(原注：唐庄宗自以为继唐，比朱梁于有穷篡夏，新室篡汉)，运历年纪，弃而不数。此皆私己之偏辞，非大公之通论也”(《资治通鉴》卷六十九)，诚知言矣。自古正统之争，莫多于蜀魏问题。主都邑者以魏为真人，主血胤者以蜀为宗子，而其议论之变迁，恒缘当时之境遇。陈寿主魏，习凿齿主蜀，寿生西晋，而凿齿东晋也。西晋踞旧都，而上有所受，苟不主都邑说，则晋为僭矣，故寿之正魏，凡以正晋也。凿齿时则晋既南渡，苟不主血胤说，而仍沿都邑，则刘、石、苻、姚正，而晋为僭矣。凿齿之正蜀，凡亦以正晋也。其后温公主魏，而朱子主蜀，温公生北宋，而朱子南宋也。宋之篡周宅汴，与晋之篡魏宅许者同源。温公之主都邑说也，正魏也，凡以正宋也。南渡之宋与江东之晋同病，朱子之主血胤说也，正蜀也，凡亦以正宋也。盖未有非为时君计者也。至如五代之亦靦然目为正统也，更宋人之訾言也。彼五代抑何足以称代？朱温盗也，李存勖、石敬瑭、刘智远沙陀犬羊之长也。温可代唐，则侯景、李全可代宋也；沙陀三族可代中华之主，则刘聪、石虎可代晋也。郭威非夷非盗，差近正矣，而以黥卒乍起，功业无闻，乘人孤寡，夺其穴以篡立，以视陈霸先之能平寇乱，犹奴隶耳。而况彼五人者，所掠之地，不及禹域二十分之一，所享之祚合计仅五十二年。而顾可以圣仁神武某祖某皇帝之名奉之乎？其奉之也，则自宋人始也。宋之得天下也不正，推柴氏以为所自受，因而溯之，许朱温以代唐，而五代之名立焉（以上采王船山说）。其正五代也，凡亦以正宋也。至于本朝，以异域龙兴，入主中夏，与辽金元前事相类，故顺治二年三月，议历代帝王祀典，礼部上言，谓辽则宋曾纳贡，金则宋尝称侄，帝王庙祀，似不得遗。骎骎乎欲伪宋而正辽金矣，后虽惮于清议，未敢悍然，然卒增祀辽太祖、太宗、景宗、圣宗、兴宗、道宗，金太祖、太宗、世宗、章宗、宣宗、哀宗。其后复增祀元魏道武帝、明帝、孝武帝、文成帝、献文帝、孝文帝、宣武帝、孝明帝，岂所谓兔死狐悲，物伤其类者耶？由此言之，凡数千年来哓哓于正不正、伪不伪之辩者，皆当时之霸者与夫霸者之奴隶，缘饰附会，以保其一姓私产之谋耳。而时过境迁之后，作史者犹慷他人之慨，断断焉辩得失于鸡虫，吾不知其何为也。

（其二）由于陋儒误解经义，煽扬奴性也。陋儒之说，以为帝王者圣神也；陋儒之意，以为一国之大，不可以一时而无一圣神焉者，又不可以同时而有两圣神焉者。当其无圣神也，则无论为乱臣为贼子为大盗为狗偷为仇雠为夷狄，而必取一人一姓焉，偶像而尸祝之曰：此圣神也！此圣神也！当其多圣神也，则于群圣群神之中，而探阄焉，而置棋焉，择取其一人一姓而膜拜之曰：此乃真圣神也！而其余皆乱臣贼子大盗狗偷仇雠夷狄也。不宁惟是，同一人也，甲书称之为乱贼偷盗仇雠夷狄，而乙书则称之为神圣焉。甚者同一人也，同一书也，而今日称之为乱贼偷盗仇雠夷狄，明日则称之为神圣焉。夫圣神自圣神，乱贼自乱贼，偷盗自偷盗，夷狄自夷狄，其人格之相去，不可以道里计，一望而知，无能相混者也，亦断未有一人之身，而能兼两涂者也。异哉！此至显至浅至通行至平正之方人术，而独不可以施诸帝王也。谚曰："成即为王，败即为寇。"此真持正统论之史家所奉为月旦法门者也，夫众所归往谓之王，窃夺殃民谓之寇。既王矣，无论如何变相，而必不能堕而为寇。既寇矣，无论如何变相，而必不能升而为王，未有能相印焉者也。如美人之抗英而独立也，王也，非寇也，此其成者也。即不成焉，如菲律宾之抗美，波亚之抗英，未闻有能目之为寇者也。元人之侵日本，寇也，非王也，此其败者也。即不败焉，如蒙古蹂躏俄罗斯，握其主权者数百年，未闻有肯认之为王者也。中国不然，兀术也，完颜亮也，在《宋史》则谓之为贼为虏为仇，在《金史》则某祖某皇帝矣，而两皆成于中国人之手，同列正史也。而"诸葛亮入寇"、"丞相出师"等之差异，更无论也。朱温也，燕王棣也，始而曰叛曰盗，忽然而某祖某皇帝矣，而曹丕、司马炎之由名而公，由公而王，由王而帝，更无论也。准此以谈，吾不能不为匈奴冒顿、突厥颉利之徒悲也，吾不能不为汉吴楚七国、淮南王安、晋八王、明宸濠之徒悲也，吾不能不为上官桀、董卓、桓温、苏峻、侯景、安禄山、朱泚、吴三桂之徒悲也，吾不得不为陈涉、吴广、新市平林、铜马赤眉、黄巾、窦建德、王世充、黄巢、张士诚、陈友谅、张献忠、李自成、洪秀全之徒悲也。彼其与圣神，相去不能以寸耳，使其稍有天幸，能于百尺竿头，进此一步，何患乎千百年后赡才博学正言谠论倡天经明地义之史家，不奉以“承天广运、圣德神功、肇纪立极、钦明文思、睿哲显武、端毅弘文、宽裕中和、大成定业、太祖高皇帝”之徽号，而有腹诽者则曰大不敬，有指斥者则曰逆不道也。此非吾过激之言也。试思朱元璋之德，何如窦建德？萧衍之才，何如王莽？赵匡胤之功，何如项羽？李存勖之强，何如冒顿？杨坚传国之久，何如李元昊？朱温略地之广，何如洪秀全？而皆于数千年历史上巍巍然圣矣神矣。吾无以名之，名之曰幸不幸而已。若是乎，史也者，赌博耳！儿戏耳！鬼蜮之府耳！势利之林耳！以是为史，安得不率天下而禽兽也？而陋儒犹嚣嚣然曰：此天之经也！地之义也！人之伦也！国之本也！民之坊也！吾不得不深恶痛绝夫陋儒之毒天下如是其甚也。

然则不论正统则亦已耳，苟论正统，吾敢翻数千年之案而昌言曰：自周秦以后，无一朝能当此名者也。（第一）夷狄不可以为统，则胡元及沙陀三小族，在所必摈，而后魏、北齐、北周、契丹、女真，更无论矣。（第二）篡夺不可以为统，则魏、晋、宋、齐、梁、陈、北齐、北周、隋、后周、宋，在所必摈，而唐亦不能免矣。（第三）盗贼不可以为统，则后梁与明在所必摈，而汉亦如唯之与阿矣。然则正统当于何求之？曰：统也者，在国非在君也，在众非在一人也；舍国而求诸君，舍众人而求诸一人，必无统之可言，更无正之可言。必不获已者，则如英、德、日本等立宪君主之国，以宪法而定君位继承之律。其即位也，以敬守宪法之语誓于大众，而民亦公认之。若是者，其犹不谬于得丘民为天子之义，而于正统庶乎近矣。虽然，吾中国数千年历史上，何处有此？然犹断断于百步五十步之间，而曰统不统正不正，吾不得不怜其愚，恶其妄也。后有良史乎？盍于我国民系统盛衰强弱主奴之间，三致意焉尔。

论书法

新史氏曰：吾一不解夫中国之史家，何以以书法为独一无二之天职也？吾一不解夫中国之史家，何以以书法为独一无二之能事也？吾一不解夫中国之史家，果据何主义以衡量天下古今事物，而敢嚣嚣然以书法自鸣也？史家之言曰：书法者，本《春秋》之义，所以明正邪，别善恶，操斧钺权，褒贬百代者也。书法善，则为良史；反是，则为秽史。嘻！此讆言也。《春秋》之书法，非所以褒贬也。夫古人往矣，其人与骨皆已朽矣，孔子岂其不惮烦，而一一取而褒贬之？《春秋》之作，孔子所以改制而自发表其政见也，生于言论不自由时代，政见不可以直接发表，故为之符号标识焉以代之。书尹氏卒，非贬尹氏也，借尹氏以讥世卿也。书仲孙忌帅师围运，非贬仲孙忌也，借仲孙忌以讥二名也。此等符号标识，后世谓之书法。惟《春秋》可以有书法。《春秋》，经也，非史也，明义也，非记事也。使《春秋》而史也，而记事也，则天下不完全、无条理之史，孰有过于《春秋》者乎？后人初不解《春秋》之为何物，胸中曾无一主义，摭拾一二断烂朝报，而规规然学《春秋》，天下之不自量，孰此甚也！吾敢断言曰：有《春秋》之志者，可以言书法；无《春秋》之志者，不可以言书法。

问者曰：书法以明功罪，别君子小人，亦使后人有所鉴焉，子何绝之甚？曰：是固然也；虽然，史也者，非纪一人一姓之事也，将以述一民族之运动、变迁、进化、堕落，而明其原因结果也，故善为史者，必无暇龂龂焉褒贬一二人；亦决不肯龂龂焉褒贬一二人。何也？褒贬一二人，是专科功罪于此一二人，而为众人卸其责任也。上之启枭雄私天下之心，下之堕齐民尊人格之念，非史家所宜出也。吾以为一民族之进化堕落，其原因决不在一二人。以为可褒则宜俱褒，以为可贬则宜俱贬。而中国史家，只知有一私人之善焉恶焉功焉罪焉，而不知有一团体之善焉恶焉功焉罪焉。以此牖民，此群治所以终不进也。吾非谓书法褒贬之必可厌，吾特厌夫作史者以为舍书法褒贬外，无天职无能事也。

今之谈国事者，辄曰恨某枢臣病国，恨某疆臣殃民。推其意，若以为但能屏逐此一二人，而吾国之治即可与欧美最文明国相等者然，此实为旧史家谬说所迷也。吾见夫今日举国之官吏士民，其见识与彼一二人者相伯仲也，其意气相伯仲也，其道德相伯仲也，其才能相伯仲也。先有无量数病国殃民之人物，而彼一二人乃乘时而出焉，偶为其同类之代表而已。一二人之代表去，而百千万亿之代表者，方且比肩而立，接踵而来，不植其本，不清其源，而惟视进退于一二人，其有济乎？其无济乎？乃举国之人，莫或自讪自贬，而惟讪贬以一二人，吾不能不为一二人呼冤也。史者也，求有益于群治也，以此为天职为能事，问能于群治有丝毫之影响焉否也。

且旧史家所谓功罪善恶，亦何足以为功罪善恶？彼其所纪载，不外君主与其臣妾交涉之事。大率一切行谊，有利于时君者，则谓之功，谓之善，反是者则谓之罪，谓之恶。其最所表彰者，则死节之臣也，其最所痛绝者，叛逆及事二姓者也。夫君子何尝不贵死节？虽然，古人亦有言，君为社稷死则死之，为社稷亡则亡之，苟为己死而为己亡，非其亲昵，谁敢任之？若是乎，死节之所以可贵者，在死国，非在死君也。试观二十四史所谓忠臣，其能合此资格者几何人也？事二姓者，一奴隶之不足，而再奴隶焉，其无廉耻不待论也。虽然，亦有辩焉：使其有救天下之志，而欲凭借以行其道也，则佛肸召而子欲往矣，公山召而子欲往矣。伊尹且五就汤而五就桀矣，未见其足以为圣人病也。苟不尔者，则持禄保位富贵骄人以终身于一姓之朝，安用此斗量车载之忠臣为也！《纲目》书莽大夫扬雄死，后世言书法者所最津津乐道也。吾以为扬雄之为人，自无足取耳，若其人格之价值，固不得以事莽不事莽为优劣也。新莽之治，与季汉之治，则何择焉？等是民贼也，而必大为鸿沟以划之曰：事此贼者忠义也，事彼贼者奸佞也，吾不知其何据也。雄之在汉，未尝得政，未尝立朝，即以旧史家之论理律之，其视魏徵之事唐，罪固可末减焉矣。而雄独蒙此大不韪之名，岂有他哉？李世民幸而王莽不幸，故魏徵幸而扬雄不幸而已。吾非欲为儇薄卑靡之扬雄讼冤，顾吾见夫操斧钺权之最有名者，其衡量人物之论据，不过如是，吾有以见史家之与人群渺不相涉也。至于叛逆云者，吾不知泗上之亭长，何以异于渔阳之戍卒；晋阳之唐公，何以异于宸濠之亲藩；陈桥之检点，何以异于离石之校尉。乃一则夷三族而复被大憝之名，一则履九五而遂享神圣之号，天下岂有正义哉！惟权力是视而已。其间稍有公论者，则犯颜死谏之臣时或表彰之是已。虽然，然所谓敢谏者，亦大率为一姓私事十之九，而为国民公义者十之一。即有一二，而史家之表彰之者，亦必不能如是其力也。嘻！吾知其故矣。霸者之所最欲者，则臣妾之为之死节也。其次则匡正其子孙之失德而保其祚也。所最恶者，臣妾之背之而事他人也。其尤甚者，则发难而与己为敌也。故其一赏一罚，皆以此为衡。汉高岂有德于雍齿而封之？岂有憾于丁公而杀之？所谓为人妇则欲其和我，为我妇则欲其为我詈人耳。而彼等又知夫人类有尚名誉之性质，仅以及身之赏罚而不足以惩劝也，于是鼎革之后，辄命其臣妾修前代之史，持此衡准以赏罚前代之人，因以示彼群臣群妾曰：尔其效此，尔其毋效彼。此霸者最险最黠之术也。当崇祯、顺治之交，使无一洪承畴，则本朝何以有今日？使多一史可法，则本朝又何以有今日？而洪则为《国史·贰臣传》之首，史则为《明史·忠烈传》之魁矣。夫以此两途判别洪、史之人格，夫谁曰不宜？顾吾独不许夫霸者之利用此以自固而愚民也。问二千年来史家之书法，其有一字非为霸者效死力乎？无有也。霸者固有所为而为之，吾无责焉，独不解乎以名山大业自期者，果何德于彼，而必以全力为之拥护也。故使克林威尔生于中国，吾知其必与赵高、董卓同诟；使梅特涅生于中国，吾知其必与武乡、汾阳齐名。何也？中国史家书法之性质则然也。

吾非谓史之可以废书法，顾吾以为书法者，当如布尔特奇之《英雄传》，以悲壮淋漓之笔，写古人之性行事业，使百世之下，闻其风者，赞叹舞蹈，顽廉懦立，刺激其精神血泪，以养成活气之人物；而必不可妄学《春秋》，侈衮钺于一字二字之间，使后之读者，加注释数千言，犹不能识其命意之所在。吾以为书法者，当如吉朋之《罗马史》，以伟大高尚之理想，褒贬一民族全体之性质，若者为优，若者为劣，某时代以何原因而获强盛，某时代以何原因而致衰亡，使后起之民族读焉，而因以自鉴曰：吾侪宜尔，吾侪宜毋尔；而必不可专奖厉一姓之家奴走狗，与夫一二矫情畸行，陷后人于狭隘偏枯的道德之域，而无复发扬蹈厉之气。君不读龙门《史记》乎，史公虽非作史之极轨，至其为中国史家之鼻祖，尽人所同认矣。《史记》之书法也，岂尝有如庐陵之《新五代史》，晦庵之《通鉴纲目》，咬文嚼字，矜愚饰智，断断于缌小功之察而问无齿决者哉！

论纪年

或问新史氏曰：子之驳正统论，辩矣。虽然，昔之史家说正统者，其意非必皆如吾子所云云也。盖凡史必有纪年，而纪年必借王者之年号，因不得不以一为主，而以余为闰也。司马温公尝自言之矣(《资治通鉴》卷六十九)。新史氏曰：审如是也，则吾将更与子论纪年。

纪年者何义也？时也者，过而不留者也。立乎今日以指往日，谓之去年，谓之前年，谓之前三年，前十年。再推而上之，则词穷矣。言者既凌乱而难为之名，听者亦瞀惑而莫知所指矣。然人生在世，则已阅数十寒暑，其此年与彼年交涉比较之事，不一而足。而人之愈文明者，其脑筋所容之事物愈多，恒喜取数百年数千年以前之事而记诵之讨论之。然而年也者，过而不留者也，至无定而无可指者也。无定而无可指，则其所欲记之事，皆无所附丽，故不得不为之立一代数之记号，化无定为有定，然后得以从而指名之，于是乎有纪年。凡天地间事物之名号，其根原莫不出于指代，而纪年亦其一端也。

凡设记号者，皆将使人脑筋省力也；故记号恒欲其简，不欲其繁。当各国之未相遇也，各自纪年，盖记号必不能暗同，无可如何也。及诸国既已相通，交涉之事日多，而所指之年，其代数记号，各参差不相符，则于人之脑筋甚劳，而于事甚不便。故孔子作《春秋》，首据其义曰：诸侯不得改元，惟王者然后改元。所以齐万而为一，去繁而就简，有精意存焉也(孔子前皆各国各自纪元。详见《纪年公理》)。

既明纪年之性质及其公例矣，然则一地之中，而并时有数种纪年，固为不便，百年之内，而纪年之号屡易，其不便亦相等明矣。何也？一则横繁，一则竖繁也。是故欲去繁而就简者，必不可不合横竖而皆一之。今吾国史家之必以帝王纪年也,岂不以帝王为一国之最巨物乎哉!然而帝王在位之久,无过六十年者(康熙六十一年,在中国数千年中实独一无二也)。其短者,或五年,或三年,或二年一年乃至半年。加以古代一帝之祚,改元十数,瞀乱繁杂,不可穷诘。故以齐氏《纪元编》所载年号,合正统僭伪计之,不下千余。即专以史家所谓正统者论,计自汉孝武建元(以前无年号),以迄今光绪,二千年间,而为年号者,三百十有六。今试于此三百十六之中,任举其一以质诸学者,虽极淹博者,吾知其不能具对也。于是乎强记纪元,遂为谈史学者一重要之学科,其糜脑筋于无用亦甚矣。试读西史,观其言几千几百年,或言第几世纪,吾一望而知其距今若干年矣。或有译本以中国符号易之,而曰唐某号某年,宋某号某年,则棼然不知其何指矣(译西书而易以中国年号,最为无理。非惟淆乱难记,亦乖名从主人之义。若言中国事而用西历,其谬更不待辩矣)。夫中国人与中国符号相习,宜过于习他国矣,然难若天渊焉者何也?一极简,一极繁也。苟通此义,则帝王纪年之法,其必不可以久行于今日文明繁备之世,复何待言!

西人之用耶稣纪元,亦自千四百年以来耳。古代之巴比伦人,以拿玻纳莎王为纪元(在今西历纪元前七百四十七年)。希腊人初时,以执政官或大祭司在位之年纪之,其后改以和灵之大祭为纪元(当纪元前七百六十七年)。罗马人以罗马府初建之年为纪元(当纪元前七百五十三年)。回教国民以教祖摩哈麦德避难之年为纪元(当纪元前六百二十二年)。犹太人以《旧约·创世记》所言世界开辟为纪元(当纪元前三千七百六十一年),自耶稣立教以后,教会以耶稣流血之年为纪元。至第六世纪,罗马一教士,倡议改用耶稣降生为纪元,至今世界用之者过半。此泰西纪年之符号逐渐改良,由繁杂而趋于简便之大略也。要之,苟非在极野蛮时代,断无以一帝一号为纪年者;有之,其惟亚洲中之中国、朝鲜、日本诸国而已（日本近亦以神武天皇开国为纪元）。

曰：然则中国当以何纪？曰：昔上海强学会之初开也，大书孔子卒后二千四百七十三年。当时会中一二俗士，闻之舌挢汗下色变，曰：是不奉今王正朔也，是学耶稣也。而不知此实太史之例也。《史记》于《老子列传》大书孔子卒后二百七十五年，而其余各国世家，皆书孔子卒，此史公开万世纪元之定法也。近经学者讨论，谓当法其生，不法其死，以孔子卒纪，不如以孔子生纪。至今各报馆用之者既数家，达人著书，亦往往采用。此号殆将易天下矣。用此为纪，厥有四善：符号简，记忆易，一也。不必依附民贼，纷争正闰，二也。孔子为我国至圣，纪之使人起尊崇教主之念，爱国思想亦油然而生，三也。国史之繁密而可纪者，皆在孔子以后，故用之甚便，其在孔子前者，则用西历纪元前之例，逆而数之，其事不多，不足为病，四也。有此四者，则孔子纪元，殆可以俟诸百世而不惑矣。或以黄族鼻祖之故，欲以黄帝纪；或以孔子大同托始故，欲以帝尧纪；或以中国开辟于夏后故，欲以大禹纪；或以中国一统于秦故，欲以秦纪。要皆以事理有所窒，于公义无所取，故皆不足置辩；然则以孔子生纪元，殆后之作史者所宜同认矣。

纪元之必当变也，非以正统闰统之辩而始然也。然纪元既不以帝号，则史家之争正统者，其更无说以自文矣。不然，以新莽之昏虐，武后之淫暴，而作史者势不能不以其始建国、天凤、地皇、光宅、垂拱、永昌、天授、长寿、延载、天册、登封、神功、圣历、久视、长安等年号，厕之于建元之下，光绪之上，其为我国史污点也，不亦甚乎！况污点国史者，又岂直新莽、武后乎哉！

（据中华书局新版《饮冰室合集》排印，一九〇二年二月始发表于《新民丛报》。）

中国历史研究法补编

绪　论

此次所讲的《历史研究法》，与几年前所讲的《历史研究法》迥然不同。一则因为本人性情，已经讲过的东西不愿再讲；再则用旧的著作做讲演稿，有甚么意思。诸君不要以为此次所讲的就是前次讲过的！我那旧作《中国历史研究法》只可供参考而已。此次讲演实为旧作的一种补充。凡《中国历史研究法》书中已经说过的，此次都不详细再讲。所以本篇可名之为《补中国历史研究法》或《广中国历史研究法》。

本演讲全部组织，可以分为"总论"、"分论"两部。总论注重理论的说明。分论注重专史的研究。其宗旨在使有研究历史兴味的人，对于各种专史知道应该研究并且知道如何研究。旧作所述，极为简单，不过说明一部通史应如何作法而已。此次讲演，较为详细，偏重研究专史如何下手。因为作通史本不是一件容易的事情。专史没有做好，通史更做不好。若是各人各做专史的一部分，大家合起来，便成一部顶好的通史了。此次讲演，既然注重专史，所以又可叫做《各种专史研究法》。总论的部分，因为是补充《中国历史研究法》所不足，所以很零乱，没有甚么系统。分论的部分，因为注重各种专史的作法，所以较复杂，更丰富；其内容又可分为五项：

（一）人的专史　即旧史的传记体、年谱体，专以一个人为主。例如《孔子传》、《玄奘传》、《曾国藩年谱》等。

（二）事的专史　即旧史的纪事本末体，专以重大事情为主。例如晚明流寇、复社本末、洪杨之乱、辛亥革命等。

（三）文物的专史　即旧史的书志体，专以文物典章社会状况为主。如我去年在本校（清华）所讲《文化史》即属此项性质，此在专史中最为重要。

（四）地方的专史　即旧史之方志体；因中国幅员太广，各地发展之经过多所悬殊，旧史专以帝都所在为中心，实不能提挈全部文化之真相，所以应该分为若干区域，以观其各时代发达之迹。其边地如滇、黔、西域、关东……等，尤当特别研究。

（五）断代的专史　即旧史的断代史体，专以一个时代为主，但不必以一姓兴亡画分。例如《春秋史》、《战国史》、《晚唐藩镇及五代十国史》、《宋辽金夏时代史》等。

虽然专史并不只此五种，然粗略分类，所有专史大都可以包括了。例如人的传记，一人如何做，多人如何做，年谱如何做；又如事的本末，战争如何做，变革如何做，兴亡如何做；其他文物的考据，断代的划分，应该如何：这类问题，以后每次讲一项；仔细研究，具体讨论，每项举一个例，将各种专史的做法，分门别类，讲演一番，于诸君日后自己研究上，或者较有益处。

总论之部，计分三章，其目如下：

第一章　史之目的

第二章　史家之四长

第三章　五种专史概论

此三章，不伦不类，没有甚么系统与组织。其原因，一则因为有许多方法，旧作已经讲过，此外不必细述；再则因为此次讲演，专重专史的研究，那些空空洞洞的理论也没有细说的必要。这样一来，所以总论三章不得不极其简略了。

总　论

第一章　史的目的

无论研究何种学问，都要有目的。甚么是历史的目的？简单一句话，历史的目的在将过去的真事实予以新意义或新价值，以供现代人活动之资鉴。假如不是有此种目的，则过去的历史如此之多已经足够了，在中国他种书籍尚不敢说，若说历史书籍，除"二十四史"以外，还有"九通"及"九种纪事本末"等，真是汗牛充栋，吾人做新历史而无新目的，大大可以不作。历史所以要常常去研究，历史所以值得研究，就是因为要不断的予以新意义及新价值以供吾人活动的资鉴。譬如电影，由许多呆板的影片凑合成一个活动的电影，一定有他的意义及价值，合拢看，是活的，分开看，是死的，吾人将许多死的影片组织好，通上电流，使之活动，活动的结果，就是使人感动。研究历史也同做电影一样：吾人将许多死的事实组织好，予以意义及价值，使之活动，活动的结果，就是供给现代人应用。再把这个目的分段细细解释，必定要先有真事实，才能说到意义，有意义才能说到价值，有意义及价值才可说到活动。

甲　求得真事实

（一）钩沉法　想要求得真事实，有五种用功的方法。已经沉没了的实事，应该重新寻出。此类事实，愈古愈多。譬如欧洲当中世纪的时候，做罗马史的人，专靠书本上的记载，所以记载的事情有许多靠不住的。后来罗马邦渒等处发现很多古代的遗迹实物，然后罗马史的真相才能逐渐明白。此类事实，不专限于古代；即在近代亦有许多事实没去了，要把他钩出来，例子亦很不少。如俾士麦死了以后，他的日记才流传出来；那日记上面所记的与前此各种记录所传的大不相同，于是当时历史上欧洲诸国的关系因而有许多改观的地方。此种例子，在中国尤其繁多：在光绪二十六七年间，有一次，德皇威廉第二发起组织中俄德联盟，相传结有密约。关于欧洲方面的史料虽略有发现，关于中国方面的史料一点也没有。要知道这件事的真相，非设法问当时的当事人不可。慈禧太后死了；庆亲王奕劻当时掌握朝政，想来很了然，可惜没有法子去问。此外，孙宝琦当时为驻德公使，在理应该清楚，但他并没有记载下来。若不趁这时问个明白，此项史料便如沉落大海了；我们若把他钩起来，岂非最有趣味最关紧要的事情。

（二）正误法　有许多事实，从前人记错了，我们不特不可盲从，而且应当改正。此类事实，古代史固然不少，近代史尤其多。比如现在京汉路上的战争，北京报上所载的就完全不是事实。吾人研究近代史，若把所有报纸，所有官电，逐日仔细批阅抄录，用功可谓极勤，但结果毫无用处。在今日尚如此，在古代亦是一样。而且还要错误得更利害些。

以上两种方法，在《中国历史研究法》上讲得很详，此处用不着细说了。其实吾人研究历史，不单在做麻烦工作及寻难得资料，有许多资料并不难觅，工作亦不麻烦的题目，吾人尤其应该注意。近人考据，喜欢专门研究一个难题，这种精神固然可取，但专门考校尚非主要工作；没有问题的资料应当如何整理，极其平常的工作应当如何进行，实为重要问题。上述二项，讲的是含有特别性的事实的处理方法。下面三项，专讲含有普通性的事实的处理方法。

（三）新注意　有许多向来史家不大注意的材料，我们应当特别注意它。例如诗歌的搜集，故事的采访，可因以获得许多带历史成分的材料，前人不甚注意，现在北京大学有人在那里研究了。还有许多普通现象，普通事务，极有研究的价值的。例如用统计的方法研究任何史料，都可有发明；从地理上的分配及年代的分配考求某种现象在何代或何地最为发达，也就是其中的一种。又如西域的文化，从前人看得很轻，普通提到甘肃、新疆，常与一般蛮夷平等看待，以为绝对没有甚么文化。但据最近的研究——尤其是法国人德国人的研究——发见西域地方在古代不特文化很高，而且与中国本部有密切的关系，许多西方文化皆从西域输入。此外，有许多小事情，前人不注意，看不出他的重要，若是我们予以一种新解释，立刻便重要起来。往往因为眼前问题引出很远的问题，因为小的范围扩张到大的范围。我们研究历史，要将注意力集中，要另具只眼，把历史上平常人所不注意的事情，作为发端，追根研究下去，可以引出许多新事实，寻得许多新意义。

（四）搜集排比法　有许多历史上的事情，原来是一件件的分开着，看不出什么道理；若是一件件的排比起来，意义就很大了。例如扫帚草是一株极平常的植物，栽花栽到扫帚草，一点也不值得注意；但是若把它排成行列，植成文字，那就很好看了。所谓“属辞比事，

《春秋》教也”,正是这个意思。我们研究历史,要把许多似乎很不要紧的事情联合起来,加以研究。又如中国人过节,是一件极普通的事情,一年之中要过许多的节;单过中秋,觉得没有甚么意义;若把端午、七夕、中秋、重阳等节排比起来,加以比较,然后研究为甚么要过节,过节如何过法,就可以从这里边看出许多重要的意义,或者是纪念前哲,或者娱乐自己;国民心理的一部份,胥可由此看出。诸如此类的事实很多,散落零乱时,似无价值,一经搜集排比,意义便极其重大。所以历史家的责任,就在会搜集,会排比。

(五)联络法　第四种方法可以适用于同时的材料,第五种方法可以适用于先后的材料。许多历史上的事情,顺看平看似无意义,亦没有甚么结果,但是细细的把长时间的历史通盘联络起来,就有意义,有结果了。比如晚明时代,许多士大夫排斥满清,或死或亡,不与合作,看去似很消极,死者自死,亡者自亡,满清仍然做他的皇帝,而且做得很好,这种死亡,岂不是白死亡了吗?这种不合作,岂不是毫无意义吗?若把全部历史综合来看,自明室衰亡看起,至辛亥革命止,原因结果,极明白了;意义价值,亦很显然。假如没有晚明那些学者义士仗节不辱,把民族精神唤起,那末辛亥革命能否产生,还是问题呢。历史上有许多事情是这样:若是不联络看,没有甚么意义可言;假如仔细研究,关系极其重要。

上述对于事实的五种用功方法,若研究过去事实,此五种方法都有用,或全用,或用一二种,不等。以下再讲予以新意义及新价值。

乙　予以新意义

所谓予以新意义,有几种解释。或者从前的活动,本来很有意义,后人没有觅察出来,须得把它从新复活。所谓“发潜阐幽”,就是这个意思。或者从前的活动,被后人看错了,须得把它从新改正。此种工作,亦极重要。前一项例子比较的少,后一项例子比较的多。譬如研究周公的封建制度,追求本来用意究竟何在;有人说封建是社会上最好的制度,最有益的制度,到底周公采用封建,就是因为它是最有益的制度吗?其实周公意思并非认封建对于全体社会有何益处,不过对于周朝那个时代较为适用较为有益而已。又如研究王荆公的新法,追求他本来用意究竟何在。从前大家都把他看错了,都认为一个聚敛之臣。到底荆公采用新法,完全以聚敛为目的吗?其实荆公种种举动,都有深意。他的青苗、保甲、保马、市易诸法,在当时确是一种富国强兵之要术。到了后来,仍然常常采用呢。还有一种,本来的活动完全没有意义,经过多少年以后,忽然看出意义来了。因为吾人的动作一部份是有意识的动作,一部份是无意识的动作——心理学上或称潜意识,或称下意识。如像说梦话或受催眠术等,都是。一人如此,一团体一社会的多数活动亦然。许多事本来无意义,后人读历史才能把意义看出。总括起来说,吾人悬拟一个目的,把种种无意义的事实追求出一个新意义,本来有意义而看错了的,给他改正,本有意义而没觉察的,给他看出来。所谓予以新意义,就是这样解释。

丙　予以新价值

所谓予以新价值,就是把过去的事实,从新的估价。价值有两种:有一时的价值,过时而价顿减;有永久的价值,时间愈久,价值愈见加增。研究历史的人,两种都得注意,不可有所忽视。甚么是一时的价值?有许多事实,在现在毫无价值,在当时价值很大。即如封建制度,确是周公的强本固基的方法。周朝八百多年的天下,全靠这种制度维持。吾人不能因为封建制度在今日没有用处,连他过去的价值,亦完全抹杀。历史上此类事实很多,要用公平眼光从当时环境看出他的价值来。甚么是永久的价值?有许多事实,在当时价值甚微,在后代价值极为显著。即如晚明士大夫之抗满清,在当时确是一种消极的无效果的抵制法,于满清之统治中国丝毫无损;但在辛亥革命时,才知道从前的排满是有价值的;而且在永久的民族活动上,从前的排满也是极有价值。历史家的责任,贵在把种种事实摆出来,从新估定一番。总括起来说:就是从前有价值,现在无价值的,不要把它轻轻抹杀了;从前无价值,现在有价值的,不要把它轻轻放过了。

丁　供吾人活动之资鉴

新意义与新价值之解释既明,兹再进而研究供吾人活动之资鉴。所谓活动,亦有二种解释,即社会活动方面与个人活动方面。研究两方面的活动,都要求出一种用处。现在人很喜欢倡"为学问而学问"的高调。其实"学以致用"四字也不能看轻。为甚么要看历史?希望自己得点东西。为甚么要作历史?希望读者得点益处。学问是拿来致用的,不单是为学问而学问而已。

先言社会活动方面。社会是继续有机体,个人是此有机体的一个细胞。吾人不论如何活动,对于全盘历史,整个社会,总受相当束缚。看历史要看他的变迁,这种变迁就是社会活动。又分二目:

(一)转变的活动　因为经过一番活动,由这种社会变成他种社会,或者由一种活动生出他种活动,无论变久变暂,变好变坏,最少有一大部分可以备现代参考。通常说一治一乱,我们要问如何社会会治，如何社会会乱；并且看各部分各方面的活动，如像君主专制之下，君主宰相的活动，以及人民的活动，如何结果，如何转变：这样看出来的成败得失，可以供吾人一部分的参考。

（二）增益的活动　政治的治乱，不过一时的冲动；全部文化才是人类活动的成绩。人类活动好像一条很长的路，全部文化好像一个很高的山。吾人要知道自己的立足点，自己的责任，须得常常设法走上九百级的高山上添上一把土。因是之故，第一要知道文化遗产之多少。若不知而创作，那是白费气力。第二要知道添土的方法。我是中国一分子，中国是世界一分子，旁人添一把土，我亦添一把土，全部文化自然增高了。

次述个人活动方面。严格说起来，中国过去的历史，差不多以历史为个人活动的模范，此种特色，不可看轻。看历史要看他的影响，首当其冲者就是个活动。亦可分为二目：

（一）外的方面　司马光作《资治通鉴》，其本来目的就是拿给个人作模范的。自从朱子以后，读此书的人都说他"最能益人神智"。甚么叫益人神智？就是告诉人对于种种事情如何应付的方法，此即历史家真实本领所在。司马光的《资治通鉴》可以益人神智之处甚多，毕秋帆的《续资治通鉴》可以益人神智之处就少了。因为毕书注重死的方面，光书注重活的方面。光书有好几处记载史事，不看下面，想不出应付的方法，再看下面，居然应付得很好。这种地方，益人神智不少。

（二）内的方面　我们看一个伟人的传记，看他能够成功的原因，往往有许多在很小的地方，所以自己对于小事末节，也当特别注意。但不单要看他的成功，还要看他的失败，如何会好，如何会坏，两面看到，择善而从。读史，外的益处，固然很多，内的益处，亦复不少。

史家有社会个人两方俱顾虑到的，好像一幅影片，能教人哭，能教人笑。影片而不能使人哭，使人笑，犹之历史不能增长智识，锻炼精神，便没有价值一样。

戊　读史的方式

附带要说几句：关于读历史的方法，本来可以不在这儿讲。不过稍为略说几句，对于自己研究上亦有很大的益处。如何读历史，才能变死为活，才能使人得益，依我的经验，可以说有两种：一种是鸟瞰式；一种是解剖式。

（一）鸟瞰式　这种方法在知大概。令读者于全部书或全盘事能得一个明了简单的概念，好像乘飞机飞空腾跃，在半天中俯视一切，看物摄影，都极其清楚不过。又可以叫做飞机式的读史方法。

（二）解剖式　这种方法在知底细。令读者于一章书或一件事能得一个彻始彻终的了解。好像用显微镜细察苍蝇，把苍蝇的五脏六腑看得丝丝见骨。这种方法又可以叫做显微镜的读史方法。

此回所讲，偏于专史性质，既较精细深刻，所以用的方法以解剖式为最多。然用鸟瞰式的时候亦有。最好先得概念，再加以仔细研究。一面做显微镜式的工作，不要忘了做飞机式的工作。一面做飞机式的工作，亦不要忘了做显微镜式的工作。实际上，单有鸟瞰，没有解剖，不能有圆满的结果。单有解剖，没有鸟瞰，亦不能得良好的路径。二者不可偏废。

至于参考书目，关于专门的，我想开一总单，不分章节。因为图书馆少，恐怕分配不均。开一总单则彼此先后借阅，不致拥挤。下礼拜打算就开出来（名达按：先生后因身体不健，未及编此参考书目）。关于一般的，可以先读下列各书；没读过的非读不可，读过的不妨重读。

（一）《中国历史研究法》	梁启超
（二）《史通》	刘知几
（三）《通志》（总叙及二十略叙）	郑　樵
（四）《文史通义》	章学诚
（五）《章氏遗书》（关于论史之部）	章学诚

第二章　史家的四长

刘子元说史家应有三长，即史才、史学、史识。章实斋添上一个史德，并为四长。实斋此种补充，甚是。要想做一个史家，必须具备此四种资格。子元虽标出三种长处，但未加以解释；如何才配称史才、史学、史识，他不曾讲到。实斋所著《文史通义》，虽有《史德》一篇，讲到史家心术的重要，但亦说得不圆满。今天所讲，就是用刘章二人所说的话，予以新意义，加以新解释。

子元、实斋二人所讲，专为作史的人说法。史学家要想作一部好史，应具备上述三长或四长。同学诸君方在读书时代，只是预备学问，说不上著作之林；但我们学历史，其目的就在想将来有所贡献；此刻虽不是著作家，但不可不有当著作家的志向。并且，著作家的标准亦很难说，即如太史公用毕生精力作了一部《史记》，后人不满意的地方尚多，其余诸书更不用说了。此刻我们虽不敢自称著作家，但是著作家的训练工作则不可少。所以史家四长之说，就不得不细细用一番功夫去研究，看要如何才能够达到这种目的。

至于这几种长处的排列法，各人主张不同：子元以才为先，学次之，识又次之；实斋又添德于才学识之后。今将次第稍为变更一下，先史德，次史学，又次史识，最后才说到史才。

甲 史德

现在讲史德。诸君有功夫,可参看《文史通义》的《史德篇》。实斋以为作史的人,心术应该端正。譬如《魏书》,大众认为秽史,就是因魏收心术不端的原故。又如《左氏春秋》,刘歆批评他"是非不谬于圣人",就是心术端正的原故。简单说起来,实斋所谓史德,乃是对于过去毫不偏私,善恶褒贬,务求公正。

历代史家对于心术端正一层,大都异常重视。这一点,吾人认为有相当的必要,但尚不足以尽史德的含义。我以为史家第一件道德,莫过于忠实。如何才算忠实?即"对于所叙述的史迹,纯采客观的态度,不丝毫参以自己意见"便是。例如画一个人,要绝对像那个人。假使把灶下婢画成美人,画虽然美,可惜不是本人的面目。又如做一个地方游记,记的要确是那个地方。假使写颜了的陋巷,说他陈设美丽,景致清雅,便成了建筑师的计划,不是实地的事物了。

忠实一语,说起来似易,做起来实难。因为凡人都不免有他的主观;这种主观,蟠踞意识中甚深,不知不觉便发动起来。虽打主意力求忠实,但是心之所趋,笔之所动,很容易把信仰丧失了。完美的史德,真不容易养成。最常犯的毛病,有下列数种,应当时时注意,极力铲除。

(一)夸大 一个人做一部著作——无论所作的是传记,是纪事本末,是方志,或是国史,总有他自己的特别关系。即如替一个人作特别传记,必定对于这个人很信仰,时常想要如何才做得很好。中国人称说孔子,总想像他是无所不知,无所不晓。所以《孔子家语》及其他纬书竟把孔子说成一个神话中的人物了。例如说孔子与颜子在泰山顶上同看吴国城门中的一个人,颜子看得模糊,孔子看得极其清楚。诸如此类,其意思纵使本来不坏,但是绝非事实,只能作为一种神话看待。无论说好说坏,都是容易过分,正如子贡所谓"纣之不善,不如是之甚也"。又如地方志,自己是那一省人,因为要发挥爱乡心,往往把那一省说得很好。不过,过分的夸大,结果常引出些无聊的赞美,实际上毫无价值。再如讲中国史,听见外国人鄙视中国,心里就老大不愿意,总想设法把中国的优点表彰出来,一个比一个说得更好,结果只养成全国民的不忠实之夸大性。夸大心,人人都有;说好说坏,各人不同。史家尤其难免。自问没有,最好;万一有了,应当设法去掉它。

(二)附会　自己有一种思想,或引古人以为重,或引过去事实以为重,皆是附会。这种方法,很带宣传意味,全不是事实性质。古今史家,皆不能免。例如提倡孝道,把大舜作个榜样,便附会出完廪浚井等等事实来。想提倡夫妇情爱,便附会出杞梁哭夫的事实,一哭会把城墙哭崩了。愈到近代,附会愈多。关于政治方面,如提倡共和政体,就附会到尧舜禅让,说他们的"询于四岳",就是天下为公,因说我们古代也有共和政治,民主精神。关于社会方面,如提倡共产制度,就附会周初井田,是以八家为井,井九百亩,每家百亩,公田百亩,因说我们古代也讲土地国有,平均劳逸。这种附会,意思本非不善,可惜手段错了。即如尧舜禅让,有没有这回事,尚是问题;勉强牵合到民主政治上去,结果两败俱伤。从事实本身说,失却历史的忠实性;从宣传效力说,容易使听的人误解。曹丕篡汉时,把那鬼混的禅让礼行完之后,他对人说:"舜禹之事,吾知之矣。"假使青年学子误解了尧舜"询于四岳",以为就是真正共和,也学曹丕一样说,"共和之事,吾知之矣",那可不糟透了吗?总之,我们若信仰一主义,用任何手段去宣传都可以,但最不可借史事做宣传工具。非惟无益，而又害之。

（三）武断　武断的毛病，人人都知道不应该，可是人人都容易犯。因为历史事实，散亡很多，无论在古代，在近代，都是一样。对于一件事的说明，到了材料不够时，不得不用推想。偶然得到片辞孤证，便很高兴，勉强凑合起来，作为事实。因为材料困难，所以未加审择，专凭主观判断，随便了之，其结果就流为武断了。固然，要作一部历史，绝对不下断案是不行的。——断案非论断，乃历史真相。即如尧、舜禅让，究竟有没有这回事，固极难定；但不能不搜集各方面的意见，择善而从，下一个“盖然”的断案。——但是不要太爱下断案了。有许多人爱下判断，下得太容易，最易陷于武断：资料和自己脾胃合的，便采用；不合的，复删除；甚至因为资料不足，从事伪造；晚明人犯此毛病最多。如王弇州、杨升庵等皆是。

忠实的史家对于过去事实，十之八九应取存疑的态度。即现代事实，亦大部分应当特别审慎，民国十五年来的事实，算是很容易知道了。但要事事都下断案，我自己就常无把握，即如最近湖北的战事，吴佩孚在汉口，究竟如何措施？为甚么失汉阳，为甚么失武胜关？若不谨慎，遽下断案，或陷于完全错误，亦未可知。又如同学之间，彼此互作传记，要把各人的真性格描写出来，尚不容易；何况古人，何况古代事实呢？所以历史事实，因为种种关系，绝对确实性很难求得的时候，便应采取怀疑态度，或将多方面的异同详略罗列出来。从前司马光作《资治通鉴》，同时就作考异，或并列各说，或推重一家。这是很好的方法。

总而言之，史家道德，应如鉴空衡平，是甚么，照出来就是甚么，有多重，称出来就有多重，把自己主观意见铲除净尽，把自己性格养成像镜子和天平一样。但这些话，说来虽易，做到真难。我自己会说,自己亦办不到。我的著作,很希望诸君亦用鉴空衡平的态度来批评。

乙 史学

有了道德,其次要讲的就是史学。前人解释史学,太过空洞,范围茫然,无处下手。子元、实斋虽稍微说了一点,可惜不大清楚。现在依我的意见,另下解释。

历史范围,极其广博。凡过去人类一切活动的记载都是历史。古人说:"一部十七史,何从说起?"十七史已经没有法子读通,何况由十七而二十二而二十四呢?何况正史之外,更有浩如烟海的其他书籍呢?一个人想将所有史料,都经目一遍,尚且是绝对不可能之事;何况加以研究组织,成为著述呢?无论有多大的天才学问和精力,想要把全史包办,绝无其事。我年轻时,曾经有此种野心,直到现在,始终没有成功。此刻只想能够在某部的专史,得有相当成绩,便踌躇满志了。所以凡做史学的人,必先有一种觉悟,曰:贵专精不贵杂博。

孔子说:"君子于其所不知,盖阙如也。"我们做学问,切勿以为"一物不知,儒者之耻"。想要无所不知,必定一无所知。真是一无所知,那才可耻哟。别的学问如此,史学亦然。我们应该在全部学问中,划出史学来;又在史学中,划出一部分来:用特别兴趣及相当预备,专门去研究它。专门以外的东西,尽可以有许多不知;专门以内的东西,非知到透彻周备不可。所以我们做史学,不妨先择出一二专门工作,作完后,有余力,再作旁的东西。万不可以贪多。如想做文学史,便应专心研究,把旁的学问放开。假使又嫌文学史范围太大,不妨再择出一部分,如王静安先生单研究"宋元戏曲史"之类。

做这种工作，不深知诗史词史，或可以；对于本门，则务要尽心研究，力求完备。如此一来，注意力可以集中，访问师友，既较容易，搜集图书，亦不困难，才不至游骑无归，白费气力。有人以为这样似太窄狭，容易抛弃旁的学问，其实不然。学问之道，通了一样，旁的地方就很容易。学问门类虽多，然而方法很少。如何用脑，如何用目，如何用手，如何询问、搜集，养成习惯，可以应用到任何方面。好像攻打炮台，攻下一个，其余就应手而下了。

有了专门学问，还要讲点普通常识。单有常识，没有专长，不能深入显出。单有专长，常识不足，不能触类旁通。读书一事，古人所讲，专精同涉猎，两不可少。有一专长，又有充分常识，最佳。大概一人功力，以十之七八，做专精的功夫，选定局部研究，练习搜罗材料，判断真伪，抉择取舍；以十之二三，做涉猎的功夫，随便听讲，随便读书，随意谈话：如此做去，极其有益。关于涉猎，没有甚么特别法子；关于专精下苦功的方法，约有下面所列三项。

（一）勤于抄录　顾亭林的《日知录》，大家知道是价值很高。有人问他别来几年，《日知录》又成若干卷？顾氏答应他说，不过几条。为甚么几年功夫才得几条？因为陆续抄录，杂凑而成，先成长编，后改短条，所以功夫大了。某人日记称，见顾氏《天下郡国利病书》原稿，写满了蝇头小楷，一年年添上去的，可见他抄书之勤。顾氏常说，“善读书不如善抄书”，常常抄了，可以渐进于著作之林。抄书像顾亭林，可以说勤极了。我的乡先生陈兰甫先生作《东塾读书记》，即由抄录课成。新近有人在香港买得陈氏手稿，都是一张张的小条，裱成册页。或一条仅写几个字，或一条写得满满的。我现在正以重价购求此稿，如能购得，一则可以整理陈氏著作，一则可以看出他读书的方法。古人平常读书，看见有用的材料就抄下来；积之既久，可以得无数小条；由此小条，辑为长编；更由长编，编为巨制。顾亭林的《日知录》，钱大昕的《十驾斋养新录》，陈兰甫的《东塾读书记》，都系由此作成。一般学问如此，做专门学问尤其应当如此。近来青年常问我，研究某事，甚么地方找材料。我每逢受此质问，便苦于答不出来。因为资料虽然很丰富，却是很散漫，并没有一部现成书把我们所要的资料凑在一处以供取携之便。就这一点论，外国青年做学问，像比我们便宜多了。他们想研究某种问题，打开百科辞典，或其他大部头的参考书，资料便全都罗列目前。我们却像披沙拣金，拣几个钟头，得不到一粒。但为实际上养成学问能力起见，到底谁吃亏，谁便宜，还是问题。吃现成饭，吃惯了的人，后来要做很辛苦的工作，便做不来了。"谁知盘中餐，粒粒皆辛苦。"一粒米，一颗饭，都经过自己的汗血造出来，入口便更觉异常甘美。我们因为资料未经整理，自己要作做筚路蓝缕、积铢累寸的工作，实是给我们以磨练学问能力之绝好机会。我们若厌烦，不肯做，便错过机会了。

（二）练习注意　初学读书的人，看见许多书，要想都记得，都能作材料，实在很不容易。某先辈云："不会读书，书面是平的；会读书，字句都浮起来了。"如何才能使书中字浮凸起来？唯一的方法，就是训练注意。昔人常说，好打灯谜的人，无论看甚么书，看见的都是灯谜材料。会作诗词的人，无论打开甚么书，看见的都是文学句子。可见注意那一项，那一项便自然会浮凸出来。这种工作，起初做时是很难，往后就很容易。我自己就能办得到，无论读到甚么书，都可以得新注意。究竟怎样办到的？我自己亦不知道。大概由于练习。最初的方法，顶好是指定几个范围，或者作一篇文章，然后看书时，有关系的就注意，没有关系的就放过。过些日子，另换范围，另换题目，把注意力换到新的方面。照这样做得几日，就做熟了。

熟了以后，不必十分用心，随手翻开，应该注意之点立刻就浮凸出来。读一书，专取一个注意点；读第二遍，另换一个注意点。这是最粗的方法，其实亦是最好的方法。几遍之后，就可以同时有几个注意点，而且毫不吃力。前面所述读书贵勤于抄录，如果看不出注意点，埋头瞎抄，那岂不是白抄了吗。一定要有所去取，去取之间，煞费功夫，非有特别训练不可。

（三）逐类搜求　甚么叫逐类搜求？就是因一种资料，追寻一种资料，跟踪搜索下去。在外国工具方便，辞典充备，求资料尚不太难；中国工具甚少，辞典亦不多，没有法子，只好因一件追一件。比如读《孟子》，读到“杨朱墨翟之言盈天下”之语，因有此语，于是去搜寻当时的书，看有甚么人在甚么地方说过这类的话。《韩非子·显学篇》说：“世之显学，儒墨也。……墨之所至，墨翟也。……自墨子之死也，有相里氏之墨，有相夫氏之墨，有邓陵氏之墨。……墨离为三。”《荀子·非十二子篇》又说：“不知壹天下建国家之权称，上功用，大俭约而僈差等，曾不足以容辨异，县君臣……是墨翟、宋钘也。”孙仲容因得这种资料，加以组织，作《墨学传授考》、《墨家诸子钩沉》等文，作得的确不错。为甚么能有那样著作？就是看见一句话，跟踪追去。这种工作，就叫做逐类搜求。或由简单事实，或由某书注解看见出于他书，因又追寻他书。诸君不要以为某人鸿博，某人特具天才；其实无论有多大天才，都不能全记；不过方法好，或由平时记录，或由跟踪追寻，即可以得许多好材料。

此外方法尚多，我们暂说三门以为示范的意思。工作虽然劳苦，兴味确是深长。要想替国家作好历史，非劳苦工作不可。此种工作，不单于现在有益，脑筋训练惯了，用在甚么地方都有益。诚然，中国史比西洋史难作；但西洋史或者因为太容易的原故，把治学能力减少了;好像常坐车的人,两腿不能走路一样。一种学问,往往因为现存材料很多,不费气力,减少学者能力。这类事实很多。所以我主张要趁年富力强,下几年苦工,现在有益,将来亦有益。读书有益,作事亦有益。

丙 史识

史识是讲历史家的观察力。做一个史家,须要何种观察力?这种观察力,如何养成?观察要敏锐,即所谓"读书得间"。旁人所不能观察的,我可以观察得出来。凡科学上的重大发明,都由于善于观察。譬如苹果落地,是一件很普通的事情,牛顿善于观察,就发明万有引力。开水壶盖冲脱,是一件很普通的事情,瓦特善于观察,就发明蒸汽机关。无论对于何事何物,都要注意去观察,并且要继续不断的做细密功夫,去四面观察。在自然科学,求试验的结果;在历史方面,求关联的事实。但凡稍有帮助的资料,一点都不可放松。

观察的程序,可以分为两种:

(一)由全部到局部　何谓由全部到局部?历史是整个的,统一的。真是理想的历史,要把地球上全体人类的事迹连合起来,这才算得历史。既是整个的,统一的,所以各处的历史不过是此全部组织的一件机械。不能了解全部,就不能了解局部;不能了解世界,就不能了解中国。这回所讲专史,就是由全部中划出一部分来,或研究一个人,或研究一件事,总不外全部中的一部;虽然范围很窄,但是不要忘记了他是全部之一。比如我们研究戏曲史,算是艺术界文学界很小的一部分;但是要想对于戏曲史稍有发明,那就非有艺术文学的素养不可。因为戏曲不是单独发生,单独存在,而是与各方面都有关系。假使对于社会状况的变迁,其他文学的风尚,尚未了解，即不能批评戏曲。而且一方面研究中国戏曲，一方面要看外国戏曲，看他们各方所走的路，或者是相同的，或者是各走各的，或者是不谋而合，或者是互相感应。若不这样做，好的戏曲史便做不出来。不但戏曲史如此，无论研究任何专史，都要看他放在中国全部占何等位置，放在人类全部占何等位置。要具得有这种眼光，锐敏的观察才能自然发生。

（二）由局部到全部　何谓由局部到全部？历史不属于自然界，乃社会科学最重要之一，其研究法与自然科学研究法不同。历史为人类活动之主体，而人类的活动极其自由，没有动物植物那样呆板。我们栽树，树不能动；但是人类可以跑来走去。我们养鸡，鸡受支配；但是人类可以发生意想不到的行为。凡自然的东西，都可以用呆板的因果律去支配。历史由人类活动组织而成，因果律支配不来。有时逆料这个时代这个环境应该发生某种现象，但是因为特殊人物的发生，另自开辟一个新局面。凡自然界的现象，总是回头的，循环的；九月穿夹衣，十月换棉袍，我们可以断定。然而历史没有重复的时代，没有绝对相同的事实。因为人类自由意志的活动，可以发生非常现象。所谓由局部观察到全部，就是观察因为一个人的活动，如何前进，如何退化，可以使社会改观。一个人一群人特殊的动作，可以令全局受其影响，发生变化。单用由全部到局部的眼光，只能看回头的现象，循环的现象，不能看出自由意志的动作。对于一个人或一群人，看其动机所在，仔细观察，估量他对于全局的影响，非用由局部到全部的观察看不出来。

要养成历史家观察能力，两种方法应当并用。看一件事，把来源去脉都要考察清楚。来源由时势及环境造成，影响到局部的活动；去脉由一个人或一群人造成，影响到全局的活动。历史好像一条长练，环环相接，继续不断，坏了一环，便不能活动了。所以对于事实与事实的关系，要用细密锐敏的眼光去观察它。

养成正确精密的观察力，还有两件应当注意的事情：

（一）不要为因袭传统的思想所蔽　在历史方面，我们对于一个人或一件事的研究和批评，最易为前人记载或言论所束缚。因为历史是回头看的；前人所发表的一种意见，有很大的权威，压迫我们。我并不是说前人的话完全不对。但是我们应当知道，前人如果全对，便用不着我们多费手续了。至少要对前人有所补充，有所修正，才行。因此，我们对于前人的话，要是太相信了容易为所束缚。应当充分估量其价值，对则从之，不对则加以补充，或换一个方面去观察；遇有修正的必要的时候，无论是怎样有名的前人所讲，亦当加以修正。这件事情，已经很不容易。然以现代学风正往求新的路上走，办到这步尚不很难。

（二）不要为自己的成见所蔽　这件事情，那才真不容易。戴东原尝说："不以人蔽己，不以己蔽己。"以人蔽己，尚易摆脱；自己成见，不愿抛弃，往往和事理差得很远，还不回头。大凡一个人立了一个假定，用归纳法研究，费很多的功夫，对于已成的工作，异常爱惜，后来再四观察，虽觉颇有错误，亦舍不得取消前说。用心在做学问的人，常感此种痛苦，但忠实的学者，对于此种痛苦只得忍受；发见自己有错误时，便应当一刀两断的，即刻割舍；万不可回护从前的工作，或隐藏事实，或修改事实，或假造事实，来迁就他回护从前的工作。这种毛病，愈好学，愈易犯。譬如朱、陆两家关于无极太极之辩，我个人是赞成陆象山的。朱晦翁实在是太有成见了，后来让陆象山驳得他无话可说。然终不肯抛弃自己主张。陆与朱的信，说他从前文章很流丽，这一次何其支离潦草，皆因回护前说所致。以朱晦翁的见解学问，尚且如此；可见得不以己蔽己不是一件容易事情了。我十几年前曾说过："不惜以今日之我，与昨日之我挑战。"这固然可以说是我的一种弱点，但是我若认为做学问不应取此态度，亦不尽然。一个人除非学问完全成熟，然后发表，才可以没有修改纠正。但是身后发表，苦人所难。为现代文化尽力起见，尤不应如此。应当随时有所见到，随时发表出来，以求社会的批评，才对。真做学问的人，晚年与早年不同；从前错的，现在改了；从前没有，现在有了。一个人要是今我不同昨我宣战，那只算不长进。我到七十，还要与六十九挑战。我到八十，还要与七十九挑战。这样说法，似乎太过。最好对于从前过失，或者自觉，或由旁人指出，一点不爱惜，立刻改正。虽把十年的工作完全毁掉亦所不惜。

上面所说的这两种精神，无论做甚么学问，都应当有，尤其是研究历史，更当充实起来，要把自己的意见与前人的主张，平等的看待，超然的批评。某甲某乙不足，应当补充；某丙某丁错了，应当修改：真做学问贵能如此。不为因袭传统所蔽，不为自己成见所蔽，才能得到敏妙的观察，才能完成卓越的史识。

丁　史才

史才专门讲作史的技术，与前面所述三项另外又是一事，完全是技术的。有了史德，忠实的去寻找资料；有了史学，研究起来不大费力；有了史识，观察极其锐敏：但是仍然做不出精美的历史来。要做出的历史让人看了明了，读了感动，非有特别技术不可。此种技术，就是文章的构造。章实斋作《文史通义》，把文同史一块讲。论纯文学，章氏不成功；论美术文，章氏亦不成功；但是对于作史的技术，了解精透，运用圆熟，这又是章氏的特长了。

史才专讲史家的文章技术，可以分为二部：

子　组织

先讲组织。就是全部书或一篇文的结构。此事看时容易，做时困难。许多事实摆在面前，能文章的人可以拉得拢来，做成很好的史；文章技术差一点的人，就难组织得好，没有在文章上用过苦功的人，常时感觉困难。

组织是把许多材料整理包括起来，又分二事：

（一）剪裁　许多事实，不经剪裁，史料始终是史料，不能成为历史。譬如一包羊毛不能变成呢绒。必有所去，必有所取，梳罗抉剔，始成织物，搜集的工作，已经不容易，去取的工作，又更难了。司马光未作《资治通鉴》之前，先作长编。据说，他的底稿，堆满十九间屋。要是把十九间屋的底稿全体印出来，一定没有人看。如何由十九间屋的底稿做成长编，又由长编做成现在的《资治通鉴》，这里面剪裁就很多了。普通有一种毛病，就是多多的搜集资料，不肯割爱。但欲有好的著作，却非割爱不可。我们要去其渣滓，留其菁华。这件事体，非常常注意不可。至于如何剪裁的方法，不外多作，用不着详细解释。孰渣孰菁，何去何留，常常去作，可以体验得出来。

（二）排列　中看不中看，完全在排列的好坏。譬如天地玄黄四个字，王羲之是这样写，小孩子亦是这样写，但是王羲之写得好，小孩子写得坏，就是因为排列的关系。凡讲艺术，排列的关系却很大。一幅画，山水布置得宜，就很好看，一间屋，器具陈设得宜，亦很好看，先后详略，法门很多。这种地方，要特别注意。不然，虽有好材料，不能惹人注目。就有人看，或者看错了，或者看得昏昏欲睡。纵会搜集，也是枉然。至于如何排列的方法，一部分靠学力，一部分靠天才。良工能教人以规矩，不能使人巧。现在姑讲几种通用的方法，以为示例。

(1)即将前人记载，联络熔铸，套入自己的话里。章实斋说："文人之文，惟患其不己出；史家之文，惟患其己出。"史家所记载，总不能不凭藉前人的话。《史记》本诸《世本》、《战国策》、《楚汉春秋》，《汉书》本诸《史记》，何尝有一语自造？却又何尝有一篇非自造？有天才的人，最能把别人的话熔铸成自己的话，如李光弼入郭子仪军，队伍如故，而旌旗变色，此为最上乘之作。近代史家，尤其是乾、嘉中叶以后作史者，专讲究"无一字无来历"。阮芸台作《国史儒林传》，全是集前人成语，从头至尾，无一字出自杜撰。阮氏认为是最谨严的方法。他的《广东通志》、《浙江通志》，谢启昆的《广西通志》，都是用的此法。一个字，一句话，都有根据。这种办法，我们大家是赞成的，因为有上手可追问。但亦有短处，在太呆板。——因为有许多事情未经前人写在纸上，虽确知其实，亦无法采录，而且古人行为的臧否与批评，事实的连络与补充，皆感困难。——吾人可师其意，但不必如此谨严。大体固须有所根据，但亦未尝不可参入一己发见的史实。而且引用古书时，尽可依做文的顺序，任意连串，做成活泼飞动的文章。另外更用小字另行注明出处或说明其所以然，就好了。此法虽然好，但亦是很难。我尚未用，因为我懒在文章上作功夫。将来打算这样作一篇，以为模范。把头绪脉络理清，将前人的话藏在其中，要看不出缝隙来。希望同学亦如此作去。

(2)用纲目体，最为省事。此种体裁，以钱文子的《补汉书兵志》为最先(在《知不足斋丛书》内)。顶格一语是正文，是断案，不过四五百字。下加注语，为自己所根据的史料，较正文为多。此种方法，近代很通行。如王静安先生的《胡服考》、《两汉博士考》，皆是如此。我去年所作的《中国文化史》亦是如此。此法很容易，很自由，提纲处写断案，低一格作注解。在文章上不必多下功夫，实为简单省事的方法。做得好，可以把自己研究的结果，畅所欲言，比前法方便多了。虽文章之美，不如前法，而伸缩自如，改动较易，又为前法所不及。

（3）多想方法，把正文变为图表。对于作图表的技术，要格外训练。太史公作《史记》，常用表，“旁行斜上，本于《周谱》”，然仍可谓为太史公所发明。《三代世表》、《十二诸侯年表》、《六国表》、《秦楚之际月表》、《功臣侯者表》、《百官公卿表》，格式各各不同。因有此体，遂开许多法门。若无此体，就不能网罗这样许多复杂的材料同事实。欧美人对于此道，尤具特长。有许多很好很有用的表，我们可以仿造。但造表可真是不容易，异样的材料便须异样的图表才能安插。我去年尝作《先秦学术年表》一篇，屡次易稿，费十余日之精力，始得完成。耗时用力，可谓甚大。然因此范繁赜的史事为整饬，化乱芜的文章为简洁，且使读者一目了然，为功亦殊不小。所以这种造表的技术，应该特别训练。

丑　文采

次讲文采。就是写人写事所用的字句词章。同是记一个人，叙一件事，文采好的，写得栩栩欲活；文采不好的，写得呆鸡木立。这不在对象的难易，而在作者的优劣。没有文章素养的人，实在把事情写不好，写不活。要想写活写好，只有常常模仿，常常练习。

文采的要素很多，专择最要的两件说说：

（一）简洁　简洁就是讲剪裁的功夫，前面已经讲了。大凡文章以说话少，含意多为最妙。文章的厚薄，即由此分。意思少，文章长，为薄。篇无剩句，句无剩字，为厚。比如饮龙井茶，茶少水多为薄，叶水相称为厚。不为文章之美，多言无害。若为文章之美，不要多说，只要能把意思表明就得。做过一篇文章之后，要看可删的有多少，该删的便删去。我不主张文章作得古奥，总要词达。所谓“词达而已矣”，达之外不再加多，不再求深。我生平说话不行而文章技术比说话强得多。我所要求的，是章无剩句，句无剩字。这件事很重要。至于如何才能做到，只有常作。

（二）飞动　为甚么要作文章？为的是作给人看。尤其是历史的文章，为的是作给人看。若不能感动人，其价值就减少了。作文章，一面要谨严，一面要加电力。好像电影一样活动自然，如果电力不足，那就死在布上了。事本飞动，而文章呆板，人将不愿看，就看亦昏昏欲睡。事本呆板，而文章生动，便字字都活跃纸上，使看的人要哭便哭，要笑便笑。如像唱戏的人，唱到深刻时，可以使人感动。假使想开玩笑，而板起面孔，便觉得毫无趣味了。不能使人感动，算不得好文章。旁的文章，如自然科学之类，尚可不必注意到这点。历史家如无此种技术，那就不行了。司马光作《资治通鉴》，毕沅作《续资治通鉴》，同是一般体裁。前者看去，百读不厌；后者读一二次，就不愿再读了。光书笔最飞动，如赤壁之战，淝水之战，刘裕在京口起事，平姚秦，北齐、北周沙苑之战，魏孝文帝迁都洛阳，事实不过尔尔，而看去令人感动。此种技术，非练习不可。

如何可以养成史才？前人说，多读，多作，多改。今易一字，为“多读，少作，多改”。多读：读前人文章，看他如何作法。遇有好的资料可以自己试作，与他比较；精妙处不妨高声朗诵：读文章有时非摇头摆尾，领悟不来。少作：作时谨慎，真是用心去作，有一篇算一篇，无须多贪作；笔记则不厌其多，天天作都好；作文章时，几个月作一次，亦不算少；要谨慎，要郑重，要多改，要翻来覆去的看；从组织起，到文采止，有不满意处，就改；或剪裁，或补充；同一种资料，须用种种方法去作;每作一篇之后,摆在面前细看:常看旁人的,常改自己的;一篇文不妨改多少回,十年之后还可再改。这种工夫很笨。然天下至巧之事,一定从至笨来。古人文章做得好,也曾经过几许甘苦。比如梅兰芳唱戏唱得好,他不是几天之内成功的,从前有许多笨工作,现在仍继续不断的有许多笨工作,凡事都是如此。

第三章　五种专史概论

五种专史,前文已经提到过。第一,人的专史;第二,事的专史;第三,文物的专史;第四,地方的专史;第五,时代的专史。本章既然叫着概论,不过提纲挈领的说一个大概;其详细情形,留到分论再讲。

甲　人的专史

自从太史公作《史记》,以本纪列传为主要部分,差不多占全书十分之七,而本纪列传又以人为主。以后二千余年,历代所谓正史,皆踵其例。老实讲起来,正史就是以人为主的历史。

专以人为主的历史,用最新的史学眼光去观察他,自然缺点甚多,几乎变成专门表彰一个人的工具。许多人以为中国史的最大缺点,就在此处。这句话,我们可以相当的承认:因为偏于个人的历史,精神多注重彰善惩恶,差不多变成为修身教科书,失了历史性质了。但是近人以为人的历史毫无益处,那又未免太过。历史与旁的科学不同,是专门记载人类的活动的。一个人或一群人的伟大活动可以使历史起很大变化。若把几千年来,中外历史上活动力最强的人抽去,历史倒底还是这样与否,恐怕生问题了。譬如欧洲大战,若无威廉第二、威尔逊、路易乔治、克里孟梭几个人,历史当然会另变一个样子。欧洲大战或者打不成,就打成也不是那样结果。又如近三十年来的中国历史,若把西太后、袁世凯、孙文、吴佩孚……等人——甚至于连我梁启超——没有了去,或把这几个人抽出来,现代的中国是个甚么样子,谁也不能预料。但无论如何,和现在的状况一定不同。这就可见个人与历史的关系和人的历史不可轻视了。

一个人的性格、兴趣及其作事的步骤,皆与全部历史有关。太史公作《史记》,最看重这点。后来的正史,立传猥杂而繁多,几成为家谱、墓志铭的丛编,所以受人诟病。其实《史记》并不如此,《史记》每一篇列传,必代表某一方面的重要人物。如《孔子世家》、《孟荀列传》、《仲尼弟子列传》代表学术思想界最要的人物,《苏秦、张仪列传》代表造成战国局面的游说之士,《田单、乐毅列传》代表有名将帅,四公子《平原、孟尝、信陵、春申列传》代表那时新贵族的势力,《货殖列传》代表当时经济变化,《游侠列传》、《刺客列传》代表当时社会上一种特殊风尚。每篇都有深意,大都从全社会着眼,用人物来做一种现象的反影,并不是专替一个人作起居注。

在现代欧美史学界,历史与传记分科;所有好的历史,都是把人的动作藏在事里头;书中为一人作专传的很少。但是传记体仍不失为历史中很重要的部分,一人的专传,如《林肯传》、《格兰斯顿传》,文章都很美丽,读起来异常动人。多人的列传,如布达鲁奇的《英雄传》,专门记载希腊的伟人豪杰,在欧洲史上有不朽的价值。所以传记体以人为主,不特中国很重视,各国亦不看轻。因此,我们作专史,尽可以个人为对象,考察某一个人在历史上有何等关系。凡真能创造历史的人,就要仔细研究他,替他作很详尽的传。而且不但要留心他的大事,即小事亦当注意。大事看环境,社会,风俗,时代;小事看性格,家世,地方,嗜好,平常的言语行动,乃至小端末节,概不放松。最要紧的是看历史人物为甚么有那种力量。

每一时代中须寻出代表的人物，把种种有关的事变都归纳到他身上。一方面看时势及环境如何影响到他的行为，一方面看他的行为又如何使时势及环境变化。在政治上有大影响的人如此，在学术界开新发明的人亦然。先于各种学术中求出代表的人物，然后以人为中心，把这个学问的过去、未来及当时工作都归纳到本人身上。这种作法，有两种好处：第一，可以拿着历史主眼。历史不外若干伟大人物集合而成。以人作标准，可以把所有的要点看得清清楚楚。第二，可以培养自己的人格。知道过去能造历史的人物，素养如何，可以随他学去，使志气日益提高。所谓“奋乎百世之上，百世之下，闻者莫不兴起也”。

乙 事的专史

历史的事实，若泛泛看去，觉得很散漫，一件件的摆着，没有甚么关系，但眼光锐敏的历史家，把历史过去的事实看成为史迹的集团，彼此便互相联络了。好像天上的星辰，我们看去是分散的；天文家看去，可以分出十二宫。无论何种事物，必把破碎的当作集团，才有着眼的地方。研究历史，必把一件件的史迹看为集团，才有下手的地方。把史迹看作集团研究，就是纪事本末体。现代欧美史家，大体工作，全都在此。纪事本末体是历史的正宗方法。不过中国从前的纪事本末，从袁枢起，直到现在，我都嫌他们对于集团的分合未能十分圆满。即如《通鉴纪事本末》把《资治通鉴》所有事实，由编年体改为纪事本末体，中间就有些地方分得太琐碎，有些地方不免遗漏。也因为《资治通鉴》本身偏于中央政治，地方政治异常简略，政治以外的事实更不用提。所以过去的纪事本末体，其共同的毛病，就是范围太窄。我们所希望的纪事本末体，要从新把每朝种种事实作为集团,搜集资料,研究清楚。大集团固然要研究,再分小点,亦可以研究。凡集团事迹于一时代有重大影响的,须特别加以注意。

比如晚明时代的东林、复社,他们的举动,可以作为一个集团来研究,把明朝许多事实都归纳到里边,一方面可以看,类似政治团体的活动,以学术团体兼为政治团体,实由东林起,至复社而色彩愈显。这是中国史上一大事实,很值得研究。研究东林、复社始末,方面很多。本来是学术机关,为甚么又有团体的政治运动?一方面可以看出学术的渊源及学风的趋势。另一方面,可以看在野的智识阶级的主张。每逢政治腐败的时候,许多在野学者,本打算闭户读书;然而时势所迫,又不能不出头说话:这种情形,全由政治酝酿而成。非全部异常明了,一部很难了解。至于复社,本来是一个团体的别名,同时的其他团体尚多,不过以复社为领袖,成为一个联合会社的性质。我们研究创社人的姓名,及各社员的籍贯,或作小传,或作统计,可以看出复社的势力在于何部,明亡以后,复社的活动于当时政治有何影响,满洲入关,复社人物采取若何态度。从这些地方着手,明末清初的情形可以了如指掌了。

又如清世宗(雍正)的篡位前后情形,可以作为一个集团来研究。把那时候许多事实都归纳到里边。这件事情,比较复社始末,材料难找得多。因事涉宫闱,外人很难知道。但是这件事情,关系很大,是清史主要的部分。假使没有雍正,就不会有乾隆,道、咸、光、宣更不用说了。内容真相若何,牵涉的方面很多。有关于外国的,如喇嘛教与天主教争权,因为世宗成了功,后来喇嘛教得势,天主教衰落。有关于学术的,如西洋科学之输入,因天主教被排斥,亦连带的大受影响,几乎中绝。有关于藩属的,如清代之羁縻蒙古、西藏,亦以喇嘛教为媒介;即经营青海,还是要借重他。这种事情,蒙古、西藏文中稍微有点资料，可以明了一部份；中国文字资料就很少。即如年羹尧的事迹，当然和清史很有关系，我们看《东华录》及《雍正上谕》的记载，极其含糊，得不着一个明了的概念。若把所有资料完全搜出，可以牵连清朝全部历史的关系。所以研究历史的人，应当挑出一极大之事，作为集团，把旁的事实，都归纳到里面，再看他们的关系影响。研究一个集团，就专心把这个集团弄明白了。能得若干人分头作去，把所有事的集团都弄清楚，那末全部历史的主要脉络就可一目了然了。

丙　文物的专史

最古的文物史，要算《史记》的八书。《史记》于本纪列传之外，另作《礼》、《乐》、《律》、《历》、《天官》、《封禅》、《河渠》、《平准》等书。后来班固作《汉书》，改称为志，不以人为主，而以某制度或某事物为主。凡所叙述，皆当代的文物典章。自太史公创此例后，后代历史，除小者外，如二十四史，皆同此例。而杜佑所作《通典》，纯以制度为主，上起三代，下至隋唐，一一加以考核。马端临仿其体裁作《文献通考》，范围更大，蕴义更博。《通典》所述，限于一代朝制；《通考》所述，则于朝制之外，兼及社会状况。此种著作，中国从前颇为发达，就是我们所说的文物的历史。《通典》、《通考》可谓各种制度的总史，不是各种制度的专史。在杜佑、马端临那个时候，有《通典》、《通考》一类著作，便已满足了。此刻学问分科，日趋精密，我们却要分别部居，一门一门的作去。一个人要作经济史，同时又要作学术史、目录学，一定做不出有价值的著述来。要作经济史，顶好就专门研究经济。要作学术史，顶好就专门研究学术。要治目录学，顶好就研究《艺文志》、《经籍志》等。不惟分大类而已，还要分小类。

即如研究经济史,可以看历代食货志。食货中包含财政及经济两大部分,财政经济又各有若干的细目。我们不妨各摘其一项,分担研究,愈分得细愈好。既分担这一项,便须上下千古,贯彻融通。例如专研究食货中的财政的,在财政中又专研究租税,在租税中又专研究关税;那末中国外国及关于关税的资料都要把他搜集起来,看关税如何起源,如何变迁,如何发展,关税不平等的原因事实影响如何,乃至现在的关税会议如何召集,如何进行,关税自主的要求如何运动,一一记载,解释明白。这种的工作,比泛泛然作《通典》、《通考》要切实得多,有意思得多,有价值得多。因为整部的文物,很笼统,很含混,无从下手,亦不容易研究明白。所以我主张一部分一部分的研究;先分一个大纲,如经济、文艺、学术、民族、宗教……等,一二十条;再于每条之下,分为若干类,如经济之分为财政、租税,文艺之分为文学、美术,学术之分为经、史,民族之分为原始、迁徙、同化,宗教之分为道、佛等。择其最熟悉、最相近者,一个时候作一类,或者一个人作一类。久而久之,集少成多,全部文物不难完全畅晓了。

丁　地方的专史

地方的专史就是方志的变相。最古的方志要算《华阳国志》了。以后方志愈演愈多,省有省志,县有县志。近代大史家章实斋把方志看得极重;他的著作,研究正史的与研究方志的各得其半。方志,从前人不认为史;自经章氏提倡后,地位才逐渐增高。治中国史,分地研究,极为重要。因为版图太大,各地的发展,前后相差悬殊。前人作史,专以中央政府为中心,只有几个分裂时代以各国政府所在地为中心,但中心地亦不过几个——三国有三个,十六国有十六个,究未能平均分配。研究中国史,实际上不应如此。普通所谓某个时代到某个程度，乃指都会言之；全国十之七八全不是那样一回事。我们试看分述研究的必要。比如一向称为本部十八省的云南，在三国以前，与中国完全无关；自诸葛渡泸以后，这才发生交涉。然而云南向来的发展，仍不与全部历史的发展相同。唐时的南诏，宋时的大理，都是半独立的国家。清初吴三桂据云南，亦取半独立的态度。三藩之乱既平，设置巡抚，始与本部关系较密。然民国十五年来，云南直接受中央辖制者不过二三年，其余诸年仍然各自为政。自古及今，云南自身如何发展；中原发达的时候，云南又受何等影响，有何种变化：这都是应当划分出来，单独研究的事情。又如广东，是次偏的省分，其文化的发达，亦不与中原同。自明以前，广东的人物及事实，不能影响到中原的历史，亦于中原的历史上没有相当的地位。再如安南、朝鲜，现在不属中国，然与中国历史关系很深。安南作中国郡县较广东为早，在黎氏、莫氏独立尚未终了时，欧人东来，遂被割去。若云南当南诏、大理或吴三桂独立未终时，外人适来，恐亦将被割去啊。所以我们对于安南、朝鲜这一类地方，也应当特别研究，不能因为现在已经失掉而置之不理。上面所说的，还是边远省分。说近一点，如中原几省，最初居住的是什么人？河南、山东如何变成为中华民族的中心？后经匈奴、东胡民族的蹂躏，又起了多大变化？这些都是应当特别研究的事情。如欲彻底的了解全国，非一地一地分开来研究不可。普通说中国如何如何，不过政治中心的状况，不是全国一致的状况。所以有作分地的专史之必要。广博点分，可以分为几大区；每区之中，看他发达的次第。精细点分，可以分省分县分都市；每县每市，看他进展的情形。破下工夫，仔细研究，各人把乡土的历史风俗事故人情考察明白。用力甚小，而成效极大。

戊 断代的专史

在整部历史中，可以划分为若干时代，如两汉、六朝、隋、唐、宋、元、明、清；每一个时代中，可以又划分为若干部分，如人的、事的、文物的、地方的。含着若干部分，成为一个时代；含着若干时代，成为一部总史。总史横集前述四种材料，纵集上下几千年的时间。因为总史不易研究，才分为若干时代，时代的专史就是从前所谓断代为史，起自班固，后世因之，少所更改。不过旧时的断代，以一姓兴亡作标准，殊不合宜。历史含继续性，本不可分。为研究便利起见，挑出几样重大的变迁，作为根据，勉强分期，尚还可以。若不根据重大变迁，而根据一姓兴亡，那便毫无意义了。皇帝尽管常换，而社会变迁甚微，虽属几代，仍当合为一个时期。皇帝尽管不换，而社会变迁极烈，虽属一代，仍当分为几个时期。比如南北朝，总共不过百六十七年，而南朝有宋、齐、梁、陈四代，北朝有北魏、北齐、北周三代。若以一姓兴亡分，应当分为四个或三个时期了。然此百六十七年间，社会上实无多大变化，所以我们仍当作为一个时期研究。其次述五代，五代不过五十二年，有梁、唐、晋、汉、周五个朝代。若以一姓兴亡分，应当分为五个时期；然此五十二年间，社会上亦没有多大变化，所以我们应当作为一个时期研究。上面是说皇帝换姓而社会不变的，虽然是分，应当合拢来研究。又有皇帝姓氏不换而社会变迁剧烈的，虽然是合，应当分开来研究。比如有清一代，道、咸而后，思想、学术、政治、外交、经济、生活，无一不变。不特是清代历史的大变迁，并且是全部历史的大变迁。我们尽可以把道、咸以前，划分为一个时期。道、咸以后，另划为一个时期。不必拘于成例，以一姓兴亡作为标准，笼统含糊下去。果尔，一定有许多不便利的地方。历史是不可分的,分期是勉强的。一方面不当太呆板,以一姓兴亡作根据,像从前一样;换一方面,又不当太笼统,粗枝大叶的,分上古、中古、近世三个时期。比较妥当一点的,还是划春秋为一个时期,战国为一个时期,两汉为一个时期(或分或合均可),三国、两晋、南北朝为一个时期,隋、唐为一个时期,宋、辽、金、元、明为一个时期,清分为两个时期。这种分法,全以社会变迁作标准。在一个时期当中,可以看出思想、学术、政治、经济改换的大势,比较容易下手,材料亦易搜集。不管时期的长短,横的方面,各种事实要把它弄清楚。时代的专史,为全通史的模型。专史做得好,通史就做得好。此种专史,亦可分每人担任一项,分别做去。

以上讲五种专史的概说,以下就要讲五种专史如何做法。按照现在这个次序,一种一种的讲去。同学中有兴趣的,或者有志作史家的,于五种之中,认定一项,自己搜集,自己研究,自己著述,试试看。果能聚得三五十个同志,埋头用功,只须十年功夫,可以把一部顶好的中国全史做出来。人数多,固然好;若不然,能得一半的同志,甚至于十个同志,亦可以把整部历史完全做出。我担任这门功课,就有这种野心。但是能否成功,那就看大家的努力如何了。

分论一　人的专史

第一章　人的专史总说

人的专史，是专以人物作本位所编的专史，大概可分为五种形式：

(一)列传

(二)年谱

(三)专传

(四)合传

(五)人表

(一)列传　列传这个名称，系由正史中采用下来。凡是一部正史，将每时代著名人物罗列许多人，每人给他作一篇传。所以叫做列传。列传的主要目的虽在记叙本人一生的事迹，但是国家大事，政治状况，社会情形，学术思想，大部分都包括在里边。列传与专传不同之点：专传以一部书记载一个人的事迹；列传以一部书记载许多人的事迹。专传一篇即是全书；列传一篇不过全书中很小的一部分。列传的体裁与名称，是沿用太史公以来成例，在旧史中极普通，极发达。列传著法，具详二十四史，各种体裁，应有尽有。至于其中有些特别技术的应用，下文再讲。

（二）年谱　这种著作，比较的起得很晚，大致在唐代末年始见发达。现在传下来的年谱，以韩愈、柳宗元二人的年谱为最古。年谱与列传不同之点：列传叙述一生事迹，可以不依发生的前后，但顺着行文之便，或著者注重之点，提上按下，排列自由；年谱叙述一生事迹，完全依照发生前后，一年一年的写下去，不可有丝毫的改动。章实斋说："年谱者，一人之史也。"年谱所述，不外一个人历史的经过。这种体裁，其好处在将生平行事，首尾毕见，巨细无遗。比如一个政治家的年谱，记载他小时如何，壮年如何，环境如何，功业如何，按年先后，据事直书。一个学者的年谱，记载某年读甚么书，某年作甚么文，某年从甚么师，某年交甚么友，思想变迁，全可考见。一个发明家的年谱，记载他们如何研究，如何改良，如何萌芽，如何成熟，事功原委，一目了然。无论记载事业的成功，思想的改变，器物的发明，都要用年谱体裁，才能详细明白。所以年谱在人的专史中，位置极为重要。

（三）专传　专传亦可以叫做专篇，这个名词是我杜撰的，尚嫌他不大妥当；因为没有好名词，不妨暂时应用。我所谓专传，与列传不同。列传分列在一部史中；专传独立成为专书。《隋书·经籍志》杂传一门，著录二百余部，其中属于一人的专传，如《曹参传》一卷，《东方朔传》八卷，《毌丘俭记》三卷之类，亦不下十余种，可惜都不传了。现在留传下来的，要算慧立所著《慈恩三藏法师传》（即玄奘传）为最古，全书有十卷之多。不过我所谓专传，与从前的专传，尚微有不同。《隋志》诸传已经亡失，其体裁如何，今难确指。专就现存的《三藏传》而论，虽然很详博，但仍只能认为粗制品的史料，不能认为组织完善的专书。大概从前的专传，不过一篇长的行状。——近人著行状，长至一二万字的，往往有之。——只能供作列传的取材，不能算理想的专传。我的理想专传，是以一个伟大人物对于时代有特殊关系者为中心，将周围关系事实归纳其中；横的竖的，网罗无遗。比如替一个大文学家作专传，可以把当时及前后的文学潮流分别说明。此种专传，其对象虽止一人，而目的不在一人。择出一时代的代表人物，或一种学问一种艺术的代表人物，为行文方便起见，用作中心。此种专传，从前很少。新近有这种专传出现，大致是受外国传记的影响，可惜有精采的作品还不多。列传在历史中虽不能说全以人物为主，但有关系的事实很难全纳在列传中。即如做《诸葛亮专传》与做《诸葛亮列传》便不同。做列传就得把与旁人有关系的事实分割在旁人的传中讲，所以《鲁肃传》、《刘表传》、《刘璋传》、《曹操传》、《张飞传》都有诸葛亮的事，不能把所有关系的事都放在《诸葛亮列传》中。若做专传，那是完全另是一回事；凡有直接关系的，都以诸葛亮为中心，全数搜集齐来；甚至有间接关系的，如曹操、刘备、吕布的行为举止，都要讲清楚：然后诸葛亮的一生才能完全明白。做专传又与做年谱不同。年谱很呆板：一人的事迹全以发生的先后为叙，不能提前抑后；许多批评的议论，亦难插入；一件事直接或间接的关系，更不能尽量纳在年谱中。若做专传，不必依年代的先后，可全以轻重为标准，改换异常自由；内容所包，亦比年谱丰富；无论直接间接，无论议论叙事，都可网罗无剩。我们可以说，人的专史以专传为最重要。

（四）合传　合传这种体裁，创自太史公。太史公的合传，共有三种：

（1）两人以上，平等叙列。如《管晏列传》、《屈贾列传》，无所谓轻重，亦无所谓主从。

（2）一人为主，旁人附录。如《孟荀列传》，标题为孟子、荀卿，而内容所讲的有三驺子、田骈、慎到、环渊、接子、墨子、淳于髡、公孙龙、剧子、李悝、尸子、长卢、吁子等一二十人，各人详略不同。此种专以一二人较伟大的人物为主，此外都是附录。

(3)许多人平列，无主无从。如《仲尼弟子列传》，七十余人，差不多都有叙述。如《儒林列传》，西汉传经的人，亦差不多都有叙述。

在《史记》中，合传的体裁，有上列三种。后代的正史，合传体裁，更为复杂。如《汉书·楚元王传》有两卷之多，楚元王交的传何以会有那样长？因为刘向、刘歆都是楚元王几代的子孙，本身的事情虽少，刘向、刘歆的事情就很多。这种体裁，后来《南、北史》运用得极广。因为南北朝最讲门第，即如江右王、谢，历朝皆握政权，皇帝尽管掉换而世家绵延不绝；诸王诸谢，父子祖孙，合为一传，变成家谱的性质，一家一族的历史可以由其中看出。此种合传的方法，为著历史的开了许多方便。许多人附见在一个人传中，因一个重要的而其余次要的都可记载下去。如《孟荀列传》若不载许多人，那我们顶多只知道孟、荀，至于邹衍的终始五德之说，我们就不晓得了。合传体裁的长处，就是能够包括许多够不上作专传而有相当的贡献，可以附见于合传中的人。其作用不单为人，而且可以看当时状况。如《孟荀列传》就可以看出，战国时学术思想的复杂情形。此种体裁，章实斋最恭维。可合的人，就把他们合在一起。章氏并主张另用一种“人名别录”。他所著《湖北通志》屡用此法。叙某一件重要事情，把有关系的人通作一个别录。比如《嘉定守城传》，把守城时何人任何职分，阵亡的多少，立功的多少，通统列在别录上。这种可为合传体运用得最广最大的一个例子。又如《复社名士传》，先讲复社的来源，次讲如何始入湖北，又次调查湖北人列名复社者多少，以县分之，最后又考明亡以后，殉难者多少，当遗老者多少，出仕清朝者多少。这种亦可为合传体运用得最广最大的一个例子。人物专史应当常用这种体裁。

(五)人表　人表的体裁,始创于《汉书·古今人表》;他把古今人物分为九等,即上上,中上,下上,上中,中中,下中,上下,中下,下下;所分的人并不是汉人,乃汉以前的人,与全书体例不合。这九等的分法,无甚标准,好像学校中考试的成绩表一样无聊。后来史家非难的很多,章实斋则特别的恭维,以为篇幅极少而应具应见的人皆可详列无遗。我们看来,单研究汉朝的事迹,此表固无用处;但若援引其例,作为种种人表,就方便得多。后来《唐书·方镇表》、《宰相世系表》,其做法亦很无聊。攻击的人亦极多,一般读《唐书》的人看表看得头痛。但是某人某事,旁的地方看不见的,可在《方镇、世系表》中查出,我们认为是很大的宝贝。章实斋主张扩充《汉书·古今人表》、《唐书·宰相世系表》的用意,作为种种表;凡人名够不上见于列传的,可用表的形式列出。"人名别录"亦即可为其中的一种。章氏所著几部志书,人表的运用都很广。所以人的专史,人表一体,亦很重要。即如讲复社始末,材料虽多,用表的方法还少有人做过。若有《复社人名表》,则于历史研究上,方便了许多。又如讲晚明流寇,材料亦不少,若有一张《流寇人名表》,把所有流寇姓名,扰乱所及的地方,被剿灭的次第……等等,全用表格列出,岂不大省事而极明白吗?又如将各史儒林传,改成《儒林人名表》,或以所治之经分列,或以传授系统分列,便可以用较少的篇幅记载较多之事实。又如唐代藩镇之分合兴亡,纷乱复杂,读史虽极勤苦,了解不易。若制成简明的人表,便一目了然。诸如此类,应用可以甚广。

第二章　人的专史的对相

所谓人的专史的对相，就是讲那类的人我们应该为他作专史。当然，人物要伟大，作起来才有精采，所以伟大人物是作专史的主要对相，但所谓伟大者，不单指人格的伟大，连关系的伟大，也包在里头。例如袁世凯、西太后人格虽无可取，但不能不算是有做专史价值的一个人物。有许多伟大人物可以做某个时代的政治中心，有许多伟大人物可以作某种学问的思想中心，这类人最宜于做大规模的专传或年谱，把那个时代或那种学术都归纳到他们身上来讲。五种人的专史中，人表的对相不成问题，可以随便点；其余四种，都最重要。大概说来，应该作专传或补作列传的人物，约有七种：

（一）思想及行为的关系方面很多，可以作时代或学问中心的，我们应该为他们作专传。有些人，伟大尽管伟大，不过关系方面太少，不能作时代或学问的中心，若替他作专传就很难作好。譬如文学家的李白、杜甫都很伟大；把杜甫作中心，将唐玄宗、肃宗时代的事实归纳到他身上，这样的传，可以作得精采；若把李白作为中心，要作几万字的长传，要包涵许多事实，就很困难。论作品是一回事，论影响又是一回事，杜诗时代关系多，李诗时代关系少。叙述天宝乱离的情形，在杜传中是正当的背景，在李传中则成为多余的废话。两人在诗界，地位相等，而影响大小不同。杜诗有途径可循，后来学杜的人多，由学杜而分出来的派别亦多。李诗不可捉摸，学李的人少,由学李而分出来的派别更少。所以李白的影响浅,杜甫的影响深。二人同为伟大,而作传方法不同。为李白作列传,已经不易;为李白作年谱或专传,更不可能。反之,为杜甫作年谱,作专传,材料比较丰富多了。所以作专传,一面要找伟大人物;一面在伟大人物中,还要看他的性质关系如何,来决定我们做传的方法。

(二)一件事情或一生性格有奇特处,可以影响当时与后来,或影响不大而值得表彰的,我们应该为他们作专传。譬如《史记》有《鲁仲连传》,不过因为鲁仲连曾解邯郸之围。诚然,以当时时局而论,鲁仲连义不帝秦,解围救赵,不为无关;但是还没有多大重要。太史公所以为他作传,放在将相文士之间,完全因他的性格俊拔,独往独来,谈笑却秦军,功成不受赏。像这样特别的性格,特别的行为,很可以令人佩服感动。又如《后汉书》有《臧洪传》,不过因为他能为故友死义。洪与张超但属戚友,初非君臣。张超为曹操所灭,洪怨袁绍坐视不救,拥兵抗绍,为绍所杀。袁绍、张超、臧洪在历史上俱无重大关系,不过臧洪感恩知己,以身殉难,那种慷慨凛冽的性格,确是有可以令人佩服的地方。再如《汉书·杨王孙传》,不记杨王孙旁的事情,专记他临死的时候,主张裸葬:衣衾棺椁,一概不要,还说了许多理由;后来他的儿子觉得父命难从,却拗不过亲友的督责,只得勉强遵办。他的思想,虽没有墨子那样大,然比墨子还走极端,连桐棺三寸都不要,不管旁人听否,自己首先实行,很可以表示特别思想,特别性格。几部有名的史书,对于这类特别人,大都非常注意。我们作史,亦应如此。伟大人物之中,加几个特别人物,好像燕窝鱼翅的酒席,须得有些小菜点缀才行。

(三)在旧史中没有记载,或有记载而太过简略的,我们应当为他作专传。这种人,伟大的亦有,不伟大的亦有。伟大的,旁人知道他，正史上亦曾提到过，但不详细，我们应当为他作传。譬如墨翟是伟大人物，《史记》中没有他的列传，仅附见于《孟荀列传》，不过二十几个字。近人孙仲容根据《墨子》本书及其他先秦古籍，作《墨子列传》及《年表》。这就是一个很好的例。又如荀子是伟大人物，虽有《孟荀列传》，但是太过简略。清人汪中替他作《荀子年表》，胡元仪作《荀卿子列传》。这亦是很好一个例。皆因从前没有列传，后人为他补充；或者从前的传太简略，后人为他改作。这类应该补作或改作之传，以思想家、文学家等为最多。例如王充、刘知几、郑樵……等，在他们现存的著作中，便有很丰富的资料，足供我们作成极体面的专传。另有许多人，虽没有甚么特别伟大，但事迹隐没太甚，不曾有人注意，也该专为他作传表彰。例如唐末守瓜州的义潮，赖有近人罗振玉替他作一篇传，我们才知道有这么一位义士名将。又如作《儒林外史》的吴敬梓，前人根本不承认这本书有价值，书的作者更不用说了。近人胡适之才替他作一篇传出来，我们才认识这个人的文学地位。这些都是很好的例。总之，许多有相当身分的人，不管他著名不著名，不管正史上没有传或有传而太过简略，我们都应该整篇的补充，或一部分的改作。

（四）从前史家有时因为偏见，或者因为挟嫌，对于一个人的记载，完全不是事实。我们对于此种被诬的人，应该用辩护的性质，替他重新作传。历史上这类人物很多，粗略说起来，可以分下列三种：

（1）完全挟嫌，造事诬蔑。这类事实，史上很多。应该设法辩护。譬如作《后汉书》的范晔，以叛逆罪见杀；在《宋书》及《南史》上的《范晔本传》中，句句都是构成他的真罪状，后人读起来，都觉得晔有应死之罪，虽然作得这么好的一部《后汉书》，可惜文人无行了。这种感想，千余年来深入人心。直到近代陈澧（兰甫）在他的

《东塾集》里面作了一篇《申范》,大家才知完全没有这回事。当时造此冤狱,不过由几位小人构煽;而后此含冤莫雪,则由沈约一流的史家挟嫌争名,故为曲笔。陈兰甫替他作律师,即在本传中,将前后矛盾的语言,及各方可靠的证据,一一陈列起来,证明他绝无谋反之事。读了这篇之后,才知道不特范晔的著作令人十分赞美,就是范晔的人格也足令人十分钦佩。又如宋代第一个女文学家,填词最有名的李清照(易安),在中国史上,找这样的女文学家,真不易得。她填词的艺术,可以说压倒一切男子。就让一步讲,亦在当时词家中算前几名。她本来始终是《金石录》的作者赵明诚的夫人,并未改嫁。但因《云麓漫钞》载其《谢綦崇礼启》,滥采伪文,说她改嫁张汝舟,与张汝舟不和,打官司,有"猥以桑榆之末影,配兹驵侩之下才"等语,宋代笔记遂纷纷记载此事。后人对于李易安,虽然很称赞她的词章,但瞧不起她的品格。到近代俞正燮在他的《癸巳类稿》中有一篇《易安居士事辑》,将她所有的著作,皆按年月列出,证明她绝无改嫁之事,又搜罗各方证据,指出改嫁谣言的来历。我们读了这篇以后,才知道不特易安的词章优美,就是她的品节,亦没有可訾的地方。这类著述,主要工作全在辨别史料之真伪,而加以精确的判断。陈、俞二氏所著,便是极好模范。历史上人物,应该替他们做《洗冤录》的,实在不少。我们都可以用这种方法做去。

(2)前代史家,或不认识他的价值,或把他的动机看错了,因此所记的事迹,便有偏颇,不能得其真相。这类事实,史上亦很多。应该替他改正。譬如提倡新法的王安石,明朝以前的人都把他认为极恶大罪,几欲放在奸臣传内,与蔡京、童贯同列。《宋史》本传虽没有编入奸臣一类,但是天下之恶皆归,把金人破宋的罪名亦放在安石头上。这不是托克托有意诬蔑他，乃是托克托修《宋史》的时候，不满意安石的议论在社会上已很普遍了，不必再加议论，所载事迹已多不利于安石，读者自然觉其可恶。但是我们要知道王安石绝对不是坏人，至少应当如陆象山《王荆公祠堂记》所批评，说他的新法，前人目其孳孳为利，但此种经济之学，在当时实为要图。朱子亦说他“刚愎诚然有之，事情应该作的”。他们对于安石的人格，大体上表示崇敬。但是《宋史》本传那就完全不同了，所以我们认为有改作的必要。乾嘉时候蔡元凤（上翔）作《王荆公年谱》专门做这种工作，体裁虽不大对，文章技术亦差，惟极力为荆公主张公道，这点精神却很可取。又如，秦代开国功臣的李斯，为二世所杀，斯死不久，秦国亦亡。汉人对于秦人，因为有取而代之的关系，当然不会说他好。《史记》的《李斯传》，令人读之不生好感。李斯旁的文章很多，一概不登；只登他的《谏逐客书》及《对二世书》，总不免有点史家上下其手的色彩。他的学问很好，曾经作过战国时候第一流学者荀卿的学生；他的功业很大，创定秦代的开国规模；间接又是后代的矩范。汉代开国元勋如萧何、曹参都不过是些刀笔小吏，因缘时会，说不上学问，更说不上建设。汉代制度，十之八九从秦代学来。后代制度，又大部分从汉代学来。所以李斯是一个大学者，又是头一个统一时代的宰相，凭他的学问和事功，都算得历史上的伟大人物，很值得表彰一下。不过迟至现在，史料大都湮没，只好将旧有资料补充补充。看汉人引用秦人制度的地方有多少。也许可以看出李斯的遗型。总之李斯的价值要从新规定一番，是无疑的。

（3）为一种陈旧观念所束缚，带起着色眼镜看人，把从前人的地位身分全看错了。这类事实，史上很多。应该努力洗刷。例如曹操代汉，在历史上看来，这是力征经营当然的结果，和汉高祖、唐太宗们之得天下实在没有甚么分别。自从《三国演义》通行后，一般人都当他作奸臣，与王莽、司马懿同等厌恶。平心而论，曹操与王莽、司马懿绝然不同。王莽靠外戚的关系，骗得政权；即位之后，百事皆废。司马懿为曹氏顾命大臣，欺人孤儿寡妇，狐媚以取天下。这两人心地的残酷，人格的卑污，那里够得上和曹孟德相提并论？当黄巾、董卓、李傕、郭汜多次大乱之后，汉室快要亡掉；曹孟德最初以忠义讨贼，削平群雄。假使爽爽快快作一个开国之君，谁能议其后？只因玩一回挟天子以令诸侯的把戏，竟被后人搽上花脸，换个方面看待。同时的刘备、孙权，事业固然比不上曹操的伟大，人格又何尝能比曹操高尚？然而曹操竟会变成天下之恶皆归，岂非朱子《纲目》以后的史家任情褒贬，渐失其实吗？又如刘裕代晋，其拨乱反正之功，亦不下于曹操。看他以十几个同志，在京口起义，何等壮烈！灭南燕，灭姚秦，把五胡乱华以后的中原，几乎全部恢复，功业何等雄伟！把他列在司马懿、萧道成中间，看做一丘之貉，能算公平吗？宋以后的士大夫，对于曹操、刘裕一类人物，特别给他们不好的批评，一面是为极狭隘极冷酷的君臣之义所束缚，以一节之短处，抹杀全部的长处；一面因为崇尚玄虚，鄙弃事功，成为牢不可破的谬见。对于这类思想的矫正，固然是史评家的责任最大，但叙述的史家亦不能不分担其责。总而言之，凡旧史对于古人价值认识错误者，我们都尽该下番工夫去改正他。

（五）皇帝的本纪及政治家的列传，有许多过于简略，应当从新作过。因为所有本纪，在全部二十四史中，都是编年体，作为提纲挈领的线索，尽是些官样文章，上面所载的都不过上谕、日蚀、饥荒、进贡、任官一类事情。所以读二十四史的人，对于名臣硕儒，读他们的列传，还可以看出一个大概；对于皇帝，读他们的本纪，反为看不清楚。皇帝的事往往散见在旁的列传中,自然不容易得整个的概念了。皇帝中亦有伟大人物,于国体政体上别开一个生面,如像秦始皇、汉高祖、汉武帝、汉光武、魏武帝、汉昭烈帝、吴大帝、北魏孝文帝、北周武帝、唐太宗、宋太祖、元世祖、明太祖、清圣祖、清世宗、清高宗,何止一二十个人,都于一时代有极大的关系。可惜他们的本纪作得模糊影响,整个的人格和气象完全看不出来。此外有许多大政治家亦然,虽比皇帝的本纪略为好些,但因为作的是列传,许多有关系的事实不能不割裂到其他有关系的人物的传中去。即如诸葛武侯的事迹,单看《三国志》的《诸葛亮列传》,看不出他的伟大处来,须得把《蜀志》甚至于全部《三国志》都要读完,考察他如何行政,如何用人,如何联吴,如何伐魏,才能了解他的才能和人格。这种政治上伟大人物,无论为君为相,很可以从各列传中把材料钩稽出来,从新给他们一人作一个专传。

(六)有许多外国人,不管他到过中国与否,只要与中国文化上政治上有密切关系,都应当替他们作专传。譬如释迦牟尼,他虽然不是中国人,亦没有到过中国;但是他所创立的佛教在中国思想界占极重要的一部分。为自己研究的便利起见,为世界文化的贡献起见,都有为他作专传的必要。又如成吉斯汗,他是元代的祖宗,但是元代未有中国以前的人物,其事实不在中国本部,可以当作外国人看待。他的动作关系全世界,很值得特别研究。可惜《元史》的记载太简略了,描写不出他伟大的人格与事功。所以我们对于成吉斯汗,可以说有为他作专传的义务。此外,如马可孛罗,意大利人,他的生活大部分在中国,曾作元朝的客卿,他是第一个著书把中国介绍到欧洲去的人,在东西交通史占得重要的位置。我们中国人不能不了解他。又如利马窦、南怀仁、汤若望、庞迪我……诸人,他们在明末清初的时候，到中国来，一面输入天主教，一面又输入浅近的科学。欧洲方面，除教会外，很少人注意他们。中国方面，因为他们在文化上有极大的贡献，我们就不得不特别重视了。又如大画家的郎世宁，他的生活大部分在中国，于输入西洋美术上，功劳很大。他在欧洲美术界只能算第二三等脚色，在中国美术界就要算西洋画的开山祖师。欧洲人可以不注重，我们不能不表彰。更如创办海军的琅威尔，作中国的官，替中国出力，清季初期海军由他一手练出，虽然是外国人，功在中国，关于他的资料，亦以中国为多，西文中寻不出甚么来。这类人物，大大小小，不下一二十个，在外国不重要，没有作专传的必要，在中国很重要，非作专传不可。有现成资料，固然很好；就是难找资料，亦得设法找去。

（七）近代的人学术事功比较伟大的，应当为他们作专传。明以前的人物，因为有二十四史，材料还较易找。近代的人物，因为《清史》未出，找材料反觉困难。现在要为清朝人作传，自然要靠家传、行状和墓志之类。搜罗此种史料最丰富的，要算《碑传集》同《国朝耆献类徵》二书。其中有许多伟大人物，资料丰富，不过仍须经一番别择的手续。但是有许多伟大人物并此种史料而无之。例如年羹尧，我们虽知他曾作大将军，但为雍正所杀害的情形和原因却很难确实知道。虽为一时代的重要人物而事迹渺茫若此，岂不可惜！又如章学诚，算得一个大学者了。但是《耆献类徵》记载他的事，只有两行，并且把章字误作张字。像他这样重要的人物，将来《清史》修成，不见得会有他的列传，纵有列传也许把章字误成张字，亦未可知，或者附在《文苑传》内，简单的说一两行也说不定。研究近代的历史人物，我们很感苦痛，本来应该多知道一点，而资料反而异常缺乏。我们应该尽我们的力量，搜集资料，作一篇，算一篇。尤其是最近的人，一经死去，盖棺论定，应有好传述其生平。即如西太后、袁世凯、蔡锷、孙文都是清末民初极有关系的人，可惜都没有好传。此时不作，将来更感困难。此时作，虽不免杂点偏见，然多少尚有真实资料可凭。此时不作，往后连这一点资料都没有了。

如上所述，关系重要的，性情奇怪的，旧史不载的，挟嫌诬蔑的，本纪简略的，外国的，近代的人物，都有替他作专传的必要。人物专史的对象，大概有此七种。

说到这儿，还要补充几句。有许多人虽然伟大奇特，绝对不应作传。这种人约有两种：

（一）带有神话性的，纵然伟大，不应作传。譬如黄帝很伟大，但不见得真有其人。太史公作《五帝本纪》，亦作得恍惚迷离。不过说他“生而神明，弱而能言，幼而徇齐，长而敦敏，成而聪明”。这些话，很像词章家的点缀堆砌，一点不踏实，其余的传说，资料尽管丰富，但绝对靠不住。纵不抹杀，亦应怀疑。这种神话人物，不必上古，就是近古也有。譬如达摩，佛教的禅宗奉他为开山之祖。但是这个人的有无，还是问题。纵有这个人，他的事业究竟到甚么程度，亦令人茫然难以捉摸。无论古人近人，只要带有神话性，都不应替他作传。作起来，亦是渺渺茫茫，无从索解。

（二）资料太缺乏的人，虽然伟大奇特，亦不应当作传。比如屈原，人格伟大，但是资料枯窘得很。太史公作《屈原列传》，完全由淮南王安的《离骚序》里面抄出一部分来。传是应该作的，可惜可信的事迹太少了。战国时代的资料本来缺乏，又是文学家，旁的书籍记载很少，本身著作可以见生平事迹的亦不多。对这类人，在文学史上讲他的地位是应该的，不过只可作很短的小传，把史传未载的，付之阙如；有可疑的，作为笔记，以待商榷。若勉强作篇详传，不是徒充篇幅,就是涉及武断,反而失却作传的本意了。又如大画家吴道子,大诗家韦苏州,人物都很伟大,史上无传,按理应该补作。无如吴道子事迹稀少,传说概不足信;韦苏州虽有一时豪侠,饮酒杀人的话,不过诗人口吻,有多方面的解释。这类不作传似乎不好,勉强作传又把史学家忠实性失掉了去。这两种人,有的令人崇拜,有的令人赞赏,有的令人惋惜,本来应该作传,可惜没有资料。假使另有新资料发见,那时又当别论。在史料枯窘状况之下,不能作亦不应作,只好暂时搁下吧。

应该作专传和不应该作专传的人,上面既已说了个标准,其余三种人的专史——年谱,列传,合传——也可就此类推,现在不必详说了。

第三章　做传的方法

今天所讲的作传方法，偏重列传方面；但专传亦可应用。列传要如何作，我现在没有想得周到，不能够提出多少原则来。我是一面养病，一面讲演，只能就感想所及，随便谈谈，连自己亦不满意。将来有机会，可再把新想到的原则，随时添上去。

为一个人作传，先要看为甚么给他做，他值得作传的价值在那几点。想清楚后，再行动笔。若其人方面很少，可只就他的一方面极力描写：为政治家作传，全部精神偏在政治；为文学家作传，全部精神偏在文学。若是方面多，就要分别轻重：重的写得多，轻的写得少，轻重相等则平均叙述。两人同作一事，应该合传的，不必强分。应该分传的，要看分在何人名下最为适当。

（一）为文学家作传的方法　作文学家的传，第一，要转录他本人的代表作品。我们看《史记》、《汉书》各文人传中，往往记载很长的文章。例如《史记》的《司马相如列传》就把几篇赋全给他登上。为甚么要费去这么多的篇幅去登作品？何不单称他的赋作得好，并列举各赋的篇名？因为司马相如所以配称为大文学家，就是因那几篇赋有价值。那几篇赋，现在《文选》上有，各种选本上亦有，觉得很普遍；并不难得；但是要知道，如果当初正史上没有记载，也许失去了，我们何从知道他的价值呢？第二，若是不登本人著作，则可转载旁人对于他的批评。但必择纯客观的论文，能够活现其人的全体而非评骘枝节的。譬如《旧唐书》的《杜甫传》,把元微之一篇比较李杜优劣的文章完全登在上面,这是很对的。那篇文章从《诗经》说起,历汉、魏、六朝说到唐,把几千余年来诗的变迁,以及杜甫在诗界的地位,都写得异常明白。《新唐书》把那篇文章删去(旁的还删了许多零碎事情),自谓事多于前,文省于旧,其实不然。经这一删,反为减色。假使没有《杜工部集》行世,单读《新唐书·杜甫传》,我们绝不会知他是这样伟大的人物。为文学家作传的正当法子,应当像太史公一样,把作品放在本传中。章学诚就是这样的主张。这种方法,虽然很难,但是事实上应该如此。为甚么要给司马相如、杜甫作传,就是因为他们的文章好。不载文章,真没有作传的必要。最好能像《史记·司马相如列传》登上几篇好赋,否则须像《旧唐书·杜甫传》登上旁人的批评。纵然《杜工部集》失掉了去,我们还可以想见他的作风同他的地位。《旧唐书》登上元微之那篇论文,就是史才超越的地方;《新唐书》把它删去,就是史识不到的地方。

(二)为政治家作专传的方法　作政治家的传,第一要登载他的奏议同他的著作。若是不登这种文章,我们看不出他的主义。《后汉书》的王充、仲长统、王符合传,就把他们三人的政论完全给他登上。为甚么三人要合传,为的是学说自成一家,思想颇多吻合。为甚么要为他们登载政论,因为他们三人除了政论以外,旁的没有甚么可记。范蔚宗认为《论衡》、《昌言》、《潜夫论》可以代表三家的学说,所以全登上了。《论衡》今尚行世,读原书然后知道蔚宗所录尚不完全。但是《昌言》同《潜夫论》,或已丧失,或已残阙,若无《后汉书》这篇传,我们就没有法子知道仲长统和王符有这样可贵的政见。第二,若是政论家同时又是文学家,而政论比文学重要,与其登他的文章,不如登他的政论。《史记》的《屈原贾生列传》,对于屈原方面,事迹模糊，空论太多。这种借酒杯浇块垒的文章，实在作的不好，这且勿论。对于贾生方面，专载他的《鹏鸟赋》、《吊屈原赋》，完全当作一个文学家看待，没有注意他的政见，未免太粗心了。《汉书》的《贾生列传》就比《史记》做得好，我们看那转录的《陈政事书》，就可以看出整个的贾谊。像贾谊这样人，在政治上眼光很大，对封建，对匈奴，对风俗，都有精深的见解。他的《陈政事书》，到现在还有价值。太史公没有替他登出，不是只顾发牢骚，就是见识不到，完全不是作史的体裁。

（三）为方面多的政治家作传的方法　有许多人方面很多，是大政治家，又是大学者，这种人应当平均叙述。我们平常读《明史》的《王守仁传》，总觉得不十分好；再与旁人所作《王守仁传》比较一下，就知道《明史》太偏重一方了。《明史》叙阳明的功业，说他伟大，诚然可以当之无愧。但是阳明之所以不朽，尤其因他的学说。万季野的《明史》原稿，不知道怎么样。后来张廷玉、陆陇其一般人，以门户之见，根本反对阳明思想，所以我们单读《明史》本传，看不出他在学术界的地位。最好同邵念鲁的《思复堂文集》、《明儒学案》的《姚江学案》对照著读，就可以知道孰优孰劣。《明儒学案》偏重学术，少讲政治，固然可以说学案体裁，不得不尔；但是梨洲于旁人的事迹录得很多，而于阳明特简，这是他的不好处。因为阳明方面太多，学问事功都有记载的价值，《学案》把事功太抛弃，差不多成为一个纯粹的学者了。《明史》本传全讲事业，而于学问方面极其简略，而且有许多不好的暗示，其实失策。若先载阳明学说，然后加以批评，亦未为不可。但《明史》一笔抹杀，叙学术的话不过全部百分之二三，让人看去，反不满意。现存的《王阳明传》，要算邵念鲁作得顶好。平均起来，学问占三分之二，功业占三分之一。述学问的地方，亦能摘出要点。从宋学勃兴后学术的变迁，阳明本身的特点，在当时学界的地位，以及末流的传授，都能写得出来。最后又用《旧唐书》的方法，录二篇文章，一篇是申时行请以阳明配祀孔庙的奏折，一篇是汤斌答陆陇其的一封信。他不必为阳明辩护而宗旨自然明白。述功业的地方，比《明史》简切得多，真可谓事多于前，文省于旧。尤为精采的，是能写得出功业成就的原因，及功业关系的重大，又概括，又明了。在未叙铲平南赣匪乱之先，先说明用兵以前的形势，推论当时假使没有阳明，恐怕晚明流寇早已起来，等不到泰昌、天启的时候了。次叙阳明同王琼（最先赏识阳明的人）的谈话，断定旧兵不能用，非练新兵不可，新兵又要如何的练法。平贼以前，有这两段话，可以看出事业的关系，及其成功的原因。这种消息，在《明史》本传，一点没有痕迹，不过说天天打胜仗而已。又阳明平贼以后，如何抚循地方，维持秩序，以减少作乱的机会，一面用兵，一面讲学，此等要事亦惟邵书有之，而《明史》则无。关于平定宸濠一事，虽没有多大比较，但《明史》繁而无当，不如邵书简切，这都可以看出史才史识的高低。

（四）为方面多的学者作传的方法　许多大学者有好几方面，而且各方面都很重要；对于这种人，亦应当平均叙述。譬如清儒记载戴东原的很多，段玉裁作《年谱》，洪榜作《行状》，王昶作《墓志铭》，钱大昕作《墓志铭》，阮元作《儒林传稿》，凌廷堪作《行状》，这些都是很了不得的人；我们把他们的作品来比较，可以看出那一个作得好，如何才能把戴东原整个人格完全写出。我们看，段玉裁虽是亲门生，但《东原年谱》是晚年所作，许多事迹，记不清楚。王、钱、阮、凌诸人，或者关系很浅，或者相知不深，大半是模糊影响的话，惟有洪榜的《行状》，作得很好。但现在所存的，已经不是原文，被人删去不少。原文全录东原《答彭进士允初书》，时人皆不谓然，朱筠且力主删去，东原家人只好删去了。其实此书，自述著《孟子字义疏证》之意，在建设一己哲学的基础，关系极其重要。洪榜能赏识而余人不能，这不是艺术的关系，乃是见识的关系。其余几家只在声音、训诂、天文、算术方面着眼，以为是东原的绝学。东原的哲学的见解，足以自树一帜，他们却不认识，并且认为东原的弱点。比较上凌廷堪还稍微说了几句，旁的人一句亦不讲。假使东原原文丧失，我们专看王、钱、段、阮诸人著作，根本上就不能了解东原了。所以列传真不易作，一方面要史识，一方面要史才。欲得篇篇都好，除非个个了解。但是无论何人不能如此渊博，要我在《清史》中作《戴东原传》，把他所有著作看完，尚可作得清楚。要我作恽南田(大画家)传，我简直没有法子。因为我对于绘画一道，完全是外行。想把恽传作好，至少能够了解南田如像了解东原一样。所以作列传不可野心太大，篇篇都想作得好：顶好专作一门，学文学的人作文学家的列传，学哲学的人作哲学家的列传，再把前人作的拿来比较一下，可以知道为某种人作传应该注重那几点，作时就不会太偏了。即如《戴东原传》，前两年北京开戴氏百年纪念会，我曾作过一篇，因为很匆忙，不算作得好，但可以作为研究的模范。我那篇传，就是根据段、洪、王、钱、阮、凌几家的作品。因为叙述平均，至少可以看出东原的真相以及他在学术界的地位。后来居上，自然比洪榜的《行状》还好一点。不过洪作虽非全璧，亦能看出东原一部分真相来，已经就很难了。作传要认清注重之点。不错，戴东原是一个学者；但是在学问方面，是他的声音训诂好呢，还是他的义理之学好，没有眼光的人一定分辨不出来。我以为东原方面虽多，义理之学是他的菁萃，不可不讲。王、钱诸人的著作没有提到，这是他们失察的地方。

(五)为有关系的两人作传的方法　两个人同作一件事，一个是主角，一个是配角，应当合传，不必强分。前面讲《贾生列传》，《汉书》比《史记》好。但是《韩信列传》，《汉书》实在不高明。班孟坚另外立一个《蒯通传》，把他游说韩信的话放在里边。蒯通本来只是配角，韩信才是主角。韩信的传，除了蒯通的话，旁的不见精采。蒯通的传，除了韩信的话，旁的更无可说。《汉书》勉强把他二人分开，配角固然无所附丽，主角亦显得单调孤独了。这种眼光，孟坚未始不曾见到，或者因为他先作《韩信传》，后来才作《蒯通传》，既作《蒯通传》，不得不割裂《韩信传》，这样一来，便弄得两面不讨好了。两个人同作一件事，两人又都有独立作传的价值，这种地方，就要看分在何人名下最为适当。《明史》左光斗同史可法两个人都有列传，两人都有价值。史是左的门生，年轻时很受他的赏识；后来左光斗被魏忠贤所陷，系在狱中，史可法冒险去看他，他临死时又再去收他的尸。《明史》把这件事录在《史可法传》中，戴南山又把这件事录在《左光斗传》中。分在两书，并录无妨。同在一书，不应重见。比较起来，以录在《左传》中为是。史可法人格伟大，不因为这件事情而加重。左光斗关系较轻，如无此事，不足以见其知人之明。所以在《史传》中，无大关系；在《左传》中，可以增加许多光彩。

（六）为许多人作传的方法　上次讲作专传以一个伟大人物作中心，许多有关系的人附属在里面。不必专传如此，列传亦可。因一个主要的，可以见许多次要的。这种作法，《史记》、《汉书》都很多。作正史上的列传，篇数愈少愈好，可以归纳的最好就归纳起来。《史记》的《项羽本纪》，前半篇讲的项梁，中间讲的范增，后半篇才讲项羽自己。若是文章技术劣点，分为三篇传，三篇都作不好。太史公把他们混合起来，只作一篇，文章又省，事情又很清楚。这种地方，很可取法。还有许多人，不可以不见，可是又没有独立作传的价值，就可以附录在有关系的大人物传中。因为他们本来是配角，但是很可以陪衬主角；没有配角形容不出主角，写配角正是写主角。这种技术，《史记》最是擅长。例如信陵君这样一个人，胸襟很大，声名很远。从正面写未尝不可以，总觉得费力而且不易出色。太史公就用旁敲侧击的方法，用力写侯生，写毛公、薛公，都在这些小人物身上着笔，本人反为很少，因为如此，信陵君的为人格外显得伟大，格外显得奇特。这种写法不录文章不写功业，专从小处落墨，把大处烘托出来。除却太史公以外，别的人能够做到的很少。

第四章　合传及其做法

合传这种体裁,在传记中最为良好。因为他是把历史性质相同的人物,或者互有关系的人物,聚在一处,加以说明,比较单独叙述一人,更能表示历史真相。欧洲方面,最有名最古的这类著作要算布鲁达奇的《英雄传》了。全书都是两人合传,每传以一个希腊人与一个罗马人对照,彼此各得其半。这部书的组织虽然有些地方勉强比对,不免呆板,但以比对论列之故,一面可以发挥本国人的长处,亦可以针砭本国人的短处。两两对照,无主无宾,因此叙述上批评上亦比较公平。中国方面,《史记》中就有许多合传,翻开目录细看,可以看出不少的特别意味。《史记》以后,各史中虽亦多有合传,究竟嫌独立的传太多了。若认真归并起来,可以将篇目减少一半或三分之一。果然如此,一定更容易读,更能唤起兴味。合传这种方法,应用得再进步的,要算清代下列的几家:

(一)邵廷采(念鲁)　邵氏的《思复堂文集》,虽以文集名书,然其中十之七八都是历史著作。论其篇幅,并不算多;但每篇可以代表一种意义。其中合传自然不止一人,专传亦包括许多人物。如《王门弟子传》、《刘门弟子传》、《姚江书院传》、《明遗民所知传》等篇,体裁均极其优美。全书虽属散篇,然隐约中自有组织,而且一篇篇都作得很精炼,可以作我们的模范。

(二)章学诚(实斋)　章氏的《湖北通志检存稿》,三十余篇传都是合传，每传人数自二人以至百余人不等，皆以其人性质的异同为分合的标准，皆以一个事迹的集团为叙述的中心。读其传者，同时可知各个人的历史及一事件的始末，有如同时读了纪传体及纪事本末体。虽其所叙只湖北一省的事情，而且只记湖北在正史中无传的人物，范围诚然很窄；但是此种体裁可以应用到一时代的历史上去，亦可应用到全国的历史上去。

（三）魏源（默深）　魏氏的《元史新编》，十几年前才刻出来。这部书是对于"二十四史"的《元史》不满意而作。"二十四史"中，《元史》最坏，想改作的人很多。已成书的，柯劭忞的《新元史》，屠寄的《蒙兀儿史记》，与魏书合而为三。魏书和柯书、屠书比较，内容优劣如何，我不是《元史》学专家，不敢妄下断语。但其体裁，实不失为革命的。书中列传标目很少：在武臣方面，合平西域功臣为一篇，平宋功臣为第二篇……又把武功分为几个段落。同在某段落立功者合为一传。文臣方面，合开国宰相一篇，中叶宰相一篇，末叶宰相一篇，某时代的谏官一篇，历法同治河的官又是一篇。又把文治分为几个时代或几个种类，同在某时代服官者，或同对于某样事业有贡献者，各各合为一传。全书列传不过二三十篇，皆以事的性质归类。每篇之首，都有总序，与平常作传先说名号籍贯者不同，我们但看总序，不待细读全篇，先已得个大概。例如每个大战役，内中有多少次小战，每战形势如何，谁为其中主人，开头便讲，然后分别说到各人名下。像这种作法，虽是纪传体的编制，却兼有纪事本末体的精神。所传的人的位置及价值亦都容易看出。

我们常说"二十四史"有改造的必要，如果真要改造，据我看来最好用合传的体裁，而且用魏源的《元史新编》那体裁。当初郑樵作《通志》的时候，原想改造"十七史"，这种勇气很好；即以内容而论，志的部分亦都作得不错；可惜传的部分实在作得不高明，不过把正史列传各抄一过而已。读《通志》的人大都不看传，因为《通志》的传根本就和各史原文没有甚么异同。改造“二十四史”，别的方法固然很多，在列传方面只须用魏书体裁，就可耳目一新，看的时候，清楚许多，激发许多。让一步讲，我们纵不说改造“二十四史”的话，即是做人物的专史，终不能不作传。做单传固然可以，不过可合则合，效果更大。

合传的性质，各人的分类不同。依我看来，可以分为两大类：第一类，超群绝伦的伟大人物，两下有比较者，可作合传。第二类，代表社会一部分现象的普通人物，许多人性质相近者，可作合传。以下根据这两类分别细讲：

（一）人物或二人或二人以上可以作篇合传，又可分为四小类：

（1）同时的人，事业性质相同或相反，可合者合之。例如王安石与司马光时代相同，事业相同，两人代表两派，凡读《王安石传》时不能不参考《司马光传》；与其分为两篇，对于时代的背景要重复的讲了又讲，对于政治的主张有时又不免有所轩轾；何如合为一篇，可以省事，而且搜求事迹亦较公平。再如朱熹与陆九渊，时代相同，性质不同，代表的方面亦相反，作了《朱传》再作《陆传》，一定要犯上面所说的重复和偏见两种毛病，合在一起，就不至于恭维这个，瞧不起那个了。又如曾国藩与胡林翼，时代相同，事实亦始终合作，单作《曾传》非讲胡不可，单做《胡传》非讲曾不可，两人地位相等，不能以曾附胡，亦不能以胡附曾，应该合为一传，平均叙述。更如李白与杜甫，虽未合作，亦非相反；然同时代，可以代表唐时文学的主要部分；讲李时连带说杜，讲杜时连带说李，两下陪衬起来，格外的圆满周到。假使把他们分开，就不免有拖沓割裂的痕迹了。

(2)不同时代的人，事业相同，性质相同，应该合传。例如汉武帝与唐太宗，时代不同，而所作的多是对外事业，汉族威德的发扬光大，两人都有功劳；合为一传，可以得比较其在中国文化上的位置及价值，愈见明了。再如曹操与刘裕，时代不同，性质大部分相同；都在大乱之后，崛起草泽，惟皆未能统一中国，遂令后世史家予以不好的批评；若把他们两人合在一起，可以省许多笔墨，而行文自见精采，加判断的时候亦比较的容易公平。又如项羽、李密、陈友谅，时代不同，事业大致相同，都是遭遇强敌，遂致失败；这种失败的英雄可以供我们凭吊的地方很多，合在一块作传，情形倍觉可怜。更如苻坚、北魏孝文帝、北周武帝、金世宗、清圣祖，时代不同，事业相同，都是以外国入主中国，努力设法与汉人同化；合为一传，可以看出这种新民族同化到中国的情形；全部历史上因为有这几个人，变迁很大。

(3)专在局部方面，或同时，或先后，同作一种工作，这类人应当合传。例如刘知几、郑樵、章学诚都在中国历史哲学上有极大的贡献；史学观念的变迁和发明皆与他们有密切关系。三人合在一块作传，可以看出渊源的脉络：前人的意见，后人如何发挥；前人的错误，后人如何改正。中国历史哲学就容易叙述清楚了。又如鸠摩罗什与玄奘，都是翻译佛经事业的，伟大相若；两个人代表两大宗派，一个是三论宗的健将，一个是法相宗的嫡传；做他们两人的合传，可以说明印度佛教宗派的大势力，中国译经事业的情形。又如公孙述、刘备、李雄、王建、孟知祥都在四川割据称雄，只能保守，不能进取；把他们几人合传，可以看出四川在中国的地位。前人常说："天下未乱蜀先乱，天下已治蜀未治。"这个原则，古代如此，直至民国仍然没有打破。更如陈东与张溥，都是代表一种团体活动的人，两人性质相同，陈为太学生，张为秀才，一个连合学生干政，一个运动组织民党；把他们两人合传，可以看出地位不高而事业伟大的中国青年，在历史活动的成绩及所以活动的原因。

(4)本国人与外国人性质相同，事业相同，可以作合传。要作这种传，不单要研究国学，外史知识亦须丰富。两两比较，可以发挥长处，补助短处。例如孔子与苏格拉底，两个都是哲学家，一个是中国的圣人，一个是希腊的圣人，都讲人伦道德，两人合为一传，可以比较出欧亚对于人生问题的异同及解决这类问题的方法。再如墨翟与耶稣，两个都是宗教家，一个生当战国，一个生于犹太，都讲博爱和平，崇俭信天；合在一块作传，可以看出耶、墨两家异同，并可以研究一盛一衰的原故。又如屈原与荷马，两个都是文学家，一个是东方的文豪，一个是西方的诗圣，事迹都不十分明了，各人都有几种传说的；把他们合在一起，可以看出古代文学发达的次序，及许多作品附会到一人名下的情形。更如清圣祖、俄大彼得、法路易十四都是大政治家，三人时代相同，性质相同，彼此都有交涉；彼得、路易的国书，清故宫尚有保存；替他们合作一传，可以代表当时全世界的政治状况，并可以看出这种雄才大略的君主对内对外的方略。

(二)代表社会一部分现象的普通人物　和第一类相反：前者是英俊挺拔的个人，后者是群龙无首的许多人。正史中的儒林、文苑、游侠、刺客、循吏、独行等列传，就为他们而立。他们在历史上关系的重要，不下于伟大人物。作这种合传，是专写某团体或某阶级的情状；其所注意之点，不在个人的事业而在社会的趋势；需要立传与否，因时代而不同。《史记》有《游侠传》，因为秦、汉之交，朱家、郭解一流人物在社会上有相当的势力，不可忽视。《后汉书》有《党锢传》，因为东汉时候，党锢为含有社会性的活动，直接影响到政治。

《后汉书》又有《独行传》,因为当时个人的高世杰出之行,社会上极其佩服,养成一种风气。《宋史》有《道学传》,因为宋代理学发达,为当时一种特殊现象,于社会方面影响极大。这类人物含有社会性,其中亦有领袖行为举止颇多值得注意的地方,然不及全部活动之重要。单注意领袖,不注意二三等脚色,看不出力量,看不出关系,非有群龙无首的合传不可。我们万勿以人物不大,事情不多,一个个分开看,无足轻重,便认定其活动为无意义,值不得占篇幅。须知一个人虽无意义,人多则意义自出;少数的活动效果虽微,全体的活动效果极大。譬如《后汉书·党锢传》,要把个人的动作聚合加上,然后全部精神可以表出。单看范滂、张俭所争,都是硁硁小节;然党锢共同精神,就在这硁硁小节里边。我们若只是发空论,唱高调,一定表现此中真相不出来的。真讲究作文化史,这类普通人物的事实,比伟大人物的动作意味还要深长。"二十四史"中,这类合传尚嫌其少,应当加以扩充。又可分为五项:

(1)凡学术上,宗教上,艺术上,成一宗派者,应当作为合传。例如《姚江王门弟子传》、《蕺山刘门弟了传》,邵念鲁所著,作得很好,两家学风可以看出。《宋元学案》、《明儒学案》亦皆如此。前者分派多,归并少,后者反是。比较起来,还是《明儒学案》好些(因一是单篇,一是专著之故)。李穆堂的《陆子学谱》亦用合传体裁。陆门一传再传弟子的关系,都在里面看得很了然,研究亦很方便。再如法相宗、天台宗、禅宗,在佛教史中不必多作,只要几篇好的合传,便就够了。又如南宗画派、院体画派,自明以来,分据画界领域;把一派中重要人物聚集起来,为作一篇合传,并不费事,而研究近代绘画的人,很容易得一种概念。

(2)凡一种团体,于时代有重大关系者,应当为作合传。例如宋代的元祐、庆元党案，不管他有无具体组织，亦不管他是好是坏，但是当时士大夫都欢喜标立门户，互相排挤，至其甚则造作党籍以相陷；但凡他们气味相投的都可以作为合传，以观其是非得失。再如明代的东林、复社、昆宣阉党，有的系自立名号，有的敌党所加，各因其类，结为团体，以相攻击，于是宇内骚然，大狱惨动；最好一党作篇合传，以观其政治上影响，并可以考见明亡的原因。又如近代的戊戌维新党、国民党、共产党，其发生虽或先或后，历史虽或久或暂，组织虽或疏或密，然对于政治方面各有主张，各有活动；应该把他们的分子作几篇合传，以说明他们的真相，判断他们的功罪，推求他们在政治上社会上的影响。

(3)不标名号，不见组织，纯为当时风气所鼓荡，无形之中，演成一种团体活动，这类人亦应当为作合传。例如晋代的清谈，没有党，没有系，更没有本部支部，但是风气所尚，都喜欢摇麈尾，发俊语；为他们作一篇合传，不特可以看出当时思想的趋势，并可以看出社会一般的情形。再如宋代的道学，虽没有标出任何团体，然而派别很多，人人都喜欢讲点理气性命的话；合起来作篇传，比《宋元学案》稍略，比《宋史·道学传》稍详，以看他们的主张及传授，那就好了。又如明末遗民反抗满洲，虽没有团体，但确为时代精神所寄；单看张煌言、顾炎武等，还看不出全部的民族思想，社会潮流；把大大小小许多人，都合起来作传，他们这种活动的意义及价值立刻就可以看出来了。

(4)某种阶级或某种阀阅，在社会上极占势力者，应当为作合传。例如六朝的门第，俨然是一种阶级，南朝的王、谢、郗、庾，北朝的崔、卢、李、郑，代代俱掌握政权，若从《南、北史》中把他们这几人各作一篇合传，可知其势力之伟大；所有重要活动，全是这几人作的；但是单看《王导传》、《谢安传》，很不容易看出来。再如唐朝的藩镇，为一代盛衰的根源，单看安禄山、史思明的列传，看不出有多少关系，若把大大小小的藩镇都合起来，说明他们的兴亡始末，可以看出在当时专横的情形，于后世影响的重大。又如晚明流寇，骚动全国，明朝天下就断送在他们手里；单看张献忠、李自成的列传，还未能看出民间惨苦的全部；把所有流寇都聚集起来，就可以看出他们的凶暴刻毒，并可以看出社会上所受他们的摧残蹂躏，有些地方真能够使我们看了流泪。

(5)社会上一部分人的生活，如有资料，应当搜集起来，为作合传。例如藏书家及印书家，单指一人，不能说有多少影响；若把一代(如清代)的藏书家、印书家作合传，可以知道当时书籍的聚散离合；一代文化的发达与衰谢，亦可以看出一斑；这和学术上的关系极为重大。再如淮扬盐商，广东十三行，都是一时的商业中心，可惜资料不易得了；若由口碑及笔记搜集起来，作为合传，可以看出这部分的经济状况，及国内外商业的变迁。又如妓女及戏子，向来人看不起；但是他们与政治上社会上俱有很大的关系；明末妓女中的柳如是、陈圆圆、顾横波都是历史上极好的配角；清末戏子中的程长庚、谭鑫培、梅兰芳都是受社会的欢迎；为他们作篇合传，不特值得而且应该。有许多地方，须靠他们来点缀，说明。

上面第一第二两类人物，一类之中分为几个小类，每一小类举三四个例来，取便说明，并不是说应该作传的人物完全在此，我的意思是说，伟大人物单独作传，固然可以，但不如两两比较，容易公平，而且效果更大。要说明位置价值及关系，亦较简切省事。至于普通人物，多数的活动，其意味极其深长，有时比伟大还重要些，千万不要看轻他们。没有他们，我们看不出社会的真相，看不出风俗的由来。合传这种体裁，大概情形如此。

第五章 年谱及其做法

年谱这种著述,比较的起得很迟;最古的年谱,当推宋元丰七年吕大防做的《韩文年谱》、《杜诗年谱》。做年谱的动机,是读者觉得那些文诗感触时事的地方太多,作者和社会的背景关系很切;不知时事,不明背景,冒昧去读诗文,是领会不到作者的精神的:为自己用功起见,所以做年谱来弥补这种遗憾。不过初次草创的年谱,组织自然不完密,篇幅也非常简单;拿现在的眼光去看,真是简陋的很。

但是自从吕大防那两部年谱出世以后,南宋学者做年谱的,就渐渐加多了,到明、清两代简直"附庸蔚为大国",在史学界占重要位置。起初不过是学者的专利品,后来各种人物都适用了;起初不过一卷二卷,后来却增至数十卷了。就中如《阿文成公年谱》有三十四卷,比较吕大防的作品相差就很远。做年谱的方法,经过许多学者的试验发明,也一天比一天精密;自从初发生到现在,进步的迅速,不能不使我们惊异。

甲 年谱的种类

年谱的种类可从多方面去分:

(一)自传的或他传的

本人做自传,欧洲、美洲很多,中国比较的少;但中国也不过近代才不多,古代却不少。《太史公自序》便是司马迁的自传;《汉书·叙传》便是班固的自传;《论衡·自纪》、《史通·自叙》便是王充、刘知几的自传;《汉书·司马相如传》、《扬雄传》所采的本文,便是司马相如、扬雄的自传,这可见自传在中国古代已很发达了。

由自传到自传的年谱,势子自然很顺;但自传的年谱起得很晚,清康熙时孙奇逢恐怕是最早的一个。孙奇逢做得很简单,只有些大纲领;后来由他的弟子补注,才完成了一部书。同时稍后,黄宗羲也自做一部年谱,可惜毁了,不知内容怎样。

此外,冯辰做的《李恕谷年谱》前四卷,实际上等于李塨自己做的,也可归入自传年谱一类。我们知道李塨是一个躬行实践的人,对于自己的生活是毫不放松的。他平时把他的事迹思想,记在他的《日谱》上面,用来做学问的功夫,和旁人的日记不同。这种《日谱》不但可以供后人仿效,不但很有趣味,而且可使后人知道作者思想的进步,事迹的变迁,毫无遗憾。所以冯辰编《李恕谷年谱》,单把李塨《日谱》删繁存要,便成功了。这年谱完全保存了《日谱》的真相,而且经过李塨的手定,简直是李塨自著似的(但第五卷是刘调赞续纂的,不是根据李塨的《日谱》,所以又当别论)。

为研究历史的方便起见,希望历史的伟大人物,都能自做《日谱》,让后人替他做年谱时,可省许多考证的工夫。然而这种希望何时达到呢?在这上,他传的年谱便越发需要了。

他传的年谱又可分同时人做的和异时人做的二种:

(1)同时人当然是和谱主有关系的人,或儿子,或门人,或朋友亲故。这类人做的年谱,和自传的年谱价值相等,其中最有名的要推《王阳明年谱》,那是许多门人搜辑资料,由钱德洪编著的。他们把王守仁一生,分作数段,一个人担任搜辑某年到某年的事迹,经过了许多人的努力，很长久的时间；后来有几个人死了，幸亏王畿、罗洪先帮助钱德洪才做成。这部年谱总算空前的佳著。但后来又经李贽的删改，添上了许多神话，便不能得王守仁的真相了。前者在《王文成公全书》内，后者在《四部丛刊》内，我们须分别看待。

此外，《刘蕺山年谱》最值得我们称赞，因为是蕺山的儿子刘汋(伯绳)做的。邵廷采(念鲁)谓可以离集别行，不看本集，单看年谱，已能知谱主身世和学问的大概。这类有价值的很多，如李塨的《颜习斋年谱》，李瀚章的《曾文正公年谱》。

(2)异时人做的年谱真多极了。他们著书的原因，大概因景仰先哲，想彻底了解其人的身世学问，所以在千百年后做这种工作。这里边最好的要算王懋竑的《朱子年谱》，和同时人做的有相等的价值。固然，有许多事情，同时人能看见，而异时人不能看见；却也有许多事情，异时人可考辨得很清楚，而同时人反为茫昧的：所以一个人若有几部年谱，后出的常常胜过先出的。现在姑且不讲，留在下节讨论。

(二)创作的或改作的

同时人所做的年谱固然是创作；异时人所做的年谱，若是从前没有人做过，便也是创作。创作的年谱经过了些时，常有人觉得不满意，重新改做一部，这便是改作的年谱。改作的大概比创作的好些，只有李贽的《王阳明年谱》是例外。但我们要知道改作是一件不得已的事情，如果没有特别见地，自然可以不用改作；改作了，也不可埋没作者的艰苦。因为创作者已做好了大间架，改作者不过加以小部分的增订删改而已。无论什么历史，我们固然不能说只可有创作，不可有改作；但也不能因有了改作的以后，就把创作者的功劳没了去。

有些人不止一部年谱,甲改做了乙又改做。如《朱子年谱》有李方子、李默、洪去芜、王懋竑四种,《顾亭林年谱》有顾衍生、吴映奎、徐松、胡虔、张穆五种,《元遗山年谱》有翁方纲、凌廷堪、张穆三种,《陶渊明年谱》有吴仁杰、王质、丁晏和我做的四种,大概越发晚出,越发好些。

(三)附见的或独立的

我们如果想做一部某人的年谱,先须打定主意,到底是附在那人文集后面呢,还是离集而独立?附见的要使读本集的人得著一种方便,独立的须要使不读本集的人能够知道那人身世和学问或事业的大概:主意定了,才可以著手去做。

本来年谱这种书,除了自传的或同时人做的以外,若在后世而想替前人做,非那人有著述遗下不可。没有著述或著述不传的人的年谱,是没有法子可做的,除非别人的著述,对于那人的事迹,记载十分详明才行。所以年谱的体裁不能不有附见和独立二种。

这二种的异点,只在详略之间。附见的年谱应该以简单为主,注重谱主事迹,少引谱主文章。因为读者要想详细知道谱主的见解和主张,尽可自己向本集去寻找。专传后面,有时也可附录年谱或年表;那种年谱也和附见本集的一样,越简越好。独立的年谱却恰不同,越简越不好。他的起原,只因本集太繁重或太珍贵了,不是人人所能得见,所能毕读的;为免读者的遗憾起见,把全集的重要见解和主张,和谱主的事迹,摘要编年,使人一目了然。这种全在去取得宜,而且还要在集外广搜有关系的资料,才可满足读者的希望。合起二种来比较,独立的恰似专传,附见的恰似列传;列传与附见的年谱须简切,专传与独立的年谱须宏博。

(四)平叙的或考订的

倘使谱主的事迹，没有复杂纠纷的问题，又没有离奇矛盾的传说，历来对于谱主事迹，也没有起个什么争辩，那么，简直可以不要费考订的笔墨；纵使年代的先后不免要费考订的功夫，但也在未落笔墨之前，不必写在纸上：这种叫做平叙的年谱。他的重要工作，全在搜罗的丰富，去取的精严，叙述的翔实。《王阳明年谱》、《曾文正公年谱》便属这种。创作的固然可以平叙，改作的也未尝不可。

翻回来说，要考订的年谱，正多著呢。约计起来，共有三种：

(1)谱主事迹太少，要从各处钩稽的　例如王国维作《太史公系年考略》，因为太史公的事迹在《史记》、《汉书》都不能有系统的详细的记载，所以很费了一番考订工夫，而且逐件记出考订的经过，记载的理由来。这是很应该的。因为不说个清楚，读者不知某事何以记在某年，便有疑惑了。倘若要做孟子、墨子一般人的年谱，这是很好的模范。但做起来却不容易。孟子在《史记》虽有传，却有许多不易解决的问题：如先到齐抑先到梁？主张伐燕，在齐宣王时代抑在齐湣王时代？都是要费力考订的。墨子的事迹更简，《史记》只有十余字，我们应该怎样去钩稽考订叙述呢？总说一句，年代久远，事迹湮没的人，我们想替他做年谱或年表，是不能不考订的。

(2)旧有的记载把年代全记错了的　例如陶渊明，《宋史》、昭明太子、《晋书》各传，都说他年六十三，生于晋兴宁三年，其实都错了。我替他做年谱，从他的诗句里找出好些证据，断定他年只五十六，生于晋咸安二年。这么一来，和旧有的年谱全体不同了。旧谱前数年的事，我都移后数年。这种工作，和《太史公系年考略》稍异。他用的是钩沉的工夫，我用的是订讹的工夫。前人做了不少的《陶渊明年谱》，都不会注意到此。其实无论那个谱主的生年数一错，全部年谱都跟著错了。此外如谱主的行事，著作的先后次序，前人的记载也不免常有错误，都值得后人考订。例如王阳明编《朱子晚年定论》，说那些文章是朱子晚年做的，其后有许多人说他造谣：这实是一大问题。假使朱子的行事及著作的先后，早有好年谱考定了，便不致引起后人的争辩。专传、列传都不能做详细考订工作；年谱的责任，便更重大了。

(3)旧有的记载故意诬蔑或观察错误的　如《宋史·王安石传》对于王安石的好处，一点不说，专记坏处，有些不是他的罪恶，也归在他身上了，因为做《宋史》的人根本认他是小人。后来蔡上翔做《王荆公年谱》，把《王荆公文集》和北宋各书关于谱主的资料，都搜辑下来，严密的考订一番，详细的记述成书。我们看了，才知道做《宋史》的人太偏袒王安石的敌党了，把王安石许多重要的事迹都删削了，单看见他的片面，而且还不免有故入人罪的地方。像这种年谱，实有赖于考订。倘无考订的工夫，冒味的依从旧有的记载，那么，古人含冤莫白的，不知有多少了。但蔡上翔的《王荆公年谱》似乎不免超过了考订的范围，有许多替王安石辩护的话，同时写在考订的话之后；辩护虽很不错，却和考订的性质有点不同了。

总结上面四种年谱种类说几句话，就是我们要想做年谱先要打定主意，想做的是那一种，是创作的呢，还是改作的？是独立的呢，还是附见的？是平叙的呢，还是考订的？主意定了，才可以动手。

乙　年谱的体例

接著的便是年谱的体例问题，我们须得讲个清楚，使学者知道年谱怎样做法。

(一)关于记载时事——谱主的背景

世上没有遗世独立的人，也就没有不记时事的年谱。伟大的人，常常创造大事业，事业影响到当时人生，当然不能不记在那人的年谱上。就是活动力很小的人，不能创造大事业，而别人新创造的事业，常常影响到他身上，那么，时事也应占他年谱的一部分。不过谱主的趋向既各不同，年谱纪载时事，自然也跟著有详有简。详简的标准，我们须得说一说：

譬如陈白沙是荒僻小县的学者（我的乡先辈），不曾做过教学以外的事业；生平足迹，只到过广州一次，北京两次；生的时世又很太平：简直可以说他和时事没有直接的关系。倘使替他做年谱，时事当然少记。又如钱竹汀的科名虽然不小，但只做了几年闲散的京官，并没有建设什么功业，到了中年，便致仕回里，教书至死，生的时世也很太平。我们要想把时事多记些上他的年谱，也苦于无法安插。又如白香山的诗，虽很有些记载社会状况的，生的时世虽很纷乱，但他不曾跑进政局，和时事还没有直接关系，不过总算受了时事的影响。倘使我们替他做年谱，时事自然可以记载些。像这类纯粹的学者、文人，和时代的关系比较的少，替他们做年谱，要纪载时事，应该很简切，假使看见旁人的年谱记时事很详，也跟样，那可错了。

反面说，学者，文人，也有根本拿时代做立脚点的。例如顾亭林，虽然少做政治活动，而他的生涯完全受政治的影响，他的一言一动几乎都和时代有关系。假使他的年谱不记时事，不但不能了解他的全人格和学问，而且不能知道他说的话是什么意义。从晚明流寇纷起，满洲人入关得国，到明六王次第灭亡，事事都激动他的心灵，终究成就了他的学问。像这类人虽然没有做政治活动，他的年谱也应该记载时事，而且须记详细些。若谱主正是政治家、当轴者，那更不用说，无论是由他创造的事业，或是有影响于他身上的时事，都应该很详细的记入他的年谱。

有一种文人，和当时的政事有密切关系。假使他的年谱不记时事，我们竟无法看懂他的著作，认识他的价值，而时事亦即因此湮没不少。例如一般人称杜甫的诗为诗史，常常以史注诗，而不知诗里便有许多史册未记的事。又如顾亭林的诗，影射时事的也不少，其中有一首，记郑成功、张煌言北伐至南京的一事，说张煌言曾与李定国定期出兵，因路远失期，以致败走。假使《顾亭林年谱》不记时事，怎么知道这诗所说何事？即使知道了郑、张北伐的事，不端详诗句的隐义，也会湮没了张、李相约的轶闻。所以谱主的著作，和年谱对看，常有相资相益之处；而年谱记载时事，也因此益觉重要。

大概替一人做年谱，先须细察其人，受了时事的影响多大？其人创造或参与的时事有几？标准定了，然后记载才可适宜。

曾国藩是咸丰、同治间政局唯一的中心人物，他的年谱记载时事应该很详细。除了谱主直接做的事情以外，清廷的措施，偏将的胜负，敌方的因应，民心的向背，在在都和谱主有密切的关系，如不一一搜罗叙述，何以见得谱主立功的困难和原因？我们看李瀚章做的《曾文正公年谱》，实在不能满足我们这种欲望。因为他只叙谱主本身的命令举动，只叙清廷指挥擢黜谕旨，其余一切，只有带叙，从不专提。使得我们看了，好像从墙隙中观墙外的争斗，不知他们为什么有胜有负！虽然篇幅有十二卷之多，实际上还不够用。倘然有人高兴改做，倒是很好的事情；但千万别忘记旧谱的短处，最要详尽的搜辑太平天国的一切大事，同时要人的相互关系，把当时的背景写个明白，才了解曾国藩的全体如何。

假如要做李鸿章的年谱，尤其要紧的是要把背景的范围扩大到世界各强国。因为李鸿章最初立功，就因利用外交，得了外国的帮助，才和曾国藩打平太平天国。假使不明白各国对太平天国的态度，如何知道他们成功的原因。后来他当了外交的要冲,经过几次的国际战争,缔结几次的国际条约,声名达于世界。他诚然不善于外交,丧失了国家许多权利;但我们要了解他为什么失败?为什么事事受制于人?除了明白中国的积弱情形以外,尤其需要明白世界的大势。因为十九世纪之末,自然科学发达的结果,生产过剩,欧洲各国都拼命往东方找殖民地和市场,非、澳二洲和亚洲南西北三部,都入了白人的掌握,所以各国的眼光,都集中到中国。那时世界又刚好出了几个怪杰,德国的俾斯麦,俄国的亚历山大,日本的明治帝,一个个都运用他们的巨腕,和中国交涉,而首当其冲者是李鸿章。假使世界大势不是如此,李鸿章也许可以做个安分守己的大臣。所以我们要了解李鸿章的全体,非明白他的背景不可;而且背景非扩充到世界不可。这种责任,不是专传的责任,非年谱出来担负不可。

实际的政治家,在政治上做了许多事业,是功是罪,后人自有种种不同的批评。我们史家不必问他的功罪,只须把他活动的经历,设施的实况,很详细而具体的记载下来,便已是尽了我们的责任。譬如王安石变法,同时许多人都攻他的新法要不得,我们不必问谁是谁非,但把新法的内容,和行新法以后的影响,并把王安石用意的诚挚和用人的茫昧,一一翔实的叙述,读者自然能明白王安石和新法的好坏,不致附和别人的批评。最可笑的是《宋史·王安石传》:他不能写出王安石和新法的真相,只记述些新法的恶果和反对的呼声,使得后人个个都说王安石的不好。最可嘉的是蔡上翔《王荆公年谱》:他虽然为的是要替王安石辩护,却不是专拿空话奉承王安石。他只把从前旧法的种种条文,新法的种种条文,一款一款的分列,使得读者有个比较。他只把王安石所用的人的行为,攻击王安石的人的言论,一件一件的分列,使得读者明白不是变法的不好,乃是用人的不好。像这样,才是史家的态度。做政治家的年谱,对于时事的叙述，便应该这样才对。

上面几段讲的是纯粹政治家的年谱做法，此外还有一种政治兼学问，学问兼政治的人，我们若替他做年谱，对于时事的记载，或许可以简略点，但须斟酌。譬如王阳明是一个大学者，和时事的关系也不浅。但因为他的学问的光芒太大，直把功业盖住了，所以时事较不为做他的年谱者所重。其实我们为了解他成功的原因起见，固然不能不说明白他的学问；为了解他治学的方法起见，也不能不记清楚他的功业。因为他的学问就是从功业中得来，而他的功业也从他的学问做出，二者有相互的关系。所以他的年谱，对于当时大事和他自己做出的事业，都得斟酌著录。

《钱竹汀年谱》，颇能令人满意。因为钱竹汀和时事没有多大关系，所以年谱记时事很简，自然没有什么不对。王懋竑的《朱子年谱》记时事却太详细了。朱子虽然做了许多官，但除了弹劾韩侂胄一事之外，没有做出什么大事，也没有受时事的大影响。所以有许多奏疏也实在不必枉费笔墨记载上去，因为大半是照例，和时局无关系。这种介在可详可略之间，最须费斟酌；稍为失中，便不对。

文学家和时势的关系，有浓有淡。须要依照浓淡来定记时事的详略，这是年谱学的原则。但有时不依原则，也有别的用处。譬如凌廷堪、张穆的《元遗山年谱》，记载时事很详，其实元遗山和时事并没有多大关系，本来不必这样详；凌、张以为读元遗山的诗和读杜甫的诗一样，非了解时事则不能了解诗，其实错了。但从别一方面看，金、元之间，正史简陋的很，凌、张以元遗山做中心，从诗句里钩出许多湮沉的史料，放在年谱内，虽然不合原则，倒也有一种好处。

不善体会上面说的详略原则，有时会生出过详过略的毛病。譬如张尔田的《玉谿生年谱笺注》记载时事极为详尽，只因他的看法不同。他以为李义山做诗全有寄托,都不是无所为而为,这实不能得我们的赞成。诚然,人们生于乱世,免不了有些身世之感,张氏的看法,也有相当的价值。但是我们细看李义山的诗,实在有许多是纯文学的作品,并非有所感触,有所寄托。张氏的笺注时事,不免有许多穿凿附会的地方。

我们应该观察谱主是怎样的人?和时事有何等的关系?才可以定年谱里时事的成分和种类。不但须注意多少详略的调剂,而且须注意大小轻重的叙述。总期恰乎其当,使读者不嫌繁赘而又无遗憾,那就好了。

(二)关于记载当时的人

个人是全社会的一员;个人的行动,不能离社会而独立。我们要看一个人的价值,不能不注意和他有关系的人。年谱由家谱变成,一般人做年谱,也很注意谱主的家族。家族以外,师友、生徒、亲故都不为做年谱的人所注意。这实在是一般年谱的缺点。比较最好的是冯辰的《李恕谷年谱》。因为他根据的是李恕谷的《日谱》,所以对于李恕谷所交往的人都有记载。我们看了,一面可以知道李恕谷成就学问的原因,一面可以知道颜、李学派发展的状况,实在令人满意。《曾文正公年谱》可不行。因为曾国藩的关系人太多,作者的眼光只知集中到直接有关系的人,自然不足以见曾国藩的伟大。

翻回来,再看《王阳明年谱》。我们因为王阳明的学问和他的朋友门生有分不开的关系,所以很想知道那些朋友门生某年生,某年才见王阳明,往后成就如何。钱德洪等做年谱,只把所闻所知的记了一点,却忽略了大多数,实在令我们失望。王懋竑的《朱子年谱》也是一样。朱熹到底有多少门生?他所造就的人才后来如何?我们全不能在上面知道。像朱、王这类以造就人才为事业的人,我们替他们做年谱，对于他们的门生、属吏、友朋、亲故，应该特别注意；记载那些人的事迹，愈详愈好。

寻常的年谱，纪载别人的事迹，总是以其与谱主有直接的关系为主（如诗文的赠答，会面的酬酢）；若无直接的关系，人事虽大，也不入格：其实不对。例如《朱子年谱》记了吕伯恭、张南轩、陆梭山的死，只因朱子做了祭文祭他们。陆象山死在何年，上面便查不出，只因朱子不曾做祭文祭他。作者的观念以为和谱主没有直接的关系，便不应该记；其实年谱的体裁并不应该这样拘束。张、吕、二陆都是当时讲学的大师，说起和朱子的关系，最密切的还是陆象山。但我们竟不能在《朱子年谱》看到陆象山的死年，这是何等的遗憾！

从年谱的历史看，明朝以前，记时人较略；清中叶以后渐渐较详了。张穆的《顾亭林年谱》便是一个例证。王文诰的《苏东坡年谱》又更好一点，凡苏诗苏文所提到的人都有，而且略有考证。近时胡适的《章实斋年谱》，记事固然有些错误，记人却还好。他除了零碎的记了谱主师友的事迹以外，单提出戴震、袁枚、汪中三个可以代表当时思想家的人，来和谱主比较；就在各人卒年，摘述谱主批评各人的话，而再加以批评。批评虽不是年谱的正轨，但可旁衬出谱主在当时的地位，总算年谱的新法门。

老实说，从前做年谱，太过拘束了。谱主文集没有提起的人，虽曾和谱主交往而不知年分的人，都不曾占得年谱的篇幅。我们现在尽可用三种体裁来调剂：和谱主关系最密切的，可以替他做一篇小传；和谱主有关系而事迹不多的，可各随他的性质，汇集分类，做一种人名别录；姓名可考，事迹无闻，而曾和谱主交际的，可以分别做人名索引。凡是替大学者大政治家做年谱，非有这三种体裁附在后面不可。

好像《史记》做了《孔子世家》之后又做《仲尼弟子列传》,列传后面有许多人都只有姓名而无事迹,但司马迁不因他们无事迹而灭其姓名。朱熹、王守仁的弟子可考的尚不少,我们从各文集和史书学案里常常有所发现,若抄辑下来,用上面三种体裁做好,附在他们年谱后面,也可以弥补缺憾不少。

我自己做《朱舜水年谱》,把和朱舜水交往的人都记得很详细。那些人名,日本人听得烂熟,中国却很面生。因为朱舜水是开创日本近二百年文化的人,当时就已造就人才不少。我们要了解他的影响的大,须看他的朋友弟子跟著他活动的情形。虽然那些人的史料很缺乏,但我仍很想努力搜求,预备替他们做些小传。像朱舜水一类的人,专以造就人才为目的,虽然所造就的是外国人,但和我们仍有密切的关系,在他年谱记当时人,当然愈详愈好。

(三)关于记载文章

记载谱主文章的标准,要看年谱体裁是独立的,还是附见的。附见文集的年谱,不应载文章。独立成书的年谱,非载重要的文章不可。重要不重要之间,又很成问题。

《王阳明年谱》关于这点,比较的令人满意。因为他虽在文集中而已预备独立。有关功业的奏疏,发挥学术的信札,很扼要的采入各年。独立的年谱很可拿此谱做记载文章的标准。

王懋竑的《朱子年谱》不录正式的著作,而录了许多奏疏、序跋、书札。政治非朱子所长,政治的文章却太多;学术是朱子所重,学术的文章却太少。在王懋竑的意思,以为把学术的文章放在年谱后的《论学切要语》中便已够了,不必多录。《论学切要语》的编法,固然不错,但没有注清楚做文的年分,使得读者不知孰先孰后,看不出思想迁流的状态,不如把论学的文章放入年谱还更好。《性理大全》、

《朱子全集》都依文章的性质分类,没有先后的次序。王阳明编《朱子晚年定论》,说朱子晚年的见解和陆子一致,已开出以年分的先后看思想的迁流一条大路来。虽然王阳明所认为朱子晚年的作品,也有些不是晚年的,但大致尚不差。王懋竑攻击王阳明的不是,却不曾拿出健全的反证来。《朱子年谱》载的文章虽不少,但还不能详尽,总算一件缺憾。

记载文章的体例,《顾亭林年谱》最好。整篇的文章并没有采录多少,却在每年叙事既完之后,附载那年所做诗文的篇目。文集没有,别处已见的遗篇逸文,知道是那一年的,也记录出来。文体既很简洁,又使读者得依目录而知文章的先后,看文集时,有莫大的方便。这种方法,很可仿用。篇目太多,不能分列,各年之下,可另作一表,附在年谱后。

文学家的方面不止一种,作品也不一律,替文学家做年谱的人不应偏取一方面的作品。像《苏东坡年谱》只载诗文的篇目,没有一语提到词,便是不对。作者以为词是小道,不应入年谱。其实苏东坡的作品,词占第一位,诗文还比不上。即使说词不如诗文,也应该平等的纪载篇目,或摘录佳篇。现行的苏东坡年谱不纪及词,实在是一大缺点。

曾国藩是事业家,但他的文章也很好。即便他没有事业,单有文章,也可以入文苑传。我们很希望他的年谱,纪载他的文章诗句,或诗文的篇目。现行的《曾文正公年谱》,我嫌他载官样的文章太多,载信札和别的文章太少。好文章尽多著,如《李恕谷墓志铭》、《昭忠词记》等,应该多录,却未注意。

纯文学家的年谱只能录作品的目录,不能详录作品,最多也只能摘最好的作品记载一二。若录多了就变成集子,不是年谱的体裁了。《玉豀生年谱笺注》录了许多诗篇，作者以为那些诗都和谱主的生活有关，不能不录全文。结果，名为年谱，实际成了编年体的诗注。就算做得很好，也只是年谱的别裁，不是年谱的正格。有志做年谱的人们，还是审慎点好。

（四）关于考证

当然有许多年谱不必要考证，或是子孙替父祖做，或是门生替师长做，亲见亲闻的事原无多大的疑误。如王阳明、颜习斋、李恕谷等年谱都属此类。不过常常有作者和谱主相差的时代太久，不能不费考证的工夫的；又有因前人做的年谱错了而改做的，也不能不有考证的明文。

考证的工夫本来是任何年谱所不免的，但有的可以不必写出考证的明文，只写出考证的结果便已足。若为使人明白所以然起见，却很有写出考证的明文的必要。所以明文应该摆在什么地方，很值得我们考虑。

据王懋竑《朱子年谱》的办法，在年谱之外另做一部《考异》，说明白某事为什么摆在某年，两种传说，那种是真。年谱的正文，并不隔杂一句题外的话，看起来倒很方便。还有一种很普通的办法，把考证的话附在正文中，或用夹注，或低二格。另有一种办法，把前人做的年谱原文照抄，遇有错误处则加按语说明，好像札记体一样。张穆对于《元遗山年谱》便是用的第三种。

前面三种办法，各有好处。第一种，因为考证之文太多，令人看去，觉得厌倦，所以另成一书，既可备参考，又可省读年谱者的精神。第二种，可使读者当时即知某事的异说和去取的由来，免得另看《考异》的麻烦。两种都可用。大概考证多的，可另作《考异》，不十分多的，可用夹注，或低格的附文。但其中也有点例外。有些年谱，根本就靠考证才成立,无论是创作或改作,他的考证虽很繁杂,也不能不分列在年谱各年之下。如作《孟子年谱》,年代便很难确定。如果要定某事在某年,便不能离本文而另作考异,必同时写出考证的明文,说明为什么如此叙述,才不惹人疑惑。而后本文才可成立。假如孟子先到齐或先到梁的问题,没有解决,许多事情便不能安插,全部组织便无从成立。经过了考证,把问题解决了,若不把考证随写在下,便不能得读者的信仰。又如我做陶渊明的年谱,把他的年纪缩短,生年移后,和历来的说法都不同。假使不是考证清楚了,何必要改作?考证清楚了,若不开头说个明白,读者谁不丢开不看?像这类自然不能另作考异,亦不能作夹注,只好低二格附在各年本文之后。至于第三种也有他的好处,因为前人做的不十分错,原无改作的必要,为省麻烦起见,随时发现错误,随时考证一番,加上按语,那便够了。

大概考证的工夫,年代愈古愈重要。替近代人如曾国藩之类做年谱,用不着多少考证,乃至替清初人如顾炎武之类做年谱,亦不要多有考证,但随事说明几句便是。或详或略之间,随作者针对事实之大小而决定,本来不拘一格的。

(五)关于批评

本来做历史的正则,无论那一门,都应据事直书,不必多下批评;一定要下批评,已是第二流的脚色。譬如做传,但描写这个人的真相,不下一句断语,而能令读者自然了解这个人地位或价值,那才算是史才。

做传如此,做年谱也如此。真是著述名家,都应守此正则。有时为读者的方便起见,或对于谱主有特别的看法,批评几句也不要紧。但一般人每乱用批评,在年谱家比较的还少。现在拿两部有批评的年谱来讲，一是蔡上翔的《王荆公年谱》，一是胡适之的《章实斋年谱》。

与其用自己的批评，不如用前人的批评。年谱家常常如此，但亦不能严守此例。蔡上翔引人的话很多，用自己的话尤其多。胡适之有好几处对旧说下批评。固然各人有各人的见解，但我总觉得不对，而且不是做年谱的正轨。蔡上翔为的是打官司，替王安石辩护，要驳正旧说的诬蔑，也许可邀我们的原谅。但批评的字句应该和本文分开，不该插入纪事的中间。蔡、胡都没有顾及这点，以文章的结构论，很不纯粹。如果他们把自己的见解，做成叙文，或做附录，专门批评谱主的一切，那么，纵使篇幅多到和年谱相等，也不相妨了。

蔡上翔替王安石辩护的意思固然很好，但是他的作品却不大高明。他把别人骂王安石的文章录上了，随即便大发议论，说别人的不对，这实在不是方法。我以为最好是详尽的叙述新法的内容，某年行某法，某年发生什么影响，某年惹起某人的攻击，便够了。自己对于攻击者的反驳，尽可作为附录，不可插入本文。凡是替大学者政治家做年谱，认为有做批评的必要时，都应该遵守这个原则。

（六）关于附录

上面讲的考证和批评，我都主张放在附录里面。其实附录不止这两种，凡是不能放进年谱正文的资料，都可占附录的一部分。

要知道谱主的全体，单从生年叙到死年还不够。他生前的家况，先世的系统，父母兄弟的行事……与其旁文斜出，分在各年下，不如在正谱之前，作一个世谱。《王阳明年谱》的《世德纪》便是世谱的一种格式。因为王阳明的父祖都是有名的学者，做官也做到很大，年寿又高，并不是死在王阳明的生前。假使把他们的行事，插入年谱，一定觉得累赘。所以作者抄录别人替他们做的传和墓志铭在一处，作为年谱的附录。虽然《世德纪》里面，载了不少非世德的文章，有点名不副实；但这种不把附录当正文的方法，总是可取。譬如陆象山几兄弟都是大学者，互相师友。假使我们做陆象山的年谱，其关于他的兄弟行事，与其插入正文，不如另做小传放在前面。这种世谱和小传之类我们也可叫做“谱前”。

谱主死后，一般的年谱，多半就没有记载了，其实不对。固然有些人死后绝无影响，但无影响的人，我们何必给他做年谱呢？即使说没有影响吧，也总有门生子侄之类后来做了什么事，那也总不能摆在年谱正文中。若谱主是政治家，他的政治影响一定不致跟他的生命而停止。若谱主是大学者，他的学风一定不致跟他的生命而衰歇。还有一种人，生前偏和时势没有关系，死后若干年却发生何等的影响。所以如果年谱自谱主死后便无什么记载，一定看不出谱主的全体，因而贬损年谱本身的价值。钱德洪等似乎很明白这点，他们的《王阳明年谱》在谱主死后还有二卷之多。阳明学派的盛行，全是阳明弟子的努力。阳明的得谥和从祀孔庙，也靠许多友生的恳求。假使年谱不载阳明死后事，如何见得阳明的伟大？《阳明年谱》能称佳作，这也是一个原因。但他不应仍称死后事为年谱，应该称做“谱后”，做为附录的一种才对。

我们根据这点去看王懋竑的《朱子年谱》，便很不满意；因为他叙到朱子死年，便停止了；我们要想知道朱子学派的发达，学术的影响，是不可能的。同一理由，假使我们做《释伽牟尼年谱》，尤其要很用心的做谱后。凡是佛教各派的分化，传播，变迁，反响，都不妨择要叙入；不必年年有，不必怕篇幅多，甚至纪载到最近，也没有什么不可以。

在上面的原则中也似乎有例外。譬如《曾文正年谱》没有谱后便没有什么要紧，因为他的事业，生前都做完了，政治上的设施也没有极大的影响。纵使有谱后，也不妨简略些。若做《胡文忠年谱》便不然。因为他和曾文正联结许多同志，想灭亡太平天国，没有成功就死了。后来那些同志卒能成他之志。同志的成功，也就是他的成功。所以他的年谱谱后至少要记到克复江宁。

我做《朱舜水年谱》，在他死后还记了若干条，那是万不可少的。他是明朝的遗臣，一心想驱逐满清，后半世寄住日本，死在日本。他曾数说过，满人不出关，他的灵柩不愿回中国。他自己制好耐久不朽的灵柩，预备将来可以搬回中国。果然那灵柩的生命比满清还长，至今尚在日本，假使我们要去搬回来，也算偿了他的志愿哩！我看清了这点，所以在年谱后，记了太平天国的起灭，和辛亥革命，宣统帝逊位。因为到了清朝覆灭，朱舜水的志愿才算偿了。假如这年谱在清朝做，是做不完的。假如年谱没有谱后，是不能成佳作的。

此外有一种附录可以称做“杂事”的，是刘伯绳著《刘蕺山年谱》所创造的，后来焦廷琥的《焦理堂年谱》也仿做。刘伯绳因为谱主有许多事迹不能以年分，或不知在那一年，如普通有规则的行事，琐屑而足显真性的言论等，都汇辑做附录。邵廷采批评他，拿本文纪大德敦化的事，附录纪小德川流的事，真是毫无遗憾。从前的年谱遇著无年可归的事，不是丢开不录，便是勉强纳在某年。结果，不是隐没谱主的真相，便是不合年谱的体裁。刘伯绳却能打破这种毛病，注意前人所不注意的地方，创造新法来容纳谱主的杂事，使得读者既明白谱主的大体，又了解谱主的小节。这种体裁，无论何人的年谱都可适用。

其次，谱主的文章和嘉言懿行也可作附录。文章言论很简单的，可以分列各年；很繁多的，可以抄辑做附录，大学者的文章言论，常常不是年谱所能尽载的，为求年谱的简明起见，非别作附录不可。所以王懋竑在《朱子年谱》之后附了《朱子论学切要语》，这种方法可以通用。

张穆做《顾亭林年谱》虽然很好，我们却看不出顾亭林和旁人不同之处何在，只因他要读者先看了本集再看年谱，所以没有附录谱主的重要文章和言论。其实读者那能都看本集，或许时间不够，或许财力不足，若能单看年谱便了解谱主生平，岂不更好？所以为便利读者起见，作年谱必附录谱主的主要文章和言论，尤其是学者的年谱。

批评方面的话，或入本文，或附谱末，均无不可。但为年谱的简明起见，自然以作附录为好。伟大的人物，每惹起后人的批评，或褒或贬，愈伟大的愈多，如王安石、王守仁死了千数百年，至今还有人批评他们的好歹。倘使批评者确有特殊的见解，或能代表一部分人的意思，我们非附录他的话不可。因为若不附录批评，不但不能看出后人对谱主的感想，而且不足以见谱主的伟大。但有一点不可不注意，千万不要偏重一方面的批评，单录褒或单录贬。

以上讲的种种附录，当然不能说详尽。作者若明白年谱可多作附录的原则，尽可创造新的体裁。附录愈多，年谱愈干净。

从前作年谱太呆，单靠本文，想包括一切。前清中叶以后，著述的技术渐渐进步，关于上文讲的六种——纪载的时事，时人，文章，和考证，批评，附录——都有新的发明。我们参合前人的发明，再加研究，还可以创造种种的新体例，新方法。

丙　年谱的格式

年谱的格式也得附带的讲一讲。司马迁做年表，本来参照《周谱》的旁行斜上。《周谱》今不可见,《史记》年表是有纵横的格子的,年谱由年表变来;因为有时一年的事太多,一个格子不够用,所以才索性不要格子。替古人做年谱,因为事少的原故,还是用格子好。如孙诒让作《墨子年表》,附在《墨子间诂》之后;苏舆作《董仲舒年表》,附在《春秋繁露》之前:都带有年谱的性质。

假使要作《孟子年谱》,因为当时有关系的不止一国,势不能不用格子。横格第一层记西历纪元前几年或民国纪元前几年,第二层记孟子几岁,第三层记孟子直接的活动,第四层以下各层分记邹、鲁、滕、梁、齐、燕各国和孟子有关的时事,使得读者一目了然。

假使《杜甫年谱》,最少也要把时事和他的诗和他的活动分占一格,并起年代共有五格。因为杜甫时事,和曾国藩时事不同。曾国藩的活动和时事并成一片,杜甫的活动,只受时事的影响,所以一个的年谱不应分格,一个的应分格。假使《杜甫年谱》不分格,不但读者看了不清楚,而且体裁上也有喧宾夺主之嫌。

假使我们要改张穆的《顾亭林年谱》成年表的格式,也许可以较清楚些。除了年代以外,一格记时事,一格记直接活动,一格记朋友有关的活动,一格记诗文目录。因为这四种在这年谱中刚好是同样的多,并做一起,反为看不清楚。

所以年谱可以分格的人有二种:一种是古代事迹很简单的人,一种是杜甫、顾炎武、朱之瑜一类关心时事的人。前者不必论,因为他本身不能独立成一年谱,只好年表似的附在别书里。后者因为谱主只受了政治的影响,没有创造政治的事实。倘把时事和他的活动混合,一定两败俱伤;倘分开,既可醒读者的眼目,又可表现谱主受了时事的影响。——这是讲年谱分格的格式。

第二种格式就是最通行的年谱正格,做文章似的,一年一年做下去。叙事的体例可分二种，一种是最简单的平叙体，一种是稍严格的纲目体。

平叙体以一年为单位，第一行顶格，写某朝某年号某年谱主几岁。第二行以下都低一格，分段写谱主的直接活动，时事，诗文目录。他的好处，在有一事便记一事，没有取大略小的毛病。

纲目体是《王阳明年谱》首创的，第一行和平叙体相同，第二行也低一格，标一个很大的纲，第三行以下低二格，记这个纲所涵的细目。譬如纲记了某月某日宸濠反，目便记宸濠造反的详情；纲记了是年始揭知行合一之教，目便记知行合一的意义。一事完了，又重新作别事的纲，继续记别事的目，也分别低一格二格。这种体例有一种困难，到底要多大的事情才可作纲？有纲无目，有目无纲，可以不可以？很要费斟酌。弄的不好，容易专记大事，忽略小事。假使大事小事都有纲有日，又不相称。但我仍主张用这体，使得读者较容易清楚；但作者须用心斟酌。

此外假使有一种人，有作年谱的必要，而年代不能确定，无法做很齐整的年谱，就可以作变体的。如司马迁很值得做年谱，而某年生，有几十岁，绝对的考不出。只有些事迹还可考知是某年做的，某事在先，某事在后，虽然不能完全知道他的生平，记出来也比没有较好。王国维的《太史公系年考略》便是如此。

像司马迁一类的人很多。文学家如辛弃疾、姜夔都没有正确完整的遗事。辛弃疾的史料还可勉强考出。对于姜夔可没有办法。但是他们的词集中，有不少的零碎事迹，钩稽出来，也略可推定先后。这种人的年谱，虽然做起来无首无尾，也还可借以看他生平的一部分。所以变体的年谱也不可废。

还有一种合谱，前人没有这样做过。合传的范围可以很广，事业时代都可不必相同,所以前人已经做过很多。年谱若合二人的生平在一书内,最少也要二人的时代相同。我们看,从前有许多人同在一个环境,同做一种事业,与其替他们各做一部年谱,不如并成一部,可以省了许多笔墨,和读者的精神。譬如王安石、司马光年纪只差一岁,都是政党的领袖。皇帝同是这一个,百姓同是这一些,敌国同是金、夏,官职同是最高。不过政治上的主张不同,所以一进一退,演成新派旧派之争。我们若拿他二人做谱主,尽搜两党的活动事迹,在一部年谱之内,看了何等明了,何等畅快。从前作者不会想到这种体裁,所以蔡上翔只做《王荆公年谱》,顾栋高只做《司马温公年谱》,我们仍旧只能得片面的知识。

凡同在一时代,大家是朋友,讲求学术,见解不同,生出数家派别。如南宋的朱熹、陆九渊、张栻、吕祖谦、陈亮等,我们若做一部合谱,一来,可以包括一时的学界情形;二来,公平的叙述,不致有所偏袒;三来,时事时人免得做数次的记载:这是最有趣味,最合方法的事情。

就说不是学术界罢。曾国藩、胡林翼同是从军事上想灭太平天国的人,虽然一个成功,一个早死,也可以替他们合做年谱。因为他们的志愿相同,环境相同,朋友相同,敌人相同,合做一年谱比分做方便多了。

就说不曾共事,不是朋友罢,也未尝不可合做年谱。譬如顾炎武、王夫之、黄宗羲、朱之瑜等或曾见面,或未知名,虽然不是亲密的朋友,虽然不曾协力做一事,但是不愿投降满清的志愿和行事是没有一个不同的。他们的年纪都是不相上下,都因无力恢复明室,想从学术下手,挽救人心。我们若替他们合做年谱,不但可以省了记载时事的笔墨,而且可以表现当时同一的学风,可以格外的了解他们的人格。

上面所举朱、陆、张、吕、陈一例,曾、胡一例,顾、王、黄、朱一例,做起合谱来,最有趣味。他们的事业在历史上都是最有精彩的一页,所以他们的合谱也是最有精彩的年谱。他们的见解相反的足以相成,他们的志愿相同的竟能如愿,他们的足迹不相接的却造出同一的学风。百世之下,读他们的合谱的还可以兴起特别的感想,领受莫大的裨益。这样,合谱的功效比单人的年谱还更高些。——以上讲年谱的格式完了。

丁 做年谱的益处

研究历史的人在没有做历史之先,想训练自己做史的本领,最好是找一二古人的年谱来做。做年谱的好处最少有三种:

第一,我们心里总有一二古人,值得崇拜或模范的。无论是学者,文人,或政治家,他总有他的成功的原因,经过,和结果。我们想从他的遗文或记他的史籍,在凌乱浩瀚中得亲切的了解,系统的认识,是不容易的。倘使下一番工夫替他做年谱,那么,对于他一生的环境、背景、事迹、著作、性情等可以整个的看出,毫无遗憾。从这上,又可以得深微的感动,不知不觉的发扬志气,向上努力。

第二,做年谱不是很容易的事情,但我们可借来修养做学问的性情,可用来训练做历史的方法。我们才一动笔,便有许多复杂的问题跟著,想去解决,不是骤然可了的;解决不了,便觉干燥无味;稍不耐烦,便丢下不做了。倘使这几层难关都能够打通,则精细、忍耐、灵敏、勇敢,诸美德齐归作者身上;以后做别的学问,也有同样的成功了。谱主的事迹,不是罗列在一处的,我们必须从许多处去找;找来了,不是都可以用的,我们必须选择;择好了,不是都是真实的,我们必须辨别;辨清了,不是都有年代的,我们必须考证;考定了,不是可以随便写上去的,我们必须用简洁的文字按照法则去叙述。至于无年可考的事迹,言论,怎样去安排?帮助正谱的图表,怎样去制造?谱前应从何时说起?谱后应到何时截止?种种困难,都须想方法解决。倘使不能解决,便做不成年谱;倘使做成了年谱,以后做别的历史,便容易多了。

第三,年谱和传不同:做传不仅须要史学,还要有相当的文章技术;做年谱却有史学便够了。因为年谱分年,上年和下年不必连串;年谱分段,上段和下段不必连串;所以即使作者的文章并不优美,只要通顺,便绰绰有余了。

有志史学的人,请来尝试尝试罢!

第六章　专传的做法

专传在人物的专史里是最重要的一部分。历史所以演成，有二种不同的解释：一种是人物由环境产生，一种是人类的自由意志创造环境。前人总是说历史是伟大人物造成，近人总是说伟大人物是环境的胎儿。两说都有充分的理由而不能完全解释历史的成因。我们主张折衷两说：人物固然不能脱离环境的关系，而历史也未必不是人类自由意志所创造。历史上的伟大人物倘使换了一个环境，成就自然不同。无论何时何国的历史，倘使抽出最主要的人物，不知做成一个甚么样子。所以我们作史，对于伟大人物的自由意志和当时此地的环境都不可忽略或偏重偏轻。

中国人的中国史由那些人物造成？因为抽出他来，中国史立刻变换面目的人，约莫有多少？倘使我们做《中国通史》而用纪传体做一百篇传来包括全部历史，配做一传的人是那一百个？——我们如要答复这些问题，不能不有详细的讨论：

南宋郑樵似乎曾有伟大计划，以《通志》代替"十七史"：但是没有成功，除了《二十略》以外，看的人便很少了。他为什么失败？只因他太不注意纪传了。我们翻《通志》的纪传看看，和"十七史"的有何分别，那里有点别识心裁？读者怎么不会"宁习本书，怠窥新录"？其实我们要做那种事业，并非不可能，只要用新体裁做传，传不必多而必须可以代表一部分文化，再做些图表来辅助，新史一定有很大的价值。

我常常发一种稀奇的思想，主张先把中国全部文化约莫分为三部：

（一）思想及其他学说

（二）政治及其他事业

（三）文学及其他艺术

以这三部包括全部文化，每部找几十个代表人，每人给他做一篇传。这些代表须有永久的价值，最少可代表一个时代的一种文化。三部虽分，精神仍要互相照顾。各传虽分，同类的仍要自成系统。这样，完全以人物做中心，若做的好，可以包括中国全部文化在一百篇传内。

这种方法也有缺点，就是恐怕有时找不出代表来：第一，上古的文化几乎没有人可以做代表的，因为都是许多人慢慢的开发出来。虽然古史留下不少的神话人物如黄帝、尧、舜、大禹、伊尹等，但都是口说中堆垛出来的，实在并不能代表一部分文化。所以我们要想在上古找几个人代表某种文化是绝对不可能的。第二，中古以后，常有种种文化是多数人的共业，多数人中没有一个领袖。譬如《诗经》是周朝许多无名氏的作品，在文化史上极有价值，但我们找不出一个可以做代表的人来。若因孔子曾删《诗》就举他做代表，未免太卤莽。又如《淮南子》是道家思想的结晶，在秦、汉文化中占有很重要的位置，但我们也找不出一个人做代表。若说是刘安编辑的书就举他做代表，也未免不明事理。所以我们对于这种许多人的共业真是不易叙述。

上段讲的缺点，第一种竟不能用人物传，只好参用文物的专史，做一篇《上古的文化》，叙述各种文化的最初状况。第二种却可用纪传史中《儒林传》、《文苑传》、《党锢传》的体裁，把许多人平等的叙述在一篇合传；如《诗经》不知作者姓名，则可分成若干类，既叫他“某类的作者”，合起多类便可成一传，便可包括此种文化。

我很希望做中国史的人有这种工作——以一百人代表全部文化，以专传体改造《通志》。试试看，一定有很大的趣味，而且给读者以最清楚的知识。这种做法并也没有多大奥妙，只把各部文化都分别归到百人身上，以一人做一代的中心，同时同类的事情和前后有关的事情都摆在一传内，一传常可包括数百年，我们即使不去改造《通志》，单做一部《百杰传》，也未尝不可。

说起这种体裁的好处，最少也有二种：第一，譬如哲学书或哲学史，不是专家看来，必难发生趣味。假使不做哲学史而做哲学家传，把深奥的道理杂在平常的事实中，读者一定不觉困难而且发生趣味。因为可以同时知道那时的许多事情，和这种哲学怎样的来历，发生怎样的结果，自然能够感觉哲学和人事的关系，增加不少的常识。哲学如此，旁的方面无不如此。专门人物普通化，专门知识普通化，可以唤起多数读者研究学问的精神，注重历史的观念。

第二，事业都是人做出来的。所以历史上有许多事体，用年代或地方或性质支配，都有讲不通的；若集中到一二人身上，用一条线贯串很散漫的事迹，读者一定容易理会。譬如鲜卑到中原的种种事实，编年体的《资治通鉴》不能使我们明了，《纪事本末》把整个的事团分成数部，也很难提挈鲜卑人全部的趋势。假使我们拿鲜卑人到中原以后发达到最高时的人物做代表——如魏孝文帝——替他做一篇传；凡是鲜卑民族最初的状况，侵入中国的经过，渐渐同化的趋势，孝文帝同化政策的厉行，以及最后的结果，都一齐收罗在内，就叫做《魏孝文帝传》；那么，读者若还不能得极明了的观念，我便不相信了。

我相信,用这种新的专传体裁做一百篇传,尽能包括中国全部文化的历史。现在姑且把值得我们替他做传的人开个目录出来,依文化的性质分为三部。但凭一时思想所及,自然不免有遗漏或不妥的地方,待将来修补罢!

(一)思想家及其他学术家

(1)先秦时代:孔子,墨子,孟子,庄子,荀子,韩非子。

为什么没有老子呢?因为老子带神话性太浓,司马迁已经没有法子同他做详确的传,我们还能够么?《老子》这部书在思想史上固然有相当位置,但不知是谁做的,我们只好摆在《庄子传》里附讲,因为他的思想和庄子相近。这种确是一个方法:书虽重要而未知作者,只好把他的思想归纳到同派之人身上,才不会遗漏。

(2)汉代:董仲舒,司马迁,王充。

西汉的《淮南子》虽是道家最重要的书,但非一人的作品,不能做专传,或者可以另做《道家合传》,或者可以附这种思想在《庄子传》后。

(3)三国、两晋、南北朝、隋。

这个时代,几乎没有伟大的中国思想家。魏王弼的思想似乎有点价值,但他的事迹很少,不够做传。隋代的《中说》倘使真是王通做的,在周、隋那种变乱时代有那种思想总算难能可贵。但其中大半是叙王通和隋唐阔人来往的事,阔人都是王通的门生,俨然孔门气象,其实都不可靠。假使这种话是王通说的,王通是个卑鄙荒谬的人。假使这种话是王通门人说谎,这部《中说》便根本没有价值。所以《中说》虽和思想界有点关系而王通还不值得做传。

(4)北宋:张载,程颢、程颐合。

专传也并不是很呆板的拿一人作主,也可平叙二人,参用合传的体裁。程颢、程颐是兄弟,有分不开的关系,又不能偏重一人,所以只好平叙。为什么北宋又没有周敦颐呢?周敦颐虽宋儒最推重的人,但他的《太极图说》是真是伪,在宋代已成问题,除了《太极图说》又没有旁的可讲,怎么能代表一种学派呢?

(5)南宋:朱熹,陆九渊,吕祖谦。

(6)明代:王守仁。

元代只衍宋儒的学说,没有特出的人才。明代的思想家委实不少,但因为王守仁太伟大了,前人的思想似乎替他打先锋,后人的思想都不能出他的范围,所以明代有他一个人的传便尽够包括全部思想界。

(7)清代:顾炎武,黄宗羲,朱之瑜,颜元,戴震,章学诚。

顾、黄是清代两种学风的开山祖师,或分做二传,或合为一传,都可以。朱之瑜的影响虽然不在中国,但以中国人而传播中国思想到日本,开发日本三百年来的文化,是很值得做专传的。

——以上列的思想家都是中国土产,若能够好好的替他们做传,很可以代表中国土产的思想。虽然各时代的人数有多有少,却并不是说人多的便是文化程度高,人少的便是文化程度低。一来呢,略古详今是历史上的原则;二来呢,有的时代,思想的派别太复杂了,不是人多不能代表。所以宋、清两代的人数比较的多,是无法可想的。明代虽只王守仁一人,却已尽够代表一代,并不是明代的文化比宋、清两代低。

骤然看来,似乎中间有几个时代,中国没有一个思想家,其实不然。上面的目录不过为叙述的方便起见,先开出土产的思想家来。其实还有重要的部分摆在后面,便是从印度来的佛家思想。当土产

思想衰歇的时代,正是佛家思想昌盛的时代,如三国、两晋、南北朝、隋、唐都是。现在可以把那些时代的思想家列在下面:

(1)南北朝:鸠摩罗什,道安、慧远合。

鸠摩罗什是最初有系统的输入佛家思想的第一人。从前虽有些人翻译些佛经,但很杂乱零碎。到了他才能举严格的选择,完整的介绍。他的门弟子很多,都继续他的翻译事业。从此以后,中国人对于佛家思想才能够有真实的认识和研究。到了道安、慧远便能自己拿出心得来,一个在北朝,一个在南朝,又有师生的关系,所以非合传不可。我们拿鸠摩罗什代表翻译者,拿道安、慧远代表创造者,有这二传可以包括南北朝的佛家思想界。

(2)隋唐:智顗,玄奘,慧能,澄观,善道。

这五人中,玄奘完成输入印度佛家思想的伟业,余人创造中国的佛家思想。智顗是天台宗的始祖,慧能是禅宗的始祖,澄观是华严宗的始祖,善道是净土宗的始祖。同样,玄奘也是法相宗的始祖,不过后来不久就衰歇了。这几派的思想内容和后来状况都可在各始祖传内叙述。

——佛家思想有这八人做代表足以包括全部。在印度时的渊源如何,初入中国时的状况如何,中国人如何承受,如何消化,如何创造新的,如何分裂为几派,一直到现在怎么样,都分别归纳在这八人身上,谅必没有甚么遗憾了。

正式的思想家有上面所列的数十人似已够了。此外还有许多学术也可依性质分别,那些人做代表,合做几篇传;不过比较的难一些。

(1)经学:郑玄、许慎合。

(2)史学:刘知几、郑樵合。

为甚么章学诚不摆在史学家而在思想家呢？因为他的思想确乎可以自成一派，比史学的建树还更大，并不是单纯的史学家。刘知几、郑樵却不然，除了史学，别无可讲；史学界又没有比得他俩上的人：所以拿他们做史学家的代表。

(3)科学：秦九韶、李治合，沈括、郭守敬合，梅文鼎、王锡阐合。

(4)考证学：钱大昕、王念孙合。

为甚么戴震不在考证学之列呢？因为他的思想很重要，和章学诚相同。

——正式的思想界较易举出代表，各种学术可不容易，尤其是自然科学，这里所举的未必都对，将来可以换改。

(二)政治家及其他事业家

(1)皇帝：秦始皇，汉武帝，东汉光武帝，魏武帝(曹操)、宋武帝合。北魏孝文帝，北周孝文帝附。唐太宗，元太祖，明太祖，明成祖附。清圣祖，清世宗、高宗附。

春秋战国以前的政治不统属于一尊，颇难以一传包括，纵使能够，也不是君主所能代表，况且当时没有皇帝？汉高祖虽然创立数百年基础，而政治上的规模完全还是秦始皇这一套，没有专做一传的价值。汉武帝却不同，确是另一个新时代。秦始皇是混一中国旧有民族的人，他是合并域外民族，开拓荒远土地的人。到了他那时代，中华民族涨到空前的最高潮，实在值得做一篇传。东汉光武帝在皇帝中最稀奇，简直是一个实际的政治家。魏武帝、宋武帝是混争时代的略有建树者，北魏孝文帝、北周孝文帝是五胡同化于中国的促成者，唐太宗是扩张中华民族威力的努力者。惟独宋代没有特色的皇帝，太祖、太宗、真宗、仁宗都只有庸德，无甚光彩。元太祖是蒙古民族的怪杰。他伸巨掌横亘欧、亚二洲，开世界空前绝后的局面。明太祖恢复中国,清圣祖等开拓蒙、回、藏:这些皇帝都可以代表一个时代。

(2)实际的政治家:周公,子产,商鞅,诸葛亮,王安石、司马光合,张居正,曾国藩、胡林翼合,李鸿章,孙文,蔡锷。

周公虽有许多事迹,却不全真,有待考证。但割弃疑伪部分,专取真实部分也可以够做一篇传。《尚书》里有《大诰》、《洛诰》、《多士》、《多方》是周公的遗政,《诗经》也有些,《仪礼》、《周礼》向来认做周公制定的,其实不然。周代开国的规模还可以从《左传》、《国语》得著些。近来王国维著《殷周制度论》,从甲骨文和东周制度推定某种制度是周公制定的,也可供我们取裁。所以周公的传还可以做,凡殷、周以前政治上的设施都可归并成一篇。

春秋时代很难找个政治家可以代表全部政治的。管仲似乎可以,而《管子》这书所载的政治有许多和《左传》不同。但那种贵族政治又不能不有专篇叙述,我说与其找管仲做代表,不如找子产更好。因为子产本身的事迹,《左传》叙的很明白详细;他虽然是小国的政治领袖,而和各大小国都有很深的关系,又是当时国际间的外交中心人物,所以我们很可以借他的传来叙述春秋时代的贵族政治。

从贵族政治到君主专制的政治是中国的一大改变,最初打破贵族政治创造君主专制的是商鞅。所以商鞅很值得做传。本来,要说君主专制政治的成功,还属李斯,似乎应该替李斯做传,但李斯的政策是跟商鞅走的,时代又和秦始皇相同,所以可把他的事业分给那二篇传。

汉朝真寒俭,没有一个政治家。宰相以下不曾见一个有政治思想或政治事业的人,萧何、曹参都只配做李斯的长班。好在有二个伟大的皇帝,尤其是光武帝的稳健政治,简直没有别的皇帝可以比配得上。

两晋、南北朝、隋、唐也没有政治家，王猛可以算一个，而他的政治生命太短，又不能做当时政治的中心。

大概有伟大的皇帝就没有出色的臣下。譬如房玄龄、杜如晦总算有点设施，却被唐太宗的光芒盖住，不能做时代的中心。唐朝一代的政治本来很糟，姚崇、宋璟、裴度、李德裕都算不了什么。宋朝却刚好相反，皇帝不行，臣下却有很鲜明的两个政党，两党的领袖就是王安石、司马光，所以我们替王安石、司马光做合传，足以包括宋朝的政治。

明代有种特点，思想家只有一王守仁，事业家只有一明太祖，政治家只有一张居正。

清代前半，有皇帝，无名臣，道光以后，有大臣，无英主。曾国藩打平内乱，李鸿章迭主外交，都可以代表一部分政治。

民国的酝酿，成立，纷乱，没有几次和孙文无关系。现在孙文虽死，而他所组织的国民党仍旧是政治的中心。所以近代政治可以归纳在《孙文传》内。中间有一部分和他无关，可以做《蔡锷传》来包括。但蔡锷做时代中心的时期太短，不十分够。

——上面讲的都是关系全局的政治或事业家。此外有些虽不是拿全局活动而后来在政治上有很大影响的，如：

郑成功、张煌言。

二人支持晚明残局，抵抗外来民族，和后来的辛亥革命有密切的关系。我们可以替他们做合传，包括明清之间的民族竞争。

(3)群众政治运动的领袖：陈东、张溥合。

东汉党锢是群众政治运动的嚆矢，但很难举出代表来，可以放在《陈东张溥合传》前头。陈东代表宋朝，张溥代表明朝，足以表现数千年群众的政治运动。

(4)民族向外发展的领袖:张骞、班超合,王玄策、郑和合。

张、班、王都是通西域的,郑和是下南洋的,关系民族发展甚大。后来无数华侨繁殖国外,东西文化交换无阻,西北拓地数十万方里,都是受他们的赐。此外,如卫青、霍去病、史万岁、李靖的战功本来也值得做传,不过卫、霍可入《汉武帝传》,史、李可入《唐太宗传》,无须另做。

(三)文学家及其他艺术家

最古的文学家应推《诗》三百篇的作者,但我们竟不能找出一个作者的姓名来。战国作《离骚》等篇的屈原,确乎是有名的第一个文学家,但他的事迹不多,真实的尤少。我们为方便起见,不能不勉强的做篇《屈原传》以归纳上古文学。所以

(1)文学:

战国:屈原。

汉赋:司马相如。

三国五言诗:曹植,建安余六子附。

六朝五言诗:陶潜,谢灵运附。

六朝骈文律诗:庾信,徐陵附。

唐诗:李白,杜甫,高适,王维附。

唐诗文:韩愈、柳宗元合。

唐新体诗:白居易。

晚唐近体诗:李商隐,温庭筠。

五代词:南唐后主。

北宋诗、文、词:欧阳修,苏轼,黄庭坚附。

北宋词:柳永,秦观,周邦彦。

北宋女文学家:李清照。

南宋词:辛弃疾、姜夔合。

元明曲:王实甫、高则诚、汤显祖合。

元明清小说:施耐庵,曹雪芹。

这不过把某种文学到了最高潮的那个人列出表来。做传的时候能不能代表那种文学的全部,尚不可知。临时或增或改,不必一定遵守这个目录。

(2)艺术家

艺术家很重要,但很难做传。因为文学家遗留了著作或文集可以供给我们的资料,艺术家的作品常常散亡,不能供给我们以资料。这是一层。某种艺术的最高潮固然容易找出,但最高潮的那个人未必就能代表那种艺术。这是二层。艺术的派别最繁杂,非对于各种艺术都有很深的研究便不能分析得清楚。这是三层。因此,有许多艺术家几乎不能做传,能够做传的也不能独占一专传以代表一种艺术。到了这里,普通的史家差不多不敢动手,一人的专传差不多不合体裁。大约要对于艺术很擅场的人,把各个艺术家的作品、事迹,研究得很清楚,以科学的史家的眼光,文学家的手腕,挑剔几十个出色的艺术家,依其类别,做两篇合传,才可以把艺术界的历史描写明白。这样,也是很有趣味的事情,但作者非内行不可。

上面讲的思想家、政治家、文学家三大类都是挑剔几十个第一流人物来做传。此外还有许多第二流的经学家、史学家、理学家、科学家、文学家、医学家、绘画家、雕刻家和工艺的创作者,因其不十分伟大的缘故,不能专占一传;因其派别不统属于任何人的缘故,不能附入某传:专传之技术,至此几穷。但我们不妨采用纪传史的儒林传、文苑传、方技传的体裁,搜罗同类的人合成一传,以补专传的缺憾。

像这样,以几十篇专传做主,辅以几十篇合传,去改造郑樵的《通志》,或做成《中国百杰传》,可以比别的体裁都较好。但做得不精严时,也许比《通志》还糟。这个全看作者的天才和努力。

接著,本来想把专传的做法拈出几个原则来讲,却很不容易。现在倒回来,先讲我多年想做的几篇传如何做法,然后也许可以抽出原则来。那几篇传的目录如左:

(一)《孔子传》。

(二)《玄奘传》。

(三)《王安石传》,司马光附。(以下四传略而未讲)

(四)《苏轼传》。

(五)《王守仁传》。

(六)《清圣祖传》。

这几篇的做法各有特点,讲出来很可给大家以一个榜样。现在依照次序,先讲《孔子专传》的做法:

甲 《孔子传》的做法

孔子是中国文化唯一的代表,应有极详极真的传,这是不用说的。但我们要做《孔子专传》,比做甚么都难。欧洲方面,有法人 Renau 做了一本《耶稣基督传》,竟使欧洲思想界发生极大影响而纠正了许多谬误的思想。中国现在极需要这样一篇《孔子传》。也可以发生同样效果。

许多人的传,很难于找资料;《孔子传》却嫌资料太多,那方面都有。古代人物稍出色点,便有许多神话附在他身上。中国人物没有再比孔子大的,所以孔子的神话也特别的多。

做《孔子传》的头一步是别择资料。资料可分二部:一部分是孔子一身行事,平常每日的生活,属于行的方面的;一部分是孔子的学说,属于言的方面的。二部都要很严格的别择;因为都有神话,都有伪迹。

孔子一身所经的历史,最可信的似乎是《史记·孔子世家》,不过细细看来,到底有十分之一可信否,尚是疑问。另外,《孔子家语》全记孔子,但是魏晋间伪书。其中采取汉以前的书不少,似乎虽是伪书,不无可取。不过孔子死后不数年便已有种种神话,所以汉以前的书已采神话当实事。若认真替孔子做传,可以做底本的《孔子世家》、《孔子家语》都不可靠。所以关于孔子行的方面的资料的别择很难。

采取资料的原则,与其贪多而失真,不如极谨严,真可信才信,无处不用怀疑的态度。清崔述著《洙泗考信录》,把关于孔子的神话和伪迹都一一的剔开,只保留真实可靠的数十事。虽然未免太谨严,或致遗漏真迹,但我们应当如此。只要眼光锐利,真迹被屏的一定少,伪迹混真的一定可以被屏。

崔述采取资料,专以《论语》为标准,《左传》、《孟子》有关于孔子的话也相当的择用。这种态度大体很对。但一方面嫌他的范围太窄,一方面又嫌太宽了。怎么说他太窄呢?因为《论语》以记言为主,很少记事,就是《乡党篇》多记了点事,也只是日常行事,不是一生经过。像崔述那样,专靠《论语》,不采他书,实在太缺乏资料了。这种地方,本来也很困难,放宽点范围便会闯乱子,所以崔述宁可缩小范围。譬如《论语》以外,两部《礼记》也记了孔子许多事,到底那一种可采,那一种不可采,各人有各人的看法。崔述既然以《论语》做标准,看见和《论语》相同或不背谬的便采用,否则完全不要。这样，不免有些真事没有采用。又如《孟子》那部书关于孔子的话是否可以和《论语》一样看待，还是问题。孔子死后百余年而孟子生，又数十年而荀子生。论理，孟子、荀子，同是当时大师，同是孔子后学，二人相隔年代并不远，所说的话应该同样的看待。崔述看重《孟子》，看轻《荀子》，《洙泗考信录》取《孟》而弃《荀》，未免主观太重罢。即使以《论语》为标准，也应该同等的看待《论语》以外的书如《孟子》、《荀子》、《礼记》等，才不致有范围太狭窄的毛病。

为甚么说崔述采取资料的范围太宽呢？譬如他以《论语》为主，而《论语》本身便已有许多地方不可轻信。他自己亦说过《论语》后五篇很靠不住。但是他对于五篇以外诸篇和《左传》、《孟子》等书常常用自己的意见采取，凡说孔子好的都不放弃，也未免有危险。固然有许多故意诬蔑孔子的话应该排斥，但也有许多故意恭维孔子、夸张孔子的话，常常因为投合大家的心理而被相信是千真万确，这种，我们应该很郑重的别择。若有了一种成见，以为孔子一定是如此的人，决不致那样，某书说他那样，所以某书不足信，这就是范围太宽的毛病。

现在举三个例，证明有许多资料不可靠。譬如《论语》说："公山弗扰以费叛，召，子欲往。子路不说……子曰：'夫召我者，而岂徒哉？如有用我者，吾其为东周乎？'"从前都很相信孔子真有这回事。其实公山弗扰，不过一个县令，他所以反叛，正因孔子要打倒军阀。孔子那时正做司寇，立刻派兵平贼，那里会丢了现任司法总长不做，去跟县令造反，还说甚么"吾其为东周"？又如《论语·阳货篇》说："佛肸召，子欲往。……"佛肸以中牟叛赵襄子是孔子死后五年的事，孔子如何能够欲往？又如《论语·季氏篇》说："季氏将伐颛臾，冉有、季路见于孔子。……"子路做季氏宰是孔子做司寇时事，冉有做季氏宰是孔子晚年自卫返鲁时事,如何会同时仕于季氏?这三例都是崔述考出来的。可见我们别择资料应该极端慎重,与其丰富,不如简洁。

但是别择以后,真的要了,伪的如何处置呢?难道只图传文的干净,不要的便丢开不管吗?如果丢开不管,最少有二种恶果:一、可以使贪多务博的人又检起我们不要的资料当做宝贝;二、可以使相传的神话渐渐湮没,因而缺少一种可以考见当时社会心理或状态的资料。所以我以为做完《孔子传》以后,应当另做《附录》。《附录》也不是全收被屏的资料,只把神话分成若干类,每类各举若干例,列个目录,推究他的来历。这样,一面可以使一般人知道那些材料不可靠,一面又可以推测造神话者的心理,追寻当时社会的心理。

许多神话的一种是战国政客造的。那些纵横游说之士全为自己个人权利地位着想,朝秦暮楚,无所不至。孟子时代已有那种风气,后来更甚。他们因为自己的行为不足以见信于世,想借一个古人做挡箭牌,所以造出些和他们行为相同的故事来。如《汉书·儒林传》说"孔子奸七十余君",《论语》说"公山弗扰召"、"佛肸召",都是这类。这对于孔子的人格和几千年的人心都很有关系。从来替孔子辩护的人枉费了不少的心思,勉强去解释;攻击孔子的人集矢到这点,说孔子很卑鄙;其实那里有这会事呢?完全是纵横家弄的把戏。

孔子神话的另一种是法家造出来的。法家刻薄寡恩,闭塞民智,因恐有人反对,所以造出孔子杀少正卯一类的故事来。《孔子世家》说:"孔子行摄相事,诛鲁大夫乱政者少正卯。"《孔子家语》说,少正卯的罪名是"心逆而险,行僻而坚,言伪而辩,记丑而博,顺非而泽"。其实孔子摄相是夹谷会齐时做定公的宾相,并不是后人所谓宰相,并没有杀大夫的权限。况且孔子杀少正卯的罪名,和太公杀华士,子产杀史何,完全一样:这种故事,不是法家拿来做挡箭牌,预备别人攻击他们刻薄时,说一声"太公、子产、孔子都已如此",还是什么呢?

从战国末年到汉代,许多学者不做身心修养的工夫,专做些很琐屑的训诂考证,要想一般人看重他们这派学问,不能不借重孔子。于是又有一种神话出现,这已是第三种了。他们因为《论语》有"大哉孔子,博学而无所成名"的话,就造出许多孔子博学的故事。后来有一种荒谬的观念,说"一物不知,儒者之耻"。全因误信孔子神话的缘故。譬如《国语》说"吴伐越,堕会稽,获骨马,节专车",本不足怪,也许那时发现了古代兽骨,但孔子决不会知道是甚么骨,因为他不是考古家。那上面却说孔子知道是防风氏的骨,当大禹大会诸侯于会稽时,防风氏后至,大禹把他杀了。另外还有一部书说,孔子和颜回登泰山,远望阊门,比赛眼力;颜回看了半天,才认清那里有一个人;孔子却一看就知道那人还骑了马;二人下山,颜回精神委靡,头发顿白,不久便死了,孔子却没有什么。这一大段绝对非科学的话,也绝对非孔子的学风,自然是后来一般以博为贵的人所造的谣言,故意附在孔子身上。诸如此类,尚不止只有这三例,我们非辨清不可。

因此,我主张,做《孔子传》,在正文以外,应作《附录》或《考异》,《考异》还不很对,以《附录》为最合宜。我们把上面这类神话搜集起来,分部研究,辨别他从何产生,说明他不是孔子真相;剩下那真的部分放进传里,那就可贵了。

神话撇开了,还有孔子学说的真相要想求得全真,好好的叙述出来,也实在困难。工作的时候,应分二种步骤:

(一)拣取可入传文的资料;

(二)整齐那些资料,分出条理来。

关于第一项,头一步,就是“六经”(即“六艺”)和孔子有无关系,要不要入传。自汉以来,都称孔子删《诗》、《书》,定《礼》、《乐》,赞《易》,作《春秋》,内中赞《易》及作《春秋》尤为要紧,因为这二种带的哲学尤重。《诗》和《书》我不相信孔子删过,纵有关系也不大。《仪礼》决不是周公制定的,许有一部分是通行的,经孔子的审定,另一部分是孔子著作。《乐》,没有书了,也许当时是谱,和孔子却有密切的关系。《论语》“子曰:吾自卫返鲁,然后乐正”,乐是孔子正定的可知。《史记》“《诗》三百篇,孔子皆弦而歌之”,从前的《诗》,一部分能歌,一部分不能,到孔子“皆弦而歌之”,就是造了乐谱,援诗入乐。《论语》“子于是日哭,则不歌”,那么孔子不哭这天一定要歌了;“子与人歌而善,必使反之,而后和之”,别人唱的好,他老先生还要他再来一次,还要和唱,可见兴趣之浓了。从这类地方看来,大概孔子和《乐》确有关系。《易》,关系尤深,其中讲哲理的地方很多。《卦辞》、《爻辞》发生在孔子以前,不必讲;《说卦》、《杂卦》、《序卦》后人考定不是孔子作的;《彖》、《象》,大家都说是孔子作的,无人否认;剩下的《系辞》、《文言》,或全是孔子或一部分是孔子作。假使《易》内这二种全是孔子所作,那么大的范围,应占《孔子传》料的第一部,《论语》倒要退居第二部;但是我个人看来,这样很不妥当。《系辞》、《文言》说话太不直率,辗转敷陈,连篇累牍,不如《论语》的质朴,最早当在孔子、孟子之间,大概是孔门后学所述。我们要作《孔子传》,不能不下断语。《系辞》、《文言》,里面很多“子曰”。假如有“子曰”的是孔子说的,没有“子曰”的又是谁作的呢?假如有“子曰”的也不是孔子说的,那又是何人作的呢?我个人主张,那都是孔门后所述。剩下的《春秋》,司马迁、董仲舒都很注意,以为孔子有微言大义在里面。孔子讲内圣外王之道,《易》讲内圣,《春秋》讲外王,他自己也说"其义则丘窃取之矣"。《春秋》的义到底是甚么东西?后来解义的《公羊传》、《穀梁传》、《左氏传》、《春秋繁露》到底那书可信?或都可信?可信的程度有多少?很是问题。宋王安石却一味抹杀,说《春秋》是断烂朝报,和今日的《政府公报》一样,没甚么意义,这且不管,《左氏传》晚出,最少,解《春秋》这部分是后来添上去的。《公羊传》、《穀梁传》大同小异,经师说是全由孔子口授下来的,为甚么又有大同小异呢?所以这些微言大义是否真是孔子传出,还是董仲舒、何休等造谣,都是问题。纵使不是他们造谣,而他们自己也说是口头相传,到西汉中叶才写出文字的,那么有没有错误呢,有没有加添呢,我们相信他到什么程度呢?——关于这些问题(作《孔子传》选取"六经"的问题),各人观察不同,所取的问题,必各不同。一种人相信《系辞》、《文言》、《左传》、《公羊传》、《穀梁传》都和孔子没有关系,只有《论语》的大部分可信,其余一概抹杀,这是崔东壁的态度,未免太窄了些。还有一种人不管"牛溲马渤,败鼓之皮",凡是相传是和孔子有关的书都相信,这自然太滥了,不应该。若是我作《孔子传》,认《易》的《彖》、《象》是孔子作的,《系辞》、《文言》是孔门后学作的;认《春秋》的《公羊传》有一部分是孔家所有,一部分是后儒所加;如何辨别,也无标准,只好凭忠实的主观武断;认《诗》、《书》是孔子教人的课本;认《礼》、《乐》同孔子有密切的关系:孔子和"六经"的关系既已确定,就可分别择取入传了。

"六经"以外,有许多传记,我们拿什么做标准去拣取传料呢?我以为《论语》的前十篇乃至前十五篇是拣料的标准,其余各书关于孔子的记载没有冲突的可取,有的不取,这最可靠。《论语》以外,

《孟子》、《荀子》、《系辞》、《文言》有许多“子曰”，“子曰”以下的话，完全可认为孔子说的。但若依孙星衍的话，那些“子曰”以下的文章互相矛盾的地方也很多，到底是孔子所讲，还是孔门所讲，很难确定，只好拿《论语》前十五篇做标准去测量。所以凡是各种传记关于孔子的记载都要分等第。崔东壁把《论语》也分成三等，前十篇第一，中五篇第二，后五篇第三，第四等才是《系辞》、《文言》，这是很对的。

《礼记》也有很充分的资料可入《孔子传》，我们可录下来，细心审查，那章那句同《论语》相同相近，那章那句和《论语》不同，相远，这样可以互相发明，可以得真确传料。据我看，《礼记》里“子曰”以下的话，可以和无“子曰”的话同样看待，《系辞》、《文言》里“子曰”以下的话亦是一样，都是孔门后学所追述，儒家哲学所衍出，也许孔子的确说过这种话，后儒由简衍繁，或以己意解释，若说的和孔子本意不甚相远，虽然不是孔子亲口说的，最少也可认为孔子学派的主张。同样的例证，佛家对于佛说也常常和《礼记》、《系辞》的子曰一样，《大藏》六千卷中有五千卷都说“如是我闻佛说”，那不必一定都是佛说的。佛家有一句话，“依法不依人”。真是释迦牟尼说的话固须相信；就是佛门弟子或后人说的，而又不曾违背佛说，也可相信。我们对于儒家的态度亦应如此。《系辞》、《文言》、《孟子》、《荀子》、《礼记》乃至《庄子》等书，引孔子，解孔子，都是孔子学说的资料。我们可以拿来分别等第，什么是基本的，什么是补充的，补充的以不违背基本的为主。

关于《孔子传》的第一问题——拣取可入传文的资料的问题——上文已经解决了。怎样整齐那些资料分出条理来呢？换句话说，就是怎样组织这篇文章呢？这就归到第二问题了。我们既以

《论语》为择料的标准,那么应该把孔子的学说找出几个特色来。这个不单靠史才,还要很精明的学识,最少要能够全部了解孔子。到底要如何才能把孔子全部学说的纲领揭出来,我另在《儒家哲学》上面讲过了,这里从略。今天只讲别择资料的方法,其实作《孔子传》的最困难处也在别择资料,至于组织成文,如何叙时代背景,如何叙孔学来源,如何叙孔门宗派,这无论叙甚么大学者都是一样,大概诸君都能知道,现在也不讲了。

乙 《玄奘传》的做法

凡作一专传,无论如何,必先拟定著述的目的,制好全篇的纲领,然后跟着做去;一个纲领中,又可分为若干部。先有纲领,全篇的精神才可集中到一点,一切资料才有归宿的地方。拿几个纲领去驾驭许多资料,自然感觉繁难;尤其是著伟大人物的传,事迹异常的多,和各方面都有关系,作者常常有顾此失彼的苦楚;但是事迹越多,著作越难,纲领也跟著越需要。

玄奘是一个伟大的人,他的事迹和关系也异常的复杂,所以作他的传尤其需要纲领。主要的纲领可定为二个:

(一)他在中国学术上伟大的贡献;

(二)他个人留下伟大的畴范。

如何才能够把这两纲领都写出,这又不能不分细目。关于第一个纲领的细目是:

(1)他所做的学问在全国的地位如何,

(2)他以前和同时的学术状况如何,

(3)他努力工作的经过如何,

(4)他的影响在当时和后世如何。

关于第二个纲领的细目是：

(1)他少年时代的修养和预备如何，

(2)他壮年后实际的活动如何——某时期如何，某一部份如何，

(3)他平常起居状况，琐屑言行如何。

像这样在二个纲领内又分七个细目，把各种资料分别处置，或详，或略，或增，或减，或细目中又分细目，一定很容易驾驭资料，而且使读者一目了然。无论作何人的传，都应该如此。

玄奘是中国第一流学者，决不居第二流以下；但是几千年来没有几个人知道他的伟大，最知道的只有做《圣教序》的唐太宗，其次却轮到做《西游记》的人，说来可气又可笑，士大夫不知玄奘；孺子妇人倒知道有唐三藏！《新唐书》、《旧唐书》都有《方技传》，《方技传》都有《玄奘传》，但都不过百余字。《方技传》本来就没有几个人看，百余字平平淡淡的《玄奘传》更没有人注意了。

佛教输入中原以后，禅宗占领了全部领土十之七，天台宗占了十之二，剩下的十之一就是各宗合并的总量，不用说，玄奘的法相宗不过这十分之一的几分之几了。所以从一般人的眼光看来，玄奘的地位远在慧能、智顗之下。其实我们若用科学精神，诚实的研究佛教，法相宗的创造者是玄奘，翻译佛教经典最好最多的是玄奘，提倡佛教最用力的是玄奘。中国的佛教，若只举一人作代表，我怕除了玄奘，再难找第二个。我们想做一个人的传，把全部佛教说明，若问那个最方便，我敢说没有谁在玄奘上面的。如何借《玄奘传》说明中国佛教的发达史，就是做《玄奘传》的主要目的。

玄奘是中国人，跑到印度去留学。留学印度的，在他以前，不止一个，但是留学生能有最大成功的，一直到今日，不惟空前，而且绝

后。他临回国的前几年,在印度佛教里,是第一个大师。他的先生戒贤是世亲的大弟子,他又是戒贤的大弟子,继承衣钵,旁的弟子都赶不上他。——他是中国留学印度的学生中,空前绝后的成功者!

翻译佛教经典,他以前也并不是没有人;但一到他手里,一个人竟译了一千六百余卷。而且又还改正了许多前人译本的错误,规定了许多翻译佛经的条例,在译学上开了一个新的局面和永久的规模。

教理上,他承受印度佛教的正脉,开中国法相宗的宗派,在世界佛教史、中国佛教史都占极重要的位置。——合起上面三种事业来看,他在学术上的贡献何等伟大?他在学术上的地位何等重要?

关于这几样,说明了以后,头一样,佛教教理的变迁和发展,从释迦牟尼到玄奘的经过如何,应该跟著叙述。我们知道,中唐晚唐之间,回回入印度,开学术会,一把无情火把佛教第一二流大师都烧成灰烬,佛教从此衰落。这时上距玄奘回国不过百余年,可见玄奘留学印度的时候,佛教刚好极盛。所以不但说明中国佛教全体可在他的传里,就是印度佛教全体也在他的传里说明,也没有甚么不可。就退一步说,《玄奘传》最少也要简单叙述佛灭后千余年,佛教发展和衰落移转的情形。关于这点,可看玄奘所著《异部宗轮论》。那书讲佛教自佛灭后到大乘之兴,分二十宗派。全书组织分二部:一、上座部;二、大众部。说明佛灭后百余年,教门分了这二派,上座部是老辈,大众部是青年。后来又先后由此二派分出二十小宗派,后来又由此二十小派分出大乘各派。大乘崛起,把原来二十派都认做小乘,精神性质渐渐日见殊异。我们所以能了解当日那种情形,全靠玄奘那部《异部宗轮论》。自宋、元、明到清末,一般研究佛教的人都能注意到这点。我们要认真知道佛教全部变迁的真相,非从小乘研究大乘的来源不可，所以作《玄奘传》，起首应将佛灭以后的各宗派简单说明。

其次，须说明大乘初起，在印度最有力的有二派：一龙树，这派称法性宗；二世亲，这派称法相宗。更须说二派的异同，和小乘又有甚么分别。像这样，在简单叙述小乘二十派之后，略详细的叙述大乘，然后观察玄奘在各派中所占的地位。他是大乘法相宗的大师，须要郑重的说明；若不说明，不知他的价值。

在这里头，可以附带讲玄奘以前各派输入中国的情形。以前的人虽然不如玄奘的伟大，但若没有他们，也许没有玄奘。譬如鸠摩罗什自然是玄奘以前第一伟大的人。他是法性宗，生在玄奘前二百多年，那时法相宗才萌芽，所以他译了许多主要经典却没有译法相宗的一部；但从他起，中国才有系统的翻译，许多主要经典到此时已输入中国。所以我们把印度佛教流派说明以后，应该另做一章，说明佛教输入中国的情形，就借此把玄奘以前的译经事业笼统包括在里。

说起玄奘以前的译经事业，最早起于何时，很多异说。据我的考定，实始于东汉桓帝、灵帝间，略和马融、郑玄时代相当。前人相传，东汉明帝时已有译经，其实不可信。那时佛教虽早已输入——西汉哀帝时秦景宪已从大月氏王使者伊存口受《浮屠经》，东汉明帝时楚王英已斋戒祀佛，——但不过有个人的信仰，而没有经典的翻译。桓、灵间，安清、支谶才从安息、月支来，中国人严佛调才帮助他们翻译佛经。自此以后，续译不绝；而所译多是短篇，杂乱无章，见一种就译一种，不必一定是名著，不必一定有头尾；而且译意的是外国人——或印度，或西域——并不深懂中国文字；笔述的虽是中国人，而未必是学者，最多能通文理而已，对于佛教教理又不很懂：所以有许多译本都免不了资料的无选择和意义的有误解二种毛病。这是汉末、三国、西晋译界的普遍现象，虽已译了许多经典而没有得到系统的知识，可以叫他“译经事业第一期”。

一到第二期便有个鸠摩罗什。鸠摩罗什的父亲是印度人，母亲是龟兹人，以当时论，固属外国；以现在论，也可说他一半是中国人。在他那时候，译经事业已有进步。他虽生长外国，却能说中国话，读中国书，诗也做得很好。外国人做中国诗，他是最先第一个。他的文章，富有词藻；选择资料，又有系统。论起译经的卷帙，鸠摩罗什虽不及玄奘；论起译经的范围，玄奘却不及鸠摩罗什。从前没有译论的，到鸠摩罗什才译几种很有价值的论；从前大乘在中国不很有人了解，到鸠摩罗什才确实成立大乘；中国译经事业，除了玄奘，就轮到了他。

玄奘叫做三藏法师，从前译书的大师都叫三藏，为甚么这样叫，没有法子考证。大概三藏的意思和四库相等，称某人为三藏，许是因某人很博学。中国的三藏在玄奘以前都是外国人；中国人称三藏，从玄奘起；以后虽有几个，实在不太配称。从鸠摩罗什到玄奘的几位三藏，却可大略的叙述几句，然后落笔到玄奘身上。——说明译经事业，就此停止。

但玄奘以前和同时的中国学术状况，却还要叙述一段。教理的研究在鸠摩罗什几乎没有一点条理；比较的有专门研究的，是小乘毗昙宗，乃上座部的主要宗派。在鸠摩罗什以后，法性宗——即三论宗——大盛。三论宗之名，因鸠氏译“三论”而起。“三论”为何？《中论》、《百论》、《十二门论》是。后来又译了一部《大智度论》，合称“四论”。经的方论，鸠氏又译了《维摩诘小品放光般若妙法莲华大集》。从此，他的门徒大弘龙树派的大乘教义；一直到现在，三论宗还是很盛。这派专讲智慧，和法相宗不同。法相宗从六朝末到隋唐之间，在印度已很兴盛，渐渐传入中国。最主要的《摄大乘论》已由真谛译出，中国法相宗遂起(法相宗又曰摄论宗，即由《摄大乘论》省称)。只因为译本太少，又名词复杂，意义含糊，读者多不明白。玄奘生当此时，笃好此派，在国内历访摄论宗各大师请教，都不能满意，所以发愿心到印度去问学，而一生事业，遂由此决定。

我们作传时，应有一节说明玄奘以前的摄论宗大势如何，有多少大师，有没有小派，有甚么意味，有多大价值，才能够把玄奘出国留学的动机衬出。他出国前曾经受业的先生和曾经旁听的先辈，固然全部很难考出，但重要的几个却很可以考出来。初传摄论宗到中国来的真谛，玄奘已不及见了。真谛的弟子，玄奘见过不少，不可不费些考证工夫，搜出资料来。

现存的《大慈恩寺三藏法师传》十卷，凡八万余字，是玄奘弟子慧立所做，在古今所有名人谱传中，价值应推第一。然而我们所以主张要改做，别的缘故固然多，就是他只叙玄奘个人切身的事迹而不叙玄奘以前的佛教状况，多收玄奘的奏疏，唐太宗、高宗的诏旨，而不收玄奘和当时国内大师讨论的言辞，也已很令我们不满意。

我们作传，在第一章说明玄奘在学术界的贡献和地位以后，第二章就应当如前数段所论，说明玄奘以前，佛教教理的变迁和发展，小乘、大乘、法性、法相的异同，各派输入中国的先后和盛衰，译经事业的萌芽和发达，法相宗初入中国的幼稚，玄奘的不安于现状：像这样，把玄奘留学的动机，成学的背景，说了一个清楚。然后才可叙到《玄奘传》的本文。到此才可叙他少时怎样，出国以前，到了什么地方，访了什么人，说了什么话，做了什么事，一切用普通传记的做法。

自此以下，就进了第三章，要说明玄奘努力工作的经过，在印度如何求学，回中国如何译经。

《三藏法师传》，很可惜未用日记体，年代很不清楚，要想把玄奘在印度十七年历年行事严格规定，实在很难。然而根据里面说的，在某处住了若干天，在某路走了若干月，在某寺学了若干年，约略推定，也不是不可能。这节最须特别描写的就是玄奘亡命出国，万里孤苦的困难危险，能够写得越生动越好。

《大唐西域记》是玄奘亲手做的地理书，体例很严。若是他曾经到过的地方就用“至”字或“到”字；若没到过，就用“有”字。

最可恨的，印度人讲学问，对于时间空间的观念太麻木，所以我们要想从印度书里窥探玄奘所到的地方和所经的年代实在没有法子。好在西洋人近来研究印度史和佛教史，发明了许多地图史迹，我们很可拿来利用。

《三藏法师传》、《大唐西域记》二书，一面叙玄奘游学的勤劳坚苦，一面述西域、印度的地理历史，在世界文化上的贡献极大；一直到现在，不但研究佛教史的人都要借重他，就是研究世界史的人也认为宝库。所以我们可以根据这二书，参考西洋人的著作，先把玄奘游学的路线详细记载，把佛教在西域、印度地理的分布情形整理出一个系统来，然后下文叙事才越加明白。

以后一节，须述当时印度佛教形势。上文第二章已经叙述佛教的变迁和发展，是注重历史方面的，而对于当时的情形较简单些。这里说明佛教形势，是注重地理方面，对于当时，应该特别详细。第一须说明玄奘本师在当时佛教的地位。

玄奘见戒贤时，戒贤已八十九岁了，他说：“我早已知道你来了，忍死等你。”这个故事许是迷信，然亦未尝不可能。后来戒贤教了玄奘三年，又看他讲法二年，到九十五岁才死。无论是否神话，戒贤在当日印度佛教的地位实在最高。

戒贤住持的寺叫那烂陀，那烂陀的历史和地位也得讲清（后来回教徒坑杀佛教徒也就在这个寺）。义净的《大唐西域求法高僧传》记这寺的内容很详细。西洋人和日本人考出他的地址，发掘出来，再参考他书，还可证明他的规模很大，分科很细，是印度全国最高的研究院。戒贤当日在里面是首席教授，最后二年，玄奘也是首席教授。这种史料和中间那几位大师的史料，西洋文字、日本文字比较中国文字多得多。我们须得说明了这段，才可讲玄奘留学时所做的工作。

玄奘自己站在法相宗的范围内，一生为法相宗尽力；但毫无党派观念，只认法相宗为最进步的宗派，而不入主出奴，排斥异宗。那时那烂陀是法相宗的大本营，法相宗正在全盛时代，戒贤多年不讲法了，这回却特别为玄奘开讲三年，玄奘精神上感受的深刻，可想而知。但玄奘并不拘泥在一派之内，无论在何异宗，任何异教，只要有名师开讲座，他都跑去旁听。大乘各派，小乘各派，乃至外道，他都虚心研究。

那时印度风行一种学术辩论会，很像中国打擂坛。许多阔人、国王、大地主，常常募款做这类事，若是请的大师打胜了，就引为极荣誉的事，时间长到几个月。当玄奘在印度最后的几年，六派外道最占势力，胜论大师顺世最有名，最厉害，跑到那烂陀来论难，说输了便砍头。那时他寺的佛徒给他打败的已有好许多，所以他特来惹戒贤。戒贤不理他，叫玄奘去跟他论辩，几个月工夫，驳得顺世外道无言可说，只好自己认输，便要砍头。玄奘不让他砍，他便请玄奘收他做奴仆，玄奘不肯，只收他做学生，却又跟他请教，他又不肯，结果就在晚上谈论，几个月工夫，又给玄奘学清楚了《胜论》。

像这种精神,玄奘是很丰富的。他是佛教大乘法相宗,不错;但做学问却大公无我,什么都学,所以才能够成就他的伟大。他游印度共费了十九年,他足迹所经有六千万里:所为的是甚么?只为的求学问。像这几种地方,我们作传,应该用重笔写。

玄奘最后两三年在印度佛教的地位高极了,阔极了。竟代替了戒贤,当那烂陀寺的首席教授。有一回,两国同时请他去讲演,甲国要他先去,乙国也要他先去,几乎要动刀兵了。结果,鸠摩罗王、戒日王来调停,都加入。就在那两国边界上开大会。到会的有十八国王,各国大小乘僧三千余人,那烂陀寺僧千余人,婆罗门和尼乾外道二千余人。设宝床,请玄奘坐,做论主。玄奘讲他自己做的《真唯识量颂》,称扬大乘;叫弟子再读给大众听,另外写一本悬会场外;说,若里边有一字没有道理,有人能破的,请斩我的首以谢。这样,经过十八日,没有一个人能难。那些地主和听众都异常高兴,戒日王甚至请玄奘骑象周游各国,说中国大师没有人敢打。

除上列各大事外,玄奘在印度还做了许多有价值的事,我们应该多搜材料,好好的安置传里。——这是讲在印度工作的话。

他回国以后,全部的生活完全花在宣传佛教,主要的事业十九都是翻译佛经。他是贞观元年出国的,到贞观十七年才起程回国,次年到了于阗,途中失了些经典,又费了八月工夫补钞,到十九年正月二十四日才到长安,他出国是偷关越境的,很辛苦;回来可十分阔绰。他一到于阗就上书唐太宗,告诉他将回国。刚好唐太宗征高丽去了,西京留守房玄龄派人沿途招待,并且出郊相迎接。太宗听见玄奘到了京,特地回来,和他在洛阳见面。他从二月六日起,就从事翻译佛经,一直到龙朔三年十月止,没有一天休息。开首四年,住长安弘福寺;以后八年住长安慈恩寺;以后一年陪唐高宗往洛阳,住积翠宫;以后二年住长安西明寺;最后五年住长安玉华宫。二十年之久,译了七十三部,一千三百三十卷佛经。一直到临死前二十七天才搁笔。前四五年因为太宗常常要和他见面,还不免有耽搁的时间;自太宗死后,专务翻译,没有寸阴抛弃。每日自立功课,若白天有事做不完,必做到夜深才停笔。译经完了,复礼佛行道,至三更就寝,五更复起。早晨读梵本,用朱笔点次第,想定要译的。十几个学生坐在他面前笔记,他用口授,学生照样写,略修改,即成文章。食斋以后,黄昏时候,都讲新经论,并解答诸州县学僧来问的疑义。因为主持寺事,许多僧务又常要吩咐寺僧做,皇宫内使又常来请派僧营功德,所以白天很麻烦。一到晚上,寺内弟子百余人咸请受诫,盈庑满廊,一一应答处分,没有遗漏一个。虽然万事辐辏,而玄奘的神气常绰绰然无所壅滞。——像这样一天一天的下去,二十年如一日,一直到他死前二十七日才停止。这种孜孜不倦,死而后已的工作情形,传里应该详细叙述。

玄奘一生的成功就因最后二十年的努力。若是别人既已辛苦了十九年,留学归国,学成名立,何必再辛苦?他却不然;回国的第二十七天就开始译经,到临死前二十七天才停笔;一面自己手译,一面培植人才,不到几年,就有若干弟子听他的口授,笔记成文,卒至有这伟大的成绩。自古至今,不但中国人译外国书,没有谁比他多,比他好,就是拿全世界人来比较,译书最多的恐怕也没有人在他之上。所以我们对于这点,尤其要注意。最好是做一个表,将各经的翻译年月,初译,或再译,所属宗派,著者姓氏年代,卷数,品数,等等,一一详明标列,这样才可以见玄奘所贡献给学术界的总成绩。

这个表要有二种分类排列法,一种是依书的外表分列,一种是依书的内容分列。前者可分创译、补译、重译三类,创译是从前未译过的，补译是从前未译完的，重译是从前译得不好的；后者可分七类：一、法相宗的书，创译的很多，重译的也不少。二、法性宗的书，如《大般若波罗密多经》，鸠摩罗什也曾译过，但不完全，所以玄奘重译全部，共有六百卷之多。三、其他大乘各宗的书，如《摄大乘论》，从前也有人译过，但没有他的详，没有他的精确。四、小乘各宗的书，又可分二目：甲、上座部的，如《阿毗达磨大毗婆沙论》二百卷：乙、大众部的，如《阿毗达磨俱舍论》、《阿毗达磨正理论》。五、讲宗派源流的书，如《异部宗轮论》。六、讲学问工具的书，如《因明入正理论》、《因明正理门论》本是最初介绍论理学的杰作。七、外道的书，如《胜宗十句义论》，是印度外道哲学书最要的一部。像这样分类列表，既令人知道玄奘贡献之伟大，又可令人知道他信仰法相宗是一事，翻译佛经又是一事，他做学问很公平，忠实，不仅译本宗书。这点无私的精神也要用心写出。

译书若单靠他一手之力，自然没有这么大的成绩。他在数年之内养成好许多人才，又定好重要规则，译好专门名词，说明方法利弊，使得弟子们有所准绳，这点不能不详细研究他。周敦义《翻译名义序》引了玄奘的《五不翻论》，可知玄奘像这类的言论一定不少。他的弟子受了他的训练，所以能在他的指挥下共同译出这么多书来。这点也须在本章最末一节说个清楚。——这以上是讲玄奘努力工作的经过，是第三章。

到第四章，应该说明玄奘在当时及后世的影响，他是不大著书的：《成唯识论》是法相宗的宝典，虽经玄奘加上许多主张，等于自著，但名义上还是翻译的；他在印度时用梵文著了《会宗论》三千颂和《真唯识量颂》，确是自己创造的，而为量已少，而且《会宗论》还没有译成国文；他另外著了《大唐西域记》十二卷，但没有佛教教理主张。为甚么他不太著书？我们想，大概因为佛经的输入比较自己发表意见还要重要，所以他不愿著书。

那么，他的学问的成就怎样呢？我们知道他不仅是一个翻译家而已，他在印度最后几年的地位已经占最高座，学问的造诣当然也到了最高处。但是他没有充分的遗著供我们的探讨，如何能见他学问的真相呢？没有法子，只好在学生身上想法子。

他最后十五年是没有一天离讲座的，受他训练的学生不下数千人，得意门生也有好些。像清儒王伯申的《经义述闻》引述他父亲的学说，我们尽可以从王伯申去看王怀祖的学问。玄奘的得意门生如窥基、圆测等的著作自然很不少玄奘的主张在内，我们尽可以从这里面探讨玄奘的学问。窥基、圆测的书经唐武宗毁佛法，焚佛书以后，在中国已没有，幸亏流传到日本去了，最近二三十年才由日本输入窥基做的《成唯识论续记》。

窥基是尉迟敬德的儿子，十二岁的时候，玄奘一见就赏识他，要收他做门徒。那时唐帝尊尚佛教，玄奘又享大名，窥基家人当然很愿意，窥基自己可不肯。玄奘又非要不可，经过多次的交涉，允许他的要求，将来可以娶妇吃肉喝酒。后来窥基跟了玄奘多少年，虽未娶妇，却天天吃肉喝酒。但是玄奘许多弟子，他却是第一名。唯识宗就是他创造的，是法相宗二大派之一。后来这派极盛。

道宣《续高僧传》，说圆测并非玄奘的学生，不过在末席偷听而已，并没有甚么了不得。在圆测的书未发现以前，看去似果真和玄奘不相干。近来日本人修《续藏》，找他的书，找出来了，传到中国才知道在法相宗是占有很重要的位置，并不和唯识宗所说的话一样。

所以玄奘传下的二大派，我们应该彻底研究，其同点何在，其异点何在，都要弄清，弄清了，玄奘的学说也可跟著明白。而且因此不惟说明玄奘的学说，就是玄奘的影响也很清楚。玄奘的影响清楚，也就是法相宗的大势连带清楚。此后顺便可以讲些法相宗流入日本的历史，一直叙到现在，笔法也很清顺。

最后，凡是玄奘的门生和门生的门生，尤其是当时襄助玄奘译书的人，须用心考出，做成一个详细的表；其中有事业可称的，可以给他做篇小传。

——从此以上，是讲《玄奘传》第一个纲领下的第四细目，也就是第四章。我上文不是讲过有二个纲领吗？那第二个纲领还有三个细目应该叙在甚么地方呢？这早插在前面四章里了。当做传时，心中常常要记著这二个纲领，一面要叙述玄奘在中国学术上伟大的贡献，一面同时要叙述玄奘个人留下伟大的畴范，不可只注意前者，忽略了后者。我这种做法，是以前项纲领为经，以后项纲领为纬，后者插入前者里面，随时点缀，不必使人看出针迹缝痕，才称妙手。多年欲做《玄奘专传》，现在大概的讲些我的做法来，将来或者能有成功的一天，给学者做个参考。

分论三　文物的专史

第一章　文物专史总说

文物专史是专史中最重要的部分，包括政教典章、社会生活、学术文化种种情况，做起来实在不容易。据我个人的见解，这不是能拿断代体来做的；要想满足读者的要求，最好是把人生的活动事项纵剖，依其性质，分类叙述。本来，根据以前的活动状况，以定今后活动的趋向，是人生最切要的要求，也是史家最重大的责任，所以对于各种活动的过去真相和相互的关系，非彻底的求得不可；否则影响到今后活动，常生恶果。我们知道，人类活动是没有休止的，从有人类到今日，所有的一切活动，都有前后因缘的关系。倘使作史的时候，把他一段一段的横截；或更依政治上的朝代分期，略说几句于实际政治史之后，那么，做出来的史，一定很糟。这种史也许名为文化史、文物史，其实完全是冒牌的。从前的正史里，书志一门，也是记载文物的，但多呆板而不活跃，有定制而无动情；而且一朝一史，毫无联络，使读者不能明了前后因缘的关系。所以这种断代体和近似断代体的文物史都不能贯彻“供现代人活动资鉴”的目的。我们做文物专史，非纵剖的分为多数的专史不可。

我以为人生活动的基本事项，可分三大类，就是政治、经济、文化三者；现在做文物的专史，也就拿这三者分类：这是很近乎科学的分法。因为人类社会的成立，这三者是最主要的要素。拿人的生理来譬喻罢：有骨干才能支持、生存，有血液才能滋养、发育，有脑髓神经才能活动、思想；三者若缺少其一，任何人都不能生活。一个人的身体如此，许多人的社会又何尝不然？拿来比较，个人的骨干等于社会的政治，个人的血液等于社会的经济，个人的脑髓神经等于社会的文化学术，一点儿也不差异。现在就先把这三种文物专史所应分别包括的事项略微讲讲：

第一是社会骨干之部，就是政治之部。这所谓政治，是广义的。从原始社会如何组织起，到如何形成国家，乃至国家统治权如何运用，如何分化，都是。若以性质分，则军政、民政、财政、法政、外交，都可溯古至今的叙述。若以部位分，则地方、中央，又可详细的划开。譬如一个人的骨干，以性质分，有做支持身体用的，有做行走用的，有做取携用的，有做保护用的；以部位分，曰头骨、曰脊骨、曰腿骨、曰臀骨；分开来虽有千百，合起来仍是一套。政治的组织也是如此，所以国家社会才能成立。

第二是社会血脉之部，就是经济之部。一个人非有物质生活不可——衣食住缺一，不可生存。社会亦然。若受经济的压迫，必衰退下去，或变成病态，或竟骤然销灭。一部分的经济不充裕，一部分社会危险；全世界的经济不充裕，全世界社会危险。就譬如一个人患了贫血症，一定精神痿弱，不久人世；若一滴血都没有了，那还成个人吗？经济是社会的营养料，也是社会的一要素。

第三是社会神经之部，就是文化之部。人所以能组织社会，所以能自别于禽兽，就是因为有精神的生活，或叫狭义的文化。文化这个名词有广义、狭义二种：广义的包括政治、经济，狭义的仅指语言、文字、宗教、文学、美术、科学、史学、哲学而言。狭义的文化尤其是人生活动的要项。

人生活动不外这三种。说句题外的话，据我看，理想的国家政治组织，许要拿这个标准分类。将来一个国家许有三个国会，一是政治会，一是经济会，一是文化会。欧战后，法国设过经济会议、教育会议，和政治上的国会几乎鼎立。国会原来只代表骨干的一部分，非加上代表血液、神经的不行。今后学问日见专门，有许多问题不是政治家所能解决的，所以国会须有经济会、文化会补助，才可使国家组织完善。

文物史也是一样，非划分政治、经济、文化三部而互相联络不可。所以文物的专史包括：

(一)政治专史

(二)经济专史

(三)文化专史

三大类，各大类中又可分许多小类，其分法在下文讲。

第二章　政治专史及其做法

政治专史最初应该从何处研究起？最初应该研究民族。中国人到底有多少民族？中国人的成分为何？各民族中，那一族做台柱？最初各民族的状况如何？从最初到黄帝时，各民族的变化如何？商、周两民族的来历如何？周代的蛮、夷、戎、狄有多少种？后来如何渐渐形成骨干民族？如何渐渐吸收环境民族？当没有混合时，其各自发展的情形如何？何时接触？何时同化？自从本民族的最初发源起，慢慢的，匈奴、鲜卑、契丹、女真、蒙古、图尔特逐渐发生交涉，以至于今日。这都应该详细划分，各作专篇，组织成一部民族史。那么，中国人对于中国民族的观念格外清楚了。

第二步就应该研究国土。展开中华民国的地图一看，知道我们这一群人生活在这里面。但我们的各祖宗最初根据什么地方呢？何时如何扩充？何时又如何退缩？何时如何分裂为几国？何时又被外来民族统治？何地最先开发？何地至今犹带半独立性？这都要先了解，做成专史，才可确定政治史的范围。

第三步就要研究时代。关于时代的划分，须用特别的眼光。我们要特别注意政治的转变，从而划分时代，不可以一姓兴亡而划分时代。从前的历史借上古、中古、近古，或汉朝、唐朝、宋朝来横截时间，那是不得已的办法。我们须确见全民族政治有强烈转变，如封建变为郡县，闭关变为开放之类，才可区别为二，深入的个别的研究各个时代的历史。

第四步还要研究家族和阶级。以普通理论讲,个个人都是社会的分子,社会是总体,个人是单位。这许是好理想,但事实上不能如此。以一个人做单位,想在社会总体里做出事业来,古今中外都不可能。总体之中,一定还有许多小的分体,那些分体才是总体的骨干。一个人不过是一个细胞,对国家为国民,对家族为家人,对市村为市民、为村民,对学校为学生、为教员,对阶级为士、为商,必加入各小团体,以为基础,才能在大团体中活动。家族,无论何种社会都看得很重,是间接组织国家的重要成分。在中国,一直到现在,还有许多人,与其叫他国家的国民,不如叫他家族的家人;因为他是对家族负责的。所以家族如何形成,如何变迁,如何发展,都得研究。阶级,亦无论那个社会都免不了;许多个人都由阶级间接参加国家。中国人消灭阶级比较的早,而对于家族,非常的拥护。西洋人不然,家族的关系很薄,阶级的竞争渐浓。中国的阶级在国家虽不重要,但不能说无关系。所以为了解社会的基础起见,非特别研究家族史、阶级史不可。

此外,有些西洋有,中国没有的。如西亚细亚,教会的组织,比家族还重要,在中国却不成问题。中国史和西洋史不同之点,即在这种地方。

——以上五步的研究,是做政治史的第一部分。因为政治就是社会的组织,社会组织的基础就是上述民族、国土、时代、家族、阶级等。把基础研究清楚,才可讲制度的变迁。

所以政治专史的第二部分就是讲政治上制度的变迁。这种应当从部落时代叙起。远古有无部落?如何变成宗法社会?如何变成多国分争?如何变成君主统一?统一以后,如何仍旧保留分立形式？如何从封建到郡县？郡县制度之下，如何变成藩镇专横？如何又变成各地自治？君主制度又如何变成民主？这种由分而合，由合而分，经过几次。分合的含质如何？分合的同异何在？这么大的国家，如何划分中央与地方的权限？历史上的趋势，一时代一时代不同，须得分部去研究。

其次又要研究中央政权如何变迁。某时代是贵族专制的政体，某时代是君主专制的政体？某时代对于中央政府如何组织？各种政权如何分配？中央重要行政有多少类，每类有如何的发展？这种中央的政治组织和中央权力的所在，须分类研究其变迁，详述其真相。如司法、财政、外交、民政等。——这是政治专史的第二部分。

第三部分是讲政权的运用。上文讲的是政治组织上的形式；其实无论何时，和实际运用都不能相同。譬如中华民国约法，现在似乎仍旧有效。但具文的约法和实际的政治，表面和骨子，相差不知几千万里。若从《政府公报》看，中央政府似乎很强有力，吴佩孚、张作霖亦得禀命中央。如打破了南口，许多威字将军，都是由吴、张上呈文，由内阁发表。事实上，骨子里何尝如此？一切大权都不在内阁，吴、张上呈文亦等于一纸命令。这不但我国此时如此，无论何时何国，实际上的政治和制度上的政治都不能相同。不过不同的距离，各有远近就是。譬如英国国会，组织既很完善，威力既很伟大，又号称代表全国民意，可谓宪政的模范；但实际上只由少数资本家把持，用以垄断全国利权，何尝能代表多数民意？表面上，政府的法令都经国会通过，很合宪法；资本家却借国会以取权利，这是宪法所不能禁止的。意大利的棒喝团，俄罗斯的苏维埃，也是如此。表面上的组织是一回事，运用起来又是一回事。所以研究政治史的人，一面讲政治的组织，表面上形式如此如彼，一面尤其要注意骨子里政治的活用和具文的组织发生了多大的距离。譬如汉朝中央政治，依原定组织，天子之下，丞相行政，御史执法，太尉掌兵，全国大政，都出自三公。但自武帝以后，大政的权柄渐渐移到尚书省，尚书省在法律上是没有根据的，里面都是皇帝私人。后来的三公，非录尚书事，不能参与政治。事实竟变成无形的法定制度。后来汉朝的政权不惟在尚书省，外戚、宦官都非常的把持，也是自然的结果。宦官运用政治，法律上尤其没有根据，然无人能阻其不握政权。还有，大学生，学会，有时也能左右政治，但在法律上亦看不见。所以某时代政治的运用变到某部分人手上，其变迁之状况何如，事实何如，都得详细研究。关于这类，近来政党的发生，亦可附入。——这是政治专史的第三部分。

研究政治史根据此分类标准，分了又分，务求清楚。我打算编一个目录使得做政治史的人有个标准；至于详细的做法，现在不能讲了。

第三章　经济专史及其做法

经济事项，譬如人生的血液。我们做经济专史，可以因人类经济行为的发生次第，来做分类的标准。人类为什么有经济行为？因为有消费。人类起于消费，因消费而须生产。生产的种别不同，所以又须交易。生产的结果，须分给多少部分的人，所以分配的问题又起。愈到近代，在经济行为上，分配愈占重要地位。古代最初的人类行为，分配问题，却不大发生。所以做起历史来，要讲清前三部分，才可讲分配。中国经济史，最重要的是消费和生产，其次是交易，最末才是分配。现在依此次序讲。

消费方面可分食、衣、住三项。要做一个民族的经济史，看他自开化以来的食、衣、住如何变迁，最为重要。但做历史再没有比这个困难的，因为资料极其缺乏。

食的方面：到底我们这个民族普通食品是甚么东西？某种从外来？某种生产于某处？那一种占重要地位？某时代某种占重要地位？一个民族几千年的食饭问题实在要紧，但研究起来也实在困难。因为历史的资料不外纸片上的纪载和残留的实物，残留的实物多由地下发现，食品却不能保存；纸片上的资料固然不可看轻，但无论何国的历史，都是政治的资料多，社会经济的资料少；尤其是中国。这个难题，我私度没有多大把握。因为纸片上的资料很少，实物根本没有，又不能靠采掘。但是虽然困难，亦不能不想方法。我想不单是食，凡关于经济事项，若研究其历史，不能不和政治史、文化史脱离而另取一方向。做文化史、政治史，多由古及今；做经济史，当由今及古。近代一二百年的经济变迁，用心访问，还能整理成一个系统。将现代所见，和近代衔接。再一样一样的追寻根源，追到何时就讲到何时。即如食米面，大概言之，北方多食面，南方多食米，倒追上去，还可以看着这种痕迹，还可知北方何时始食面，南方何时始食米。关于经济项下，此原则不能不采用，即"跟现存的追上去"。食的问题，诸食品中，何者原有，何者后入，乃至植物的栽培，动物的豢养，都可以从现在起，倒数上去。此法虽不能用得圆满结果，但非绝无路走。其中有些可以特别研究的，如米的应用及保存、分配的方法。应用方面，古代不单拿来食，而且用作货币。读《管子》，可知米是金融中很重要的物品。甚么时候完全是金融的要素？甚么时候完全把交易媒介的性质除去？研究起来，倒很有趣味。还有，禁米出口的政策，现在还有讨论的余地。关于米的支配，几千年来，不同旁的一样，旁的可以自由交易，米是民食所寄，政府、地方、社会，对于米都有特别的制裁，支配管理，都有殊异的方法。这也很有趣。所以食品史应有专篇，讲几千年来管理支配的方法如何？这倒不难，可从纸片上得资料。从现在看起，追寻上去，看二千年来何如。又如盐，也是消费要素之一，在中国史上的资料比较的很充足。自汉、唐以来，盐在财政上占极主要的地位。再溯上去，《管子》是战国的书，已说春秋战国时已有特别管理和支配盐的方法。所以做中国吃饭史，全部做的如何，很难讲；但很应该做，而且最少有若干问题有相当的资料，可以做得好。倘使研究一项，打开了一条活路；别项也得用同样的方法，追寻上去。

衣的方面：或者做起史来较容易些，因为保存下来的东西比较的多。如在日本考中国的服饰可以追到唐朝，有名的博物院中还有唐朝以下的实物。这因实物保存，所以比较的容易研究，但衣的方面，特别的问题很多，最须分类研究。如丝是中国可以自豪的，发明最早。但到甚么时候才有？最近李济之先生在山西夏县西阴村发现半个蚕茧，假使地层的部位不错，那么，中国在石器时代已有丝了。其次如麻，也是中国的特产，须特别研究。又其次如棉花，自唐以后，输入中国，证据很多。但到底是从南洋来抑从西域来？各说都有根据，我们如何取决？棉布又起自何时？是自己发明的还是从外国输入的？假使是输入的，又从何国输入？这个专题可得有趣的发明。还有，中国未有棉花以前是用甚么东西？近代的麻和古代的麻同类否？有多少种？从有丝到织呢绒绸缎，是自己发明的不是？问题真多，资料也不是没有，只等我们去研究。

住的方面：宫室建筑，拿现代所有做基本，推上去，也很可以。不过中国每经丧乱，毁灭无余。近如圆明园给英法联军一把火烧得干干净净，只剩了一个景福门和照壁围墙，最近几个月，也给军阀拆去了。自古至今，多少伟大的建筑，给那般暴徒毁去，以致今日研究起来，实在困难。只求纸片上的纪载，又很难得圆满的结果。但除了力求古迹以外，纸片也不是绝对没有贡献。其中的特别问题也很多，如衣食事项一样。如城郭，许是中国特有的文化，最少也是亚洲民族特有的，而且是中国人所发明。《史记·匈奴传》、《汉书·西域传》，以城郭的有无为开化半开化民族的符号。中国所谓城郭和欧洲中世所讲堡垒不同。堡垒似碉楼，是少数君主、贵族，专保自己财产用的。城郭不专为一人，不专为统治者的安全，而为保护一般人民的利益而设。大概古代人民，春秋散在田野；冬日把所有的收获品聚在一处，初为墙，后为城郭，以防御外来的强盗和外族的掠夺。这种城郭的发明，从何时起？殷墟文字里有多少城郭？殷朝、西周何如？春秋时代见于纪载的很多，可见已是一件很重要的事。后来竟变成文明人的标志。假如我们证实了城郭是中国民族的特别发明，可以追寻到古代，看某时某地有古城痕迹或纪载，就可知中国文化此时已到此地。最古，长城以外，没有城郭，西域各国，或有或没有。由此可见中国民族势力的消长。研究起来，虽很困难，但并不是没有路子，虽不能全部研究，但抽出若干种，比较的资料易得的，可以得许多成绩。此外的特别问题也不止一种，不能多讲。

食、衣、住三者的史料，除了纪载和实物以外，还有特别史料，是我们所能得，外人所不能得的。中国文字，象形、指事、会意诸种，研究起来，有许多可以发见有史以前的生活状态，其中乃至心理的状态也可以看出一部分。如内字表示穴居，以人入洞，和以人入门的闪字不同。如宫字表示两进的房子，到现在还适用，到欧洲可不适用的。如家字表示以物覆豕，是家的所在，可知古人由渔猎时代变成畜牧时代的时候，以豕为食物而始有固定的家。又如吉凶的凶字，表示设陷阱以捉野兽，野兽落到里面的样子。原来只有这种意义，后来才用为不利的意义。像这类在古文字上研究以求古代人类衣、食、住的状况，常有许多意外的收获。这种收获品是纪载上实物上所没有而文字中有的。假如小学家有社会学的根柢，很可以得奇异的发明。所以衣、食、住的专史，诚然难做，但不是绝对不可做，机会正多的很。

进一步到生产方面：生产的种类，分别为渔猎、畜牧、农耕、矿业、家庭手工业和现代工业，每一种须一专史，中间看那一种最发达，历史也跟著详细一点。

中国农业最发达而最长久，资料也很多，非给他做一部好历史不可。农业、农器、农产物的历史，都应该做。最主要的，尤其是田制。一直到现在,仍是最主要的问题。几千年来的政治家很用心去规定这种制度,许多学者也有很周密精详的主张,或已实行,或未试办。我们研究田制的变迁,有许多资料可供使用;只有肯去找,详审的选择叙述,可以得很有价值的历史。这不单是考古而已,或者有些学者或政治家所建议而未实行的制度,我们把他全录或摘抄下来,可以供现代的资鉴,而愈可以成为有价值的著作。

渔猎,畜牧,最初的社会已经有了,一直到现在,还是很重要的生产事业。矿业,到周代也已发明已利用,到今日,变成多种生产事业的发动力;假使没有矿业,多种生产事业都得停顿。所以我们做史,应该分别,一部一部的,各自著成一书。

家庭手工业在机械工业未输入以前的状况如何?原来的机械工业在新式的机械工业未输入以前的状况如何?自机械工业输入中国以后到现在有如何的发展,有无新的发明?这种资料,东鳞西爪的,研究时要很费精神去寻找。

此外和生产事业极有关系的有三种:就是水利、交通、商业,不能不做专史。

历代以来,中国人对于消极的防水患,积极的兴水利,都极注意。如《资治通鉴》,每朝末叶,水患特别的多,前人以为天灾流行,其实则毫不足怪。新兴之朝,所以没有水患,只因当时上下对于修堤浚河的工作很用财力,人工可以征服自然。如清代河道总督,号称肥缺,有很充足的公款可供中饱;但一发现有舞弊情形或一遇河堤决口,马上就要拏去砍头,所以无论怎样贪婪的河道总督总得用心修理河道,所以清代水患比较的少。到了民国,一切的收入都跑进兵队和兵工厂和军阀的姨太太身上了,谁来理这闲事?所以不讲别的,就是永定河就每年总有好几次发生危险。关于这类水利问题，历代工作的情形怎样，都得做成专史。

交通在现在以铁路、河海航线、电线最重要，汽车道也有人注意。这些事业，几时才输入中国？近来发达的情形如何？都是应该入史的。还有，古代没有这些东西，却有驿道、驿使做中央统制地方的利器，所以对于驿的制度很完善。驿道的路线，历代不同，逐代加增，研究的结果还可勉强画出地图来。驿道的管理法，驿使的多少，也得研究清楚。这类资料，倒也不少。我们可以从上古初辟草莱起，渐有舟车，渐有驿道、运河、海运、铁道、航线、电线、汽车道，乃至飞机、无线电、电话，都一一做成历史，分之各为专篇，合之联成交通专史。

商业自春秋、战国以后日见发达，以前也并非没有。我们须研究人类最初交易的情形如何？何以由物与物互易而变成物与币互易？春秋、战国对外的贸易何如？历代对于商人的待遇何如？汉、唐对于边界互市的状况何如？一直到现在与全球通商的经济战争情况如何？其中如货币的变迁尤其要特别的研究。关于货币的理论，如每值币制紊乱，讲求修正改革的奏疏之类，价值很高，是要收入货币史的。或者包括各种事实成一部商业史，或者分别作各种专史，都无不可。

上面交通和商业二种都属于交易方面，就是经济事项的第三种。再进一步，就要说到分配了（名达按：当日因时间来不及，未讲分配）。

——关于经济专史的分类，似乎不太科学的；不过稍微举个例，大概的讲一讲。近人关于货币、田制的著述，倒有一点，但都还得补正。此外各史，许多人未曾做，或认为不好做的，也未尝不可以设法研究。这全在我们的努力。

第四章　文化专史及其做法

狭义的文化譬如人体的精神，可依精神系发展的次第以求分类的方法。文化是人类思想的结晶。思想的发表，最初靠语言，次靠神话，又次才靠文字。思想的表现有宗教、哲学、史学、科学、文学、美术等。我们可一件一件的讲下去。

甲　语言史

在西洋言文一致，在中国文字固定，语言变化，两不相同。所以研究中国文化，要把文字同语言分开。

离开文字的语言已成过去，在固定的文字下研究变化的语言，异常困难；但并不是绝无资料。西汉末扬雄已经很注意这部分。新近学者研究语言的发展很快。我们的同学中有研究中国语言史者。起初我们以为很困难，现在已证明有路可走。看韵文的变化常可得着具体的原则。即如广东话，在中国自成一系。乡先生陈兰甫著《广东音学》，发明了广东话和旁的话不同的原则。近来赵元任先生研究现代语言，在声音方面也很有心得。文法方面，自汉以后宋人平话未发生以前，因士人作文喜用古时笔调，成为固定的，不肯参用俗调；通俗的白话又不曾在纸片上保存，所以现在很难考出。但我们从很缺乏的资料中跟著上去，也非绝对不能做史。宋、元以后，平话、小说、戏曲先后继起，语言的变化就渐渐可考了。

乙 文字史

清代以来,小学家根据《说文》,把文字划出一个时代来研究,成绩很高。后来甲骨文发现,文字学上起了很大的变化。国内唯一的大师,王静安先生,研究得很好,我们希望努力下去,可以得文字的最初状况。再由古及今,把历代的文字变迁都研究清楚,可以做成中国文字史。

丙 神话史

语言文字之后,发表思想的工具,最重要的是神话。由民间无意识中渐渐发生某神话,到某时代断绝了。到某时代,新的神话又发生,和神话相连的是礼俗。神话和礼俗合起来讲,系统的思想可以看得出来。欧洲方面,研究神话的很多。中国人对于神话有二种态度:一种把神话与历史合在一起,以致历史很不正确;一种因为神话扰乱历史真相,便加以排斥。前者不足责;后者若从历史著眼是对的。但不能完全排斥,应另换一方面,专门研究。最近北京大学研究所研究孟姜女的故事,成绩很好,但范围很窄,应该大规模的去研究一切神话。其在古代,可以年代分;在近代,可以地方分,或以性质分。有种神话竟变成一种地方风俗,我们可以看出此时此地的社会心理。

有许多神话夹在纪真事的书里。如《山海经》,若拿来作地理研究,固然很危险;若拿来作神话研究,追求出所以发生的原因来,亦可以得心理表现的资料。如纬书,从盘古、伏羲、神农、轩辕以来的事情很多,又包含许多古代对于宇宙的起源和人类社会的发生的解释。我们研究古人的宇宙观、人生观和古代社会心理,与其靠《易经》，还不如靠纬书和古代说部如《山海经》之类，或者可以得到真相。又如《金滕》夹在二十八篇真《尚书》中，所述的事非常离奇。那些反风起禾的故事，当时人当然相信；如不相信，必不记下来。我们虽不必相信历史上真有这类事，但当时社会心理确是如此。又如《左传》里有许多灾怪离奇的话，当然不能相信，但春秋时代的社会心理大概如此。

又如《逸周书》在历史上的价值如何，各人看法不同；其中纪载杀多少人，虏多少人，捕兽多少，我们不能相信。孟子说："仁者之师无敌于天下……如之何其血流漂杵也？……吾于《武成》，取其二三策而已。"事实固然未必全属真相；但战争的结果，当然很残忍，这点可认为事实；又看当时所得猛兽之多，参以《孟子》别篇所谓"周公兼夷狄，驱猛兽，而天下宁"，可知当时猛兽充斥于天下。这种近于神话的夸大语，也自有他的历史背景。我们因他夸大某事，可相信当时实有某事，但不必相信他的数目和情形。

神话不止一个民族有，各族各有其相传的神话。那些神话互相征服同化，有些很难分别谁是谁族的。我们应当推定那一种神话属于那一种民族或那一个地方。如苗族古代和中原民族竞争很烈，苗族神话古代也特别多，我们若求出几个原则，把苗族神话归纳出来，倒很可知道苗族曾经有过的事项、风俗和社会心理。苗族史虽不好研究，而苗族神话史却很可以研究出来。

后代一地方有一地方的神话。《荆楚岁时记》和这类文集、笔记、方志所讲的各地风俗和过节时所有的娱乐，若全部搜出来做一种研究，资料实在多。如苏东坡记四川的过节，范石湖记吴郡的过节，若分别研究，可以了解各地方心理和当时风俗，实在有趣。

中国的过节实在别有风味，若考究他的来源，尤其有趣味。常常有一种本来不过一地方的风俗,后来竟风行全国。如寒食是春秋晋人追悼介之推的纪念日,最初只在山西,后来全国都通行了,乃至南洋、美洲,华人所至之地都通行。可是现在十几年来,我们又不大实行。又如端午,初起只在湖南竞渡,最多也不过湖北,后来竟推行到全国。又如七夕,《诗经》有"宛彼牵牛"之句,牵牛与织女无涉。古诗十九首有"迢迢牵牛星,皎皎河汉女,盈盈一水间,脉脉不得语",成为男女相悦了。后来竟因此生出七夕乞巧的节来。最初不过一地的风俗,现在全国都普遍了,这类的节,虽然不是科学的,却自然而然表示他十分的美。本来清明踏青,重阳登高,已恰合自然界的美,再加上些神话,尤其格外美。又如唐、宋两代,正月十五晚,皇帝亲身出来凑热闹,与民同乐。又如端午竞渡,万人空巷。所以,最少,中国的节都含有充分的美术性;中国人过节,带有娱乐性。如灯节、三月三、端午、七夕、中秋、重阳、过年,都是公共娱乐的时候。我们都拿来研究,既看他的来源如何,又看他如何传播各地,某地对于某节特别有趣,某时代对于某节尤其热闹,何地通行最久,各地人民对于各节的意想如何,为甚么能通行,能永久。这样极端的求得其真相,又推得其所以然,整理很易得的资料,参用很科学的分类,做出一部神话同风俗史来,可以有很大的价值。

丁　宗教史

在中国著宗教史——纯粹的宗教史——有无可能,尚是问题。宗教史里边,教义是一部分,教会的变迁是一部分。教义是要超现实世界的,或讲天堂,或讲死后的灵魂,无论那一宗教都不离此二条件。其次,宗教必有教会;没有教会的组织,就没有宗教的性质存在。根据这两点来看,中国是否有宗教的国家,大可研究。近来推尊孔子的人想把孔子做宗教,康南海先生就有这种意思,认孔子和外国人的宗教一样去研究。一般攻击孔子的人又以为孔子这种宗教是不好的,如吴稚晖先生和胡适之先生。其实两种看法都失了孔子的真相。第一点,可以说,宗教利用人类暧昧不清楚的情感,才能成功,和理性是不相容的,所以超现实,超现在。孔子全不如此,全在理性方面,专从现在现实著想,和宗教原质全不相容。第二点,教会,孔子以后的儒家是没有的,现在有的是冒牌。

再看孔子以外的各家。关于第一点,道家,老子、庄子虽有许多高妙的话,像是超现实超现在,而实质上是现实的现在的应用,道家实在不含宗教性。比较的,古代思想只有墨家略带宗教性,讲天志,讲明鬼,稍有超现实的倾向,但仍是现实的应用。墨家并未讲死后可以到天堂,亦未讲死后可以做许多事业,不过讲在现实的几十年中,好好的敬天,做好事,天自然会赐以幸福,所以墨家仍不能认为宗教。关于第二点,道家也没有教会,墨家有钜子,颇像罗马的教皇,未能明了他如何产生,虽然当战国时代,许有百余年曾有过教会的组织,但后来消灭了。现在留存的材料极少,除了讲钜子的几条以外,别无可找。

中国土产里既没有宗教,那么,著中国宗教史主要的部分,只是外来的宗教了。外来宗教是佛教、摩尼教、基督教,最初的景教,后来的耶稣教、天主教等。主要的材料,纯粹是外来的宗教著作,都是死的,无大精彩。只有佛教有许多很有精彩的书,但应该摆在哲学史里抑宗教史里还是问题。为著述方便起见,摆在哲学史更好;因为佛教的理性很强,而且中国所感受,哲学方面为多。佛教到中国以后,多少派别,当然应该摆在哲学史,因为六朝、隋唐一段的哲学史全靠佛教思想做中坚。其中纯粹带宗教性而且很强的只有净土宗,但也很难讲。又佛教的禅宗,勉强可以说是中国自创的一派,然很近哲学,到底应认为教派,抑应认为学派,又是问题。据我看,做学派研究,解释要容易些。到底那一部分应归宗教,那一部分应归哲学,分起类来很不方便。若把全部佛教移到哲学,那么宗教史的材料更少了。

为甚么宗教在中国不发达?大抵因为各种宗教到了中国,不容易有好教会的组织发生。最近基督教宗中如燕京大学一派有组织中国基督教会的运动,我很赞成。因为人类应有信仰宗教的自由,我们不能因为他是外来的就排斥他。基督教所以可恨,只因他全为外国人包办。假使由中国人来办,就可免掉外国借手侵略的野心,所以若做宗教史,最后一页,可以讲有少数人有这种运动。他们既然信仰基督教,当然应该努力;但事实上未必成功,如有可能,恐怕早已有人做成功了。

就外来的宗教讲,其教理要略及其起原,用不着在中国宗教史讲。在中国内部,所谓教会的形式,又没有具体的。中国宗教史只能将某时代某宗派输入,信仰的人数,于某时代有若干影响,很平常的讲讲而已。虽或有做的必要,却难做得有精彩。

就中国原有的宗教讲,先秦没有宗教,后来只有道教,又很无聊。道教是一面抄袭老子、庄子的教理,一面采佛教的形式及其皮毛,凑合起来的。做中国史,把道教叙述上去,可以说是大羞耻。他们所做的事,对于民族毫无利益;而且以左道惑众,扰乱治安,历代不绝。讲中国宗教,若拿道教做代表,我实在很不愿意。但道教丑虽很丑,做中国宗教史又不能不叙。他于中国社会既无多大关系,于中国国民心理又无多大影响,我们不过据事直书,略微讲讲就够了。

做中国宗教史，倒有一部分可写得有精彩。外国人称中国人奉多神教，名词颇不适当。多神教是对一神教而言。基督教、犹太教是一神教，其他都是无神教，佛教尤其是无神教，西洋人不曾分别这点，说印度人奉佛教即奉多神教。中国孔子不讲神，说："未能事人，焉能事鬼？""未知生，焉知死？"然而孔子对于祭祀却很看重。《论语》说："祭如在，祭神如神在。"孔子一面根本不相信有神，一面又藉祭祀的机会，仿佛有神，以集中精神。儒家所讲的祭祀及斋戒，都只是修养的手段。《论语》说："非其鬼而祭之，谄也。""其鬼"和"非其鬼"的分别，和西洋人的看法不同。意思只是，鬼神不能左右我们的祸福；我们祭他，乃是崇德报功。祭父母，因父母生我养我；祭天地，因天地给我们许多便利，父母要祭，天地山川日月也要祭；推之于人，则凡为国家地方捍患难建事业的人也要祭；推之于物，则猫犬牛马的神也要祭；如此，"报"的观念便贯彻了祭的全部分。这种祭法，和希腊、埃及的祭天拜物不同。他们是以为那里面有甚么神秘，乃是某神的象征，并不因其有恩惠于人而去祭他。老实讲，中国所有的祭祀，都从这点意思发源，除了道教妖言惑众的拜道以外。我们将历代所拜的神罗列起那些名词来，分类研究其性质及变迁，实在很有趣味。

我们看，古时的人常常因感恩而尊所感的人为神。如医家祭华佗、扁鹊，戏子祭唐明皇。若把普通人祭甚么，某阶级祭甚么，分类求其祭的原因及起原的情形，可以得知十有八九是因为报恩的。若看历代所崇拜的神的变迁，尤其有意思。——例如近代最行运的神是关羽；关羽以前是蒋子文。南京钟山，也叫蒋山，即因蒋子文得名。蒋子文是一个知县，六朝人，守南京，城陷，殉节。他官阶既比关羽低，时代又比关羽后，但同是殉节的人，都合于祀典"以死勤事则祭之”的向例。这类殉节的人，古来很不少；不过蒋子文当时死得激烈一点，本地人崇拜他，祭祀他，起初称他知县，其后称他蒋侯，其后又称他蒋王，最后竟称他蒋帝。祭他的地方不很多，只在南朝各地；但南朝各代，上自皇宫，下至偏僻市镇，都很虔诚的祭他。比较关羽的享遇，当然差得远；但人虽生于关羽之后，神却成于关羽之前，关羽的运气，行得很迟；到明末才有许多地方祭他为神，到满人入关，才极通行。满洲人翻译汉文成满文的，最初一部是《三国演义》。一般人看了，认关羽是惟一的人物。后来迭次打胜仗，都以为靠关羽的神帮助。所以八旗兵民所到的地方，没有不立关帝庙祭关羽的。皇帝在文庙祭孔子，在武庙就祭关羽、岳飞。无形中，社会受了莫大的影响。乃至没有甚么地方不祭关羽，没有甚么地方没有关帝庙。诸位的故乡，自然有这种风俗。就是现在从清华园大门出去，那正蓝旗和正白旗，二个村庄不见他有甚么宗祠家庙，倒都有关帝庙占正中的位置，做全村公共会集的地方。诸君再到北京前门外那个有名的关帝庙，一问那看庙的人，一定可以得到一件有趣的故事：“明万历间，宫中塑了两个关帝偶像，叫人给他俩算命，神宗皇喜欢的那个，偏偏命不好；皇帝讨厌的那个，偏偏有几百年的烟火。皇帝发脾气了，吩咐把自己喜欢的供在宫中，把那个讨厌的送往前门外的庙里去。那知道，后来李闯一进宫门，便把那关帝像毁了；前门外那个关帝像到现在还有人供祀。”关羽是特殊有运气的神，时间已有四五百年，地方遍及全国。还有运气不好的，如介之推，除了山西以外，没有庙；如屈原，除了湖南以外，也没有庙。然而寒食、端午两节，专是纪念他俩的，也带了十足的崇拜先哲的意思，和庙祀差不多。——我们若是把中国人所供祀的神，一一根究他的来历，大抵没有不是由人变来的。我们看他受祀范围的广狭，年代的久暂，和一般民众祀他的心理,做成专篇,倒是宗教史里很有精彩的一部分。所以可以说中国人实在没有宗教,只有崇德报功的观念。

还有一点,在宗教史上要说明的。中国人信佛宗释伽牟尼,信道宗太上老君,信基督教宗基督,同时可以并容,决不像欧洲人的绝对排斥外教。佛教输入以后,经过几次的排斥,但都不是民众的意思。北魏太武帝、北周武帝、唐武帝三次摧残佛教,其动机都因与道教争风。当时那两教的无聊教徒,在皇帝面前争宠,失败了的,连累全教都失败,这和全国民众有何相关?中国所以不排斥外教,就因为本为没有固定的宗教,信教也是崇德报功的意思。基督教输入以后,所以受过几次的激烈排斥,也只因基督教徒本身有排外的思想,不容外教的存在。回教谟罕默德出于摩西,也是排外的教。摩西之所以起,即因争夺南方膏腴之地而起。基督教到罗马,以教会干涉政治;回教所到之处亦以教会干涉政治:那自然和本方人的权利思想不相容,自然会引起相当的反感。当他们初入中国,未现出侵略的野心以前,中国人是无不欢迎的。自唐朝景教流行到明末基督教再来,都不曾有甚么反动。后来因为旧教天主教有垄断政权的嫌疑,新教耶稣教又有侵略主义的野心,所以我们才排斥他。回教输入中国以后的情况,也是一样。

关于这点——中国人对于外来宗教的一般态度,很值得一叙。我们常常看见有许多庙里,孔子、关羽、观音、太上老君,同在一个神龛上,这是极平常的现象。若不了解中国人崇德报功的思想,一定觉得很奇怪。其实崇德报功,只一用意,无论他的履历怎样,何妨同在一庙呢?譬如后稷和猫都有益于农耕,农人也常常同等供祀,又有何不可呢?

做中国宗教史,依我看来,应该这样做:某地方供祀某种神最多，可以研究各地方的心理；某时代供祀某种神最多，可以研究各时代的心理，这部分的叙述才是宗教史最主要的。至于外来宗教的输入及其流传，只可作为附属品。此种宗教史做好以后，把国民心理的真相，可以多看出一点；比较很泛肤的叙述各教源流，一定好得多哩。

戊　学术思想史

中国学术不能靠一部书包办，最少要分四部：

子　道术史——即哲学史

丑　史学史

寅　自然科学史

卯　社会科学史

四部合起来，未尝不可；然性质既各不同，发展途径又异，盛衰时代又相参差，所以与其合并，不如分开。现在先讲道术史的做法。

子　道术史的做法

中国道术史，看起来，很难做。几千年来的道术合在一起，要想系统分明，很不容易。不过，若把各种道术分为主系、闰系、旁系三类，好好的去做，也不是很难。主系是中国民族自己发明组织出来，有价值有权威的学派，对于世界文化有贡献的。闰系是一个曾做主系的学派出来以后，继承他的，不过有些整理解释的工作，也有相当的成绩的。旁系是外国思想输入以后，消纳他，或者经过民族脑筋里一趟，变成自己的所有物，乃至演成第二回主系的思想的。几千年来的思想，认定某种属某系，有了纲领，比较的容易做。

主系思想，有价值的，不过两个时代：一、先秦；二、宋明（包括元代）。要做中国道术史，可以分做上下两篇，分讲先秦、宋明两个主系;但非有真实的学问加精细的功夫不可。

所谓闰系,如汉朝到唐初对于先秦的学术,清朝对于宋、明,是闰系。因为汉、唐人的思想不能出先秦人的范围,清人的思想不能出宋、明人的范围。虽然东汉以后已有一部分旁系发生,清朝也有一部分旁系发生,但闰系的工作仍占一部分,不妨分别叙述。

所谓旁系,最主要的是六朝、隋唐间的佛学。那时代把佛学输入以后,慢慢的消化,经过一番解释,准备做第二回的主系。这个旁系,和第一回主系先秦没有关系,但是宋明主系的准备。还有一种旁系,就是现代。再追远一点,到明中叶基督教的输入;但那时的关系很微,到最近三四十年才发达。此刻的旁系,比隋唐的佛学还弱的很;将来在学术上的位置很难讲,倒有点像东晋、南北朝的样子,离隋唐尚远。东晋时,佛教各派思想都已输入,但研究者仅得皮毛,还没有认真深造的工作。中间经几百年,到隋唐而后才有很体面的旁系出现。因旁系的体面而有融会贯通,自创一派的必要。现在的中国,我们希望,更有一个主系出现,和第一主系、第二主系都要不同才好。宋明思想和先秦思想,好坏另是一件事,性质可绝不相同,旁系发达到最高潮,和过去的主系结婚,产生一新主系,这是宋明道术的现象。现在的中国也有这种产生第三主系的要求,但主系产生的迟早,要看我们努力的程度如何。此刻努力,主系可以早出现。此刻不努力,或努力不得其方,恐须迟延到若干年后。但第三主系的产生,始终必可实现,因为现在正是第二旁系输入中国的时期。

若是拿上述那种眼光来做道术史,并不难做,做的时候全部精神集中到主系。第一主系,范围既广,方面又多,要说明他,是很困难。但是细细辨别起来,也还容易。春秋战国以前,都是酝酿时代;可由《诗经》、《书经》、《左传》所载,说明白古代思想的渊源。春秋战国——即先秦——是主系的所在。那时各家的著作，打开《汉书·艺文志》或《二十二子》、《百子全书》一看，似乎浩如烟海；其实若仔细分别一下，真的先秦书实在不多，屈指可数。做道术史做到先秦，最要紧的是分派。分派的主张，各人不同。司马谈分为六家，刘歆、班固分为九流十家，其实都不很对。老实讲，只分儒、道、墨三家就够了。再细一点，可加上阴阳家及法家。而最重要的仍是前三家。能把这三家认识得清楚，分别得准确，叙述得详明，就很好了。阴阳家如邹衍一派，没有几本书；汉初以后的阴阳家是否先秦邹衍这派，很值得研究。

第一闰系，就是第一主系的余波；从全部思想看来，不能占重要的位置，他的叙述，不能和第一主系平等看待。这时第一要紧的事，就要把各家的脉络提清，看他如何各自承受以前的学风，如何各自解释本派的学说，如何本派又分裂为几派，如何此派又和彼派混合。儒家，战国末已分为八派，须要分别说明。汉朝那般经学家墨守相传的家法，有许多迂腐离奇的思想，须要看他如何受阴阳家的影响。道家如《淮南子》，在闰系中很有价值；那些派别，须要分清。墨家思想到汉朝已中绝，但也有见于他书的；如《春秋繁露》，一部分是阴阳家的思想，另一部分是墨家的思想。

无论那派，当一大师创造提倡之时，气象发皇，有似草木在夏天。其先慢慢的萌芽、长叶、含苞、吐蕊，有似草木在春天。其后落华取实，渐至凋落，有似草木在秋天。又后风采外谢，精华内蕴，有似草木在冬天。譬如第一主系的先秦，各家都忙于创作，未暇做整理的工夫。其先当然是酝酿时期，没有急遽的进步，其后到西汉，各家都不去创作，专事整理。在前未入完成的部分，经这期的人加添润饰，果熟蒂落。在前未应用到社会的部分，经这期的人一一实现到社会应用上去,社会都受其赐了。关于后者,汉朝在政治史上所以占重要位置,在道术史上所以是闰系,都因享受先秦的结果。如儒家,经过西汉二百年儒者的传习理解,已竟深入人心,到东汉便实现到社会上去,像收获果实一样,所以东汉的政治组织,民众风俗,在中国是小小的黄金时代。关于前者,汉朝在秦皇焚书之后,书籍残缺,耆宿凋落,后辈欲治先秦的学问,真不容易。所以一般学者专事解释先秦著作,不知创作。但因古文字可以有多方面的解释,各家墨守祖说,互争小节,思想变为萎靡不振的现象。而且一种学术,无论如何好,总有流弊;况经辗转传说,也不免有失真象:所以一种学术应用到社会上,算是成功,也就因此腐坏,有如果实烂熟而发生毛病一样。所以研究闰系思想,一方面看他们如何整理解释,不忘他们工作的功劳;一方面也要注意他们彼此做无聊的竞争,生出支离破碎的现象。所以叙述闰系和叙述主系不同:对于第一主系的几派,要详细研究其内容的真相;对于第一闰系却可不必。汉朝十四博士的设立,乃至各博士派别的差异,我们可以不必管他。主系须看内容;闰系只看大概,只看他们一群向那里走。我们做第二主系,用此做法,并不很难。

第一旁系的发生,很重要。佛教到底应摆在宗教史还应摆在道术史,很费斟酌。单做佛教史,当然可以详说;但做道术史,则仍以摆在道术中为是。在中国的佛教,惟净土宗及西藏、蒙古的喇嘛教应摆在宗教方面。因为纵使他们有相当的哲理,而在中国本部文化上的影响很少;即西藏、蒙古人之信仰喇嘛,也并不因他有哲理,所以应该收入宗教里。此外,自隋唐以来,最初的毗昙宗到三论宗、摄论宗,小乘的毗昙宗,大乘的教下三家——天台宗、华严宗、法相宗,乃至禅宗,都关于哲理方面。大多数的佛教徒,信宗教的成分,不如研究哲理的成分多。简单讲，除密宗在蒙、藏应列入宗教史以外，其他都应收入道术史。这部分工作，颇不容易。第一，要说明原始佛教何如？印度佛教的分化发展何如？因为要想了解新妇的性情，非先了解她的娘家不可。所以先应忠实的看佛教起原及其分化发展，然后可叙中国的佛教。第二，东汉、三国、西晋、南北朝是翻译时期，但能吞纳，不能消化。所以应该叙述那时输入的情况何如？输入了些甚么东西？那些译本是否能得原本真相，没有错误。第三，最主要的唐朝教下三家，要集中精神去说明。法相宗从印度由玄奘带来。玄奘以前，只是印度人讲。到玄奘译著《成唯识论》，才开这个宗派。但《成唯识论》是玄奘及其弟子窥基把释伽牟尼以后十家的道术汇合翻译，参以己意，才做成的。此种译著，为功为罪，尚不分明。十家的内容，很难分别；其中以护法为主，而其余九家，不易看出。十家的道术，经过玄奘、窥基的整理，去取之间，很有选择。虽说原是印度人的思想，但其中实参加了中国几个大师的成分。天台宗是智者大师所创，后来印度来的许多大师都很佩服他。认真看起来，天台宗的确和印度各宗不同。许多人攻击他，以为不是真佛教；其实这种不纯粹的洋货，我们治学术史的人尤其要注意。华严宗不是纯粹出自中国，也不是纯粹出自印度，乃出自现在新疆省的于阗。佛教到于阗才发生华严宗，华严宗到中国本部才成熟，至少不是印度的。——所以所谓教下三家，可说完全都是中国的；此外教外别传，如禅宗，神话说是达摩自印度传来的，我们研究的结果，不肯相信。他所谓西方二十八祖，全是撑门面的；实在只有五祖和慧能，纯是中国的学派。所以禅宗的学风，也纯是中国的创作，应该和教下三家同样的用力叙述。

佛教虽是旁系，但做起来的时候，应该用做主系的方法去研究。

因为起初虽自外来，但经过中国人消化一次，也含有半创作性。所以除了简单讲印度佛教的起原和变迁以后，主要各宗派，在中国的，应该用研究先秦各家的方法去研究。看他不同之点何在？主要之点何在？这是做中国道术史比较的困难所在。其实也并不困难。因为书籍尽管多，要点只是这几个，不过我们没有研究，心惊便是了。只要经过一番研究，得着纲领，做起史来，实在容易。

旁系之中，附带有他的闰系。讲亦可，不讲亦可。若是顺便讲的话，佛教的创作至唐开元而止，中唐以后及五代，便是佛教的闰系。后来法相宗的消灭，华严宗的衰微，天台宗的分裂为山内山外，禅宗的分为五派，自来讲中国佛教掌故的最喜欢讲这些东西，实在这都是闰系的话，旁系的主要点全在内容的说明。

现在有许多人感觉做中国道术史的困难，以为三国到隋唐实在没有资料。其实，那有一个这么长的时代而没有道术之理？他们把这时代省去，中间缺了一部分还那里成为道术史？再则，这部分工作如果落空，宋明哲学——第二主系思想——的渊源如何看得出来？所以认真做中国道术史的人，应当对于第一旁系——佛教——加以特别的研究。

再往下就是第二主系——宋明道术。宋儒自称直接孔孟心传，不承认与佛教有关系，而且还排斥佛教。另一方面对他们反动的人攻击他们，以为完全偷窃佛教唾余，自己没有东西。清代的颜元、戴震和近代的人，连我自己少时也曾有这种见解。其实正反两方都不对：说宋明道术完全没有受佛教的影响固然非是，说宋明道术自己没有立脚点也是误解。简单讲，儒家、道家、先秦、两汉，本有的思想，和印度佛教思想结婚，所产生的儿子，就是宋明道术。他含有两方的血统，说他偏向何方都不对。思想的高下虽可批评，然实在是创作的。先秦主系都是鞭辟近里，把学术应用到社会上去。两汉闰系专门整理解释，离实际生活太远了。宋明学者以汉唐的破碎支离的学问，繁琐无谓的礼节，与人生无关，乃大声疾呼的，说要找到一种人生发动力，才算真学问，所以超越闰系，追求主系本来面目如何，其与社会有如何的关系。宋明道术所以有价值，就在这一点。但他们所谓回到本来面目，是否达到，却不敢说。不过，以古人的话启发他自己的思想，实在得力于旁系的影响。当宋朝的时候，佛教旁系已成了闰系，派别很多。法相宗、华严宗虽已消灭，天台宗、禅宗却分为好几派，和两汉今古文之争一样，互相攻击，对于社会人心倒没有多大关系。但一般学者，因苦于汉唐经学之茫无头绪，总想在佛经上求点心得。如二程、朱子之流，少年皆浮沉于佛教者若干年，想在那方解决人生的究竟。但始终无从满足这种欲望，所以又返而求之于先秦。研究佛经时虽未能解决人生问题，但已受有很深的影响；以后看先秦书籍时，就如戴了望远镜或显微镜，没有东西的地方也变成有东西了。一方面，整个社会经过佛教数百年的熏炙，人人心里都受了感染。所以一二学者新创所谓道学，社会上云起风涌的，就有许多人共同研究，而成为灿烂发皇的学派。

我们研究这个主系，家数虽多，但方面不如第一主系的复杂。第一主系，儒、道、墨三家分野很清楚。第二主系，许多家数所讨论的不过小问题，不可多分派别。依普通的讲法，可分程朱、陆王二派。其余各小派，可以附带择要叙述，如北宋的邵雍、欧阳修、王安石，南宋的张栻、吕祖谦、陈亮、叶适等。这样比较的可以容易说明，免去许多麻烦。

再下去是第二闰系，就是清朝道术。但清朝一方面虽是宋明的闰系，一方面又是作未来主系的旁系。所谓第二闰系，即清朝的宋学家。他们一方面作宋明的解释,一方面即作先秦的解释。清朝主要的思想家有影响的真不多。其中有许多大学者,如高邮王氏父子,不能说是思想家;不过工作得还好而已,对于道术史全部分,无大影响。

统观清代诸家,考证家可以补第一闰系的不足,理学家可以做宋明的闰系;中间又有旁系的发生,无形中受了外来的影响,就是颜元、戴震一派。颜、戴并不奉信基督教,也许未读西文译本书,但康熙朝基督教很盛,往后教虽少衰而思想不泯,学者处这种空气中,自然感受影响,也想往自然科学方面走,不过没有成功就是。

现在往后,要把欧美思想尽量的全部输入,要了解,要消化,然后一面感觉从前学术不足以解决我们的问题,一面又感觉他们的学术也不足以解决他们的问题,然后交感而生变化作用,才可以构成一种新东西。做道术史到最后一章,要叙述现在这个时代是如何的时代:闰系的工作过去了,旁系的工作还没有组织的进行,发生主系的时间还早——给后人以一种努力的方向。

理想的中国道术史,大概分这几个时代,抓著几个纲领做去,并不困难,或全部做,或分部做,都可以。

丑　史学史的做法

史学,若严格的分类,应是社会科学的一种。但在中国,史学的发达,比其他学问更利害,有如附庸蔚为大国,很有独立做史的资格。中国史学史,最简单也要有一二十万字才能说明个大概,所以很可以独立著作了。

史学的书,在《七略》和《汉书·艺文志》,并未独立成一门类,不过《六艺略》中《春秋》家附属之一。《隋书·经籍志》依魏荀勖《新簿》之例,分书籍为经、史、子、集四部,史占四分之一,著作的书有八百六十七部，一万三千二百卷，比较《汉志》大大的不同，可见从东汉到唐初，这门学问已很发达了。

这还不过依目录家言，实则中国书籍，十之七八，可以归在史部。分部的标准，各目录不概同，《隋志》的四部和《四库全书》的四部，名同而实异，范围很不一致。单就史部本身的范围而论，可大可小；若通盘考察，严格而论，经、子、集三部，最少有一半可编入史部，或和史部有密切的关系。

如经部诸书，王阳明、章实斋都主张"六经"皆史之说，经部简直消灭了。宽一点，《易经》、《诗经》，可以不算史；《尚书》、《春秋》，当然属史部；《礼》讲典章、制度、风俗，依《隋志》的分法，应归入史部：《尚书》、《春秋》、《礼》既已入史部，三《传》二《记》也跟了去，经部剩的还有多少？

子部，本来就分得很勉强。《七略》、《汉志》以思想家自成一家之言的归子部，分九流十家，比较还算分得好。但那些子书和史部可很有关系。如《管子》和《晏子春秋》、《韩非子》讲的史事极多，几乎成为史部著作。汉后思想家很少，综核名实，配不上称子而入子部的最少有一半；那些子书所以存在，全因他纪载了史事。即如《史记》纪载史事，司马迁当初称他《太史公书》，自以为成一家之言，若依规例，自然应归子部。可见子部、史部本来难分，前人强分只是随意所欲，并没有严格的分野。

集部，《汉志·诗赋略》所载诸书，纯是文学的。后来的集，章实斋以为即是子，因其同是表示一人的思想。如《朱子全集》、《王阳明全集》虽没有子的名称，但已包举本人全部思想，又并不含文学的性质，为什么又入集部，不入子部呢？如《杜甫集》、《李白集》纯是文学的，犹可说。若《朱子集》、《阳明集》以及《陆象山集》、《戴东原集》，绝对不含文学的性质的,拿来比附《汉志》的《诗赋略》,简直一点理由也没有,我们是绝对不认可的。集部之所以宝贵,只是因为他包含史料。如纪载某事、某人、某地、某学派,集部里实在有三分之二带史部性质。就是纯文学的作品包含史料也不必少。如《杜甫集》,向来称做诗史。凡研究唐玄宗、代宗、肃宗诸朝的情形的,无不以《杜甫集》做参考。这还可说特别一点,其余无论那一部集,或看字句,或看题目,可以宝贵的史料仍旧到处都是。不必远征,前年我讲《中国文化史·社会组织篇》,在各家文集诗句里得了多少史料,诸君当能知道。以此言之,纯文学的作品也和史部有关。

所以中国传下来的书籍,若问那部分多,还是史部。中国和外国不同。外国史书固不少,但与全部书籍比较,不如中国。中国至少占什之七八。外国不过三分之一。自然科学书,外国多,中国少。纯文学书,外国也多,中国也少。哲学、宗教的书,外国更多,中国更少。

此何以故?中国全个国民性,对于过去的事情,看得很重。这是好是坏,另一问题。但中国人"回头看"的性质很强。常以过去经验做个人行为的标准,这是无疑的。所以史部的书特别多。

中国史书既然这么多,几千年的成绩,应该有专史去叙述他。可是到现在还没有,也没有人打算做,真是很奇怪的一种现象(名达案:民国十四年九月,名达初到清华研究院受业于先生,即有著《中国史学史》之志,曾向先生陈述;至今二年,积稿颇富,惟一时尚不欲草率成书耳)。

中国史学史,最少应对于下列各部分特别注意:一、史官;二、史家;三、史学的成立及发展;四、最近史学的趋势。

最先要叙史官。史官在外国并不是没有,但不很看重;中国则设置得很早,看待得很尊。依神话说,黄帝时,造文字的仓颉,就是史官，这且不管；至迟到周初，便已看重史官的地位。据金文——钟鼎文——的纪载，天子赐钟鼎给公卿诸侯，往往派史官做代表，去行给奖礼。周公时代的史佚见于钟鼎文就不下数十次，可见他的地位很高。他一人如此，可见他那时和他以前，史官已不是轻微的官了。殷墟甲骨文，时代在史佚之前，已有许多史官名字，可知殷代初有文字，已有史官，《尚书》的《王命》、《顾命》两篇，有史官的事实，这是见于书籍的纪元。《左传》纪载晋董狐、齐北史氏的直笔，称道史官的遗烈，可见在孔子以前，列国都有史官，不独天子。孟子说："晋之《乘》、楚之《梼杌》、鲁之《春秋》，其实一也。"墨子说曾见百国《春秋》。《左传》记晋韩宣子聘鲁，观书于太史氏，得鲁《易象》与《春秋》，可见春秋战国时代，列国都有《春秋》一体的史书，而且都是史官记的，所以后来司马迁叫他"诸侯史记"。晋太康三年，汲郡发掘晋襄王冢，得到的许多书中，有一部似《春秋》，纪载黄帝以来的事实，自晋未列为诸侯以前，以周纪年；自魏未为诸侯以前，以晋纪年；自魏为诸侯以迄襄王，以魏纪年，而且称襄王为今王。这部书，当时人叫他《竹书纪年》，后来佚了，现在通行的是假书，王静安先生所辑的略为可靠。据《晋书》所载《竹书纪年》的体裁，《竹书纪年》当然是魏史官所记，和鲁史记的《春秋》一例。其余各国史官所记，给秦火焚毁了，想来大概都是《竹书纪年》一体，而且各国都有史官职掌这事的。还有一点，值得注意。《竹书纪年》的纪载从黄帝、尧、舜一直到战国，虽未必全真，由后人追述的也有，但亦必有所本，不能凭空杜撰。其中所载和儒家传说矛盾的，如启杀伯益，伊尹杀太甲，夏年多于殷，亦必别有所本。他又并不瞎造谣言，有许多记载已给甲骨文、钟鼎文证明是事实。这可见魏史官以前有晋史官，晋史官以前有周史官，周史官以前有殷史官……一代根据一代，所以才能把远古史事留传下来。虽然所记不必全真全精，即此粗忽的记载，在未能证明其为全伪以前，可以断定中国史官的设置是很早很早的。最低限度，周初是确无可疑的已有史官了。稍为放松一点，夏、商就有，亦可以说。中国史学之所以发达，史官设置之早是一个主要原因。

其次，史官地位的尊严，也是一个主要原因。现在人喜欢讲司法独立，从前人喜欢讲史官独立。《左传》里有好几处纪载史官独立的实迹。如晋董狐在晋灵公被杀以后，书"赵盾弑君"，赵盾不服，跟他辩，他说，你逃不出境，入不讨贼，君不是你弑的是谁？赵盾心虚，只好让他记在史册。又如崔杼杀齐庄公，北史氏要书"崔杼弑君"，崔杼把他杀了，他的二弟又要书，崔杼把他的二弟杀了，他的三弟不怕死，又跑去要书，崔杼短气，不敢再杀，只好让他。同时，南史氏听见崔杼杀了几个史官，赶紧跑去要书，看见北史氏的三弟已经成功了，才回去。这种史官是何等精神！不怕你奸臣炙手可热，他单要捋虎须。这自然是国家法律尊重史官独立，或社会意识维持史官尊严，所以好的政治家不愿侵犯，坏的政治家不敢侵犯，侵犯也侵犯不了。这种好制度不知从何时起，但从《春秋》以后，一般人暗中都很尊重这无形的纪律，历代史官都主张直笔，史书做成也不让皇帝看。固然，甚么制度，行与不行，都存乎其人，况且史官独立半是无形的法典？譬如从前的御史，本来也是独立，但是每到末世，就变皇帝大臣的走狗。又如民国国会的猪仔，只晓得要钱，那懂得维持立法独立？就是司法独立也不过名义上的，实际上还不是给军阀阔人支配？但是只要有这种史官独立的精神，遇有好史官便可以行其志，别人把他没有法子，差不多的史官也不敢恣意曲笔。

除了这点独立精神以外，史官地位的高贵也很有关系。一直到清代，国史馆的纂修官一定由翰林院的编修兼任。翰林院是极清贵的地方，人才也极精华之选。平常人称翰林为太史，一面尊敬，一面也就表示这种关系。一个国家，以如此地位，妙选人才以充其选，其尊贵为外国所无。科举为人才唯一出身之途，科举中最清贵的是太史，可以说以全国第一等人才做史官了。

史官在法律上有独立的资格，地位又极尊严，而且有很好的人才充任，这是中国史学所以发达的第二原因。但是到民国以后就糟了！自史佚以来未曾中断的机关，到现在却没有了！袁世凯做总统的时候以国史馆总裁位置王壬秋，其实并不曾开馆。后来就让北京大学吞并了一次，最近又附属于国务院，改名国史编纂处。独立精神到现在消灭，是不应当的。几千年的机关，总算保存了几千年的史迹，虽人才有好坏，而纪载无间缺。民国以来怎么样？单是十六年的史迹，就没有法子详明的知道。其故，只因为没有专司其责的国史馆。

私人作野史，固可以补史官的不及。但如明末野史很发达，而万季野主张仍以实录为主。史官所记固或有曲笔，私人所记又何尝没有曲笔？报纸在今日是史料的渊丛了，但昨天的新闻和今日矛盾，在甲军阀势力下的报纸和在乙军阀势力下的参差，你究竟相信谁来？——所以做史学史到叙述史官最末一段，可以讲讲国史馆的设立，和史官独立的精神与史官地位的尊严之必要。

史学史的第二部分要叙述史家。最初，史官就是史家，不能分开；到后来，仍旧多以史官兼史家。但做史学史，在史官以外，应从史家兼史官的或史家不是史官的看他史学的发展。这部分资料，历代都很少。以一种专门学问自成一家，比较的要在文化程度很高以后。所以《春秋》以前不会有史家，历史学者假如要开会馆找祖师，或者可用孔子,因《春秋》和孔子有密切的关系。孔子虽根据鲁史记作《春秋》,但参杂了很多个人意见。《春秋》若即以史为目的,固然可叫做史。即使在史以外,另有目的,亦可以叫做史。本来,纪载甚么东西,总有目的。凡作史总有目的;没有无目的的历史。孔子无论为哲学上、政治上,有其他目的,我们亦不能不承认他是史家。即使他以纪载体裁发表政见,《春秋》仍不失为史学著作的一种。其后最昭明较著的史家,当然是《国语》、《左传》的作者,无论他姓甚名谁,大概推定其年代不出孔子死后百年之内。这个史家是否晋史官,我们也不敢断定。据我看,做《左氏春秋》的人不见得是史官,因史官是国家所设,比较的保守性多,创作性少;但也不敢确定。若是一个史官,则实是一个最革命的史官了。鲁《春秋》和《竹书纪年》大概是同一体裁,都是史官所记,和《左氏春秋》不同。《左氏春秋》的范围很广,文章自出心裁,描写史迹,带有很浓厚的文学性质。真的史家开山祖,当然要推崇这个作者了。这作者的姓名事迹虽待考订,而这部书的价值应该抬高。因为自这部书出现以后,史学的门径才渐渐打开了。《史记》称孔子《春秋》以后,有《左氏春秋》、《虞氏春秋》、《吕氏春秋》、《铎氏微》,都是承风后起的。现在只有《吕氏》、《左氏》二种,余皆不存。那些若和《吕氏》一样,不能说;若和《左氏》一样,应属史家之类。汉初有一位史家,名叫陆贾,著了一部《楚汉春秋》。可惜那书不传,不知内容怎样?——以上诸家,都脱不了《春秋》的窠臼。

以下就是司马迁作《史记》,史学因之转变方向。《史记》这书的记载并不十分真确,南宋以后,有许多人加以攻击;但是无论如何,不能不承认是一种创作。他的价值全在体裁的更新,舍编年而作纪、传、书、表;至于事迹的择别,年代的安排,他是没有工夫顾到的。

自司马迁以后，一直到现在快出版的《清史》，都用《史记》这种体裁，通称正史。自《隋志》一直到最近的各种《艺文志》和藏书目，史部头一种就是正史，正史头一部就是《史记》。虽说编年体发达在先，但纪传体包括较广，所以唐人称为正史。普通人以为纪传体专以人为主，其实不然。《史记》除纪、传以外，还有书、表。表是旁行斜上，仿自《周谱》；但《周谱》只有谱，《史记》则合本纪、列传、书、表在一起，而以表为全书纲领，年代远则用世表，年代近则用年表、月表。或年经国纬，或国经年纬，体例很复杂。本纪是编年体，保存史官纪载那部分。书八篇是否司马迁原文，做得好不好，另一问题；但书的内容，乃是文化史，不是单讲个人。《史记》八书所范围的东西已很复杂，后来各史的书志，发展得很厉害。如《汉书》的《艺文志》，《隋书》的《经籍志》，《魏书》的《释道志》，多么宝贵。所以纪传体的体裁，合各部在一起，记载平均，包罗万象，表以收复杂事项，志以述制度风俗，本纪以记大事，列传以传人事，伸缩自如，实在可供我们的研究。我们不能因近人不看志、表，也骂纪传体专替古人做墓志铭，专替帝王做家谱。我们尽可依各人性之所近去研究正史。如《晋书》好叙琐碎事，滑稽语；《元史》多白话公文；这都保存了当时原形，这都因体裁的可伸可缩，没有拘束。所以司马迁创作这种体裁，实在是史学的功臣。就是现在做《清史》，若依他的体裁，也未尝不可做好，不过须有史学专家，不能单靠文人。自从他这个大师打开一条大路以后，风起云涌，续《史记》者有十八人；其书虽不传，但可见这派学风在西汉已很发达了。

司马迁以后，带了创作性的史家是班固，他做的《汉书》，内容比较《史记》还好；体裁半是创作，就在断代成书这点。后来郑樵骂他毁灭司马迁的成法，到底历史应否断代还有辩论的余地，但断代体创自班固则不可诬。从此以后,断代的纪传体,历代不绝,竟留下了二十余部。称中国历史,必曰“二十四史”。“二十四史”除《史记》外,都是断代的纪传体。谈起这体的开山祖,必曰班固。所以班固须占史家史的一段。

再次是荀悦,即《汉纪》的作者。史的发达,编年在先,纪传在后。司马迁以前,全是编年;以后,纪传较盛,但仍感有编年的必要。《汉纪》即编年体,荀悦的地位同于班固。班固变通代的纪传体为断代的,荀悦也变通代的编年为断代的。所以荀悦也须一叙,以表示这种趋势。

第一期的史家有这么多,也有一等二等之分。经过这一期以后,“千岩竞秀,万壑争流”的,史家多极了。据刘知几的计算,自东汉到唐初不下百余家,这是史学极盛时期。单是《晋书》就有十八家做过,自唐代官修《晋书》出而十八家全废。此外宋、齐、梁、陈、北魏、北周、北齐以及稍前的五胡十六国,或编年,或纪传,无不有史,即无不有史家。但那时著作,多半因袭,没有创作。自唐初以前,作者或兼史官,或以私人作史而后来得国家的帮助,国家把他当史官看待,或竟用私人力量著成一书,这都受司马迁、班固的影响。这些人和唐以后不同,都是一个人独立做史,或父子相传,或兄弟姊妹同作。他们的成功与否,成功的大小,另是一问题;但都想自成一家之言,不愿参杂别人的见解,和唐后官修史书完全异致。

唐以后,史学衰歇,私人发宏愿做史家的很少。国家始设立馆局,招致人才,共同修史。这种制度,前代也许有,但都是暂时的;到唐代才立为法制,但有很多毛病,当时刘知几已太息痛恨,而终不能改。刘知几是史官中出类拔群的,孤掌难鸣,想恢复班固的地位而不可能,只好闷烦郁结,著成一部讲求史法的《史通》。他虽没有作史的成绩，而史学之有人研究，从他始。这好像在阴霾的天气中打了一个大雷，惊醒了多少迷梦，开了后来许多法门。这可以让第三部分讲。

宋朝有好几部创作：(1)欧阳修的《新五代史记》，好不好，另一问题；但在史家的发达变迁上，不能不推为一个复古的创作者。他在隋唐、五代空气沉闷以后，能够有自觉心，能够自成一家之言，不惟想做司马迁，而且要做孔子，这种精神是很可嘉尚的。他在《新五代史记》以外，还和宋祁同修了《唐书》。《唐书》的志这部分是他做的，很好，只有《明史》的志可和他相比。表这部分，如《宰相世系表》也算创作。所以，欧阳修所著的书，不管他好不好，而他本人总不失为“发愤为雄”的史家。(2)司马光的《资治通鉴》，价值不在《史记》之下。他的贡献，全在体裁的创作。自荀悦作《汉纪》以后，袁宏作《后汉纪》，干宝作《晋纪》，都是断代的编年体。到《资治通鉴》才通各代成一史，由许多史家分担一部，由司马光综合起来。简繁得宜，很有分寸；文章技术，不在司马迁之下。先头作了《长编》，比定本多好几倍；后来又另作《考异》，说明去取的来由；作《目录》，提挈全书的纲领：体例极完备，《考异》的体例尤其可贵。我们学古人著书，应学他的方法，不应学他的结果。固然考异的方法，司马光也运用得不曾圆满，我们还可纠正；但不相干，只要他能够创作这种方法，就已有莫大的功劳。自有此法以后，一部史书著成，读者能知道他去取的原因，根据的所在。所以司马光在史学的地位，和司马迁差不多相等。(3)司马光附属的第二流史家是朱子，朱子就《资治通鉴》，编成《通鉴纲目》，虽没有做好，自不失为小小的创作。他改直叙的编年体为和《春秋》、《左氏传》一样的纲目体，高一格为纲，低一格为目。其注重点在纲，借纲的书法来发挥他的政治理想，寓褒贬之意。

他最得意的地方,如三国的正统改魏为蜀等,其实没有多大关系;其好处在创造纲目体,使读者一看纲就明白一个史事的大概。这种体裁还可运用到编年以外的体裁,纪传可用,书志也可用。如后来钱子文《补汉兵志》,钱德洪作《王阳明年谱》,就用这体。这体的好处,文章干净,叙述自由,看读方便。但创造这体的人是谁,还有问题。《元经》若是王通或阮逸所作,则这体是他们所创,但不可靠。无论如何,用纲目体来做史,自朱子起,则可无疑,所以朱子可称史家。(4)朱子前一点,最伟大的是郑樵。他以为历史如一个河流,我们若想抽刀断水,是不可能的,所以以一姓兴亡为史的起讫,是最不好的。因此,创作一部《通志》,上自极古,下至唐初。这种工作,梁武帝和他的臣子也曾做过,《隋志》载他们做的《通史》有四百八十卷,可惜不传,不知其内容怎样。郑樵在史学界,理论上很有成绩,实际上的工作如做《通志》可谓大失败。《通志》的运气好,至今仍保存。后来史学家批评他,纪传一大堆尽可焚毁,因为全抄各史,毫无新例,只有《二十略》可看。他所以不致失传,也许因为有《二十略》的成功。《二十略》贯通各史书志,扩充文物范围,发明新颖方法,在史学界很占着地位,足令郑樵不朽。(5)此外为袁枢的《通鉴纪事本末》。这书就《资治通鉴》的史事,摘要归类,各标一题,自为起讫。论他纪事,大小轻重,颇觉不伦;论他体例,在纪传、编年之外,以事的集团为本位,开了新史的路径,总不愧为新史的开山。(6)还有苏辙、吕祖谦一派的史论家,对于史事下批评。此种史论,《隋志》已载有《三国志评论》等书,惜已失传,不知其是评史事是评史书。从前纪传体每篇末尾必有几句短评,但没有专门评论的。宋朝有许多专门作史评家的,在史学界有相当的地位。(7)还有罗泌做《路史》;叙先秦以前,选择资料最不精严,但用的方法很多,有许多前人所不注意的史迹他也注意到，在史学界也有点价值。(8)吴缜作《新唐书纠缪》、《新五代史记纠缪》，虽专用以攻击欧阳修，但间接促起史家对于史事要审查真伪的注意，开后来考证史事一派，关系比前二种重要得多。——人们只说宋朝理学发达，不知史学也很发达。

一到元、明，简直没有史家，史官修的《宋史》、《元史》都很糟。中间只有金遗民元好问专门收罗文献，以史为业，可谓有志之士。明朝有许多野史，却没有一个真的著作家。清朝的史学，各种都勃兴，但大体的趋向和从前不同，留在第四部分讲近代史学界趋势时讲。史家的叙述就此停止。

第三部分讲史学之成立及其发展。凡一种学问，要成为科学的，总要先有相当的发展，然后归纳所研究的成绩才成专门。先头是很自由的发展，茫无条理；后来把过去的成绩整理，建设科学：没有一种科学不是如此成立的。所以一个民族研究某种学问的人多，那种学问成立也更早；若研究的人少，发达也更迟。自成为科学以后，又发现许多原则，则该科学更格外发展。先有经验，才可发现原则；有了原则，学问越加进步。无论那门学问，其发达程序皆如此。史学在中国发达得最厉害，所以成立得也最早，这也是和各科学发达程序相同。

又从旁一方面看。凡一种学问，当其未成立为科学以前，范围一定很广，和旁的学问分不清；初成科学时，一定想兼并旁的学问。因为学问总是有相互的关系，无论何学皆不能单独成立，所以四方八面都收纳起来。后来旁的学问也渐渐成为科学，各有领土，分野愈分愈细。结果，要想做好一种学问，与其采帝国主义，不如用门罗主义：把旁的部分委给旁的学问，缩小领土，在小范围内，尽力量，越窄越深。——全世界学问进化分化的原则如此。中国人喜欢笼统的整个的研究,科学的分类很少。这也不能说不好,不见得要分才是好。现在德国人做学问,分得很细;英国人则带海洋性,甚么都含混点:两方面各有好坏。但为研究学问的便利起见,分得精细也有好处。因为要想科学格外发展,还是范围缩小,格外经济。中国史学成立以后的最大趋势就如此。最初很宽,以后愈趋愈细。从前广大的分野,只能认为有关系的部分;把范围缩小,到自己所研究那一点。

中国史学的成立与发展,最有关系的有三个人:一、刘知几;二、郑樵;三、章学诚。此外很多史家,如上文所讲在史学方面,零零碎碎,都讲了些原理原则,把史学的范围意义及方法,都各各论定了。但在许多人里边,要找出几个代表时代特色而且催促史学变化与发展的人,就只有这三个。他们都各有专著讨论史学。刘知几有《史通》;郑樵有《通志总序》及《二十略序》;章学诚有《文史通义》及《湖北通志》、《永清志》、《亳州志》、《和州志》各序例。此三人要把史学成为科学,那些著作有很多重要见解。我们要研究中国史学的发展和成立,不能不研究此三人。此三人的见解,无论谁都值得我们专门研究。现在只能简单的讲些他们的特点何在。

先讲刘知几。刘知几的特点,把历史各种体裁分析得很精细;那种最好,某种如何做法,都讲得很详明。他的见解虽不见得全对,但他所批评的有很大的价值。(1)史学体裁,那时虽未备,而他考释得很完全;每种如何做法,都引出个端绪,这是他的功劳。(2)他当代和以前,史的著作偏于官修,由许多人合作,他感觉这很不行,应该由一个专家拿自己的眼光成一家之言。他自己做了几十年的史官,身受官修合作不能成功的痛苦,所以对于这点发挥得很透彻。(3)史料的审查,他最注重。他觉得作史的人,不单靠搜集史料而已，史料靠得住靠不住，要经过很精严的审查才可用。他胆子很大，前人所不敢怀疑的他敢怀疑。自《论语》、《孟子》及诸子，他都指出不可信的证据来。但他不过举例而已，未及作专书辨伪；而且他的怀疑，也许有错误处。不过他明白告诉我们，史事不可轻信，史料不可轻用。这是刘知几所开最正当的路。其他工作还很多，举其著者，有此三条。

郑樵成绩最大的：(1)告诉我们，历史是整个的，分不开。因此，反对断代的史，主张做通史，打破历史跟著皇帝的观念。历史跟著皇帝，是不妥当的。历史如长江、大河，截不断，要看全部。郑樵主要工作在做《通志》，虽未成功，或者也可以说是已失败，但为后学开一门径，也是好的。(2)他把历史的范围放大了许多。我们打开《二十略》一看，如六书、七音、氏族、校雠、图谱，从来未收入史部的，他都包揽在史学范围以内。(3)他很注重图谱，说治史非多创图表不可。他自己做的书表很多，表式也很有新创，图虽没有做多少，但提倡得很用力。——这三点是郑樵的贡献。

章学诚，可以说，截至现在，只有他配说是集史学之大成的人。以后，也许有比他更大的发展。但有系统的著作，仍以《文史通义》为最后的一部。他的特色：(1)他主张史学要分科。以为要做一国史尤其如中国之大，决不能单讲中央政治，要以地方史作基础。所以他对于古代历史的发展，不单看重中央的左史右史，还看重地方的小史。史的基本资料，要从各种方志打底子。从前做史专注意中央政治的变迁，中央政府的人物，中央制度的沿革。章学诚把历史中心分散，注重一个一个地方的历史；须合起各地方志，才可成为真有价值的历史。史官做史，须往各地搜罗文献；即自己非史官，也应各把地方文献搜罗：方志与历史，价值是相当的。(2)他不注意史料的审查和别择,因为前人已讲得很清楚;他专提倡保存史料的方法。他以为史部的范围很广——如"六经"皆史——什么地方都是史料,可惜极易散失。所以主张中央和地方都应有保存史料的机关,中央揽总,府、州、县,各设专员。关于这种制度和方法,他讲得很精密。关于史料的总类,也有条理的驾驭。他所作的方志,常分志、掌故、文征三部:志是正式的史书;掌故及文征,保存原始史料。倘使各家方志都依他的方法,历代史料必不致缺乏。他以为保存史料的机关,须用有史学常识的人,随时搜集史料,随时加以审查而保存之,以供史家的探讨。至于如何别择,如何叙述,各家有各家的做法,和保存史料的机关不相干。关于这一点可以说是章学诚的重要主张。在中国一直到现在,还没有这种机关,从前有所谓皇史宬,实录馆,虽也可说是保存史料用的,章学诚以为不行,因为那只能保存中央这一部分的史料。至于正史以外,各行政官都有机关,范围又很大,不单保存政治史料,各种都保存,实在是章学诚的重要发明。这种办法,在中国不过一种理想,未能实行;在外国也做不到,只由博物院及图书馆负了一部分责任而已。章学诚把他看做地方行政的一种,一层一层的上去,最高有总机关管理,各地方分科,中央分部,繁重的很。要把这种画一的章程通行起来,过去的事迹一定可以保存很多。但他的办法也未完备,所保存的只是纸片,没有一点实物,方法也不精密,我们尽可补充改正。(3)他主张,史家的著作,应令自成一家之言;什么学问都要纳到历史方面去;做史家的人要在历史上有特别见解,有他自己的道术,拿来表现到历史上:必如此,才可称为史家,所作的史才有永久的价值。所以关于史学意义及范围的见解都和前人没有相同的地方;他做史也不单叙事,而须表现他的道术。我们看《文史通义》有四分之一或三分之一是讲哲学的,此则所谓历史哲学,为刘知几、郑樵所无,章学诚所独有,即以世界眼光去看,也有价值。最近德国才有几个人讲历史哲学;若问世界上谁最先讲历史哲学,恐怕要算章学诚了。

以上把三个人重要之点略讲了讲,还有中国普通相传下来的历史观念,三个人都有相当的贡献。第一点,史与道的关系。第二点,史与文的关系。

中国史家向来都以史为一种表现道的工具。孔子以前,不知如何。《春秋》即已讲微言大义,董仲舒说:"《春秋》文成数万,其指数千。"司马迁《史记·自序》和《报任安书》都说:"亦欲以究天人之际,通古今之变,成一家之言。"此种明道的观念,几千年来,无论或大或小,或清楚,或模糊,没有一家没有。所以很值得我们注意。明道的观念,可分两种:一、明治道;二、明人道。明治道是借历史事实说明政治应该如何,讲出历代的兴衰成败治乱的原因,令后人去学样。明人道,若从窄的解释,是对于一个人的批评,褒贬,表彰好的令人学,指摘坏的令人戒。若从广的解释,是把史实罗列起来,看古人如何应付事物,如何成功,如何失败,指出如何才合理,如何便不合理。这种若给他一个新名词,可以叫做"事理学"。西洋人注重人同物的关系,所以物理学很发达;中国人注重人同人的关系,所以事理学很发达。《资治通鉴》便是事理学的代表,善言人情事理,所以向来称赞他"读之可以益人神智"。《续资治通鉴》就够不上。关于这一点,现在比从前一天一天的少有适用,但仍有效力。从前自秦始皇到清宣统,政治环境及行为,没有多大变迁,所以把历史事实作为标准,相差不远。司马光做《资治通鉴》,所求得的事理标准,所以可供后人资鉴,就因这个缘故。现在虽不能说此种标准已无效,也不能说与从前一样有效,只可以说效力减了许多。各门的条文许多还可应用。如何才可富国,如何才可利民,水利如何兴,田赋如何定,至今仍不失其为标准。至于应用政治的方法,对付外交的手段,从前虽很有标准,现在因环境变迁,政体改易,就无效力;纵使有,也很少了:治道方面如此。人道方面,到现在,到将来,从前的事理标准仍很有效。这点注重明道的精神是中国人的素秉,我们不能放松的。至于窄义的人道方面,褒贬善恶,从前的史家看得很重,而刘知几、郑樵、章学诚看得很轻。前述的纪载史事以为后人处事接物的方法,则各派史家皆如此。

简单说,这种态度,就是把历史当做"学做人"的教科书。刘、郑、章三人对此点很注重。其余各人对此也很注重,即非史家亦很注重。譬如曾国藩、胡林翼的功业伟大。若依外国史家的眼光,只注重洪、杨之乱如何起,曾、胡如何去平定他。其实我们读历史,要看他们人格如何,每事如何对付,遇困难如何打破,未做之前如何准备,这一点比知道当时呆板的事实还要重要。洪、杨之起灭及曾、胡之成功,已成过去,知道又有何用处?我们读史,看曾、胡如何以天下为己任,如何磨练人才,改革风气,经万难而不退转,领一群书呆子,自己组织了无形的团体,扰起大事来做,各省不帮他而反加以掣肘,他们以一群师友感激义愤,竟然成功:此种局面,在中国史上是创见。我们要问为什么能如此,此即人道学、事理学的研究。看历史的目的各有不同:若为了解洪、杨之乱,当然注重战争的真相和结果;若为应付世事,修养人格,结交朋友的关系,则不可不注重人与人相与的方面。

中国史注重人的关系,尤其是纪传体。近来的人以为这种专为死人做传记,毫无益处。其实中国史确不如此,做传乃是教人以应世接物之法。诚然,有许多事实含了时代性,可以省略;但大部分不含时代性。所以中国史家对于列传的好不好，与将来有没有利益，很有斟酌，不肯轻懈。一个人所做的事，若含时代性，则可以省略；若不含时代性，在社会上常有，则不能不注重。这要看史家眼光和手腕如何，史书的价值也随之而定。——总说一句：这种以史明道的学术之发达及变迁，为研究中国史学史所不可不注重之点，在外国是没有的。

其次，史与文的关系。中国文看得很重，孔子已说："文胜质则史。"史体与文有重要的关系。全书如何组织，才算适当，刘、郑、章三家讲得很多，旁人亦讲得不少。一篇文章如何组织，刘、郑、章三家讲得很多，韩愈、柳宗元一般文人也讲得不少。章学诚做《文史通义》，文和史在一块儿讲。关于史的文如何做法，章氏有许多特别见地。虽其所讲方法所作体例，我们看去似系他自创，他却说都有所本，实则一部分自前人，一部分还是他自创。如讲叙事方法，从前做传专叙个人，他可常常以一事做传名。如《湖北通志检存稿》，非人的传有许多，把人的事含在一起。又或传中有表，也是前人文里所不敢参杂的。诸如此类，对于文的史，史的文，发挥得很透彻。这种讲史与文的关系，往后很发展，但可以以章学诚为一结束。——以上讲第三部分——中国史学之成立及其发展——完。

第四部分应该讲最近中国史学的趋势，有许多好的地方，有许多不好的地方。最近几年来时髦的史学，一般所注重的是别择资料。这是自刘知几以来的普通现象，入清而甚盛，至今仍不衰。发现前人的错误而去校正他，自然是很好的工作。但其流弊乃专在琐碎的地方努力，专向可疑的史料注意，忘了还有许多许多的真史料不去整理。如清代乾嘉学者，对于有错字的书有许多人研究，对于无错字的书无人研究。《荀子》有错字，研究的有好几家，成绩也很好。《孟子》无错字，研究的便很少。此可以说是走捷径，并非大道。其实读《孟子》、《荀子》的目的在了解孟子、荀子的学术，以备后来拿来应用。若专事校勘考证，放着现成的书不读，那就不是本来的目的了。

还有一种史料钩沉的风气。自清中叶到现在，治蒙古史很时髦。因《元史》太简陋，大家都想方法，搜出一条史料也很宝贵。近来造陇海铁路，发现了北魏元氏百余种墓志铭，好写字的人很高兴，治史的人也高兴。因为《魏书·宗室传》缺了一卷，治史的人便根据那些墓志铭来补起来。其实《魏书》纵不缺略，大家也没有这么好的精神去看《宗室传》。近来史学家反都喜欢往这条补残钩沉的路走，倒忘了还有更大工作。

还有一种，研究上古史，打笔墨官司。自从唐人刘知几疑古惑经以后，很少人敢附和，现在可附和他了不得。这种并不是不好，其实和校勘、辑佚无异。譬如郑玄笺注的《毛诗》、《三礼》已够研究了，反从《太平御览》、《册府元龟》去辑郑注《尚书》和《易经》，以为了不得。乾、嘉以来的经学家便是这样风气。其实经学不止辑佚，史学不止考古。

推求以上诸风气，或者因受科学的影响。科学家对于某种科学特别喜欢，弄得窄，有似显微镜看原始动物。欧洲方面应该如此，因为大题目让前人做完了，后学只好找小题目以求新发明，原不问其重要与否。这种风气输入中国很利害。一般学者为成小小的名誉的方便起见，大家都往这方面发展。这固然比没有人研究好，但老是往这条捷径走，史学永无发展。我们不能够从千真万确的方面发展，去整理史事，自成一家之言，给我们自己和社会为人处事作资治的通鉴；反从小方面发展，去做第二步的事，真是可惜。不过这种大规模做史的工作很难,因为尽管史料现存而且正确,要拉拢组织,并不容易。一般作小的考证和钩沉、辑佚、考古,就是避难趋易,想侥幸成名,我认为病的形态。真想治中国史,应该大刀阔斧,跟着从前大史家的作法,用心做出大部的整个的历史来,才可使中国史学有光明,发展的希望。我从前著《中国历史研究法》,不免看重了史料的搜辑和别择,以致有许多人跟着往捷径去,我很忏悔。现在讲《广中国历史研究法》,特别注重大规模的做史,就是想挽救已弊的风气之意。这点我希望大家明白。

寅　社会科学史的做法(略)

卯　自然科学史的做法(略)

己　文学史(略)

庚　美术史(略)

第五章　文物专史做法总说

本来想在这一学年内讲完《广历史研究法》，现在只讲了一半，时间不许再讲下去了。本来想把文物专史的做法都详细讲，因为有些方法还不自满，所以上文有的讲了做法，有的没有讲做法，有的连大略都不曾讲，只好待将来续补，现在总讲一章文物专史的做法，做个结束。

文物专史的工作，在专史中最为重要，亦最为困难，和其他四种专史——人，事，地方，时代——的做法都不相同。其他专史，应该由史学家担任。文物专史，与其说是史学家的责任，毋宁说是研究某种专门科学的人对于该种学问的责任。所以文物专史一方面又是各种专门学问的副产物。无论何种学问，要想对于该种学问有所贡献，都应该做历史的研究。写成历史以后，一方面可以使研究那种学问的人了解过去成绩如何，一方面可以使研究全部历史的人知道这种学问发达到何种程度。所以说，文物专史不单是史学家的责任，若由各种专门学者自家做去，还好些。譬如经济史中的货币史，要做得好，单有历史常识还不行；最少要懂得货币学、近代经济学，以及近代关于货币的各种事项，然后回头看中国从前货币的变迁，乃至历代货币改革的议论，以新知识新方法整理出来；凡前人认为不重要的史料或学说，都叙述上去——这种货币史才有精采。货币学比较的范围不很窄，尚且应有常识做基础，非有专门研究的人不能做专史。若做中国音乐史，尤其非用专门家不行；我们外行的人若去做，用功虽苦，还是不了解，许多重要的资料，无法取去。又如做文学史，要对于文学很有趣味很能鉴别的人才可以做。他们对于历代文学流派，一望过去即知属某时代，并知属某派。譬如讲宋代诗，那首是西昆派，那首是江西派，文学不深的人只能剿袭旧说，有文学素养的人一看可以知道。再如书法史，写字有趣味的人，书碑很多，临帖很多，一看古碑帖就知其真伪及年代。就是我自己，随便拿个碑版来，不必告诉时代给我，不必有人名朝号可旁证，我都可以指出个大概的年代。所以假使要做书法史，也非有素养不可，否则决难做好。关于文物专史，大概无论那一部门，都是如此。所以做文物专史，不可贪多，想一人包办是绝对不成的。只能一人专做一门，乃至二门三门为止，而且都要有关系因缘才可以兼做。如做美术史，顺带做书法史、雕刻史，或合为一部，或分为三部，还勉强可以做得好，因为那三部都有相互的关系；但必须对于三部都有素养的人，才可以做得好。想做文物专史的人，要对于自己很喜欢的那部分，一面做史，一面做本门学问，历史是他的主产物，学问是他的副产物。研究科学的人固然也有不作历史研究而能做好学问的，如果对于历史方面也有兴味，学问既可做好，该科学史也可做好。所以研究历史的人，一方面要有历史常识，一方面要于历史以外有一二专门科学，用历史眼光把中国过去情形研究清楚，则这部文物专史可以有光彩。因此，所以不能贪多，若能以终身力量做出一种文物专史来，于史学界便有不朽的价值。不贪多，一面治史，一面治学，做好此种专史时，可以踌躇满志。至于其他如人的专史，事的专史，则一个人尽可以做许多。——这是讲做文物专史的先决问题，一须专门，二须不贪多，实在也只是一义。

其次，关于搜集资料比其他专史困难得多。其他专史虽然也不单靠现存的资料，但其基本资料聚在一起，比较的易得。如做一人的专传或年谱，其人的文集是基本资料，再搜集其他著作，大段资料可以得着；和他有关系的人的著作，范围相当的确定。无论其人方面如何多，如何复杂，做专史或年谱都可以开出资料单子，很少遗漏。至于事的专史，在公文上、传记上、文集上，资料的范围也比较的有一定。文物专史则不然，搜集资料，再困难没有了。若是历代书志有专篇，或“九通”中有此一门，前人做过许多工夫的，比较的还有相当的资料，但仍旧不够。即如经济之部，各史食货志及“九通”关于食货一门，固然可以得若干基本资料，但总不满足，非另求不可。书志及“九通”有了尚感困难，若没有又如何？如书法，绘画，在史书中，毫无现存的资料。现在讲画史的，虽有几本书，而遗漏太多。做这类专史，资料散漫极了。有许多书，看去似没有关系，但仔细搜求，可以得许多资料。如讲经济状况，与诗歌自然相隔很远，其实则不然。一部诗集，单看题目，就可以得许多史料。诗是高尚的，经济是龌龊的，龌龊状况可在高尚中求之，有许多状况，正史中没有而诗集中往往很多。做经济史，不一定要好诗集。诗虽做得不好，而题目，诗句，夹注，常有好史料。诗与经济相隔这么远，尚有这么多史料；所以做文物专史，无论甚么地方都有好资料。不过也不是凡有资料都可以用，须要披沙拣金，所以不能心急。真要成功，要费一世工夫。出版的早晚，没有关系。预备尽生平的心力，见到资料便抄下来，勤笔勉思，总有成功的一日。我很糟，在床上看书，看见了可用的资料，折上书角，不能写下来，另日著书要用这种曾经看到的资料，大索天下，终不可得。所以此类工作，须要非常勤勉，不嫌麻烦。记下一点资料，固然没有用处；记得多了以后，从里边可以研究出多少道理来。顾亭林做《日知录》,旁人问他近来做了几卷,他说别来数年不过得了十余条,抄别人的书如收罗破铜烂铁,自然容易,我是精思谨取,如上山开矿,所以很难。顾氏做《日知录》的方法,起初看见一条,札记了若干年后,陆续札记了许多相类的资料,加以思想,组织为一条。我们做文物专史,非如此耐烦不可。乡先辈陈兰甫先生死了以后,遗稿流传出来,一张一张的纸片,异常之多,都是在甚么书看见了两句,记出来以后,又加上简短的按语。新近广东有人搜得了六千多片,都一般大小,实则他一生的纸片,不知有好几百万张。我正打算设法找来,整理一下,可以看出他治学的方法。我们认真想做好的著述,尤其是关于文物专史方面的,非做此种工夫不可。有如蜜蜂采花,慢慢的制成极精的蜜糖,才是有价值的著作。文物专史之所以难做,这是一点。

中间还有鉴别史料的工作,前回讲过,近来史学界都趋重这一点,带了点取巧的性质。我们所希望的,不在考订真伪,考不出来也没有关系。如明建文帝到底是烧死的还是逃去做和尚的,又如清世祖是病死的还是跑到五台山做和尚的,他的董妃是否董小宛,我们固然欢迎有人做这种工作,但不希望有天才的人都到这面用工夫,把旁的方面放松了。以后的史家,关于搜集方面,要比鉴别方面多下工夫才好。我从前做的《中国历史研究法》,对于鉴别史料,说的很多,许于近来学风有影响。此是近代学风可喜之中稍微一点不满意的所在。其余如钩沉、辑佚一类的工作也要做。但不要把没有真伪问题的现存的史料丢开不管。文物专史也是一样,而且特别的易犯这种毛病。其所以难做,这是二点。

关于文物专史的做法各门不同。其公共原则有多少,很难说,然也有几点很主要的可以说:

（一）文物专史的时代不能随政治史的时代以画分时代。固然，政治影响全部社会最大，无论何种文物受政治的影响都很大；不过中国从前的政治史，以朝代分，已很不合论理，尤其是文物专史更不能以朝代为分野。即如绘画史，若以两汉画、三国画、六朝画、唐画、宋画分别时代，真是笑话。中国绘画，大体上，中唐以前是一个时代，开元、天宝以后另是一个新时代，分野在开元初年。底下宋、元混合为一时代，至明中叶以后另为一时代。又如近代外交史，不能以明、清分，要看外来势力做标准。葡萄牙人、荷兰人到中国在明嘉靖以前，为一时代。嘉靖以后到清道光南京条约另为一时代，道光到中日战争另为一时代，往后到今日再一时代。外交虽与政治密切，尚且不能以明史、清史画分，何况其他？所以各种文物专史绝对不能依政治史为分野，而且各种之间亦相依为分野。譬如绘画以开元、天宝为界，书法则以隋代分；绘画在北魏不能独立，书法在北魏可以独立，而且可以分初、盛、中、晚。又如诗以唐为主系，宋以后为闰系；书法以北魏为主系，唐为闰系；词以宋为主系，元以后为闰系：各种文物应画分的时代都各不同。要做通史，简直没有法子说明，因为要跟着政治走，而有时这个时代文物盛而政治衰，那个时代文物衰而政治盛，绝对不能画一，一定做不好。譬如宋徽宗的政治很糟，学术更糟，可谓黑暗时代；但从美术方面看，却光芒万丈。所以各种专史有一篇一篇单行的必要，尤其是文物专史的时代应以实际情形去画分。

（二）文物专史的时代不必具备。普通史上下千古，文物专史则专看这种文物某时代最发达，某时代有变迁，其他时代或没有或无足重轻，可以不叙。例如做外交史，应从很晚的时代起，从前的外交与近代的外交不同。如欲做上下千古的外交史，把春秋的朝聘，汉以后的蛮夷朝服，都叙上去，则失去了外交的本质了。要想做得好，不必贪多，不可把性质不同的事实都叙在里边。外交史最早只可从明代起。又如做诗史也许可以做到宋朝而止，后面可以做一个简单的结论。这并不是因为元、明、清没有诗，乃是三朝的诗没有甚么变化。元遗山所谓诗至苏、黄而尽，话是真的。诗以唐为主系，以宋为闰系，元以后没有价值了。这不过举一二例，其实文物专史无论那种都如此，最不可贪多，做上下千古的史。即如还未讲到的四川的地方专史。最古的是《华阳国志》，当常璩做志时，的确有做专史的必要；以后归并到本部，虽有小变动，而对全部没有多大的影响，所以汉以后的四川可以归并到本部史讲，不必专讲。又如云南，恰好是四川的反面，直到现在还有做专史的价值。自明初沐英平滇，世王其地，清初吴三桂，民国蔡锷、唐继尧，都与本部尚未打成一片；中间虽有些时候打成一片而神气不属，不久又分了。又如东三省，自满人入关以后，做专史的资格已消灭了。最近因日本的势力侵入，变成特殊的地带，似乎又有做专史的资格。河南、山东，有史以前可做专史，有史以后是全国的基本，专史资格早已消灭，其地的活动早已不能为所专有。即以河南而论，在商以前，可以说是河南人的活动，周以后成为全国人的活动了。此外各地的专史应从何时代起，至何时代止，要看他的情形来定夺，也不可一时贪多。

（三）凡做一种专史，要看得出那一部分是他的主系，而特别注重，详细叙述。不惟前面所讲道术史有主系，无论甚么事情的活动，何种文物，都有一二最紧要的时代，波澜壮阔，以后或整理，或弥缝，大都不能不有个主系闰系的分别。所以做文物专史不要平面的叙述，分不出高低阴阳来。某时代发达到最高潮，某时代变化得最利害，便用全副精神去叙述。闰系的篇幅少些也没有关系，说得简单也没有关系。主系的内容及派别，却非弄清楚不可。做道术史，若是汉、魏、三国、六朝的篇幅和先秦一样多是不行的，先秦要多，以后要少。主系要精要详，其他可略。做诗史到唐朝，要分得很清楚，多少派，多少代表，一点也含混不得。明朝的诗并不是没有派别。前七子，后七子，分门别户，竞争得很利害；但从大处着眼，值不得费多大的力量去看他们的异同。所以做文物专史须用高大的眼光，看那时代最主要，搜集，鉴别，叙述，抑扬，用全力做去。无论那种文物，主系并不算多，只有一二处。如做诗以唐为主，则以前以后，都可说明，而读者可以把精华所在看得清楚。这一点要有鸟瞰的眼光，看出主系，全力赴之，此外稍略也无妨。日本所做的中国文学史，平讲直叙，六朝分元嘉、大同，唐分初、盛、中、晚，一朝一朝的分去，一家一家的叙述。我们看了那种著作，似乎江淹、沈约与陶潜、曹植一样优劣，其实则相去何啻天渊？若依我的主张，陶、曹自然要用重笔，江、沈这些二等的资料可以略去。真会做史的人，要找出几点，分浓淡高低才行。若平讲直叙，便不好了。无论那种文物专史都应如此。

（四）文物专史又须注重人的关系。我所讲的文物专史，有一部分与社会状况、制度风俗有关，与个人的关系少。除此部分以外，差不多全与个人有关系。历史是人造出来的。近代谈史诸家，因中国做纪传的人喜欢表彰死者，惹起反动，以为社会不是英雄造出来的，历史应该看轻个人。其实固然有些人是时势造成的，但也有造时势的英雄。因为一个出来，而社会起大变化的也常有，而且这种人关系历史很重要。社会所以活动，人生所以有意义，都因此故。人生若全在社会做呆板的机械，还有甚么意义？政治上、军事上，人的关系尤为显著了。其他各种文物也非无人的关系。如做道术史，罗列各人的学说，固然是必要；然欲描写中国的道术，必先描写个人的人格。如朱、陆关于《太极图》的论辩，固然要叙；但道术史最应叙的，还是此二大师的人格，可由日常生活表示出来。向来讲王阳明的人，因其事业多，所以在学术以外还讲事业；若讲到陆象山便把人事方面简略了。其实陆象山所以能开一派学风，并不单靠几篇文章，几封信札；他整个的人格，所做的事业，都很有关系。我们描写他的人格和罗列他的学说，至少要一样。对于学术大师如此，对于文学家、美术家也要如此。假使主系几个大文学家，我们不单看他的作品，并注重他的性格，由性格看胸襟及理想，做的史才有价值。这不特大学者如此，经济方面如唐代的刘炎也如此。唐的经济和财政在中叶以后，由刘炎一人手定规模，得有很好的结果，他死后几十年，制度仍然保存。所以做经济史做到唐中叶，对于刘炎做人如何？才能如何？性格如何？都得详细叙述，因为这影响到当时财政很大。——无论那一方面，关于文物专史，除因社会自然状态发达以外，有三分之二，都因特别人才产生而社会随他变化。所以做文物专史，不可把人的关系忽略了。对于有重要关系的人，须用列传体，叙述其人的生平于史中；但也不似廿四史的列传以多为贵，要极有关系的人，才替他做传，而且目的不在表彰其人，乃因这种文物因他可以表现得真相出来。

（五）文物专史要非常的多用图表。图表，无论何种专史都须要，尤其是做文物专史要用最大精力。图，或古有，或新制，或照片，搜罗愈富愈好。表在主系，想分析实际情形时，最须应用。闰系方面有许多可以简单叙述的东西而又不可省略，可以做成表格，看去既不讨厌，查考时又很清楚。做表的好处，可以把许多不容易摆在正文内的资料保存下来，不过要费番思想才可以组织成功，很不容易。做一表比做一文还要困难而费工夫,应该忍此劳苦,给读者以方便。正文有的,以表说明;正文无的,以表补充。

以上所讲,不过择比较重要的简单说明一下,实则不应如此陋略。我因时间关系,没得充分预备,也未讲完,不算是正式的讲演,不过是零碎的感想而已。我希望对于同学有若干启发,可以引起研究的兴趣和方向。那么,我预备虽不充分,对同学也不致完全没有益处。未讲完的,下学年或许有机会还可续讲,本学年就此结束。

跋

右《中国历史研究法补编》一部，新会梁任公先生讲述，其门人周传儒、姚名达笔记为文，都十一万余言，所以补旧作《中国历史研究法》之不逮，阐其新解，以启发后学，专精史学者也。忆民国十四年九月二十三日，名达初受业于先生，问先生近自患学问欲太多，而欲集中精力于一点，此一点为何？先生曰：史也，史也！是年秋冬，即讲《中国文化史·社会组织篇》，口敷笔著，昼夜弗辍，入春而病，遂未完成！十五年十月六日，讲座复开，每周二小时，绵延以至于十六年五月底。扶病登坛，无力撰稿，乃令周君速记，编为讲义，载于《清华周刊》：即斯编也。周君旋以事忙不能卒业，编至《合传及其做法》而止，名达遂继其后。自三月十八日至五月底，编成《年谱及其做法》、《专传的做法》二章。自八月十三日至二十八日，编成《孔子传的做法》以后诸篇。全讲始告成文，经先生校阅，卒为定本。是秋以后，先生弱不能耐劳，后学不复得闻高论，而斯讲遂成绝响！《中国文化史》既未成书于前，《史法补编》又未卒述于后，是诚国人之不幸，亦先生所赍恨以终者已！名达无似，有心治史而无力以副之，深愧有负师教！斯编之行世，幸又得与于校对之列，谨志数言，以示所自，惟读者正焉。

中华民国十九年五月八日　姚名达

附录一

历史统计学

历史统计学,是用统计学的法则,拿数目字来整理史料推论史迹。这个名称,是我和我几位朋友们杜撰的。严格的说:应该名为“史学上之统计的研究法”。因贪省便,姑用今名。但我们确信他是研究历史一种好方法,而且在中国史学界尤为相宜。我们正在那里陆续试验,成绩很是不坏。所以我愿意把我们所拟的方法介绍诸君,盼望多得些同志共同做去。

我们为什么想用这种方法研究历史呢?我们以为:欲知历史真相,决不能单看台面上几个大人物几桩大事件便算完结;最要的是看出全个社会的活动变化。全个社会的活动变化,要集积起来比较一番才能看见。往往有很小的事,平常人绝不注意者,一旦把他同类的全搜集起来,分别部居一研究,便可以发见出极新奇的现象而且发明出极有价值的原则。比方我们看见一两只蝴蝶,算得什么呢?一旦到了动物学者的手里,成千成万的蝴蝶标本聚拢起来,综合一番,分析一番,便成绝大学问。我们做史学的人对于史料之搜集整理,也是如此。

统计学的作用,是要“观其大较”。换句话说:是专要看各种事物的平均状况,拉匀了算总帐。近来这种技术应用到各方面,种种统计表出来；我们想研究那件事，只要拿他的专门统计表一看，真相立刻了然。所以"统计年鉴"等类之出版物，真算得绝好的现代社会史。假如古代也有这种东西传下来，我们便根据着他看出许多历史上"大较"的真相，然后究其所以然之故，岂非快事！这种现成饭固然没得给我们，但我们用自己的努力，也许有许多方面能弥补这种缺憾来。

用统计方法治史，也许是中国人最初发明。《史记》的"表"是模仿那"旁行斜上"的《周谱》。《周谱》这部书，今虽失传，想来该是西纪前三四百年人做的。后来历代正史都有表，给我们留下种种好资料和好方法。可惜范围还太窄，许多我们想知道"大较"的事件，都没有用表的形式排列出来。到清初，有位顾栋高先生著成一部五十卷的《春秋大事表》，把全部《左传》拆碎了，从各方面分析研究，很有统计学的精神。我从小读过这部书，实在爱他不过。常常想：我几时能有工夫，定要把全部二十四史照他样子按着我自己所要研究的目的分类做一部《通表》才算快事哩！我这个心愿，怀抱了二十多年；但我很惭愧，到今日还没有动手。

我想：我们中国的史学家做这件事，便宜极了。因为我们纸片上的史料是丰富不过的。一切别史、杂史、文集、笔记之类且不必说，就以一部二十四史而论，真算得文献宝藏。就学校里头学历史的学生看，固然恨他"浩如烟海"，就我们专门做史学的人看，真不能不感谢我们先辈给我们留下这大份遗产。我们只要肯在里头爬梳，什么宝贝都可以发见出来。

以上把这种学问的理论大略说明了，以下要说我们着手的试验及其成绩。

我多年想做一张表，将二十四史里头的人物分类：学者，文学家，政治家，军人，大盗……等等，每人看他本传第一句“某某地方人也”；因此研究某个时代多产某种人，某个地方多产某种人。我这计画曾经好几次和我的朋友丁文江先生谈起，他很赞成。后来他说：先且不必分类，只要把正史上有传的人的籍贯列下来再说。他自己便干起来了。现在还没有完全成功，只是把几个统一的朝代——汉、唐、宋、明做成了，编出一张很有趣的“历史人物之地理分配表”如下：

历史人物之地理分配表

	前汉		后汉		汉		唐		北宋		南宋		宋		明	
省别	人数	%	人数	%	人数	%	人数	%	人数	%	人数	%	人数	%	人数	%
陕西	22	10.58	73	15.91	95	14.96	248	21.60	63	4.31	6	0.99	69	3.34	80	4.51
直隶	21	10.10	28	6.12	49	7.36	212	18.48	212	14.51	7	1.16	219	10.60	128	7.22
山西	10	4.92	16	3.50	26	3.91	176	15.33	141	9.65	17	2.81	158	7.65	56	3.16
河南	39	18.75	170	37.20	209	31.43	203	17.68	324	23.80	37	6.12	361	17.58	123	6.94
山东	61	29.33	57	12.47	118	17.45	89	7.83	156	10.68	13	2.15	169	8.17	93	5.25
江苏	23	11.06	12	2.84	36	5.41	76	6.62	97	6.63	49	8.20	146	7.07	241	13.61
浙江	2	0.96	14	2.99	16	2.40	32	2.78	84	8.74	136	22.50	220	10.65	288	14.51
湖北	7	3.36	11	2.48	18	2.70	23	2.00	19	1.30	14	2.32	33	1.60	76	4.29
四川	4	1.92	26	5.68	30	4.51	9	0.78	93	6.36	71	11.75	164	7.94	57	3.21
安徽	3	1.44	24	5.25	27	2.06	19	1.65	53	3.62	38	6.29	91	4.40	199	11.24
江西	1	0.49	2	0.42	3	0.45	2	0.17	81	5.54	83	13.40	164	7.94	204	11.52
湖南	0	0	2	0.42	2	0.30	2	0.17	12	0.82	12	1.98	24	1.16	27	1.52
福建	0	0	1	0.21	1	0.15	0	0	95	6.50	88	14.60	183	8.80	92	5.19
广东	0	0	0	0	0	0	3	0.26	3	0.20	4	0.66	7	0.33	50	2.82
广西	0	0	1	0.21	1	0.51	0	0	2	0.13	6	0.99	8	0.38	13	0.73
贵州	0	0	0	0	0	0	1	0.08	0	0	0	0	0	0	10	0.56
云南	0	0	0	0	0	0	0	0	0	0	0	0	0	0	14	0.79
甘肃	10	4.92	17	3.72	27	4.06	50	4.35	19	1.30	23	3.89	42	2.03	23	1.29
奉天（汉人）	0	0	0	0	0	0	3	0.26	0	0	0	0	0	0	0	0
内蒙古（汉人）	3	1.44	1	0.21	4	0.60	0	0	0	0	0	0	0	0	0	0
外族	2	0.96	1	0.21	3	0.45	40	3.48	7	0.61	0	0	7	0.34	14	0.79
总数	208		457		665		1,149		1,461		604		2,065		1,771	

这张表的体例，是将《汉书》、《后汉书》、《新唐书》、《宋史》、《明史》中有传的人都列出，调查他们的籍贯，分配现今各省，再拿所有的列传总数，按照各省人数，列出百分比例。例如两汉通共六百六十五篇传，河南人二百零九，占百分之三十一零四三；山东人一百一十八，占百分之十七零七五；湖南人只有两个，占百分之三厘；福建人只有一个，占百分之一厘五。广东、云南、贵州一个也没有。全表以是为推。我们在这表中，可以看出几个原则：

（一）帝都所在地人物往往特多。例如后汉之河南占百分之三十七而强；唐之陕西占百分之二十一而强；北宋之河南占百分之二十三而强；南宋之浙江占百分之二十二而强，都是居全比例之第一位。但其中有两个例外：前汉的陕西，仅占百分之十，居第四位，不惟远在山东、河南之下，而且还在江苏之下。明的直隶仅占百分之七，居第五位。

（二）南北升降之迹甚显著。如山东、陕西、直隶、山西，汉、唐时平均比例皆在百分之十以上，多者至二三十以上；宋、明后皆落至十分以下，平均不过五六分。内中惟河南勉强保持平度，然亦有落下的趋势。反之如江苏、安徽、江西、浙江，汉、唐时甚微微，以次渐升，至明时皆涨至百分之十以上。此种现象，恐由于宋南渡后南方之人为的开发，与蒙古侵入后北方之意外的蹂躏。但人民自身猛进与退婴之精神，亦不容轻轻看过。

（三）原则上升降皆以渐；然亦有突进者。例如四川在前汉，不及百分之二，后汉忽升至百分之六；其后即上下于此圈内。浙江向来不过百分二三之间，北宋忽升至百分之八，南宋又升至百分之二十二。江西向来不到百分之一，北宋忽升至百分之五以上，南宋忽升至百分之十三以上。福建情形，与江西亦大略相等。我们想：这种情形，系由文化之新开辟。从前这些地方，离中央文化圈很远；一经接触之后，再加以若干年之酝酿醇化，便产出一种新化学作用。美国近年之勃兴，就是这种道理。以此推之，还有许多新地方也该如此。这表现仅编到明为止，若继续编下去，当又有新资料可以证明这个公例。例如湖南始终没有到过百分之二，倘将清史编出来，恐怕要骤涨到百分之十以上；广东向来差不多都是零度，倘将民国十年史编出来，恐怕也涨到百分之十以上。

（四）此外尤有一最显著之现象，则人物分配日趋平均。前汉山东占百分三十而弱，河南占百分二十而弱；后汉河南占百分三十七而强，山东占百分十二而强；仅此两省占汉史人物之半数。其余长江流域各省，没有能到百分之五的，湖南、福建、两广、云、贵都是零度。唐、宋时各省都渐渐有人，均匀许多了。到明时越发均遍，没有一省没有人，除广西、云、贵三省不满一分外，其余各省最高的不过百分之十三四，最低的也有百分之一二；十八省中之九省，皆来往于百分三与百分七平均度数之间。可见我们文化普及之程度，一天比一天进步。倘若将清史编下去，只怕各省不平等的现象还要格外减少哩！

诸君想想：像这样粗枝大叶的一张表，我们已经可以从这里头发现出四个原则来，而且还能逐个求出他所以然之故，这是何等有趣的事？凡做学问，总要在客观正确的事实之上才下判断，这是人人共知的。史学对象的事实，你说单靠几位大英雄的战记几位大学者的著述吗？这些固然可以表现社会的特殊力，却不能表示社会的一般力。我们搜集史料，断不能以此为满足。许多事实，并不必从个人有意的动作看出来。即如这张表所根据的材料，不过每篇传的头一句——“某处人也”。这样干燥无味的句子，从前读史的人，谁又肯信这里头还有研究价值？殊不知拆开了一句一句，诚丝毫无意味；聚拢起来一综合一分析，无限意味都发生出来了。这表所编，仅限于两汉、唐、宋、明五朝，而且是不管人物如何，有一篇传算一篇，倘若把二十四史全数编出，再将人物分类，恐怕继续发明的原则还要多哩！青年诸君啊！须知学问的殖民地丰富得很，到处可以容你做哥仑布，只看你有无志气有无耐性罢了。

我又请说我们别方面的试验：我近来因为研究佛教史，有一回发生起趣味，要调查我们先辈留学印度的事实。我费不少的劳力，考据出二百来个人，内中有姓名可考者一百零五，无姓名可考者八十二。我做了一篇文，叫做《千五百年前之中国留学生》，曾经登在《改造》杂志。我在那篇文章里头做了种种统计：

（一）年代别

西历第三纪后半	二人
第　四　纪	五人
第　五　纪	六十一人
第　六　纪	十四人
第　七　纪	五十六人
第八纪前半	三十一人

（二）籍贯别（内籍贯可考者仅六十五人）

甘肃十人	河南八人	山西七人
两广七人	四川六人	湖北五人
直隶四人	陕西四人	山东四人
新疆四人	辽东四人	湖南三人

（三）行迹别

1. 已到印度学成后安返中国者四十二人

2. 已到西域而曾否到印度无可考者十六人

3. 未到印度而中途折回者十四人(?)

4. 已到印度随即折回者二人

5. 未到印度而死于道路者三十一人

6. 留学期中病死者六人

7. 学成归国而死于道路者五人

8. 归国后第二次再留学者六人

9. 留而不归者七人

10. 归留生死无考者八十人(?)

(四)留学期间别(可考者)

四十年以上一人

三十年以上一人

二十年以上八人

十五年以上八人

十年以上五人

五年以上三十九人

(五)经途别(可考者但有往返殊途者)

海道六十八人

西域葱岭路七十七人

于阗罽宾路二人

西藏尼波罗路七人

云南缅甸路二十许人

我根据这些数目字,知道事实上"如此如此",我便逐件推寻他"为什么如此如此"。于是得了好多条假说或定说,对于那回事情的真相大概都明了了。我高兴到了不得,好像学期试验得了一回最优等。

诸君若要知道详细，请把那篇文章一看。

我研究佛教史，从各方面应用这种统计法，觉得成绩很不坏。我也曾从各家金石目录中把几千种关于佛教的石刻——如造像经幢之类，调查出土的地方，调查年代，调查所刻文字的内容——如所造像为释迦像，为弥勒像，为阿弥陀像；所刻经为《心经》，为《金刚经》，为《陀罗尼经咒》等等。我因此对于各时代各地方信仰态度之变迁，得着一部分很明了的印像。我又也曾将正续《高僧传》及各家《经录》中凡关于佛教著述的目录搜寻出一千来种，用他们所解释的经论分类，一看下去，便可以知道某时代某宗派兴衰状况何如。这些都是我现时正在进行的工作。我做这种麻烦的工作，很劳苦；但是我很快乐，因为我常常在我的工作中发见意外的光明。我确信我的工作，做一分定有一分成绩，做十分定有十分成绩。

我想这种方法，可以应用到史学的全部分。我的脑筋喜欢乱动，一会发生一个问题，一会又发生一个问题。我对于我所发的问题都有趣味，只可惜我不能把每日二十四点钟扩充为四十八点，所以不能逐件逐件的去过我的瘾。现在请把我想做而未能做的题目，随便说几个请教诸君。

（一）我们试做一篇“历代战乱统计表”：把战乱所起的年月，所经过的年月；所起的地方，所波及的地方；为何事起；起于某种性质的人；为敌国相攻抑人民造反；为自相残杀抑对外防卫；……诸如此类，预定十几个条目，依格填去。也不必泛滥许多书籍，只要把正续《资治通鉴》编完，我信得过可以成一张很好的表。根据这表研究他“为甚么如此”，一定可以发明许多道理出来。

（二）我们试做一篇“异族同化人物表”：先把各史有传的人姓氏谱系来历稍为蹊跷的——如长孙、宇文之类，都去研究一下，考定某姓出于某族,并不是很困难的事。一面将各史传中明记某人本属某族——如金日磾本籍匈奴,王思礼本籍高丽之类,一一列出。其族别则分为匈奴,鲜卑,氐羌,蛮诏,高丽,女真,蒙古,满洲……等等。看某种族人数何如,某时代人数何如,某地方人数何如。此表若成,则于各外族同化程度及我们现在的中华民族所含成分如何,大概可以了解。

(三)我们试做一篇"地方统治离合表":其各地在本族主权者统治之下者不计,其北魏、元、清三朝,虽属外族而势力统一全国或半国者亦不计。自余各地,约以现制各道为区域;每一区域,先记其未隶中国版图之年代,既隶之后,或本地异族据而自立,或外来异族侵据,皆记之。也不必记详细事迹,但记分立侵据之年代及年数。有这么一张表,我们各地方进化退化之迹,自然有许多发明。

(四)我们试做一篇"历代著述统计表":把各史的《艺文志》和各人的本传凡有著述者,将其书名部数卷数列出。再将书的性质分类,将著书人的年代籍贯分类。求出某时代某地方人关于某类学问的著述有几多部几多卷。只把数目字列出,便可以知道某时代某种学问发达或衰落,某地方文化程度或高或低,或进化或退化。

(五)我们试做一篇"历代水旱统计表":我们历代史宫,对于这类灾异极为注意,试把各史的《本纪》和《五行志》做底本,参以各省府县志,以年代地方为别做一张表。看隔多少年发一回,何时代多,何时代少。这样一来,上而气候地质的变化,下而政治的修明和颓废,都可以推测得几分。诸君试想:天下最无用的东西,还有过于"五行志"吗?到了我们这些刁钻古怪的史学家手里头,也许有废物利用的日子哩!

像这种大大小小的统计题目,常常在我脑子里转的,不下几十个。我也无暇细述，姑且举这五个不伦不类的讲讲。诸君举一反三，或者想出来的题目比我还多还好哩。总之，凡做学问，不外两层工夫：第一层，要知道“如此如此”，第二层，要推求“为什么如此如此”。论智识之增殖，自然以第二层为最可宝贵。但是若把第一层看轻了，怕有很大的危险；倘若他并不是如此，你模模糊糊的认定他如此，便瞎猜他为什么如此，这工夫不是枉用吗？枉用还不要紧，最糟是瞎猜的结论，自误误人。所以我们总要先设法知道他“的确如此如此”。知道了过后，我自己能跟着推求他“为什么如此”，固然最好；即不能，把事实摆出来让别人推求，也是有益的事。问设什么法才能知道“的确如此如此”呢？我简单回答一句：“有路便钻。”统计法便是这里头一条路。

我并非说这是研究史学的唯一好方法；但我敢说最少也是好方法中之一种。因为史家最大任务，是要研究人类社会的“共相”和“共业”。而这种“观其大较”的工作，实为“求共”之绝妙法门。所以我们很喜欢他。加以我们现存的史料，实在丰富，越发奖厉我们工作的兴味。但是这种工作，是很麻烦很劳苦的，而且往往失败；我自己就曾经失败过好几回。我并不劝各位同学都向这条路上走；但那一位对于这种工作有兴味，不妨找一两个题目试一试。须知从麻烦劳苦中得着一点成功，便是人生最快乐的事；或者还可以说人生目的就在此哩。

（本文系作者1922年11月10日在东南大学史地学会的演讲。原载《梁任公学术讲演集》第三辑，商务印书馆1923年版。后收入《饮冰室合集》文集之三十九）

附录二

中国考古学之过去及将来

梁任公讲　周传儒记

民国十五年秋，先师讲学清华，会万国考古学会会长瑞典皇太子东来，万国考古学会，开会欢迎之，先师在欢迎席上，讲演此题，当时用英文发表，此篇则其中文底稿也。事前先师口述，传儒笔记，又经先师亲手校改，今手泽犹新，而先师之墓木拱矣，悲夫！民国二十年三月廿日，周传儒补志。

我不是考古学的专门学者，实在不配讲这个题目，但是因为万国考古学会会长，瑞典皇太子殿下，光临敝国，同人为表敬意起见，嘱我把中国考古学之过去及将来，稍为讲讲，表示欢迎之意。我勉强把我所知道的，略说几句，恐怕有许多错误的地方，还望各位原谅，并请各位指教。

考古学在中国成为一种专门学问，起自北宋时代，约当西历十、十一两世纪。那个时候，中国的印刷术，已经发明了，而且很进步。中国还有一种专门技术——拓本，把纸蒙在古器物上头，能够把上面的文字花纹，及其他的模形，都摹印出来。这是宋朝已前早经发明的。一般学者，对于古器物的研究，便利了许多。而且这种知识，可以普及。所以在那个时代，有几部很有名的著述，到现今还存在。

一　当时大政治家兼大文学家欧阳修的《集古录》(《四库总目称嘉祐六年成书，即一〇六一年)。是书搜罗许多铜器刻文，石器刻文。有些是他自己所收藏的，有些是他自己所亲见的，通通摹写上去，还加了许多考证。

二　赵明诚及其夫人李清照(中国女子会填词的第一个女文学家)合著的《金石录》(《四库总目》称绍兴中一一三一——一一六二表上于朝)。是书体例，与欧书大致相同，不过搜罗更较完备得多。

三　薛尚功的《钟鼎彝器款识》(据曾宏父《石刻铺叙》以绍兴十四年即西历一一四四年镌置公库)。是书专限于钟鼎文，与欧赵两书不一样。欧赵两书石刻多钟鼎少，是书石刻少钟鼎多。而且钟鼎原器的款识，照原样摹写出来，是这书特色。

四　王象之的《舆地纪胜》(《自序》作于嘉定辛巳即西历一二二一年)。这是一部地理书。一地方之后，附录舆地碑目，对于石刻所在的地方，载得很详细，为后来分地研究古物的先导。

五　聂崇义的《三礼图》(《四库总目》称太祖时诏颁行，九六〇——九七五)。是书专画古代器物的图形，自祭祀的器物，常用的器物以至衣服宫室应有尽有。虽然不能说全都依照原物摹画，但每样都是用过一番很细密的工夫去考证，然后才描出来的。

六　李诫的《营造法式》(《自序》称哲宗元符三年作竣，即西历一一〇〇年)。是当时一种建筑术，不过对于古代的宫室考据得很详。

七　吕大临的《考古图》(《四库总目》称书成于元祐壬申即西历一〇九二年)。是书系将古代钟鼎彝器，按其状况，令良工绘画，不失毫发。纵有文字脱落的器物，仍将式样绘出保存。收藏人的姓名，皆载在图说的头上，或标目的下方。铭识古字凡有异同的，都加以训释考证，有不识得的，都附在卷末以示存疑。

八　王黼的《宣和博古图》（《四库总目》称书作于大观初即西历一一〇七年）。是书搜集历代自钟鼎至弩机等共七百十七件，鉴一百一十三件，共八百三十件。所收皆天府藏器，由皇帝及精通籀学之士，共同讨论训释。考证虽非尽善，形模一点不差。音释间或有错误的地方，字画完全仍旧。后代的人，可以根据他的图画，考知古代鼎彝的状况及文字。所以是书在考古学上，很有价值。是书从前极难得，现在才印出来。我打算送瑞典皇太子殿下一部。

从上面八种书看来，可知在北宋时代，这门学问，极其发达。假使能够继续发达下去，到现在不知道进步到什么程度了。可惜南宋中叶约当十二、十三两世纪（一一二七——一二七九）以后降至元明两代，学风丕变，学者趋重玄谈方面，讲哲学的人很多，对于这种事业，不大注意，所以衰微下去。到清初又重新恢复起来，乾隆中叶，西历一七六五年前后，渐渐有人注意了，还不很盛。我们看《四库全书总目》，关于金石书籍，不过五十八种，金石目三十六种，存目二十二种。

由乾隆中叶以后，直至现在，一百五十年间，这种学问有很猛烈的进步，而且分科研究一天比一天精密下去。著名的学者，已故的如阮元、翁方纲、王昶、孙星衍、钱大昕、瞿中溶、李宗瀚、吴荣光、鲍康、陆耀遹、黄易、陈介祺、吴式芬、刘心源、吴大澂、王懿荣、端方、吴云、潘祖荫、武亿、严可均、张廷济、李遇孙、刘喜海、徐渭仁、杨守敬、毕沅，现在的如罗振玉、王国维、马衡，这些都是很著名的考古学家。此外还很多，不必细举了。

这一百五十年来，关于考古学的著作，数目的增加，实在可惊。据我所看见过，认为很有价值，已经成书的，不下四百种。此外散在文集里的单篇，关于一部分的考据那种文章，更不计其数。这类著作，大都依着欧赵薛诸人的规模，不过编制较为精审，分科亦很细密。或将器物的文字，全数录出；或将器物的原形，照样摹写；或划分种类，专编目录，在目录中，记年代，记地方，记何时出土，何地发现，或已失去，或尚保存，诸如此类，记载得很为详细。有许多著述，专记一个时代，如像《两汉金石记》之类，不止两汉，历代都有。有许多著述，专记一个地方，如《两浙金石录》之类。地方的分类，有分到极细，专记一县的。还有许多著述专记一种金石，或专记所刻书籍，或专记钟鼎，或专记古钱，或专记古印章，分门别类，样样都有。所以近百五十年来，这种进步，实在猛烈，回看北宋时代的著述，反觉得很幼稚了。

我把他们所研究的对象，用来作分类的标准，大概可分四大类：

甲，石类。

乙，金类。

丙，陶类。

丁，骨甲及其他。

以下分四类物，略加说明。

甲 石类　在中国考古学中，以这类为最大部分，资料极其丰富。现今所存的石刻最古的要算周宣王（西元前八二七至前七八二年）的石鼓了。鼓共十个，有一个毁去半边，现陈列在北京孔庙的大门内。其次要算秦始皇时候（西元前二四六至前二一〇年）的六个纪功碑，分摆在直隶、山东、浙江等处地方，可惜现在六个碑都已佚了。只有山东泰山那块碑，还剩下十个大字，存放在泰山一个古庙中。西汉前一世纪的石刻，留传得很少，现存的不满十种。东汉（后一、二世纪）以后，渐渐多起来，降至六朝隋唐（三、四、五、六世纪）那就多极了。近代的石刻现今研究这派学问的人以为价值甚小,没有多大注意,研究的集中点,还是在唐朝以前那个时代。这种石刻,主要的部分,可以分为下列数种:

一　石经　汉熹平,魏正始,唐开成,五代时的蜀国,宋嘉祐,南宋高宗,清乾隆,都有石经。汉魏蜀石经都已亡佚了,不过留下些断片。现存的石经,在陕西西安府学有唐朝开成时代(西历八三六——八四〇年)所刻十二经,在北京国子监内有清朝乾隆(一七五〇年后)所刻十三经,这都是儒家经典。此外佛家石经在山东、河南等处磨石而刻的很不少。现存最大部的是离北京西北七十里,有个大房山,里边有七个洞,把五千卷的佛经,用二千三百余块大石头刻起来。始于北齐讫于辽,前后费了四百年的工作,然后刻成。

二　纪功纪事碑　或记载某时代,某种功德,或记载某种大建筑,或记载某人的事业。有的是起一个亭盖上他,有的是放在大建筑的院子里或其他地方。

三　墓志铭　这种东西,都是行葬礼的时候用的,埋在地下。墓志铭上面,记载墓中人一生的事业,一生的经营。

四　造象　此类作品,以六朝隋唐间(三、四、五、六世纪)最多,因为那时佛教很盛,所以刻佛像的风气很盛行,到现在留传下来不少。

五　石画　或者画在大建筑内,或者画在坟墓中,或者画在桥梁下,大概一种故事,有的刻旁的花纹,表一种象征的意思。

上述五种,不过略举梗概,其他刻石的东西尚不少,或在井上,或在桥上,常常有许多刻石,留传下来。不过讲石刻的大宗,仍要算前面那五种,尤以墓志铭及造象为最多。因为墓志铭埋在地下,所以陆续出土,每年出土多少,现在虽无统计,但迟一年,就多一年。又因造象刻在悬崖上很高的地方,比较不容易损坏,藉此保全下来的很多,这些石刻我们都用特别的拓本技术,摹拓下来。一个学者,尽管坐在屋内,仍可搜罗完备,所以研究这门学问,很为方便。

他们研究的成绩,有下列几项:

一　因为这种石刻,历代都有,所以要研究历代文字的变化,可以看得很清楚。而且中国人,以写字当成一种美术看待,许多有名的字,都可保全下来。所以要研究一时代一时代的书风,亦可以看得很清楚。

二　许多古书,传下来的文字,有错误或异同的地方,在各时代的所刻的石经,或石碑及墓志铭所引经典,都可以用来作为校勘的材料。

三　许多过去的历史事迹,有遗漏的加以补充,有错误的加以改正。关于历史上事迹的考证,这种工作,为这派学者最用力的地方,材料亦很丰富,成绩亦很优良。

四　很古代的画,没有法子找寻。但汉代以后的石画,还可以略窥端倪。因为有这种石画,可以看出汉朝以后的画风。而且在他们所画的东西上,可以看出当时的器物及衣服。又在他们所画的故事上,可以看出神话的心理。

五　还有一种造象,可以看出一时代一时代雕刻的变迁。他们所造的象,又因时代而不同,历代信仰的变迁,亦可以由此看出来。

六　还有许多特别的石刻,可以因之看出外来宗教之派别,就是已经衰微的宗教,亦可追寻出来。如景教流行中国碑具载基督教的一支流行中国的原委,下段附有叙里亚文,尤为全世界所罕见。又如开封挑筋教所立寺,有明正德六年(西一五一一年)佚碑,可证犹太教入中国之久。

七　还有许多边界刻石,如东部的丸都纪功刻石(魏正始间)、新罗真兴王定界碑(陈光大二年)、平百济碑(唐显庆三年),西部的裴岑纪功刻石(汉永和二年)、姜行本纪功碑(唐贞观十四年),北部的苾伽可汗碑(唐开元二十三年),南部的爨宝子碑(晋大亨四年)等等,可以看出外族与中国交涉之事迹,有助于考史最大。

八　前述的景教流行中国碑,载基督教传入中国的事迹,而九姓回鹘纪功碑(中、突厥、粟特三体)又载摩尼教所以由中国输入回纥的原故,可以说明东西文化的关系。其余,唐蕃会盟碑(中、回两体),阙特勤碑(中、突两体),可以看出西域为东西媒介在中国文化之重要。

九　许多已经死去的文字,靠这种石刻,我们可以再读。如居庸关城门洞内,刻了许多画,还带着六种文字,近人考订一为汉文,二为西夏文,三为蒙古国书拔合思巴体,四为畏兀吾文,五为梵文,六为藏文。他如莫高窟造象记,其字迹及年代,亦与居庸关刻石大致相同。西夏文字、蒙古国书等文字,因为与梵文、汉字并列,可以复活认明出来。

十　有许多很奇怪的刻石,记载契约条文。在内地各省,这种买卖田地的契约,现在发现者很多,可以看出古代民法实在情形。如长庆会盟碑用中藏两国文字,刻出双方所订条约的原文,可以看出当时国际交涉的法律。又此种碑刻,有当时官名人名的音译,可以看出唐时的古音。

上面所举十宗,不过简略的表明,做这种工作,对于历史上及文化上裨益很大。同石刻相类的东西,还有一宗,现在已经成为专门的研究,就是玉。因为中国用玉用得很古,而且所刻花纹很多,可以用玉的式样及花纹,来定他的时代,亦于考古上有关系,这是要附带说明的。

乙　金类　金类的东西,包括铜铁两项,而以铜为主体;因为铁器容易坏,所以存者不多;铜器比较坚牢,能够耐久,所以留传者极多。最古的铜器,有三代时候的东西,下至秦、汉、魏、晋、隋、唐无代没有。以前的人,不肯十分注意,所以出土的东西,散佚者甚多。近来对于古物的兴趣增加,鉴别的能力,拓印的本事,亦远非前人所能及。散佚的,就比较少了。这类器物,主要的部分,又可以分为下列数项:

一　钟鼎文　在夏殷的时候铸造钟鼎之风盛行,所以这类器物很多,最主要的,就是祭品。有作祭礼用的。亦有作陪嫁用的。古代很看重这种东西,所以说:"君子虽贫,不鬻祭器。"我们看春秋时代,许多战争同媾和,都以这种东西作条件。所谓"迁其重器"这类事实,异常之多。古代的钟鼎,陆续出土,陆续丧失去了。我们把宋代欧、赵、薛三书所载,合算起来,有六百四十三件(根据罗振玉《雪堂丛刻》所列)。其中存留者极少。但后代陆续出土的为数很多,清代著录所存,共有二千六百三十五件(根据《雪堂丛刻》),这些都在民间。宫庭中所藏,尚不在此数,想来还要多些。武英殿文华殿,及故宫博物院各有一部分,目录还未编好,此刻尚不能尽举其数。这种东西,十之八九,在孔子以前,文字很难读,现因学者努力的结果,几乎全部可通了。关于研究古代文字的变迁,研究中国文字的源流,这是极重要的资料。其中文字,比较简单者多,约占十之八九;长篇者少,约占十之一二。我们因为能读这种文字,对于孔子以前的历史可以校正许多,对于历史上的大事,可以补充许多。还有一般社会上的经济状况,或民法方面的契约,很可以在里边,看出一部分来。所以近六七十年,研究金文的功作,比研究石刻更努力,而且研究金文的效果,比研究石刻更多。

二　古钱　古钱的研究,在考古学中,由附带的研究,变为独立的专科了。现在搜罗古钱最丰富的人,不同样的钱,在七千种以外。据说最古的,有五千年以前的东西。这话我虽不相信,但减少一点说,三千年或者二千五百年的钱,当然是有的。我们看那种古货币,即中国古代交易的媒介物,可以推想到那时的经济状况。中世近世以后,一时代有一时代的钱,每一皇帝即位,另铸新钱。所以看这种钱,质之美恶,量之大小,工作之精粗,各时代的经济状况,都可由此看出。还有他们收罗古钱的人,对于外国输入的货币,亦很注意,不特可以看出本国的经济状况,并且可以看出四围外族同我国的贸易状况。

三　度量衡　现今所存的古度量衡,有秦权秦量、汉建初尺、新莽始建国尺、晋前尺、汉量、汉钟、汉钫、汉斛,中间除权是金石并用外,其余都是金属。我们可以看出历代度量衡的变迁,最重要的是尺,因为汉尺、晋尺,可以推算周尺是怎样,所以研究古器物,古模型,可以得精确的标准。譬如研究古乐器,一面得着晋前尺,一面又得晋的笛谱。我们可以根据尺,依着谱,做晋朝的笛子,与晋人所作一样。

四　古印　古印有官印私印两种。现今收藏古印,亦成为专门学问了。收藏最多的人,种类在一万以上。对于这种可以看出古代官名,史书上不载者,印里边得着很多。地方名字有更改者,亦可由古印中考出。这些都是主要的用处,还有一种附带的用处,就是中国人把刻印看为美术的一种。刻图章的人,因为古印的发现,有所观摩,艺术因而有大大的进步了。

五　镜　中国古代无玻璃,都用铜镜,直至唐宋铜镜还是很盛行,元明以后,渐渐消灭了。现在搜罗铜镜的人,种类不同者很多,因为没有统计,一时举不出数目来。我们研究铜镜,看它的花纹,一时代与一时代不同，镜上所刻动植物，亦不一样，可以看出雕刻风的转移，亦可看出中国同外族往来的状况。因为受外族的影响，技术上有很大的变迁。

这五样为铜器的大宗，此外零碎的东西很不少。如兵符，秦有虎符，唐宋有鱼符。从前调兵两地分符，一半放在地方上或将军身边，一半放在皇帝那里，要调兵时，把这一半拿去合那一半去。符的制度和形状，一时代与一时代不同，拿来研究，很有趣味。又如殷周的雕戈及矢镞，或有文字，或无文字。将各种兵器，作时代的比较，很可以看出一部分战争的情形。后代兵器用铁，铁难保存，所以毁坏了的很多，然铜的戈矛箭镞，尚有一部保存。再如魏汉晋间的弩机，其构造又与前代迥异，亦为考究古代战争情形的好资料。

丙 陶类 陶器可以分为两大时代，就是近代的磁器与古代的陶器。近代磁器，另外是一种专门学问，属于美术方面的研究，此处可以不讲。古代陶器，又可分为古陶、砖瓦、模范、明器数种。在考古学上，以前两种关系最大，后两种关系较轻。

一 古陶 磁器以前的古陶，近来陆续出土的很多。山东方面从前齐鲁的地方及直隶易州，新出土一种陶器。多属钟类（乐器）、镫类（祭器）及壶类（酒器），大都破碎，完整者甚少。上面刻有文字，不与普通钟鼎文字相同，近人考订为战国时文字。有地名，如某某里，及工人名，如某某人，惟不能认识的字还很多。这类陶片，正在研究中，将来能够完全认出来，一定于考古上帮助很大。此外秦时的度量衡，亦有用陶器做成的，上面有文字者，尚可识别。

二 砖瓦 最古的瓦，可以上溯到秦朝。战国时候的秦人所用的瓦，现今尚可觅得。西汉时代，瓦最多，其上间或印有年代，所以一望而知。至于砖，那更普通了。历代大建筑所用的砖，都有文字，并标明年代。现代搜罗这种古砖,已渐渐成为小小的专门学问了。

三　模范　古代铸器物所用的模范,现今尚有一部保存,最主要的,就是货币的范。汉代的范,间或可以寻得到,后代的范,则很普通。还有最初制造活字版的范,留传的亦很多。最古的,可以上溯至五代。范的搜集,与砖瓦一样,亦成为专门研究了。

四　明器　明器,是死者殉葬所用,如俑之类,近来出土的很多。我们看俑的样子,及所穿衣服,里边很有研究的余地。近代出土的明器,以六朝及唐为最多。服妆有点与西洋人相仿佛,面貌亦深目高鼻,不似汉人模样,可以看出古代中西交通的痕迹,可以看服妆上所受影响。其他的器物,奇怪者颇多,为研究古代社会风俗的绝好资料。

丁　骨甲及其他　自汉以来,一般学者对于三代知识,率皆模糊,不甚了解,各种纬书又多怪诞不经的学说,难以凭信。自有骨甲出土,然后殷朝事迹渐有一部明了。又西域方面,向来认为无甚文化可言,自有竹简发现,然后西域对于中国的关系,逐渐认为重要。以下分为两段,略加解释。

一　骨甲　考古学界,最近有一种很大的兴奋,就是光绪二四、二五两年(西历一八九八——一八九九年),在河南安阳县治西五里,即殷墟,出土一大批的骨甲。现在流到欧洲去的很多。中国方面,则罗振玉、刘铁云搜罗亦不少。这种东西,初出土的时候,大家不知道作什么用,文字亦难识别。后来经几个大学者努力研究的结果,总算认得大半。于是中国小学界——即文字学,起一大革命。从前臆断许多造字的原意,臆断错了的,都可以得相当的改正。还有许多历史上重大事实,古书上记载大略,令我们看不懂的,或者认为很荒唐的,都可以得相当的补充及证明。这种东西,孔子所不曾见的,我们居然看见了;孔子所不知,我们知之;孔子说错了,我们校正。此外则古代的社会风俗、制度、心理,亦可推想许多出来。关于这种文字的研究,现尚在进行中。我们希望再加努力,果能全部认出,所得当不只此。

二　竹简　自从英人斯坦因(Stein)往西域考查古物,于新疆及中亚细亚一带发现许多竹简,就是所谓"流沙坠简"。这种竹简,大概都运往欧洲,欧洲人到是很有研究。我们看竹简上的记载,与中国有关系的地方很多。最古起两汉,最近到六朝。综合研究,一面可以多了解西域情形,一面可以多了解当时的制度风俗。

石类、金类、陶类、骨甲及其他,这四大类,不过举其重要的部分,据我感想所到,略说几端。其他还很多很多,我不是专门家,用不着多讲。总计近百五十年来,因为努力研究的结果,进步很快,虽然所用方法,不过是中国旧有的老法子,在学问上的贡献,已经不少了。中国考古学界,过去的情形,大致如此。

不过据我看来,考古学还是很幼稚,前途可以发展之处正多。应当努力之处亦不少。从今后,应当本着两个方向,往前工作去。

第一个方向是发掘。从前这种古器物的出土,都是碰机会,偶然发现出来,宝贝已经很多了。往后要进一步,作有意识的发掘。这类工作,中国完全没有。近来欧美学者,到中国来作有意识的采掘,成绩很佳,于是中国学者,亦感觉有自动采掘的必要。假使中国真有采掘学者,真心要想采掘,下列几个地方很可以值得注意:

一　新疆　近来欧美学者,在新疆方面很用功,已经有很好的成绩了。不过据我看来,蕴藏尚富,可以采掘的地方,还很多。因为那边是沙漠,变迁剧烈,一个古城,极容易被风沙湮没下去。《汉书·西域传》与《唐书·西域传》不同,《唐书·西域传》又与今日的西域不同，其中的原故，可想而知。假使有具体的计划，大规模的用功，将来所得的古物，一定比今日还多几十百倍。

二　黄河上游　黄河上游一带，古代人多穴居，直到现在，此类穴居的人，还是不少。那边土质又疏松，容易奔裂，我们想像这带地方湮没下去的城市，庐舍人畜定不少。所以可发掘的地方，一定异常之多。

三　黄河下游　因为历代的黄河，常有溃决的祸患，所以沿河两岸，湮没的地方不少。最大的证据，即如民国八年（西一九一九年），在巨鹿地方，发现一所古城，位于今城下面约数丈，里边有宋朝徽宗大观二年（西一一〇八年）的石刻，可知是大观以后湮没的。我们得了这所古城，好像意大利得着潘沛依（Pompii）一样，古代的风俗制度的状况，以及其器物技艺的变迁，都可以看出来。黄河下流，被湮没的城，决不止这一个。将来作有意识的发掘，一定还可以发现很多。

四　古代坟墓　极古的坟墓，还有许多的的确确知道在什么地方，不过中国以发坟为不道德，养成风气，难以骤改。将来慢慢改变过来，则有名的坟墓，都可以次第发掘了。民国五年（西一九一六年），在广东发现南越王赵胡的坟，其中有各种古物，可惜都四处散失了。最有发掘价值的，莫如曲阜孔陵，因为中国人尊孔，保全得极好。不惟孔子，连孔子的子孙，历代都葬在这个地方，一点没有搬动。如把孔子及孔子子孙的坟，通通打开，历代情形，可以了如指掌。那简直是一个极好的博物院，数千年的历史，全在里边了。

此外古代的大城名都，或经兵燹废为故墟，若用人力，稍为采掘深一点，可以得出很多古物来。不过这种事业，很不容易举办。因为经过的地方很广，乡下农民，又多迷信，阻力一定异常之大。一面要等到教育普及，一面要等到政治修明，才能往下做去。现在只能培养人才，预备工具，以后碰着机会，立刻可以举行。

第二个方向，是方法进步。以前考古学所用的方法，全是中国式。自从欧、赵以后，遗传下来，不过时时有所改良而已。此种方法，好处甚多，然亦不算完全。我们希望将来，全国高等教育机关，要设考古专科，把欧人所用方法，尽量采纳。

一　旧方法的改良　例如从前利用器物上的花纹文字，以断定他的年代，这种方法，当然十分精确。不过遇着器物上没有花纹文字，那就没有办法了。今后应当在他的质料形状，色泽上寻出标准，纵然没有文字花纹，亦可以推定他的年代。

二　新方法的引用　例如有地质学的知识，可以用崖层状况，以判定时代的早晚。有人类学的知识，可以考出头颅骨骼的派别。这类科学，于考古方面，直接间接，裨益甚大。我们一面要得前人所未得的资料，一面要用前人所未用的方法，从荒榛断梗中，辟出一块田园来。

以中国地方这样大，历史这样久，蕴藏的古物，这样丰富，努力往下作去，一定能于全世界的考古学上，占极高的位置。现今青年学者，很有许多人，在这方面做工作。正好全世界考古学泰斗瑞典皇太子殿下，到中国来，我们希望给我们以很好的指导，给我们以充分的帮助，必能为考古学界，开一新纪元。这就是同人这一点欢迎的意思。

（原载《重华月刊》1931 年第 1 期。后收入《饮冰室合集》专集之一百一）

《国民阅读经典》已出书目

论语译注　杨伯峻译注　定价：29 元

孟子译注　杨伯峻译注　定价：36 元

谈美书简　朱光潜著　定价：13 元

新月集　飞鸟集　[印度]泰戈尔著　郑振铎译　定价：18 元

爱的教育　[意大利]德·亚米契斯著　夏丏尊译　定价：25 元

人间词话（附手稿）　王国维著　徐调孚校注　定价：19 元

百喻经译注　王孺童译注　定价：33 元

中国史纲　张荫麟著　定价：26 元

物种起源　[英]达尔文著　谢蕴贞译　定价：39 元

宽容　[美]房龙著　刘成勇译　定价：29 元

周易译注　周振甫译注　定价：29 元

谈修养　朱光潜著　定价：19 元

诗词格律　王力著　定价：23 元

拿破仑传　[德]埃米尔·路德维希著　梁锡江、石见穿、龚艳译　定价：32 元

《呐喊》（典藏对照本） 鲁迅原著 周作人解说 止庵编订

定价：28 元

《彷徨》（典藏对照本） 鲁迅原著 周作人解说 止庵编订

定价：21 元

《查拉图斯特拉如是说》［德］尼采著 黄敬甫 李柳明译

定价：36 元

《名人传》（新译新注彩插本）［法］罗曼·罗兰著 孙凯译

定价：22 元